KB068634

GPT가 지배하는 비즈니스 혁명 : 도전하고 적응하라!

챗GPT와 비즈니스

한세억

박영사

머리말

어느 날 갑자기 예상치 못한 문제가 닥치면 어떠한가? 개인이든 조직이든 한 번 이상은 경험했을 법한 상황에서 대부분 사람이나 조직은 당황하거나 우왕좌왕, 좌충우돌할 것이다. 반면에 문제를 원만하게 해결하는 개인이나 기업도 있다. 그 차이는 무엇 때문일까? 바로 지능의 차이와 함께 문제를 대하는 태도에서 비롯된다.

크건 작건 문제는 개인과 조직의 삶을 힘들게 한다. 불확실성으로 가득 찬 세상, 어차피 문제를 피할 수 없다면 담담하게 문제 상황을 맞이하는 자세는 어떨까. 마치 Nietzsche처럼. 그는 "나를 파괴하지 못하는 것들이 오히려 나를 강하게 만들 뿐이다."고 설파했다. 용기 탱천하여 "문제여! 어서 오라!" 기다렸다는 당당한 자세는 의연해 보이지 않을까? 여기에 미소까지 날리면서 문제와 씨름한다면, 설령 문제해결에 실패하더라도 멋진 모습이다. 이렇듯 중요한 점은 문제해결에 필요한 지력(智力)과 함께 문제에 대한 태도 아닐까?

인류 문명의 발달과정에서 새로운 것들은 인간 욕구와 필요에 부응하여 창조되었다. 수많은 기술혁신을 거듭하면서 신제품과 서비스가 끊임없이 출몰(出沒)했다. 지금은 초연결, 초지능, 초실감 등으로 특징되는 인공지능 전환의 시대다. 인공지능에 의해 모든 것이 변화하는 시대에 어떻게 대응할 것인가? 개인적 수준은 물론 조직 및 국가적 차원에서 현명한 대응이 요구된다. 주지하듯 챗GPT가 인공지능 전환의 물꼬를 텄다. 이러한 상황에서 과연 무엇을 위한 인공지능인가? 누구를 위한 인공지능인가? 무엇이 좋은 알고리즘인가? 어떤 비즈니스에 어떻게 활용할 것인가? 등 무수한 질문과 의문에 대한 탐색과 도전적 자세가 요구된다.

생성형 AI의 등장과 함께 데이터 증가는 폭발적이다. 정보와 지식의 확대 재생산과정에서 데이터 편향성, 위·변조, 복제 등으로 인해 옳고 그름, 진위(眞僞) 구분이 어려워지고 있다. 데이터와 정보·지식만으로 올바르게 판단할 수 없다. 시간, 공간, 비용에 구애 없이 인지 편향 최소화와 좋은 판단을 위한 통찰과 지혜가 요구된다. 인공지능 전환과정에서 각 분야에서 알고리즘 인재가 요구된다. 특히, 문제해결에 능통한 선량한 프로그래머가 필요하다. 선량한 프로그래머는 좋은 알고리즘을 사용한다. 나아가 가치 창출에 탁월하며 성숙한 인공지능을 설계하는 위대한 프로그래머가 절실하다.

알고리즘과 모델은 문제해결을 넘어 가치 창출에 공헌하는 기술이며 도구다. 한층 진보된 삶과 비즈니스, 사회를 성취하는 열쇠다. 세상은 갈수록 복잡해지고 경쟁은 치열해지며 변화는 가속화될 것이다. 생성형 AI의 확산 및 고도화 과정에서 인간－기술－기계가 공존하기 위해 철학·윤리·도덕 기반의 소통과 협업이 요구된다. 이러한 바탕에서 Artificial Intelligence를 넘어서는 AI(Artificial Insight)와 AW(Artificial Wisdom)를 추구해야 한다. 과연 가능할까? 현재로선 Mission Impossible이다. 하지만 인공지능의 미래지향을 함축한다. Kennedy는 그랬다. "우리의 문제는 인간이 만든 것이다. 인간에 의해 해결될 수 있다. 그리고 인간은 원하는 만큼 꿈을 펼칠 수 있다. 인간이 벗어나지 못할 굴레는 없다." 희망을 주는 구절이다. 다만, 조건이 있다. 신의 형상을 닮은 존재로서 선량한 인간 본성은 잃지 말아야 한다.

끝으로, 본서의 발간과정에서 협력해주신 박영사 안상준 대표, 박세기 부장, 양수정 대리, 박부하 대리에게 감사드린다.

2023년 9월

한 세 억

목차

Prologue   vii

제1장

AI First 시대 ·· 3

    1. 모든 것은 인공지능으로 통한다. / 3

    2. 인공지능의 중요성과 편익 / 12

    3. 인공지능 전환의 가속화 / 18

제2장

인공지능의 진화: 과거, 현재, 미래 ································· 27

    1. 인공지능의 기능과 역할 / 27

    2. 인공지능, 어디까지 왔나? / 31

    3. 어디로 갈 것인가? / 35

제3장

문제해결과 알고리즘 ·· 49

1. 피할 수 없는 숙명, 그것이 문제다. / 49
2. 문제해결의 단서, 데이터 / 60
3. 문제해결의 열쇠: 알고리즘 / 67

제4장

가치 창출과 인공지능 모델 ································· 99

1. 불확실성 시대와 핵심 요소: 예측 능력 / 99
2. 사용자중심의 가치 창출 / 106
3. 가치 창출과 알고리즘 / 112

제5장

인공지능과 생활 – 비즈니스 혁신 ···················· 141

1. 인공지능과 생활양식 변화와 혁신 / 141
2. 인공지능과 비즈니스 혁신 / 152
3. 인공지능기술과 공공(행정)비즈니스 혁신 / 170

제6장

ChatGPT의 정체성: 의미와 특성 ····················· 191

1. ChatGPT의 이해와 특성 / 191
2. ChatGPT의 의미와 가치 / 204
3. ChatGPT의 맥락과 특성 / 225

제7장

ChatGPT와 비즈니스모델 ·· 241

1. ChatGPT와 비즈니스모델 / 241
2. ChatGPT의 핵심 요소와 기능 / 274
3. ChatGPT의 알고리즘과 작동원리 / 282

제8장

ChatGPT 사용설명서: 잘 - 잘 - 법 ·································· 293

1. ChatGPT의 창의적 활용 / 293
2. ChatGPT의 사용설명서 / 300
3. ChatGPT의 서비스생태 / 310

Epilogue   339
색인   342

Prologue

만일 독자에게 3,700,000,000,000원 상당의 제품이나 서비스가 공짜로 제공된다면, 어떻게 쓸 것인가? 물건에 따라 그 용도와 쓰임새가 달라지겠지만 상상만으로 즐거운 일이다. 그런데 상상이 아닌 현실이다. 누구에게나 활용 기회가 열려있는 제품(서비스), 바로 챗GPT다. 인간을 방불케 하는 세련된 대화 및 각 분야에서 전문가 수준의 답변으로 이목을 집중시켰다. 챗GPT는 적용사례, 업무영역, 산업, 비즈니스모델 등에서 다양하게 확장되고 있다. 이처럼 누구나 사용 기회가 열려있는 챗GPT가 신기루 아닌 신기술로 체화되려면 활용의 극대화를 위한 준비와 노력이 요구된다.

인공지능은 비즈니스 세계를 넘어 생활 속으로 스며들고 있다. 어떤 사람과 조직은 유용하게 활용하고 있다. 반면 쓰고 싶어도 몰라서 못쓰거나 아예 무관심한 사람과 조직도 있을 수 있다. 그런데 세상에 공짜 없다고 무료인 듯하나 사실은 그냥 주어진 게 아니다. 제대로 활용하기 위해 많은 수고와 노력이 필요하다. 특히, 비즈니스에 적용하여 문제해결이나 가치를 창출하려면 사용 의도와 활용 방법까지 숙지(熟知)해야 한다.

오늘날 공·사를 막론하고 비즈니스에서 인공지능은 유행이나 Trend가 아니라 필수가 되고 있다. 모르면 낙후될 수밖에 없다. 손자병법에 지피지기(知彼知己)면 백전백승이라 했다. 인공지능 전환 시대의 최종병기인 챗GPT도 마찬가지다. 챗GPT를 잘 알고 자신의 필요와 역량을 잘 파악해야 문제의 해결은 물론 바람직한 가치까지 창출할 수 있다. 이러한 소망을 현실로 만들기 위한 일환에서 본서가 집필되었다. 챗GPT를 바르게 이해하고 개인이나 공·사조직의 비즈니스에 적용하기를 원하는 개인과 조직에 지침서가 되기를 바란다.

아직 공개적으로 이야기되지 않았지만, GPT 5의 출시가 예상된다. 아마 GPT 5에서는 AGI(Artificial General Intelligence) 수준의 달성이 기대된다. 이것이 사실이라면 챗봇이 인간과 같은 이해와 지능에 도달한다는 의미다. 아직 GPT 5가 어떠한 수준과 단계이며 얼마나 큰지 알 수 없다. 하지만 큰 진전을 이룰 것이라는 점은 분명하다. 일각에서는 지능적이고 강력한 AI의 위험성에 대해 경고한다. 잠재적으로 인류에게 실존적 위협이 될 수 있기 때문이다. 여느 과학기술처럼 챗GPT도 어떻게 사용하느냐에 따라 기회와 위기가 상존한다.

인공지능은 오랜 세월 우여곡절과 시행착오를 거친 끝에 오늘날 비즈니스의 핵심 요소로 활용되고 있다. 이제 AI에 부여된 가장 중요한 mission은 선량한 impact가 창출될만한 공간을 찾는 것이다. AI 혁신은 골치 아픈 인류 문제의 해결 가능성을 높여가고 있다. 그런데 문제해결을 넘어 더 큰 의미와 가치의 창출로 이어져야 한다. Fei-Fei Li가 언급했듯 인공지능은 다른 기술과 마찬가지로 인간 삶을 더 편리하고 풍요롭게 만들 수 있다.

인간의 고유 영역으로 여겨졌던 '창조'의 영역에 진입한 생성 AI의 발달로 인해 인간 역할이 줄어들면서 인간 영역의 대체 가능성이 커지고 있다. 그러나 여전히 문제 정의와 진단, 정보의 선별, 가치 판단과 창출은 인간 몫이다. 가령 제대로 문제가 정의돼야 인공지능을 활용해 쉽게 답을 얻을 수 있다. 문제가 잘못 정의되면 아무리 좋은 성능의 인공지능이라도 올바른 답을 찾기 어렵다. Sebastian Thrun이 지적했듯 인공지능 모델은 인간의 사고와 결정을 자동화할 수 있지만, 인간 의식, 감정과 경험까지 대체할 수 없다. Google X의 신규사업개발 총책임자(CBO)였던 Mo Gawdat은 Singularity, 즉 AI가 인간 지능이나 능력을 뛰어넘는 시기가 반드시 온다고 했다. 인간 삶을 윤택하게 하려는 의도는 인정된다. 그럴수록 책임 있고 윤리적이며 합리적 제도와 투명하고 안전한 장치 마련을 위한 창조성이 한층 요구된다.

제1장

AI First 시대

1. 모든 것은 인공지능으로 통한다.

2. 인공지능의 중요성과 편익

3. 인공지능 전환의 가속화

제1장

AI First 시대

"인공지능은 사람들의 삶과 일에 대한 전반적인 변화를 가져올 것이다."
−John McCarthy(1927~2011)

1. 모든 것은 인공지능으로 통한다.

챗GPT의 등장으로 모든 게 인공지능으로 통하는 AI First 시대가 가속화되고 있다. AI First 시대는 인공지능이 기업과 조직, 그리고 사회 전반에 적극적으로 적용되는 시대를 말한다. 이전까지는 인공지능 기술이 주로 연구 및 개발 단계에 머물러 있었다. 하지만 기술의 혁신적 발전과 함께 인공지능 기술이 상용화되고 있다. AI First 시대에서 기업은 고객 서비스, 마케팅, 생산성 향상 등 다양한 분야에서 인공지능 기술을 활용하고 있다. 가령 대화형 챗봇을 이용하여 고객 서비스를 개선하고, 기계학습(ML) 알고리즘을 적용하여 제품 생산성을 향상하는 등 사례가 넘쳐난다.

AI First 시대의 도래는 더욱 발전된 인공지능 기술의 출현과 함께 인간의 역할과 일의 변화를 불러일으킬 것으로 예상된다. 인공지능이 일부 업무를 대신 수행하면서 인간은 더 복잡하고 창조적 작업에 전념할 수 있게 될 것이다. 이로 인해 생산성과 효율성이 증대될 것으로 예상된다. 하지만 인공지능이 발전함에 따라 인간의 일자리가 대체될 위험성이 있다. 이에 대한 대비와 대처가 필요하며, 개인 정보 보호 등의 문제를 유발할 위험성도 있으므로 이러한 문제에 대한 규제도 함께 고민되어야 한다.

매년 미국 캘리포니아에서 진행되는 Google 개발자회의(I/O), Google의 미래 전략을 읽을 수 있는 단서인 동시에, 향후 정보통신기술(ICT)의 발전 방향을 점치는 계기가 된다. 그런데 지난 2017년 5월 17일 마운틴뷰 Google 본사에서 열린 Google의 연례 개발자 컨퍼런스 'Google I/O 2017'의 키워드는 '인공지능'이었다. Sundar Pichai Google 최고경영자(CEO)는 기조연설에서 "우리는 컴퓨팅의 새로운 전환을 목격하고 있습니다. 바로 모바일 퍼스트에서 인공지능(AI) 퍼스트 세계로의 전환입니다."라고 설파했다.

산업·경제·사회 변화의 핵심이 됐던 모바일의 역할을 이제는 AI가 하게 된다는 말이다. 전 세계를 막론하고 AI 기술 경쟁이 뜨겁다. Google·MS·IBM·아마존 오픈 AI 등 글로벌 기업들은 AI를 하나의 사업 분야나 새로운 성장 동력으로 바라보는 것이 아니라 모든 기술과 영역을 뒷받침할 기반 기술로 여기고 있다. MS의 Joseph Sirosh Sirosh AI 책임 부사장은 "AI는 새로운 기준"이라고 강조했고, 손정의 소프트뱅크 회장은 "AI가 인류 사상 최대의 혁명이고 모든 산업을 재정의할 것이고 AI를 지배하는 자가 미래를 지배할 것"이라고 말했다. 이를 위해 세계 주요 기업들은 AI 전문 인재 유치에 열을 올리고 있고 관련 스타트업을 인수하며 저마다의 생존 방안을 구상하고 있다. 이러한 상황에 부응하여 <그림 1-1>에서 보듯 미국과 중국을 중심으로 국가적 수준에서 인공지능 도입을 위한 국가적 노력에 박차를 가하고 있다.

지난 2019년에 5G가 상용화되면서 AI 기술이 본격적으로 확대되고 있다. 기존보다 데이터 전송속도는 최소 20배 빨라지고 데이터 처리 용량은 100배 커졌다. 5G가 4차 산업혁명의 신경망으로 불리는 이유다. 대용량 데이터 전송, 수많은 기기의 연결, 실시간 데이터 전송이 가능해지면서 얻게 된 네트워크 경쟁력은 AI가 더 많은 사물에 연동되고 더 많은 일을 처리할 수 있게 만들어 준다. 특히 자율주행 자동차의 AI를 위해서는 5G 기술이 매우 중요하다. 자율주행 자동차의 AI가 순간적인 결정을 내리기 위해서는 지연시간이 없는 빠른 통신이 필요하기 때문이다. 5G 기반의 지연시간 없는 빠른 통신이 유효한 데이터를 활용해 AI의 판단을 돕는다. 자율주행에 들어간 AI는 가장 가까운 위치의 고객과 차량을 연결하고 최적의 주행 경로를 찾아주며 차량은 주행 중 관제센터, 신호등과 정보를 주고받아 위험 요소를 피한다. 고객 가치를 전달하고자 인력, 프로세스, 기술을 Positioning 하는 방법을 정의하는 것이 운영모델이라면, 'AI 퍼스트(AI-first)' 운영모델은 AI를 우선 사용해 제품, 프로세스, 경험에 지능(intelligence)과 자동화를 적용한다는 의미다.

그림 1-1 국가별 인공지능 도입 수준

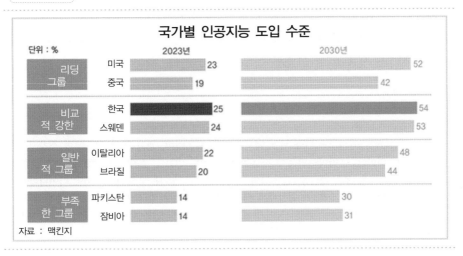

모든 것이 인공지능으로 통하는 시대에 인공지능 우선주의를 성공적으로 추진하기 위한 전략으로 과제가 제시되었다.[1] 첫째, 인공지능에 관한 이해의 표준화이다. 가령 미국의 식품업체 Mars의 CDO(최고 디지털 책임자) Sandeep Dadlani는 'AI에 관한 이해'를 표준화하기 위한 전략적 접근을 강조하고 있다. 그는 "자신의 상황에 맞게 문제를 해결하면서 배울 수 있도록 돕는 비즈니스 중심적 접근방식을 위해 의도적으로 정규 AI 교육과정 개발을 늦췄다"라고 말했다. 기업에서 각 팀은 사업 및 시장에서 우선하여 해결해야 할 문제를 이해하는 것부터 시작해야 한다고 보았다. 그러고 나서 AI와 사용자 중심 개념을 적용한 문제해결의 필요성을 강조하였다. 이러한 과정에서 디지털 리더와의 브레인스토밍도 AI에 관한 이해를 높이는 데 도움이 될 수 있다고 보았다. 다음 조직 내 및 외부의 전문적 facilitator가 기술의 가능성을 설명하고, 디지털 리더는 기존 비즈니스 문제를 다루기 위한 활용 사례를 브레인스토밍하는 것이 유용하다고 조언하였다. 특히, 디지털 리더는 팀 내에서 이를 반복해 AI에 관한 이해가 전사적으로 퍼질 수 있도록 해야 한다.

둘째, AI가 어떻게 수많은 해결 방법을 만들어내는지 그리고 성과를 끌어내는지 정의해야 한다. 달리 말해 효과적인 전략은 '전략을 구사할 장소'와 '성과를 내는 방법'이라는 두 가지 질문에 답을 준다. AI 퍼스트 기업은 AI를 활용해 성과를 도출할 수 있는 수많은 방법을 만들 수 있다. 이를테면 개인화된 경험을 제공하거나 기하급수적으로 확장 가능한 기능을 만드는 것이다. 다만, 디지털 리더는 AI와 비즈니스 성과 간의 관계를 명확히 해야 한다. 이는 Buy-In[2]을 달성하는

---

[1] https://www.ciokorea.com/news/165745

[2] 바이-인(Buy-In)은 조직이나 팀 내에서 새로운 아이디어, 계획, 프로젝트 등의 추진에 필요한 찬성을 의미한다. 바이-인은 조직 내에서 새로운 변화를 추진할 때 중요한 역할을 한다. 예를 들어 새로운 제품 개발을 위해 팀이 구성되었다면, 팀 내 구성원들이 해당 아이디어에 바이-인을 하지 않으면 개발이 원활하게 이루어지지 않을 수 있다. 따라서 바이-인을 얻기 위해서는 팀 내 구성원들의 이해와 참여가 필수적이다. 바이-인을 얻기 위해 구성원들의 이익을 고려하여 아이디어를 제시하되 구성원들의 요구 및 우려 사항을 먼저 파악하고, 계획을 세우는 것이 필요하다.

데 필수적이기 때문이다. 보다 구체적으로, 기업은 AI Initiative가 비즈니스모델의 모든 측면에 미치는 영향을 정확하게 정의해야 한다. 가령 고객 가치 제안(예: 고객이 구매하는 이유), 수익 창출 방법(예: 수익을 달성하는 방법), 핵심 리소스 및 프로세스(예: 가치를 만들고 전달하는 방법) 등이 해당한다. 현실적으로 AI Initiative에 자금을 조달하기 위한 전제조건인 경우가 많다. 하지만 경영진이나 현업의 공감을 얻을 수 있는 용어로 설명하지 못하는 리더들이 많다. 이를 위해 핵심 이해당사자와의 1대1 미팅 등을 통해 AI 투자가 어떻게 비즈니스모델을 개선하고, 성과를 도출할 것인지 명확하게 설명할 수 있어야 한다.

셋째, 'AI 전환'을 방해하는 문제를 파악해야 한다. AI를 통해 비즈니스 성과를 낸다는 희망은 매력적이지만 빠른 성과 창출과 전사적인 전환을 가로막는 장애물이 존재한다. 바로 기술적, 조직적 경직성(rigidities)이다. 디지털 리더는 디지털 인프라를 강화하는 동시에 빠르게 성과를 달성할 수 있는 종합적인 로드맵을 수립해야 한다. 원활한 작업을 지원하는 권장 사항은 다음과 같다. ①부서(tribal) 중심의 운영모델을 없애야 한다. 인정하든 인정하지 않든 대기업은 손익(P&L), 사업부(business units), 기능(functions)에 의해 규정되는 이른바 부서 중심으로 운영되는 경우가 많다. 성과급의 경우, 부서와 연결돼 있기에 전략 기획과 예산 할당이라는 측면에 있어 '우리 대 그들(us vs. them)'이라는 사고방식을 초래한다. 그 결과, 특정 부서에 이익이 되는 결과를 유도하고자 서로 다른 데이터와 애플리케이션으로 구성된 기술 환경이 만들어진다. 이른바 'Silo(부서 간 경계)'다. AI 퍼스트 조직은 Silo를 넘어 표준화된 디지털 인프라로 조직을 재구성해야 한다. 예를 들면 MS는 디지털 전환을 추진하면서 IT 부문을 'Core Services(핵심 서비스)' 부문으로 Rebranding 했다. 사업부와 관계없이 전사적으로 운용되는 프로세스를 구축하는 데 사용할 구성요소를 제공하기 위함이다. ②데이터를 중앙 집중화 및 표준화하여 고객을 전체적으로 파악해야 한다. 부서 중심 구조의 결과로 조직 전체에 걸쳐 발생하는 서로 다른(그리고 호환되지 않는) 애플리케이션 및 데이터 소스는 여러 고객 접점을 연결하기 어렵게 한다. 많은 기업이 이러한 문제점을 인정하고 있다. 그렇기에 모든 데이터 소스를 수집−맥락(脈絡)화−통합하면서 고객에 관한 전 방위적 관점을 개발하는 전사적 Data Platform(Data Lake)을 구축하는 프로그램이 필요하다. 이렇게 조직 프로세스를 아우르는 신뢰할 수 있는 데이터 소스를 활용해 기업은 지도학습 알고리즘에 바탕을 둔 AI 애플리케이션을 개발할 수 있다. 이를 통해 이탈 가능성이 있는 고객을 미리 파악하고 선제적으로 대응할 수 있다. ③일회성 통합보다는 재사용성에 초점을 두어야 한다. 기업은 전통적으로 특정 사업부나 기능을 대상으로 통합을 진행하거나 기능을 구축해왔다. 하지만 이로 인해 기능 중복, 유연성이 떨어지는 통합, 기술 자산의 복잡성 증가가 총 소유 비용을 늘리고 시장 출시 속도를 둔화시키는 문제를 초래했다. AI First 기업은 재사용성(reusability)과 모듈화(modularity)를 활용해 소프트웨어 구성요소의 데이터와 라이브러리를 드러내는 중앙집중식 API 계층을 만들어 전사적으로 AI 애플리케이션을 신속하게 개발할 수 있어야 한다. 가령 애플리케이션 개발은 처음부터 새로운 기능을 구축하는 것이 아니다. 기존 기능을 보완하고 조율해 규모와 범위의 경제를 견인하는 것이 중요하다. 물론 이러한 문제들을 해결하기 위해 많은 돈과 시간이 필요하다. 그러나 이를 외면한다면 성공적인 AI 전환 가능성이 작아지므로 이러한 부분들을 평가하고 문제를 해결하기 위한 장기 로드맵을 마련해야 한다.

넷째, AI 활용 사례를 파악하고 Pilot 추진전담팀을 구성해야 한다. AI 활용 사례를 파악하는 데 집중할 전담팀도 필요하다. 가령 미국 보험사 Allstate는 Cross Functional Team(CFT)이 모여 가치 흐름의 Mapping과 디자인사고를 결합해 인공지능의 활용 기회를 파악하고 AI 기반 솔루션을 규정하는 AI 전담 전문가 그룹(CoE)를 만들었다. 특히, Allstate CTO 크리스 게이츠는 이해당사자 간 교류의 중요성을 역설하였다. AI 아키텍트는 프로세스를 자세히 설명할 수 있고, 동시에 비즈니스 관련 지식을 넓힐 수 있다. 반면 프로세스 SME(Subject Matter Experts)는 AI 활용 사례에 관해 많은 정보를 얻을 수 있다. 또한 AI 활용 사례를 파악할 때 AI가 제품, 프로세스, 경험을 더 지능적으로, 더 효율적으로 그리고 더 확장할 수 있도록 만드는 시나리오에 초점을 맞추어야 한다. 예컨대 헬스케어 시스템의 경우, CurieAI와 같은 AI 솔루션을 배포해 코로나19 환자의 호흡 패턴을 모니터링하는 프로세스에 '지능'을 통합할 수 있다. 이를 통해 증상 악화를 사전에 파악할 수 있다. 또한 효율성을 높이기 위해 AI 챗봇이 배포될 수도 있다. 그리고 대기실 경험을 개선하는 데 도움을 주는 LifeLink 같은 솔루션을 들 수 있다. AI를 통해 제품, 프로세스, 경험을 강화하는 것은 새로운 사업 기회가 무궁무진하다. 그러나 자동화가 고객에게 미칠 수 있는 긍정 및 부정적 영향을 간과해서는 안 된다. Tenet Healthcare의 CIO Paola Arbour는 병원의 경우, 환자 주변에 아무리 편리한 기술이 많다고 해도 사람과의 상호작용이 절대적으로 필요하다고 강조한다. 비즈니스모델의 특정 요소는 반드시 유지돼야 한다. 병원이라면 환자와 의료진의 상호작용이 해당한다. 이러한 맥락에서 Paola 팀은 적시에 적절한 데이터를 제공하는 방법으로 환자와 의료진의 상호작용을 강화하는 데 AI를 활용하였다. 흔히 '인간＋머신(Human＋Machine)'으로 지칭되는 공식은 최적의 경험을 전달하는 데 사람 간의 상호작용이 중요한 많은 상황에 적용할 수 있다. 또한 AI 활용 기회가 많아진다면 목표 비즈니스 성과를 달성할 확률과 실현가능성이 가장 높은 기회를 대상으로 Pilot의 추진이 권장된다. 우선, AI 전담팀에서 평가 작업실시 후 디지털 운영위원회(혹은 유사한 전담 조직)의 검증을 받아 초기 자금을 확보하고 MVP(Minimum Viable Product) 개발을 추진해야 한다. 이후 디지털 운영위원회가 MVP 결과를 평가해 측정 가능한 가치가 포착됐는지, Initiative를 확장할 타당성이 있는지를 결정해야 한다.

다섯째, 결과를 개선하고 계속 학습해 나가는 MVP(Minimum Viable Product)를 확대해야 한다. 가치를 포착하고 확장 가능성을 보여주는 MVP가 형식을 갖춘 Delivery 프로그램으로 확대돼야 한다. MVP를 더 많은 기능과 고객 Segment로 확장하면 더 많은 데이터의 수집이 가능하다. 이는 알고리즘을 개선할 수 있는 수단이 늘어난다는 의미다. 더 향상된 알고리즘은 더 나은 경험으로 이어지고 궁극적으로 사용량이 늘어난다(선순환의 시작). 구독형 식료품 배달 앱을 예로 들면, 앱에서 처음 의도한 결과는 고객들이 더 많은 제품을 장바구니에 담도록 유도하는 것이었다. 사용자가 제품을 장바구니에 담으면 알고리즘이 유사한 장바구니를 가진 고객들이 과거 주문했던 물건들을 파악, 화면에서 추천한다. 해당 고객은 추천 제품을 주문하거나 거부할 수 있다. 이를 통해 표본 크기가 커지고 더 많은 고객 데이터(예: 인구통계, 주문 내역, 행동 등)를 분석하면서 알고리즘이 개선되고, 더 나은 추천을 할 수 있다. 다시 말해, 고객의 쇼핑 경험을 개선하면서 앱 사용량이 늘어나는 결과를 낳는다. 이것이 선순환돼 더 많은 고객데이터를 수집함으로써 알고리즘을 한층 더 향상할 수 있다.

지난 2010년대부터 본격화된 Deep Learning(DL)은 복잡한 비정형 고차원 데이터의 분석이 가능하다. 사람들이 직관적으로 쉽게 판단하는 여러 문제(이미지 인식, 자연어 대화, 컴퓨터 게임 등)를 기계가 알아내려면 저차원 데이터와 단순한 전통적인 ML 학습 모델로는 분석이 어렵다. 데이터의 복잡한 상관관계를 찾아내기 위해서 축소되지 않은 모든 고차원 데이터와 이를 분석할 수 있는 심층신경망(Deep Neural Network)을 이용해야 한다. 이를 전통적인 ML과 구분하기 위해서 Deep Learning이라고 부른다. 깊고 복잡한 ML로 볼 수 있다.

딥러닝은 컴퓨터 알고리즘이 스스로 비정형 데이터의 특징을 파악하고 분석·예측한다. 하지만 경과에 대한 명확한 이유를 정확히 설명할 수 없다. 하지만 실제 문제를 해결하는 인간 전문가와 같은 능력을 인공신경망이 가질 수 있다. 딥러닝 구현을 위해서는 적용 분야에 대한 전문가 지식 모델, 잘 정제된 학습 데이터, 효율성 높은 딥러닝 알고리즘 등이 필요하다. 그리고 일단 구현되면 스스로 새로운 데이터를 분석 및 학습하여 발전할 수 있다. 이러한 과정에서 AI First 모델이 확산되고 있으며 챗GPT를 위시한 생성형 AI 등장으로 한층 고도화되고 있다.

인공지능(Machine Learning 포함)을 산업에 활용하는 사업모델은 두 가지로 나뉜다. 기존의 산업 활동에서 생성되는 빅데이터를 ML을 통해 분석하여 부가가치를 창출하려는 접근 방법을 '빅데이터 모델'이라고 한다. 반면 딥러닝 기술을 적용하여 새로운 산업 활동의 주요 주제를 해결하는 새로운 응용 인공지능을 만드는 것이 'AI First' 모델이다. 2016년 알파고 충격 이후에는 각 산업 분야에서 알파고와 같은 역할을 할 수 있는 산업 AI를 상용화하려는 AI First 모델기반에서 사업을 펼치는 스타트업이 폭발적으로 증가하고 있다.

빅데이터 모델과 AI First 모델의 차이는 다음과 같다. 빅데이터 모델은 이미 있는 산업 활동(프로세스)에서 발생하는 빅데이터를 가공하여 해당 활동의 효율성을 개선하는 사업모델이다. 즉 프로세스 개선이다. 해당 프로세스에 대하여 ML(AI)을 적용하기 위해서는 데이터가 많을수록 유리하기 때문에, 산업 분야 전문기업보다 여러 경로로 데이터를 수집할 수 있는 중개 사업자(Aggregator)가 유리하다. 즉, 산업 전문기업은 경쟁력이 없다. 가령 온라인 매체보다 온라인 광고 에 이전시 기업이 유리하다.

　AI First 모델은 산업 전문가 지식에 기반하여 해당 산업 분야의 핵심 주제의 문제를 해결하여, 지능화된 고객 서비스를 할 수 있는 애플리케이션이나 플랫폼을 만드는 사업모델이다. 고객 서비스에 직접 적용되어 프로세스 개선을 넘어 비즈니스모델의 혁신을 가져온다. 즉, 비즈니스 혁신이다. 이 경우, 인공지능이 산업의 핵심 문제를 해결할 수 있도록, 새로운 고객 서비스 기능을 완전하게 구현하기 때문에 산업 분야에 대한 전문적 이해는 기본이고, 충분한 고객들이 새로운 기능을 실제 활용하기 때문에 개발 기업의 산업 분야 내 위상이 중요하다. 이에 따라 전문기업이 신흥 플랫폼이나 중개 사업자보다 유리하다.

　빅데이터 모델은 3차 산업혁명 시대에서 4차 산업혁명 시대로 넘어가는 2000년대 '디지털 전환' 시기에 기업 경쟁력 강화를 위하여 활발히 도입되었다. 하지만 딥러닝으로 혁신적인 산업 AI가 가능한 2016년 이후에는 새로운 가치를 창출하는 AI First 모델로 급속히 대체되고 있다. 지금은 AI First 모델을 통한 산업 AI의 시대이다. 스스로 발전하는 딥러닝 산업 AI는 선점은 곧 독점으로 이어진다. 따라서 각 산업 분야에서 경쟁력을 보유한 전문기업이라면, 4차 산업혁명 시대 필수 경쟁력 확보를 위하여 AI First 모델로 자사 전문분야 산업 AI 개발을 서둘러야 한다. IoT 기술로 전 세계가 하나로 연결되는 초연결 시대에 글로벌 산업 AI 생태계에 진입하지 못하는 기업의 미래는 보장할 수 없으므로, 산업 AI 개발은 기업 생존을 위한 필수조건이다.

2. 인공지능의 중요성과 편익

인공지능의 등장은 인류에게 전기 발명과도 같은 새로운 가치를 제공하며 비즈니스 세계와 평범한 일상의 삶에 스며들고 있다. 특히 인공지능기술로 인해 자본의 생산과 분배의 힘의 이동은 물론 전통적인 미디어와 인간(M·H: Media to Human)의 관계에서 인간과 AI(Human with AI)가 소통하는 사회로 진화하고 있다. 이 과정에서 인공지능은 다양한 분야에서 적용되고 있다. 가령 의료분야에서는 환자 진단과 치료 계획 수립에 활용되며, 금융 분야에서는 부정거래 탐지와 신용 평가에 사용된다. 제조 분야에서는 자동화된 생산 시스템을 구현하고, 로봇 분야에서는 인간과의 상호작용을 가능하게 하면서 가치를 창출하고 있다.

인공지능이 제공하는 가치도 다양하다. 인공지능은 높은 정확도와 효율성을 제공한다. 예컨대 의료분야에서 인공지능은 정확한 진단과 개인 맞춤형 치료 계획을 제공할 수 있다. 또한 인공지능은 반복적이고 지루한 작업을 수행할 수 있다. 이를 통해 인간은 더 창조적인 업무에 집중할 수 있다. 그리고 인공지능은 인간의 오류를 줄일 수 있다. 금융 분야에서 인공지능은 부정거래를 탐지하여 인간의 실수를 예방할 수 있다. 이 외에도 기존 방법으로 해결하기 어려운 복잡한 문제를 해결할 수 있다.

인공지능은 다양한 분야에서 중요한 역할을 하고 있으며, 더 많은 분야에서 적용 가능성이 높다. 인공지능의 중요성은 다음과 같다. 첫째, 빠른 의사결정이다. 빠른 의사결정은 현대 기업 및 조직에서 매우 중요한 역할을 한다. 인공지능은 빠른 데이터 분석과 의사결정을 가능하게 한다. 기업이나 조직은 더욱 빠르고 정확한 의사결정을 내릴 수 있으며, 시간과 비용을 절약할 수 있다. 또한 기업이나 조직은 빠르게 시장 환경의 변화에 대응할 수 있으며, 이를 통해 경쟁 우위를 유지할 수 있다. 인공지능은 데이터를 분석하고 처리하여 빠른 의사결정을 가능하게 한다. 가령 다양한 데이터를 분석하여 상황에 따른 최적의 의사결정을 내릴 수 있다. 또한 사람이 처리하기 어려운 대규모 데이터를 빠르게 분석하여 의사결정에 활용할 수 있다. 이처럼 인공지능이 빠른 의사결정을 가능하게 하는 이유는 실시간으로 데이터를 처리할 수 있기 때문이다. 가령 인공지능은 IoT 기술을 이용하여 실시간으로 센서 데이터를 처리하고 분석할 수 있다. 이를 통해 기업이나 조직은 더욱 빠르고 정확한 의사결정을 내릴 수 있다.

인공지능의 편익

- 📈 Improve efficiency
- $ Save costs
- ✅ Avoid problems
- ((•)) Anticipate future scenarios
- ⓘ Reduce human error
- ⚙ Automate processes

https://www.neuraldesigner.com/blog/benefits_of_artificial_intelligence

둘째, 더 나은 예측이다. 인공지능은 데이터를 분석하여 미래 예측을 할 수 있다. 또한 학습을 통해 더 나은 예측이 가능하다. 예측은 기업이나 조직이 성공적인 의사결정을 내리는 데 중요한 역할을 한다. 예를 들어, 금융기관에서는 인공지능을 이용하여 부도 예측이나 투자 추천 등의 작업을 수행할 수 있다. 또한 기업이나 조직은 과거 데이터를 분석하여 미래의 성장을 예측할 수 있다. 인공지능은 다양한 데이터를 분석하여 예측 모델을 만들고, 이를 활용하여 미래의 상황에 대한 예측을 할 수 있다. 심지어 예측 모델을 지속으로 개선하여 더욱 정확한 예측을 가능하게 한다. 예측할 수 없는 요인을 고려하여 예측을 가능하게 한다. 가령 기상 데이터와 같은 외부 요인을 고려하여 기업이나 조직이 미래의 수요나 생산량을 예측할 수 있도록 돕는다. 더 나은 예측은 기업이나 조직이 비즈니스 전략을 세우는 데 매우 중요하다. 인공지능을 활용하여 더욱 정확한 예측을 가능하게 하면, 기업이나 조직은 미래의 흐름에 대한 예측을 더욱 정확하게 할 수 있고, 이를 기반으로 비즈니스 전략을 수립하고 경영을 더욱 효율적으로 할 수 있다.

셋째, 자동화이다. 인공지능은 일부 작업을 자동화할 수 있다. 이를 통해 기업이나 조직은 인력 비용을 줄일 수 있으며, 인간이 처리하기 어려운 반복적인 작업을 처리할 수 있다. 자동화는 인공지능이 가장 큰 영향력을 발휘하는 분야 중 하나이다. 인공지능은 다양한 업무를 자동화하여 생산성을 향상하고 인간의 노동력을 대체하는 데 사용된다. 가령 인공지능은 기업이나 조직에서 노동력이 필요한 반복적 업무를 자동화할 수 있다. 이러한 업무에는 데이터 입력, 문서 작성, 이메일 발송, 고객 대응 등이 포함된다. 반복적인 업무를 자동화하여 인간의 노동력을 대체하고, 인간이 처리해야 할 업무에 더욱 집중할 수 있도록 돕는다. 특히, 제조업에서 많이 활용되는데 실례로 생산 현장을 자동화하고, 생산 과정을 Monitoring 하면서 생산 현장의 성능을 최적화할 수 있다. 이를 통해 제조업에서 생산성을 높이고 생산 비용을 줄일 수 있다. 자동화의 바탕에서 기업이나 조직은 인간의 노동력을 대체하고 생산성을 향상하면서 경쟁 우위를 확보할 수 있다.

넷째, 개인 맞춤형 서비스이다. 인공지능은 데이터 분석을 통해 개인의 취향과 선호도를 파악하여 맞춤형 서비스를 제공할 수 있다. 이를 통해 고객 만족도를 높일 수 있다. 개인 맞춤형 서비스는 개인의 요구사항과 취향에 맞게 제공되는 서비스를 의미한다. 이러한 서비스는 기술의 발전과 데이터 분석 기술의 발전으로 가능해졌다. 개인 맞춤형 서비스는 사용자의 관심사, 구매 이력, 검색 기록 등을 수집하고 분석하여 사용자에게 최적화된 정보와 서비스를 제공한다. 예를 들어, 온라인 쇼핑몰에서 개인 맞춤형 서비스를 제공한다면, 사용자의 이전 구매 이력과 검색 기록을 바탕으로 추천 상품을 제공하거나 사용자의 취향에 맞는 상품을 검색 결과 상위에 노출(露出)시켜 줄 수 있다. 다른 예로는 음악 스트리밍 서비스가 있다. 해당 서비스는 사용자가 듣는 음악의 장르, 가수, 앨범 등을 분석하여 사용자에게 추천 음악을 제공하거나 사용자가 좋아할 만한 새로운 음악을 발견할 수 있는 기능을 제공할 수 있다. 개인 맞춤형 서비스는 사용자에게 한층 나은 사용자 경험을 제공하고, 기업에는 사용자들의 취향과 요구에 집중할 수 있도록 기회를 제공한다. 하지만 이와 같은 서비스를 제공하면서 사용자의 개인 정보를 수집하게 되므로, 개인 정보 보호 문제에 대한 적극적인 대처가 필요하다.

다섯째, 비즈니스모델이다. 인공지능은 새로운 비즈니스모델을 만들어낼 수 있다. 예를 들어, 기존의 제품과 서비스를 개선하거나 새로운 제품과 서비스를 개발할 수 있다. 새로운 비즈니스모델은 기존의 비즈니스모델과 다른 혁신적인 아이디어나 방식으로 수익을 창출하는 것이다. 새로운 비즈니스모델은 기업이 새로운 시장을 개척하거나 기존 시장에서 경쟁 우위를 확보하는 등의 경제적 이점을 가져올 수 있다. 새로운 비즈니스모델을 예시하면 다음과 같다. ①Subscription(구독자) 모델: 기존의 상품을 구매하는 방식이 아니라 월 정기 구독을 통해 상품이나 서비스를 제공하는 방식이다. 이러한 모델은 고객의 수익을 안정적으로 예측할 수 있으며, 고객들과 지속적인 관계를 유지할 수 있다. 가령 Netflix나 Spotify 등의 서비스가 구독형 모델을 적용하고 있다. ②Platform 모델: 여러 판매자와 구매자를 연결하여 거래가 이루어지는 플랫폼을 운영하는 모델이다. 이러한 모델은 기존의 유통 채널을 대체하거나 보완하여, 판매자와 구매자의 거래 비용을 줄이고, 거래의 효율성을 높일 수 있다. Uber나 Airbnb 등에서 제공하는 서비스가 플랫폼 모델을 적용하고 있다. ③데이터 기반 비즈니스모델: 고객데이터의 수집과 분석을 기반으로 제품이나 서비스를 개발하거나 광고 등의 마케팅 활동을 수행하는 모델이다. 고객들의 취향과 선호도를 정확하게 파악하여 개인 맞춤형 서비스를 제공할 수 있으며 기업의 마케팅 효율성을 높일 수 있다. 이 외에도 새로운 비즈니스모델은 계속해서 발전하고 있으며 기존의 모델과 다른 혁신적인 아이디어나 방식을 찾아 개발하는 것이 중요하다.

디지털 전환이 진전될수록 그 중요성과 가치가 커지고 있는 인공지능은 1996년 IBM에서 12수를 앞서는 연산 처리능력을 가진 컴퓨터로 세계의 체스 챔피언인 Garry Kasparov와 대국해 승리함으로써 그 존재와 위력을 암시했다. 2011년 2월 4일에는 74연승을 거두며 250만 달러를 거머쥔 최다 승자 켄 제닝스, 브래드 루터 등과도 대결해 IBM Watson이 승리를 거뒀다. 또한 캐나다 토론토 대학의 Geoffrey Hinton 교수의 논문(A fast learning algorithm for deep belief nets)에서 Deep Learning이 빅데이터와 결합하면서 여러 기반 기술과 음성인식 기술이 개발되었다. 특히, 2011년 이미지 인식 에러율이 25.7%에서 4.8%를 기록하면서 사람의 인지 능력인 5%보다 정확도를 높이는 결과를 보여 주목을 받기 시작했다. 이는 로봇의 음성인식은 물론 자연어 인식의 단계를 뛰어넘어 자연어와 음성이 혼합된 상태에서도 이를 구별하는 수준으로 진화를 거듭하고 심지어 특정인의 목소리를 구별하는 지능을 갖게 됐다.

향후 인공지능은 컴퓨터를 이용하여 인간의 지능과 유사한 작업을 수행하도록 프로그래밍하는 분야로서 로봇, 3D, 빅데이터와 더불어 일자리 창출과 국민소득 제고에도 큰 몫을 할 것임이 틀림없다. 인공지능기술은 의학, 농·생명, 국방,

건설, 사회복지 등 여러 분야에서 성과를 보여주고 있다. 그런데 한국의 현실은 어떠한가? 미래의 핵심 성장산업 분야로 인식되는 로봇의 경우, 핵심요소인 SW에서 3D Modeling과 디자인 그리고 빅데이터의 수집 설정, 스트리밍 방법, 필터링, 저장, 분석, 가공 및 가시화 프로세스를 위한 개발 SW(Hadoop, Sawzoll, GFS, Map & Amp) 등이 모두 Google에서 개발한 솔루션이며 국산은 전무한 현실이다.

이러한 상황에도 불구하고 IT 강국으로 평가되는 한국은 IT융합을 최고로 활용하였다. 일례로 11년 연속 인천공항 서비스가 1등이며 우간다보다 뒤떨어져 86위였던 금융산업은 금산분리 완화정책과 KT와 카카오를 핀테크 사업자로 허가하면서 세계 7위로 올렸다. Google의 경우, 인공지능 알파고(Alpha Go)를 통해 삼성전자보다 하위에 있던 Google의 Brand 가치를 단숨에 삼성 위로 올려놓았다. 이러한 성과를 뒷받침하는 것은 두말할 나위 없이 소프트웨어(SW)다. 이러한 흐름을 반영하여 이미 미국과 영국, 독일을 비롯한 거의 모든 선진국은 유치원, 초등학교에서부터 이의 중요성을 내다보고 Computational Thinking을 통한 창의성과 논리성 배가에 노력하고 있다.

사실 인공지능(AI)은 컴퓨터를 기반으로 사람의 뇌가 수행하는 방법을 모사해 여러 가지 지능을 구현할 수 있게 하는 기술이다. 즉 모든 기기에 연결돼 일상을 바꿀 수 있고 복잡한 정보를 빠르게 분석할 수 있으며 인류의 새로운 인터페이스를 창조해 낼 수 있다. 1950년대부터 관련 연구가 시작돼 발전해 온 인공지능 기술은 기술적 한계에 부닥치면서 1970년대까지 관련 연구와 투자가 침체를 겪어왔다. 그러다 1980년대 신경망(neural network) 이론으로 재발견됐다. 신경망 이론은 인간의 사고를 두뇌 작용의 산물로 보고 두뇌 구조를 분석함으로써 생각하는 기계를 만들 수 있을 것이라는 이론이다. 하지만 이론을 적용하기 위해 요구되는 방대한 데이터의 관리 방법이 없어 또다시 침체기를 맞았다. 그러나 다시 글로벌 정보기술(IT)업계의 핵심기술로 등장하고 있다.

인터넷 속도가 빨라지고 다양한 형태의 비정형 데이터를 과거보다 쉽게 수집하고 분석할 수 있는 빅데이터 처리 환경이 조성되면서 인공지능의 정확성이 향상됐기 때문이다. 앞서 언급했듯 Geoffrey Hinton 캐나다 토론토대 교수가 제안한 'Deep Learning'의 등장으로 컴퓨터가 스스로 자질을 학습하고 인공지능을 설계하게 되면서 인공지능이 비약적인 수준으로 향상됐다. 또한 GPU 컴퓨팅과 클라우드 컴퓨팅의 도움으로 방대한 데이터를 빠르게 처리할 수 있게 되면서 인공지능의 성능이 크게 향상될 수 있었다.

혁신을 거듭하는 인공지능의 여러 장점 중 하나는 인터페이스다. 인공지능은 컴퓨터와 사람의 접점에서 서로의 언어를 이해하고 원활한 소통을 할 수 있게 돕는다. 예전에는 인간이 컴퓨터가 이해할 수 있는 형식으로 입력하기 위해 노력해야 했다면, 인공지능이 보편화된 시대에는 다른 사람에게 말하듯 자연스러운 소통을 시도해도 컴퓨터가 이해할 수 있고, 그에 해당하는 적절한 명령을 수행한다. 여기에 5세대(5G) 이동통신의 확산과 사물인터넷(IoT)의 대중화로 관련 Device 보급이 확대되면서 데이터가 기하급수적으로 늘어나고 있다. 이처럼 데이터의 증가와 축적에 따라 인공지능의 발전 속도가 가속화될 수 있었다. 이에 따라 Soft Bank의 손정의 회장은 '모바일 월드 콩그레스(MWC) 2017' 기조연설에서 "30년 안에 인간의 두뇌를 능가하는 아이큐 1만의 슈퍼지능을 갖춘 컴퓨터의 탄생을 예측하면서 IoT 칩이 사용된 기계·로봇이 세계 인구수를 추월할 것으로 전망했다. 30년 이내에 신발 속 칩이 인간보다 똑똑해지는 날이 올 것으로 보았다. 이런 상황이 펼쳐지면 마치 [Minority Report]에 등장한 3명의 예언자처럼 인공지능이 강력 범죄가 언제, 어디에서 발생할지 예측하는 영화 속의 이야기가 현실이 될 것이다. 아니 이미 몇몇 도시에서 현재 진행형으로 나타나고 있다.

인공지능은 사회에 다양한 편익을 제공한다. 그중 가장 큰 편익은 생산성의 향상이다. 인공지능 기술을 활용하여 사람이 처리하는 일부 작업을 자동화함으로써 생산성을 높일 수 있다. 이를 통해 생산성의 증대는 더욱 빠르고 효율적인 생산 과정과 제품, 서비스의 개발에 이바지할 수 있다. 또한 인공지능은 의료, 보안, 환경 등 다양한 분야에서도 많은 편익을 제공한다. 의료분야에서는 인공지능을 이용하여 질병 진단 및 치료에 활용함으로써, 환자의 치료 효과를 높일 수 있다. 보안 분야에서는 사기 탐지, 보안 위협 대응 등에 활용할 수 있으며 에너지·환경 분야에서는 인공지능을 이용하여 에너지 효율을 향상하고, 환경 문제를 해결하는 등의 방법을 제시하고 있다. 물론 개인의 생활에서도 편의를 제공한다. 음성 인식 기술이 발전하여, 음성 명령으로 가전제품을 조작하거나 스마트폰에서 명령을 실행하는 등의 기능이 개발되어 개인의 생활에서 불필요한 시간과 에너지를 절약할 수 있다. 하지만 인공지능의 발전과 함께 개인 정보 보호, 인공지능과 사람 간의 균형 등의 문제도 더욱 심각해지는 양상이다. 따라서 인공지능의 편익을 최대화하면서 인공지능의 발전에 따른 사회적, 경제적 문제들을 고민해야 한다.

3. 인공지능 전환의 가속화

인공지능기술의 발전이 기하급수적으로 이뤄지고 있다. 인공지능의 연료 역할을 하는 데이터의 증가 속도는 갈수록 빨라지고 있다. Google, Open AI, 페이스북, 아마존, 애플, IBM 등 시장 선도 기업들의 AI 학습도 무르익었다. 소비자도 AI 기술을 기반으로 한 다양한 서비스 및 상품들을 받아들일 준비를 하고 있다. 여러 글로벌 보고서에서 공통으로 나타났듯 시장의 근본적인 변화가 눈에 띄게 나타나고 있다.

일반적으로 신기술의 수명주기를 나타내는 S-곡선(S-Curve)을 살펴보면, 기술 발전 초기에는 곡선이 완만하다가 어느 순간이 지나면 갑자기 폭발적인 성장 궤도를 그린다. AI 기술은 S-곡선의 성장 지점에 이른 듯하다. 통상 새로운 기술을 배우고 기업 내에 도입하는 데는 막대한 비용이 따르는데, 불확실성이 높기에 기업이 투자에 머뭇거리기 쉽다. 기술이 미숙하고 사회도 이를 받아들일 준비가 덜 되어 있는 것도 기술혁신 속도에 한몫한다. 기술 수준이 지속으로 발전함에 따라 미래 비즈니스 시장에서 AI는 초 격차의 원동력이 될 것이다.

바야흐로 AI 기술을 비즈니스에 적용해야 할 시점이다. AI 기술로 무장한 선도자들에 의해 시장이 파괴되는 상황이다. 인공지능은 어떤 곳에서 특수하게

적용하는 게 아니라 IT 기술을 이용하는 모든 사업에 활용해야 한다. 앞으로 모든 소프트웨어, IT 기술이 인공지능이 될 것이고 모든 Device가 인공지능을 활용할 수 있다. 이에 대응하여 Google, Open AI, Microsoft, Amazon 등 IT Giant 기업들은 AI 퍼스트 전략을 제시했다.

인공지능 기술의 발전으로 인공지능이 사회의 여러 분야에 적용되면서, 인공지능 기술이 변화의 주도권을 잡는 인공지능 전환 시대가 도래하고 있다. 인공지능 전환 시대에서는 인공지능 기술이 인간의 삶과 생활에 큰 영향을 미치고 있다. 인공지능 기술이 적용되는 분야는 다양하다. 예를 들어, 제조업에서는 인공지능 기술을 활용하여 생산 현장을 최적화하고, 불량률을 줄이는 등의 생산성을 높이는 데 활용하고 있다. 의료분야에서는 인공지능 기술을 활용하여 진단 정확도를 높이고, 환자의 치료 경로를 최적화하는 데 활용하고 있다. 금융 분야에서는 인공지능 기술을 활용하여 사기 탐지, 고객 대출 심사 등의 작업을 보다 효율적으로 처리할 수 있다.

인공지능 전환 시대에서는 인공지능 기술을 활용하여 사람의 일부 작업을 자동화하고, 생산성을 높이는 데 주력하고 있다. 이러한 일부 작업의 자동화로 인하여, 일부 직업이 사라지거나 변화할 가능성이 있지만, 동시에 새로운 직업과 기회도 만들어낼 수 있다. 또한 인공지능 기술을 활용하여 문제를 해결하고, 새로운 가치를 창출하는 것이 중요하다. 이러한 과정에서는 인공지능 기술에 대한 윤리적인 문제나 안전 문제를 고려하면서, 지속 가능한 발전을 추구해야 한다.

IT 시장분석 및 컨설팅 기관인 IDC코리아는 <Worldwide Black Book: 3rd Platform Edition>을 통해 2023년까지 일본을 제외한 아시아 태평양 지역 전체 ICT 투자액의 약 40%가 인공지능(AI), 로보틱스, IoT, AR/VR, 블록체인 등의 신기술 분야에서 발생할 것이라고 밝혔다. 이는 약 30%를 기록했던 2020년보다 증가한 수치다. 아태지역의 디지털 투자가 다른 지역에 비해 가장 높은 수준으로 나타났으며, 신기술에 대한 ICT 지출은 2020년부터 2025년까지 연평균 18% 증가할 것으로 예상된다.[3]

오늘날 AI 기술은 인간의 지능을 뛰어넘는 Singularity(특이점)를 향해 달려가고 있다. 특이점이란 인간의 지능을 모방한 AI가 온라인 등 공간에 누적된 방대한 데이터를 자율적으로 해석해 새로운 이성과 의식을 생성, 인간 이상의 지능을 발휘하는 순간을 뜻한다. 미국의 수학자 존 폰노이만이 처음 언급했는데, 미래학자이자 Google 이사인 Raymond Kurzweil이 2005년 [특이점이 온다]는 책에서 '2045년 AI가 인간의 지능을 능가할 것'이라고 전망하면서 대중적으로 사용되기 시작했다. Raymond Kurzweil은 AI가 Turing Test(컴퓨터가 생각이 있는지 판정하는 테스트)를 통과하는 시점을 2020년대 말로 예상했다. Kurzweil은 "특이점이 오면 인간의 지능은 인공지능과 통합돼 10억 배 높아지며, 컴퓨터가 뇌에 이식되고 클라우드에 연결돼 인간 존재를 확장할 것"이라고 전망했다.

실제 AI는 딥러닝 기술의 급진적 발전과 함께 르네상스를 맞고 있다. AI는 지난 50년간 연구에도 슈퍼컴퓨터가 고양이와 개를 구분하지도 못하는 수준이었다. 그러나 딥러닝 기술의 발전으로 인위적 조작 없이도 AI가 사람처럼 생각하고 배우며 스스로 데이터를 분류, 집합의 상하관계까지 파악할 수 있는 단계까지 이르렀다. 인간이 가르치지 않아도 미래의 상황을 예측하고 판단할 수 있는 시대가 온 셈이다. 사람은 흔히 젊은 시절 내린 판단이나 습득한 정보를 죽을 때까지 가져가는 경향이 있지만, AI는 지식을 업데이트하며 새로운 판단과 이전과 다른 의사결정을 할 수 있다. 게다가 인간의 뇌는 늙지만 AI는 늙지 않고 무한한 발전이 가능한 셈이다.

인공지능이 지닌 가능성과 기회의 활용과 선점을 위해 국가 간 경쟁도 치열하다. 1990년대 인터넷 기술 표준을 둘러싸고 주요국이 경쟁을 벌였듯 AI 기술 육성을 둘러싸고 미국·중국·일본·독일 등이 각축전을 벌이고 있다. 독일의 특

---

3) https://www.idc.com/getdoc.jsp?containerId=prAP48997022

허데이터베이스 기업인 IP리틱스에 따르면 국가별 AI 특허 출원 건수는 미국이 27만9,145건으로 1위를 기록했다. 2~5위를 합한 것보다도 많았다. 2위는 중국 6만6,508건, 3위 유럽연합(EU) 6만346건, 4위 일본 5만8,988건, 5위 독일 5만3,897건 등 순이다. 한국은 10위 안에 들지 못했다.

　미국은 버락 오바마 대통령 때부터 국가적 AI R&D 전략을 시작했으며, 도널드 트럼프 행정부에서는 AI 분야의 선도적 지위 유지, 근로자 지원, 공공 R&D 촉진, 혁신을 방해하는 장애물 제거 등 4대 과제를 설정해 지원하였다. 바이든 행정부에 들어서면서 AI 전략은 군사적 우위 전략이 아닌 정치·사회·심리적 전략으로 변화하였다. 특히, 인공지능 정책 핵심 목적은 기술 민주주의와 기술 독재주의 사이의 간격을 좁히고, AI 또는 5G 등의 신흥 기술을 개발하여 중국과의 기술 경쟁을 하는 것이다. 중국의 경우, 국가 주도로 직접 AI R&D에 나서고 있다. 스탠퍼드·MIT·하버드대 연구진이 주축이 돼 발간한 <2018 AI 보고서>에 따르면 중국에서 발간한 AI 논문 가운데, 2007~17년 사이 정부 연계 논문은 400% 늘어난 데 비해 동 기간 기업 논문은 73% 증가하는 데 그쳤다.

　기업별로는 미국 마이크로소프트가 1만8,365건으로 가장 많았고, IBM이 1만5,046건으로 2위를 기록했다. 3위는 삼성전자(1만1,243건)가 차지했다. 이 밖에 퀄컴(1만178건)·Google(9,536건)·필립스(7,023건)·지멘스(6,192건)·소니(5,526건)·인텔(4,464건) 등 기존의 정보통신기술·전자 기업들이 AI 개발에 매진하고 있다.

　국내기업들은 AI 개발에 한발 늦은 만큼 속도감 있게 기술 개발에 나서고 있다. AI가 짧게는 추천 등 마케팅 분야에서, 길게는 자율주행차·스마트팩토리·로봇 등에 활용되고 있다. AI 기술력이 곧 기업의 경쟁력으로 이어지기 때문에 새로 시작하는 프로젝트는 대부분 AI와 관련되면서 자사 기술과 제품·서비스에 당장 활용할 수 있는 AI를 개발하려는 프로젝트도 잇따르고 있다(김유경, 2019).[4]

　AI First 시대를 맞이하여 골드만삭스 회장은 "우리 회사는 더 이상 금융회사가 아니다. Tech Company다"라고 선언했다. 골드만삭스의 직원이 전 세계에

---

[4] https://jmagazine.joins.com/economist/view/327032

35,000명이다. 그중에 3분의 1이 엔지니어다. 과거 뉴욕 본사에 주식 Trader가 600명이 있었는데 지금은 딱 2명이 일한다. 나머지는 모두 알고리즘으로 일한다. 인공지능 전환의 실증적 사례로서 산업전분야로의 확산이 예상된다.

한편, 지금까지 미국과 중국을 중심으로 전개되어 온 인공지능 경쟁의 대열에 새로운 국가들이 가세하고 있다. 특히, 아랍에미리트(UAE)의 글로벌 과학연구센터 첨단기술연구위원회(Advanced Technology Research Council, 이하, ATRC)의 기술혁신연구소(Tech Innovation Institute. 이하, TII)가 대형언어모델(LLM)이자 생성 AI(Generative AI)를 내놓으면서 글로벌 민주화와 혁신을 촉진하고 있다. UAE 최초의 LLM 이자 생성 AI 모델인 'Falcon 40B'를 2023년 5월 Open Source로 공개한 지 불과 몇 개월 만에 고급 버전인 'Falcon 180B'를 공개하였다. Falcon 40B는 LLM을 위한 Hugging Face Leaderboard 에서 빠르게 정상에 올라 ATRC의 TII는 생성형 AI 분야에서 선두를 달리고 있다. Falcon 40B는 Open Source 모델의 첫 번째 사례로서 Meta와 함께 LLM 민주화의 선봉에 있다.[5] 인공지능의 혁신적 성과를 모든 사람이 누릴 수 있는 미래를 그리고 있다. 프라이버시와 인공지능이 인류에 미칠 잠재적 영향이 소수에 의해 통제돼서는 곤란하다. 고급 AI에의 접근성을 민주화하기 위해 Falcon 180B는 혁신을 촉진하는 Open Access를 통해 과학적 발전의 잠재력을 활용할 수 있도록 새로운 생성형 AI 시대를 예고하고 있다. 이처럼 거침없이 질주하고 있는 챗GPT가 드디어 보고 듣고 말하기 시작했다. 새로운 음성 기능은 텍스트와 몇 초의 샘플 음성만으로 인간과 유사한 오디오를 생성할 수 있는 새로운 텍스트 음성 변환 모델에 의해 구동된다. 사용자는 모바일 앱에서 사진을 찍거나 이미지를 올리고, 챗GPT의 5가지 음성 가운데 원하는 음성을 선택해 대화할 수 있다. 인공지능 기술개발 경쟁이 치열해지면서 인공지능 전환은 한층 가속화될 것이다.

---

5) https://www.aitimes.kr/news/articleView.html?idxno=28878

참고문헌

- 김유경(2019), [인터넷 퍼스트에서 인공지능 퍼스트로] 개·고양이 구분 못한 AI, 2045년 인간 앞설 듯, 월간중앙 496호(2019.08.12.), 중앙일보.
- Andrew. N. (February 20, 2019). Announcing Nova Ng, our first daughter. Plus, some thoughts on the AI—powered world she will grow up in... @AndrewYNg. Retrieved March 7, 2021.
- Purington, A., Taft, J. G., Sannon, S., Bazarova, N., & Taylor, S. H. (2017). Alexa is my new BFF": Social roles, user sattisfaction, and personification of the Amazon Echo. Proceedingsof the 2017 CHI Conference Extended Abstracts on Human Factors.

제2장

인공지능의 진화: 과거, 현재, 미래

1. 인공지능의 기능과 역할
2. 인공지능, 어디까지 왔나?
3. 어디로 갈 것인가?

제2장

인공지능의 진화: 과거, 현재, 미래

"인공지능 연구는 끊임없이 진화하고 있으며, 그것은 우리의 생활과 비즈니스에서
큰 영향을 미치고 있다." —Bill Hanse(1962~)

1. 인공지능의 기능과 역할

디지털 전환의 핵심기술로서 인공지능, 기업뿐만 아니라 사회 모든 영역에
적용되고 있다. 인공지능은 다양한 기능을 수행하는데 다음과 같이 예시할 수 있
다. 첫째, 문제를 해결할 수 있다. 인공지능은 복잡한 문제를 해결하는 데에 사용
될 수 있다. 예를 들어 인공지능은 게임에서 승리하는 최적의 전략을 개발할 수
있다. 둘째, 자연어를 처리할 수 있다. 인공지능은 자연어 처리 기술을 사용하여
텍스트, 음성 또는 이미지와 같은 다양한 입력을 처리할 수 있다. 가령 인공지능
은 자동 번역, 음성인식 및 텍스트 요약과 같은 작업을 수행할 수 있다. 셋째, 이
미지를 인식할 수 있다. 인공지능은 이미지 인식 기술을 사용하여 사물, 얼굴, 지

형 등을 인식할 수 있다. 가령 인공지능은 자동차와 보행자를 감지하여 자율주행 차량에서 사용될 수 있다. 넷째, 의사를 결정할 수 있다. 인공지능은 데이터 분석 및 패턴 인식 기술을 사용하여 의사결정을 내릴 수 있다. 예컨대 인공지능은 금융

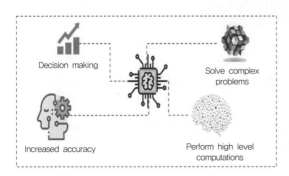

분야에서 신용 승인 또는 부정 거래 감지와 같은 의사결정에 사용될 수 있다. 다섯째, 예측할 수 있다. ML(기계학습) 기술을 사용하여 미래의 추세와 패턴을 예측할 수 있다. 이를테면 주가 예측, 기상 예측 및 마케팅 효과 분석과 같은 예측 작업을 수행할 수 있다.

여섯째, 자율주행을 돕는다. 인공지능은 자동차, 드론 등의 로봇 시스템에서 사용되어 자율주행을 가능하게 한다. 인공지능은 Sensor 데이터의 수집과 분석을 통해 주행 결정을 내릴 수 있다. 일곱째, 챗봇기능이다. 인공지능은 자연어 처리 기술과 결합하여 챗봇을 만들 수 있다. 챗봇은 고객 서비스, 상담, 정보 제공 및 예약 등 다양한 작업에 사용된다. 이 외에도 인공지능은 광범한 분야에서 다양한 가치의 창출, 정확성 제고, 고성과 수준의 연산작용 등 다양한 기능을 수행한다.

인공지능은 개념에 함축하고 있듯이 지능을 통해 외부를 인식하고 추론하며 적응하는 능력을 발휘하고 있다. 하지만 이러한 기능이 어떻게 발현되는지 모르는 상태에서 전통적 방법으로 지능을 만드는 건 어렵다. 일반적으로 인간에게 어렵다고 여겨지는 행위, 이를테면 큰 수를 곱하거나 미적분 하기, 체스나 바둑 두기, 금융 시장에서 투자 결정 내리기 등은 컴퓨터로 비교적 쉽게 처리할 수 있다. 반면, 사물에 대한 인식과 구별하기, 동화책 읽고 내용 이해하기 등 인간이 쉽게 해내는 상식적 행위를 컴퓨터로 구현해내긴 어렵다. 일종의 '모라벡의 역설[1]'이다.

---

[1] Moravec's Paradox. '인간에게 쉬운 건 컴퓨터에게 어렵고 인간에게 어려운 건 컴퓨터에게 쉽다'는 역설이다. 1970년대 미국 로봇공학자 Hans Moravec이 컴퓨터와 인간의 능력 차를 설명하기 위해 처음 언급했다.

실제로 우리가 쉽다고 느끼는 일은 대부분 매우 복잡하다. 쉽게 보이는 건 오랜 진화 과정을 거치며 최적화됐기 때문이다. 하지만 큰 수의 곱셈이나 체스 등은 진화 과정 중 겪어보지 못한, 생소한 일이다. 인공지능이 어려운 건 기술인 동시에 풀어야 할 문제이고, 하나의 기술이 아니라 다양한 기술을 일컫기 때문이다. 말하자면 인공지능은 고유명사라기보다 보통명사에 가까우며, 그 때문에 접근하기가 더 까다롭다.

또한 인공지능 하면 대부분 막연하게 공상과학 영화를 떠올린다. 하지만 현실에서 인공지능 소프트웨어는 제조 현장에서 쏟아지는 빅데이터의 지능적 처리, 제조업 분야의 효율성과 서비스업 분야의 편의성을 높이는 데 활용된다. 이때 쓰이는 인공지능 기술은 대부분 고도의 계산을 요구하기에 클라우드 컴퓨팅으로 대변되는 고성능 컴퓨팅 자원 활용이 필수다. 마치 Control Tower처럼 빅데이터를 분석, 관리하는 소프트웨어로서 핵심적 기능을 수행하고 있다. 인공지능이 필요에 따라 상황을 해석하고 스스로 자동 갱신함으로써 새로운 차원의 산업혁명이 가능해지는 셈이다.

인공지능을 막연한 미래 기술이 아니라 디지털 전환을 선도하는 실질적 기술로 활용하려면 어떻게 해야 할까? 문제의 해결을 위해 완성된 인공지능 기술 하나를 사용하기보다 최선의 기술을 둘 이상 모아 일종의 Solution Architecture를 만들어야 한다. 인공지능 분야엔 수백 가지의 다양한 기술이 존재한다. 각 방법에 따른 특장점이 존재하므로 실제 복합적으로 활용하면 시너지 효과를 거둘 수 있다. 이렇게 볼 때 인공지능기술 그 자체도 중요하지만 기술 못지않게 풀고자 하는 문제의 특성을 체계적으로 분석, 정리하고 각 부분에 적합한 인공지능 기술을 복합적으로 활용하는 역량이 필요하다.

인공지능기술의 다양한 기능을 선용하면서 그 역할을 강화하는 노력이 요구된다. 인공지능의 기능과 유사하지만 폭넓은 분야에서 다양한 역할을 담당하는데 몇가지 예시하면 다음과 같다. 첫째, 자동화를 촉진한다. 인공지능은 일률적이고 반복적으로 정해진 작업을 자동화하여 인간의 노동력을 대신할 수 있다. 예를 들어, 공장에서 반복적으로 수행되는 작업, 금융 분야에서의 거래 처리, 고객 서비스와 같은 분야에서 인공지능은 효율적이고 정확한 결과를 제공하며 인간의 노동력을 대체할 수 있다. 둘째, 예측 및 추천이다. 인공지능은 대규모 데이터를 분석하여 향후의 동향을 예측하거나 최적의 결정을 추천할 수 있다. 가령 소매업에서 인공지능은 고객의 구매패턴을 분석하여 맞춤형 제품을 추천할 수 있다. 셋째, 의사결정을 지원한다. 인공지능은 데이터 분석 및 패턴 인식을 통해 더 나은 의사결정을 지원할 수 있다. 예컨대 의료분야에서 인공지능은 환자 데이터를 분석하여 진단과 치료에 필요한 정보를 제공할 수 있다. 넷째, 창의성을 촉진한다. 인공지능은 기존 방식으로는 해결할 수 없는 문제에 대해 창의적 해결의 가능성을 제시한다. 실례로 딥러닝과 같은 기술은 새로운 형태의 예술작품을 생성하는 등 예술적 창의성을 촉진할 수 있다. 다섯째, 보안을 강화한다. 인공지능은 해킹 및 사이버 공격을 탐지하고 예방하는 데 사용될 수 있다. 가령 인공지능은 대규모 데이터를 분석하여 이상한 행동을 감지하고, 이를 기반으로 해킹 및 사이버 공격을 예방할 수 있다. 여섯째, 환경 문제의 해결을 돕는다. 인공지능은 에너지 효율성을 개선하고 환경 문제를 해결하는 데도 사용될 수 있다. 예컨대 스마트 그리드와 같은 기술을 사용하여 전기 수요와 공급을 관리하고, 에너지 효율성을 개선할 수 있다. 이처럼 다양한 역할을 통해 인공지능은 인간의 일상생활과 비즈니스, 그리고 사회를 변화시키고 있다.

일상생활에는 어떤 게 있을까? 일상생활에서 처음 등장한 건 Siri, 아이폰 가상의 비서다. Google의 Assistant, 삼성의 Bixby, 2015년 아마존은 Echo라는 스피커를 발표했다. 스피커인데 음성을 인식하고 대답을 해준다. Alexa라고 부르면 불이 들어오고, 질문을 하면 대답한다. Uber를 호출하면 Uber를 연결해주고, 음식을 주문하면 주문을 넣고, 물건을 주문하면 아마존에서 물건이 배달된다. Alexa에는 다른 회사들의 서비스들을 연결할 수 있다. 다양한 애플리케이션들이 Alexa와 연동해 쓸 수 있다.

이제는 인공지능이 자기들끼리 필요에 맞추어 알아서 협력을 지향한다. "우리 주인님이 원하는 건 이것 같은데 이건 네가 제일 잘하니 네가 해줘" 하는 시대로 나아가고 있다. 일종의 Conversational Computing이라고 한다. 로봇 청소기,

GE에서 나온 램프, 스마트 워치, 자동차 등 일상의 Device가 모두 연결된다. 또한 Connectivity Car를 지향하는 자율주행 자동차는 생각보다 어려운 문제임에도 기술로는 80% 수준에 있다. 1년에 교통사고 사망자가 대한민국 4,500명 정도, 전 세계에서 120만 명이다. 전쟁보다 더 많이 죽는다고 할 정도이다. 교통사고를 없애면, 1년에 수천 명, 수백만 명이 살 수 있다. 그래서 자동차와 컴퓨터공학자들이 자율주행 문제를 풀려고 한다. 그런데 자율주행 자동차의 정점에 바로 인공지능기술이 존재한다. 자율주행 자동차가 완성되어 상용화되면 커다란 사회적 변화가 일어날 것으로 예상된다.

2. 인공지능, 어디까지 왔나?

챗GPT에서 보듯 인공지능기술의 혁신과 발전으로 인공지능의 성능이 일신 우일신하고 있다. 일반인들에게 인공지능 하면 소설이나 영화 속에 등장하던 인공지능 로봇을 떠올릴 것이다. 인공지능이 상상 속에서만 가능했기 때문에 이상적인 인공지능 개념이 먼저 소개된 것이다. 영화 속 인공지능은 인간이 할 수 있는 어떠한 지적인 업무도 성공적으로 해낼 수 있는 기계로 그려진다. 이러한 인공지능을 AGI (Artificial general intelligence: 인공일반지능)라고 한다. 인공일반지능은 인공지능 연구의 주요 목표이며, SF 작가들이나 미래학자들의 중요한 소재이기도 하며, 강력한 지적 능력의 인공지능이라는 의미로 강 인공지능(Strong AI)이라고 부른다.

AI(인공지능)라는 용어가 처음 등장한 1956년, Dartmouth Conference에서 교수들이 "컴퓨터라는 게 나왔으니까 이걸로 인간 지능에 한 번 도전해보자!" 했다. 그리고 10년 안에 그 문제를 풀 수 있을 것으로 생각했다. 그런데 1980년대에 "지식을 많이 집어넣고 거기에 추론엔진을 붙여서 어떤 특정한 영역에서 문제를 풀 수 있는 게 효과적일 수 있고 혁신적"이라는 것을 알아냈다. 그래서 많은

문제를 풀었다. 하지만 그때 못 푼 문제들이 '이미지를 인식한다든가, 음성을 알아듣는' 것 등이었다. 인지, 번역 등은 안 풀렸는데 문제를 풀기 시작한 게 1990년대이다. 기계학습이라고 하는 Machine Learning, 그중에서도 특화된 딥러닝이라고 하는 기술들을 개발하면서 그 문제에 접근하기 시작했다. 그동안 인공지능의 발전 과정과 주요 이벤트를 연대별로 살펴보면 다음과 같이 정리할 수 있다.

연대별 인공지능 발전 과정과 이벤트

■ 1940년대: 컴퓨터의 개발과 함께 인공지능의 기본개념이 시작되었음. 튜링 테스트는 1950년대에 발표되었지만, 1943년 Warren McCulloch & Walter Pitts가 제시한 뇌신경 회로망 모델이 인공지능연구의 시초로 평가됨.

■ 1950년대: 다트머스 회의에서 인공지능이라는 용어가 처음으로 사용되었음. 이후 인공지능 연구는 기존의 수학, 논리학, 생물학 등 다양한 분야의 이론적 연구를 기반으로 하였음.

■ 1960년대: 전문가 시스템, 게임, 언어번역 등 인공지능의 초기 기술이 개발되었음. 동시기에 인공지능 연구에 대한 대규모 투자가 이루어졌지만, 성과가 미미하다는 평가가 지배적이었음.

■ 1970년대: 인공지능 연구의 암흑기(1974~1980)로 불리는 시기였음. 초기에 기대했던 성과를 얻지 못하였고, 많은 연구자가 다른 분야로 전향하게 되었음.

■ 1980년대: 전문가 시스템, 지식 기반 시스템, 규칙 기반 시스템 등 다양한 인공지능 기술이 개발되었음. 이 시기에 신경망과 기계학습 분야에서도 새로운 알고리즘이 개발되었음. 인공지능 암흑기(1987-1993)

■ 1990년대: 인터넷의 보급과 함께 웹 기반 인공지능 기술이 발전하였음. 이 시기에는 인공지능 기술이 실용적으로 활용되기 시작하였으며, 특히 음성인식, 이미지 인식 등의 분야에서 발전하였음.

■ 2000년대: 인공지능 분야는 빅데이터와 ML을 결합하여 성장하였음. Google 등 기업은

검색 엔진 및 자율주행 자동차 등에 인공지능 기술을 적용하였음.

■ 2010년대: 딥러닝 알고리즘이 대중화되면서, 이미지 인식, 자연어 처리 등 다양한 분야에서 높은 성능을 보이는 인공지능 기술이 개발되었음. 알파고와 같은 AI 프로그램이 인간을 이길 수 있을 정도로 발전했음.

■ 2020년대: 챗GPT를 비롯한 생성형 인공지능은 텍스트, 오디오, 이미지 등의 기존 콘텐츠를 활용하여 유사한 콘텐츠를 새로 만들어내는 기술로서 Deepfake, Autoencoder, GAN 등을 예시할 수 있음.

폭넓은 문제를 해결할 수 있는 강한 인공지능과 대비하여, 특정 문제해결이나 논리적 업무의 완수를 위해 사용되는 지능형 소프트웨어를 '약한 인공지능(Weak AI)'라 부른다. 약한 인공지능은 강한 인공지능과 달리 인간의 인지적 능력의 모든 범위를 수행하려 시도하지 않는다. 이를테면 Google DeepMind의 알파고, IBM의 왓슨은 모두 특정 영역에서만 탁월한 성능을 발휘하는 약한 인공지능이다.

2010년 이후 컴퓨터 하드웨어 기술과 딥러닝 연구가 발달하여 산업의 문제해결이 가능한 약한 인공지능을 원활하게 활용할 수 있게 됨으로써, 본격적 인공지능의 산업 응용 시대가 열렸다. 2020년대에는 인공지능 분야에서 많은 발전이 이루어졌다. 몇 가지 예시를 살펴보면 ①자율주행 기술: 자율주행 자동차를 위한 인공지능 기술이 발전하였다. 실제로 일부 자동차 회사는 이미 완전 자율주행을 위한 기술을 시연하고 있다. ②음성 인식 기술: 음성 인식 기술은 더욱 정교해졌다. 인공지능 스피커나 음성 비서 등을 이용하여 음성 명령을 내릴 수 있다. ③자연어 처리 기술: 자연어 처리 기술도 크게 발전하였다. 인공지능 기술을 이용하여 자연어로 된 문서를 번역하거나 의료분야에서 환자의 증상을 분석하는 등 다양한 용도로 활용되고 있다. ③AI 예술작품: 딥러닝 알고리즘을 이용하여 AI가 예술작품을 창작하는 분야도 등장하면서 인공지능 기술의 영향력이 커지고 있다. ④인공지능 윤리: 인공지능 기술의 발전으로 인해 인공지능의 윤리적 문제도 한층 중요해졌다. 이제는 인공지능 기술의 사용과 발전에 대한 윤리적 고민이 필요한 시대다. ⑤코로나19 대응: 2020년에는 전 세계적으로 코로나19 대유행이 발생했다. 이에 따라 인공지능 기술이 대응에 활용되었다. 예를 들어, AI를 이용하여 코로나19 환자의 치료 방법을 예측하거나 마스크를 착용하지 않은 사람들을 감지하는 등의 기술이 개발되었다.

오늘날 구현되고 있는 인공지능을 활용 범위에 따라 구분하면 자연어 처리, 시각 지능, 음성인식 등 여러 분야에 공통으로 활용되는 인공지능 시스템을 범용 인공지능(Horizontal AI)이라고 하며, 특정 응용 산업 분야에 전문화된 인공지능 시스템을 특화된 인공지능(Vertical AI)이라고 한다.

또한 인공지능의 단계는 약 인공지능, 강 인공지능, 초인공지능으로 구분될 수 있다. 인공지능에도 이른바 Class가 있다. 약 인공지능은 특정 분야에서 높은 성능은 발휘하는 인공지능이다. 강 인공지능은 모든 영역에서 실제 인간처럼 사고하고 행동하는 인공지능을 가리킨다. 영화 '아이언 맨'의 인공지능 비서 'Jarvis'를 떠올리면 쉽다. 초인공지능은 강 인공지능보다 더 나간다. 모든 영역에서 인간의 능력을 뛰어넘는다.

인공지능기술의 발달과 응용사례

- 이미지 인식: 딥러닝 알고리즘을 사용하여 사물, 인물 등의 이미지를 인식하는 기술의 발전과 자율주행차, 보안 등 다양한 분야에서의 활용
- 음성인식: 자연어 처리 기술을 통해 사람의 음성을 인식하고, 이를 텍스트로 변환하는 기술의 발전과 음성인식 비서, 인공지능 스피커 등 다양한 분야에서 활용
- 자율주행: Sensor와 Computing Power가 결합된 자율주행 기술의 발전과 자동차, 드론 등의 분야에서 활용
- 게임: 딥러닝 알고리즘을 이용하여 인간을 이길 수 있는 수준의 인공지능이 개발되어, 알파고와 같은 프로그램에서 활용
- 의료 진단: 인공지능을 이용한 의료 진단 시스템이 발전하여, 의사의 판독과 비교하여 높은 정확도의 진단이 가능
- 자연어 이해: 기계 번역, 대화형 로봇 등을 통해 인간 언어의 이해 및 생성기술의 발전

■ 금융 분야: 인공지능을 이용한 데이터 분석, 모형 예측 등이 활용되어 금융업무의 효율성 증대

영화 '터미네이터'의 슈퍼빌런 '스카이넷'이 대표적이다. 스스로 학습과 사고를 하는 스카이넷은 자신의 발전을 두려워한 인간들이 자신을 없애려 하자 인류를 적으로 간주하고 인류와의 전쟁을 시작하는 인공지능이다. 하지만 지나친 걱정은 기우에 불과하다. 강 인공지능과 초 인공지능은 시기상조다. 현실은 약 인공지능 수준이다. 특정 문제를 풀기 위한 특화된 보조자로서의 인공지능이다. 가령 외국어를 번역해준다거나 제품 사진을 찍으면 구매 가능한 쇼핑몰을 찾아주거나 하는 식의 서비스들이 약 인공지능에 해당한다.

3. 어디로 갈 것인가?

디지털 전환이 심화에 따라 전개되는 모습으로서 첫째, 알고리즘 사회 (algorithmic society)가 부상하고 있다. 알고리즘 사회는 디지털 중추 기술의 발전으로 인공지능이 일상생활의 거의 모든 측면에 녹아들면서 발생하는 사회적 현상이다. 이러한 사회는 데이터의 수집과 분석, 처리를 위해 다양한 알고리즘 기술에 의존한다. 알고리즘 사회는 기계학습, 빅데이터 분석, 인공지능 기술 등을 활용하여 인간의 행동 패턴, 소비 습관, 관심사 등을 분석하고 예측하며 이를 기반으로 사회 전반적으로 적용되는 알고리즘을 이용하여 의사결정을 내리는 사회를 의미한다. 빅데이터와 인공지능 기술이 급격히 발전하면서 알고리즘 사회가 더욱 확대되고 있다. 가령 SNS나 온라인 쇼핑몰에서 검색어나 구매 이력 등이 수집되고 이를 바탕으로 개인 맞춤형 광고가 제공되는 것도 알고리즘 사회의 일종이다. 알고리즘은 생활에서 인식, 추천, 예측, 의사결정 등의 분야에서 많이 사용된다. 알

고리즘 사회에서는 알고리즘에 의한 결정이 쉽게 일어난다. 예를 들면 채용, 금융, 보험, 범죄 예방 등과 같은 분야에서 인간의 판단보다 알고리즘의 결정이 더욱 많이 이루어진다.

알고리즘 사회는 기술혁신과 발전으로 인해 변화하고 있으므로 변화에 대한 이해와 대응이 필요하다. 알고리즘의 결정은 개인의 권리와 자유에 대한 문제를 제기할 수 있다. 또한 알고리즘의 의사결정이 강제적으로 이루어지는 경우도 발생할 수 있다. 알고리즘을 사용하는 기업, 정부, 학계 등은 알고리즘의 투명성, 공정성, 인간성 등을 고려해야 한다. 알고리즘 사회는 인간의 판단이나 의사결정이 아닌 기계의 판단과 의사결정이 중요하다. 따라서 인간과 기계의 관계가 더욱 긴밀하게 연결되며, 기계의 역할이 더욱 커지는 방향으로 발전할 것이다. 또한 인간의 프라이버시와 민주주의 등의 가치와 충돌되는 문제들을 일으킬 수도 있다. 이러한 문제들을 해결하기 위해서는 기술 발전과 함께 윤리적 가치를 중시하는 인간의 역할이 더욱 중요해질 것이다.

디지털 전환의 가속화에 따른 모습을 그린 영화 매트릭스에서 주인공인 Neo의 대사 가운데 "미래, 나는 모른다. 이 미래가 어떻게 끝날지 관심이 없다. 다만, 나는 이 미래가 어떻게 시작되는지 알고 싶다." 새로운 사회의 시작은 Google의 사업을 통해 유추할 수 있다. 지난 2000년, Google 공동창업자인 Larry Page가 인공지능(AI) 시대를 기대하며 "AI는 Google의 최종 도착지가 될 것입니다. Google은 사용자가 원하는 것을 정확히 이해하고 가장 적합한 답을 줄 것이다. 물론 그 지점에 도달하기에는 아직 한참 멀었지만, 우리는 점차 더 가까워질 수 있으며, 그것이 기본적으로 우리가 가고 있는 방향입니다"라고 말했다. 이후 2016년 Google 창업자의 편지(Founder's Letter)에서 Sundar Pichai Google CEO 역시 앞으로 컴퓨터는 일상에 도움을 주는 AI로 대체될 것이라면서 Mobile-first에서 AI-first인 세상으로 이동과정에서 AI의 중요성을 역설했다. 이처럼 Google 이미 AI 세상이 도래할 것을 보고 선제적으로 투자해 글로벌 AI 선도 기업으로 성장했다. Google은 제4차 산업혁명 핵심축인 AI 시장의 적극적인 투자로 2004년 8월부터 2016년 8월까지 무려 1,523%의 놀라운 성장을 보여줬다.

둘째, 알고리즘 사회로의 변화과정에서 경제도 알고리즘 경제(algorithmic economy)로 전환추세를 보여준다. 데이터 기술과 인공지능 기술의 발전으로 인해 생성되는 새로운 경제 현상이다. 경제는 데이터의 수집, 분석, 가공, 활용하는 다양한 알고리즘 기술에 의존한다. 이를 통해 새로운 비즈니스모델과 생산성을 도출하며 기업, 개인, 정부 등 다양한 주체들이 이용한다. 알고리즘 경제는 다양한 영역에서 혁신적인 변화를 가져오고 있다. 가령 인공지능 기술을 이용한 개인 맞춤형 상품 추천, 빅데이터 분석을 통한 시장 예측, 로봇 기술을 활용한 자동화 생산 등이 있다. 또한 블록체인 기술을 이용한 디지털 자산거래, 스마트 계약(Contract)을 통한 자동화된 계약 등이 가능해지면서 새로운 경제 생태계가 형성되고 있다. 물론 알고리즘 경제도 인력 대체와 같은 사회적 문제를 발생할 수 있다. 또한 개인 정보의 수집과 가공, 알고리즘 의사결정 등에 대한 투명성과 규제 문제도 제기된다. 따라서 알고리즘 경제의 발전과 함께 예상치 못한 문제의 해결을 위한 제도 및 규제 체계가 필요하다.

인공지능은 소프트웨어 엔지니어링 Tool로서 매일 전 세계 수백만 명을 돕는데 사용되고 있다. 이미 Google의 많은 제품은 AI의 한 분야인 ML을 적극적으로 활용한다. ML은 축적되는 데이터를 통해 학습하는 알고리즘을 연구한다. ML의 발전은 Google 제품에서 다양한 기능의 개선을 가져다주었다. 넘치는 데이터를 기반으로 인공지능 기술이 의료, 제조, 유통 등 다양한 산업영역으로 빠르게 확대되고 있다. 다양한 글로벌 보고서를 살펴보면 AI 기술이 기업의 순이익 증가에 공헌한다는 사례들이 나오고 있다. 이러한 추세라면 AI가 도입되지 않은 산업이 도태되는 것은 시간문제다. AI 기술은 대부분 산업에 급속하게 적용될 것으로 예상된다.

셋째, 알고리즘 정부(algorithmic government)는 인공지능, 빅데이터, 클라우드 컴퓨팅 등의 기술을 활용하면서 데이터의 수집과 분석을 통해 의사결정을 내리는 과정에서 알고리즘을 적용하는 정부를 말한다. 이를 통해 정부의 업무 처리가 더욱 효율적으로 이루어지고, 시민들의 서비스 수준이 향상될 수 있다. 알고리즘 정부는 다양한 분야에서 적용될 수 있다. 예를 들면 범죄 예방을 위한 데이터 분석,

의료정책 수립을 위한 통계분석, 교통 체증 예방을 위한 스마트시티 구축 등이 있다. 인공지능은 정책 집행에서 유용하게 활용될 수 있다. 그 예시로써 ①범죄 예방 및 탐지: 인공지능은 범죄 예방과 탐지에 매우 유용하다. CCTV 영상에서 이상한 활동을 감지하고, 범죄 현장을 식별할 수 있다. 또한 과거 범죄 데이터를 기반으로 범죄 발생 위험성이 높은 지역 및 인물을 예측할 수 있다. ②교통 관리: 인공지능은 교통 관리에도 사용될 수 있다. 도로에서 교통 체증의 예측 및 교통량 개선과 최적화가 가능하다. 자율주행 차량과 연동하여 교통안전을 유지할 수 있다. ③자원 관리: 인공지능은 자원 관리에도 사용될 수 있다. 수자원 관리를 효과적으로 수행하고, 재난 상황에서는 신속하게 대응할 수 있다. ④노동 감시: 인공지능은 노동 감시에도 사용될 수 있다. 공장에서 노동자의 작업 상황을 관찰하여 안전한 작업 환경을 조성할 수 있다. ⑤공공안전: 인공지능은 재난 대응 시스템을 구축하여, 신속하고 정확한 대응을 할 수 있다. 또한 정부 업무 자동화와 자원 활용의 최적화를 통해 효율적 정부 운영이 가능하다. 하지만 알고리즘 정부는 알고리즘 의사결정에 대한 투명성과 공정성 등의 문제를 제기할 수 있다. 또한 개인정보 보호와 같은 이슈도 발생할 수 있다. 따라서 알고리즘 정부의 구축을 위해서 부작용이나 역기능 등의 문제들을 해결하기 위한 적절한 제도 및 규제 체계가 필요하다. 또한 시민들의 의견 수렴과 참여를 적극적으로 반영하여 시민 중심의 정부를 구현해야 한다.

넷째, 알고리즘 정치(algorithmic politics)는 인공지능, 빅데이터, 클라우드 컴퓨팅 등의 기술을 이용하여 정치 분야에서 의사결정을 내리고, 정책을 수립하는 과정에서 알고리즘을 적용하는 것을 말한다. 이를 통해 정치 분야에서도 데이터 기반의 의사결정이 가능해지며, 좀 더 효율적이고 투명한 정치 프로세스를 구현할 수 있다.

알고리즘 정치는 다양한 분야에서 적용될 수 있다. 예를 들면 선거 및 투표 예측, 정책 추천, 정책실행 평가 등이 있다. 먼저 선거 예측과 관련하여 지난 2020년 미국 대선에서는 인공지능이 뉴스 및 소셜미디어에서 후보자들의 지지도를 수집하고, 이를 기반으로 투표 예측을 수행했다. 정책 수립과 추천과 관련하여 유럽

연합에서는 인공지능을 이용하여 지속 가능한 정책을 제안하는 프로젝트를 진행하고 있다. 정책평가와 관련하여 인공지능은 정책이 얼마나 효과적인지 평가하는 데 사용될 수 있다. 정부가 발행한 보고서와 같은 데이터의 기반에서 정책효과를 분석하고, 효율적인 정책을 제안할 수 있다. 이처럼 알고리즘을 적용하면 더욱 정확한 데이터 분석과 예측이 가능해지며 정책효과의 측정과 개선에 도움이 된다. 하지만 알고리즘 정치는 알고리즘의 투명성과 공정성 등의 문제를 제기할 수 있다. 또한 인공지능의 오류나 편향성 등의 문제가 발생할 수 있다. 따라서 알고리즘 정치를 구축하기 위해 예상되는 문제들을 해결하기 위한 적절한 제도 및 규제 체계가 필요하다. 또한 시민들의 의견 수렴과 참여를 적극적으로 반영하여 시민 중심의 정치를 구현해야 한다.

다섯째, 알고리즘 예술(algorithmic art)은 컴퓨터 프로그래밍, 인공지능(ML) 등을 이용하여 창작된 예술작품을 말한다. 이러한 기술을 이용하면 예술가는 전통적인 예술 형식에서 벗어나 다양한 시각적, 오디오, 물리적 요소를 결합하여 새로운 창작을 도모할 수 있다. 알고리즘 예술은 무용, 음악, 비디오 Art, 게임 디자인 등 다양한 분야에서 적용될 수 있다. 그중에서도 가장 많이 사용되는 분야는 디지털 미술이다. 알고리즘 예술의 장점 중 하나는 예술가가 창작의 결과물을 정밀하게 제어할 수 있다. 예를 들어 예술가는 컴퓨터 프로그래밍을 통해 특정한 패턴이나 알고리즘을 구현하고, 이를 조정하여 예술작품을 만들어낼 수 있다. 즉 예술가는 예술작품을 만들기 위한 다양한 변수들을 정확하게 조절하며, 창작의 자유도를 높일 수 있다. 하지만 알고리즘 예술은 기술적으로 매우 복잡하며, 예술가의 창의성과 기술적 지식이 모두 요구된다. 또한 예술가가 기술적으로 창작한 작품을 대중들이 이해하고 감상할 수 있는지에 대한 고민이 필요하다. 이러한 문제들을 극복하기 위해 예술가와 기술자, 미술관객 등 다양한 분야에서의 협력과 지원이 필요하다.

이렇듯 모든 분야에서 AI 역량을 기반으로 월등한 제품과 서비스를 제공하는 기업들이 시장을 장악할 것이다. 즉, 인간의 한계를 극복하고, 과거에 상상하지도 못했던 엄청난 가치를 창출할 것이며, 소비자는 월등한 AI 기술을 보유하거나 활용하는 기업에 열광하고 지갑을 열 것이다. 이렇게 되면 AI 기반의 비즈니스에 쏠림현상이 일어나 블랙홀처럼 시장의 모든 것을 빨아들일 것이다. 그리고 더 많은 소비자의 사용 데이터를 기반으로 인공지능은 더욱 강력하게 고도화될 것이다. 이러한 과정에서 AI 기술을 준비하지 못한 기업들은 자칫 소멸(消滅)될 수 있다. 이처럼 AI 기술의 발전은 기하급수적으로 이뤄지고 있다. 인공지능의 연료 역할을 하는 데이터의 증가 속도 역시 갈수록 빨라지고 있다.

　　장차 인공지능은 어떠한 방향으로 전개될 것인가? 아마 인간보다 탁월한 역량을 지니면서 초 지능을 갖춘 인공지능이 인류난제까지 해결해 줄 것으로 기대된다. 그 동안 미래학자들은 미래 사회를 전망하면서 인공지능, 빅데이터, 로봇 등 기술 주도의 유토피아나 디스토피아 관점에서 많이 논의해 왔다. 마치 만화영화에서 보았듯 마천루 사이로 자동차가 날아다니고 안드로이드 로봇이 서비스를 제공하는 기술 유토피아 관점이거나 인간이 로봇이나 인공지능시스템에 의해 통제되어 결국 인류가 멸망하는 기술 Dystopia 관점이 주류였다.

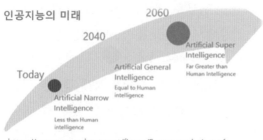

https://www.researchgate.net/figure/Future-evolution-of-Artificial-Intelligence-56_fig2_353712184

그러나 영화 Matrix에서 시사했듯이 미래를 만들어가는 주체는 누구나 될 수 있고 스스로가 그 주체임을 깨닫는 자각의 용기를 강조한다. 미래는 저 멀리 어딘가에서 기다리고 있는 것이 아니라 현재 이 순간 내 믿음과 행동을 통해 스스로 미래를 만들어간다는 것이다. 더 나은 세상을 만들기 위해 가치와 비전을 지닌 지도자를 넘어 먼 미래의 청사진이 아닌 하루하루 경험하고 생활하는 일상에서의 실천적 변화를 어떻게 이뤄낼 것인가가 중요한 과제다. 바람직한 변화를 이루기 위해 변화 가능 인자로서 핵심기술의 동향을 파악, 이해해야 한다.

　　최신 인공지능기술의 핵심 키워드들을 살펴보면 다음과 같다. 자가 지도학습(Self-supervised Learning), 트랜스포머(Transfomer), 멀티모달리티(Multimodality), 초대규모 AI(Hyperscale AI, Foundations Model), 데이터 중심 AI(Data-centric AI) 등이다.[2] 이와 함께 Pre-training(사전학습)과 Fine Tuning(미세조정학습) 등을 예지할 수 있다. 여기서 사전학습은 적용 문제와 상관없이 공통으로 사용될 범용의 AI 모델을, 대량의 데이터로 미리 학습시키는 것이다. 음식으로 비유하면 미리 육수를 끓여 놓는 작업과 같다. 미세조정학습은 사전 학습된 모델에다 풀고자 하는 문제의 데이터를 추가로 학습시키는 걸 가리킨다. 본격적인 요리다. 육수를 맛나게 잘 끓여 놓으면 요리가 한결 쉬워진다. 인공지능에 있어 사전학습이 중요한 이유다. 다수 기업은 이미지 모델, 언어 모델과 관련하여 육수를 미리 끓여 놓는다. 예를 들면 사명을 바꾼 Meta의 경우, 인스타그램을 통해 확보한 10억 장의 이미지로, Google은 다양한 채널을 통해 기 확보한 30억 개의 이미지를 사전학습에 활용한다. 자연어 사전학습도 다르지 않다.

① 자가 지도 학습(Self-supervised Learning): 사람이 정답을 주지 않아도 기계가 스스로 정답을 만들어 학습하는 방법이다. 모든 데이터에 정답을 사람이 달아주는 건 현실적으로 불가능하다. 인공지능 스스로 정답을 학습한다. 자연어 영역의 경우, 방대한 규모의 데이터를 입력해두고 문제를 주면 스스로 답을 찾아낼 수 있다. 물론 문제의 난이도에 따라 다르다. 하지만 사람이 일일이 정답을 알려줄 때와 비교하면 학습 효율이 획기적으로 증가한다. 이미지 영역도 어렵긴 하지만 불가능한 건 아니다. 과거에는 개 사진을 주며 '이건 개다'라고 인공지능에 정답을 알려줬다. 정답이 없는 경우에는 대조 학습 방법을 이용한다. 한 쌍의 이미지를 주고 같은 건지 아닌 건지 판단하도록 한다. 그것을 기계적으로 학습시키면, 정답을 주고 학습하는 것보다 훨씬 효과적이다.

자가 지도학습의 강점은 빅데이터를 가지고 정답 없이 학습을 시킨 경우, AI 모델의 문제해결 능력이 훨씬 더 올라간다. 예컨대 10억 장의 이미지를 가지고 자가 지도학습을 한 AI 모델이, 정답이 있는 적은 양의 데이터를 학습한 모델보다 더욱 정확하고 안정적이고 공정한 이미지 인식 결과를 만들 수 있다. 설령 데이터

---

2) https://innomango.com/aistart/

에 Noise가 다소 있더라도 데이터가 충분히 크면 해결될 수 있는데 마치 자연생태계의 자정작용과 유사하다.

② 트랜스포머(Transfomer): 2017년 Google에서 발표한 연구 결과다. 예전 같으면 영역별 적합한 AI 모델이 있었다. 하지만 지금은 '데이터만 충분하다면 어떤 문제이든 트랜스포머 모델이 더 좋다'는 게 전문가들의 중론이다. 모든 길은 로마로 향하듯 모든 모델은 트랜스포머로 귀결되는 듯하다. 트랜스포머 모델은 주어진 데이터에서 중요한 정보들을 스스로 찾아서 자동으로 계산한다. 분산과 병렬구조의 학습에 최적화된 모델로서 순차적 데이터를 처리할 필요가 없어 효율성도 높다. Google의 BERT와 오픈AI의 GPT-3 등 초 거대규모 AI 구축을 가능하게 해주는 이유다.

③ 멀티모달리티(Multimodality): 복잡한 과제를 해결하거나 결과의 정확도를 높이기 위해 활용한다. 이미지, 텍스트, 음성, 비디오 등의 다양한 데이터 종류와 스마트 처리 알고리즘을 결합한 모델이다. 한 종류의 데이터만 입력해줄 때보다 정확도가 올라가고 모델의 안정성이 대폭 높아진다.

④ 초 거대규모 AI(Hyperscale AI, Foundations Model): 초 거대규모 AI는 종합적 추론이 가능한 범용 AI를 뜻한다. 특정 용도를 넘어 다양한 영역에서 종합적이고 자율적인 사고와 학습, 판단과 행동 능력을 보여준다. 이는 대용량의 연산이 가능한 컴퓨팅 인프라를 기반으로 대규모 데이터를 학습하기 때문이다. 단순 명령어에 반응하는 정도가 아니다. 인간 뇌 구조를 닮아 사람처럼 학습하고 판단한다. 뇌 시냅스와 비슷한 역할을 하는 인공신경망의 파라미터를 수천억 개로 대폭 늘린 것이 특징이다.

파라미터 규모가 커질수록 AI 지능이 높아지는데, 100조 개의 시냅스가 연결된 인간 뇌와 비슷하게 동작한다. 단일모델로서 가장 큰 규모는 Google이 개발한 'PaLM'이다. 파라미터 개수가 무려 5,400억 개에 달한다. 초 거대규모 AI가 기대되는 이유는 기존 AI가 할 수 없었던 기능을 제공하기 때문이다. 기존 모델들에서는 추가 데이터가 들어가면 가중치 값이 계속 바뀐다. 아직 공개되지 않았지만 챗GPT-4는 1조개로 추정된다. 초 거대규모 AI는 파라미터 가중치 수치가 바뀌지 않는다. 모델 본체의 변경 없이 학습을 할 수 있다는 의미다. 어떤 태스크든 기본 80점짜리 모델은 이미 완성되어 있다는 의미다. 기존 AI 모델에서는 상상할 수 없었던 일이다.

오픈AI에서 개발한 GPT-3의 글쓰기 실력은 이미 놀라울 정도다. 사용자 실험을 통해 분석한 결과, 200단어 분량 길이의 글은 AI가 쓴 글을 사람이 구분하지 못한다. 글만 잘 쓰는 게 아니라 이미지 생산력도 탁월하다. 세상에 없는 창의적 이미지를 만들어 낸다. 'DALL·E 2'는 '스케이트보드를 타는 곰 인형의 모습을 그려라' 지시하면 그려낸다. 미디어아트 분야에서도 인공지능 달리 모델을 활용하는 게 Hot Issue다. 초 거대규모 AI는 기존 AI의 한계를 뛰어넘어 각 분야에서 상위 1% 인간 전문가 수준 역량을 보유한 차세대 AI 시스템으로 기대되고 있다. 국내외 주요 AI 기업들이 앞다퉈 기술개발에 나서고 있다.

⑤ 데이터 중심 AI(Data-centric AI): 정확한 AI 서비스를 위해서는 소규모라도 양질의 데이터가 중요하다. 물론 대량의 데이터가 중요하지 않다는 의미가 아니다. 다소간의 Noise가 끼어있다 하더라도 대규모 데이터를 학습할 수 있는 초 거대규모 AI가 전제되어야 한다.

알고리즘이 수행하는 기능과 역할은 계속 발전하고 있고 생활은 비즈니스에도 커다란 영향을 미치고 있다. <표 2-1>에서 보듯이 선행 연구 사례를 통해 알고리즘의 발전 단계의 유형을 정리할 수 있다. 즉 Tutt는 발전 단계와 복잡성의 기준에서 5가지 유형으로 알고리즘 발전을 분류하였다(Tutt, 2017: 107).

표 2-1 알고리즘의 발전 단계별 유형

유 형	특징	주요 내용
Type 0	화이트박스 (White Box)	알고리즘에 의한 결과 값이 미리 결정되어 예측가능
Type 1	회색박스 (Grey Box)	알고리즘의 결과 값이 미리 결정되어 있지는 않으나 쉽게 예측 또는 설명이 가능

Type 2	블랙박스 (Black Box)	알고리즘이 새로운 의미를 만들어 내는 것으로 이를 예측 또는 설명하기가 어렵거나 불가능
Type 3	지각 (Sentient)	알고리즘이 인간의 지능을 가졌는지 판별하는 '튜링테스트[3]'를 통과
Type 4	특이점 (Singularity)	알고리즘이 스스로 발전할 수 있는 순환적 자기 개선 (recursive self-improvement)이 가능[4]

이러한 분류 기준의 적용 시 인공지능 적용 이전 대부분 알고리즘이 'Type 0'이었다면 기계학습이나 딥러닝 기술의 발전으로 지능화되면서 현재는 'Type 2'를 향해 나아가고 있다. 전문가마다 그 시점에 대한 이견은 있지만, 인공지능 알고리즘이 'Type 4'에 진입할 때 특이점의 도래가 예상된다.

한편 의사결정 관점에서 알고리즘의 역할에 따라 4가지로 구분하기도 한다 (Gal, 2017:7-10). 제1그룹은 모든 조건(가중치 등)을 이용자가 결정하고 알고리즘은 이를 단순히 실행하는 수준(Stated Preferences)이고, 제2그룹은 이용자가 알고리즘 디자이너에 의해 결정 또는 제시한 변수 중 하나를 선택하는 수준(Menu of Preferences)이다. 제3그룹은 알고리즘이 이용자의 선호를 흉내 또는 예측하여 결정 변수를 만들고 선택하여 시뮬레이션을 만들어 제시하는 정도(Predicted Preferences)이다. 마지막 제4그룹은 선택의 순간뿐만 아니라 전체 기간을 고려하여 최적의 추천을 하는 단계(Self-Restraint)이다.

알고리즘 계약의 관점에서 알고리즘의 역할이 단지 계약의 수단이나 도구 (tool)로 활용되는지 또는 대리(agent)의 역할 인지(認知)로 구분될 수 있다(Scholz,

---

3] 기계가 인간과 얼마나 비슷하게 대화할 수 있는지를 기준으로 기계의 지능여부를 판별하고자 하는 테스트임. 앨런 튜링이 1950년에 제안했고 현재까지 통용되는 테스트로써 서로 보이지 않는 공간에서 질문자가 인간과 컴퓨터를 대상으로 정해진 시간 안에 대화를 나누는 방식으로 이루어지는데, 대화를 통하여 인간과 컴퓨터를 구별해내지 못하거나 컴퓨터를 인간으로 간주하게 된다면 해당 기계는 인간처럼 사고할 수 있는 것으로 봄(네이버 지식백과).

4] 이와 같은 알고리즘으로 구현되는 인공지능을 강인공지능(Strong AI)이라고 하고 이러한 인공지능이 등장하는 시점을 특이점(singularity)이라고 부르고 있음.

2017:136). 대리의 역할도 인간의 의사결정을 보충하는 정도의 대리(Gap-filling Agent)인지 아니면 스스로 협상의 지위를 갖는 대리(Negotiation Agent)인지 구분하여 분류할 수 있다. 즉 Gal·Elkin-Koren는 알고리즘에 의해 결과물이 산출되는 단계적 과정에서 소비자가 알고리즘에 관여하는 내용을 구분하였다(Gal·Elkin-Koren, 2017:315-317). 곧 정보의 수집(Data Collection), 분석(Data Analytics), 결정(Decision), 실행(Implementation)의 단계에서 알고리즘 소비자와의 관계성을 설명하고 있다.

또한 알고리즘을 적용하는 인공지능의 법적 지위를 기준으로 민사법의 관점으로 분류할 수도 있다. 단순한 도구로서 보조적 역할을 수행하는 지 또는 법인격 없는 대리인으로서의 역할을 하는지, 나아가 법인격의 주체로서 인공지능이 역할을 하는지가 그 예이다(정진명·이상용, 2017:41-43). 이처럼 연구자마다 다소 다른 관점으로 인공지능 알고리즘 또는 알고리즘 소비나 계약 및 그 발전을 분류하고 있으나 그 본질은 유사하다. 즉 알고리즘이 인간의 의사결정, 특히 소비생활에서 어느 정도의 역할과 기능을 수행하는가가 중요한 기준이다. 그 방향성은 단순히 인간의 의사결정을 보조하는 수준에서 인간의 의사결정 자체를 대체하는 수준으로의 발전이 예상된다. 향후 소비생활에서 인공지능 알고리즘의 역할이 확대 및 심화되면서 알고리즘과 소비자, 소비생활의 관계를 규정하고 분류하는 시도는 더욱 활발해질 것이다(이금노, 2018). AI 기술의 발달과 알고리즘의 혁신적 발달이 빠르게 진행되고 있다. 개인이나 기업, 정부는 변화 흐름에 적절하게 대응해야 한다. 무엇보다도 각 수준에서 미래의 과제를 해결하기 위해 기술을 업그레이드할 수 있도록 인식, 제도, 문화적 측면의 대응조치가 요구된다.

참고문헌

- 김중권(2020), 인공지능시대 알고크라시(Algocracy)에서의 민주적 정당화의 문제, 법조 제69권 제5호(통권 제743호), 법조협회.
- 이금노(2018), 인공지능 알고리즘 기반 경제에서의 소비자문제 연구, 정책연구 18-17, 한국소비자원.
- 정진명·이상용(2017), '인공지능 사회를 대비한 민사법적 과제 연구', 법무부 연구용역과제.
- Gal, M.S.·N.Elkin-Koren(2017), 'Algorithmic Consumers', Harvard Journal of Law & Technology, Vol.30:2, pp.309-353.
- Scholz, L.H.(2017), 'Algorithmic Contracts', Stanford Technology Law Review, Vol.20:2, pp.101-147.
- Tutt, A.(2017), 'An FDA for Algorithms', Administrative Law Review, Vol.69:1, pp.83-123.

제3장

문제해결과 알고리즘

1. 피할 수 없는 숙명, 그것이 문제다.
2. 문제해결의 단서, 데이터
3. 문제해결의 열쇠, 알고리즘

제3장

문제해결과 알고리즘

"문제를 해결하는 가장 좋은 방법은, 문제가 어떤 것인지 이해하고, 문제를 해결할 때 사용할 수 있는 다양한 도구와 기술을 배우는 것이다." –Brian Tracy(1944~)

1. 피할 수 없는 숙명, 그것이 문제다.

삶은 가끔 여행으로 비유된다. 여정을 지나면서 다양한 사건과 현상이 발생

한다. 내일 일을 모르기에 크고 작은 문제에서 벗어날 수 없다. 심지어 길을 잃고 방황하거나 좌절하기도 한다. 기나긴 여정에서 문제와 씨름하면서 성공과 실패, 기쁨과 슬픔, 좋은 일과 나쁜 일 등으로 가득 차 있다. 각각의 사람들은 그들만의 환경, 신념, 가치관, 그리고 선택과 결정에 따라 삶을 살아간다. 삶의 여정에서 사

람들은 다양한 문제와 도전에 직면한다. 가령 타이어 펑크나 마감일 놓치기와 같

은 사소한 문제에서부터 재정적 어려움, 건강, 대인관계, 그리고 실업 등 크고 작은 문제를 겪는다. 문제에 대한 사람들의 대응 방식도 개성 있을 수 있으며, 이는 그들의 성격, 지난 경험, 지지 체계 및 대처 기술에 따라 달라질 수 있다. 어떤 사람들은 불안할 수 있지만, 다른 사람들은 더 견고하고 낙관적일 수 있다. 궁극적으로, 문제를 직면하고 이를 극복하는 능력은 인생에서 매우 중요하다. 문제는 사람들이 성장하고 새로운 기술을 개발하며 자신의 능력에 대한 자신감을 얻을 수 있도록 촉매가 된다. 문제를 효과적으로 관리하는 법을 배우는 것은 삶에서 만족감과 충족감을 느끼는 데에도 도움이 될 수 있다.

삶을 살아가면서 크고 작은 조직에서 비즈니스를 영위한다. 비즈니스는 수익 창출과 지속 가능한 성장을 목표로 하는 활동이다. 시장에서 지속 가능한 성장과 발전을 위해 다양한 노력이 요구된다. 그러나 비즈니스를 운영하는 과정에서 여러 가지 문제가 발생할 수 있다. 비즈니스에서 발생할 수 있는 문제 중 일부는 다음과 같다. ①경쟁적 상황이다. 경쟁사의 존재로 인해 수익을 실현하기 어려워질 수 있다. ②재무적 문제로서 현금 흐름 문제, 채권 불이행, 고정 비용 문제, 세금 부담 등으로 인해 재정적인 어려움이 발생할 수 있다. ③인력 관리로서 적절한 인력을 구하는 것이 어려울 수 있으며, 직원의 생산성과 동기(Motivation)를 유지하는 게 어려울 수 있다. ④마케팅으로서 제품이나 서비스를 홍보하고 마케팅하는 것이 어렵거나 비용이 많이 들 수 있다. ⑤기술의 변화에 대응하지 못하거나 새로운 기술을 적용하는 게 어려울 수 있다. 비즈니스에서 발생하는 문제는 예측하기 어렵다. 하지만 비즈니스를 성공적으로 운영하려면 문제에 대처하는 능력이 필요하다. 이를 위해 문제를 인식하고 분석한 다음, 문제해결 전략을 구체적으로 탐색해야 한다. 문제해결을 위해 직원들과 협력하고, 꾸준한 업데이트와 개선을 시도해야 한다.

국정은 국가의 행정 활동과 국가의 경제, 군사, 법률, 교육 등 모든 측면을 망라한다. 국정 활동 중에서도 다양한 문제가 발생할 수 있다. 이러한 문제들은 국가의 안전과 안정, 인권 보호, 인구 건강 등에 직접적인 영향을 미칠 수 있다. 국정에서 발생할 수 있는 문제 중 일부는 다음과 같다. ①경제 문제: 인플레이션,

고용 부족, 채무 문제 등으로 인해 국가의 경제적 안정에 영향을 미칠 수 있다. ②사회문제: 빈곤, 교육 격차, 인종 갈등, 성차별 등과 같은 문제는 국가의 안정과 인권 보호에 영향을 미칠 수 있다. ③환경 문제: 대기 및 수질오염, 쓰레기 처리 등의 환경 문제는 국가의 건강과 안전에 직접적인 영향을 미칠 수 있다. ④외교 문제: 국제 사회와의 외교 문제, 국제적인 분쟁 등은 국가의 안보와 국제적인 관계에 영향을 미칠 수 있다. 이처럼 국정에서 발생하는 문제를 해결하기 위해서는 체계적인 계획과 전략이 필요하다. 정부는 문제에 대한 정보를 수집하고 분석하여 적절한 대처 방안을 수립해야 한다. 또한 국민과의 소통과 협력이 중요하다. 국민은 정부와의 소통을 통해 자신들의 관심사와 우려 사항을 제기할 수 있으며, 이를 바탕으로 정부는 국민 요구에 부응하는 정책을 수립하고 시행할 수 있다.

문제는 어떤 목표를 달성하는 과정에서 발생하는 곤란한 상황을 의미한다. 문제는 일상생활에서부터 기업, 국가 수준까지 다양한 범위에서 발생할 수 있으며, 문제를 해결하기 위해 역량이 필요하다. 문제를 해결하기 위해서 우선 문제의 본질과 원인을 파악해야 한다. 이를 위해 문제해결 과정에서 문제 정의, 문제 분석, 해결 방안 도출, 실행 및 평가 단계를 거친다. 하지만 문제의 성격에 따라 다를 수 있기에 문제의 해결이 쉽지 않은 일이다. 문제의 복잡성, 다양성, 변동성 등에 따라 해결 방안도 다양하게 나타날 수 있다. 이러한 문제해결에는 창의성, 문제해결 능력, 협력 능력 등이 필요하다. 여기에 더하여 최근에는 알고리즘 이해 및 활용 능력이 요구된다.

문제해결은 어떤 문제를 해결하는 과정을 말한다. 문제의 해결 과정은 보통 다음과 같은 단계로 이루어진다. ①문제 인식: 문제를 정확하게 이해하고 인식하는 단계이다. 문제가 무엇인지, 왜 문제가 발생했는지 등을 파악하는 것이 중요하다. 왜냐하면 문제해결의 출발점은 문제 자체를 인식하는 것이기 때문이다. ②문제 분석: 문제를 세부적으로 분석하고 이해하는 단계이다. 문제의 규모, 복잡도, 필요한 자원 등을 파악하고, 문제를 해결하는 데 필요한 절차나 방법을 찾아야 한다. ③해결 방법 선택: 문제를 해결하는 데 가장 적합한 해결 방법을 선택하는 단계이다. 선택된 해결 방법은 문제의 복잡도, 자원 제약 등을 고려하여 최적화되어야 한다. ④문제해결 실행: 선택된 해결 방법에 따라 문제를 해결하는 단계이다. 문제해결 과정에서 문제의 세부 사항을 고려하면서 필요한 조치를 구사한다. ⑤해결 결과 평가: 문제해결의 결과를 평가하고 수정하는 단계이다. 문제해결의 결과가 예상한 것과 일치하는지, 수정이 필요한 부분이 있는지 등을 평가하고, 문제를 완전히 해결하기 위해 추가적인 작업이 필요한지 고려한다.

문제해결은 컴퓨터 과학 분야뿐 아니라 일상생활에서 매우 중요한 기술이다. 문제해결 능력을 향상하기 위해서 다양한 문제에 대한 경험과 지식을 쌓아야 한다. 이를 위해 관련된 분야에서 학습하고 연습하는 것이 중요하다. 인공지능이 발달할수록 인간의 역할이 줄어들고, 심지어 인공지능이 인간의 영역을 대체한다고 하지만, 문제를 정의하는 일은 인간의 고유 영역이다. 인공지능 비즈니스의 성패는 코딩보다 문제 정의와 이해에 달려 있음을 기억해야 한다. 문제의식의 바탕에서 알고리즘 사용을 검토해야 한다.

오늘날 개인 삶에서 알고리즘의 사용이 증가하고 있다. 인터넷 검색, 소셜미디어, 쇼핑몰, 금융 등 다양한 분야에서 알고리즘을 활용하고 있다. 개인 생활에서 알고리즘이 사용되는 몇 가지 예를 살펴보면 ①검색 엔진: 검색 엔진은 사용자가 검색어를 입력하면 검색어와 관련된 정보를 빠르고 정확하게 찾아주는 역할을 한다. 이를 위해 검색어 분석 및 검색 결과 순위 결정 등 다양한 알고리즘이 사용된다. ②추천시스템: 추천시스템은 사용자의 취향과 관심사를 파악하여 사용자에게 맞는 제품이나 서비스를 추천해주는 시스템이다. 이를 위해 사용자 데이터 분석 및 유사도 분석 등 다양한 알고리즘이 사용된다. ③의료 진단: 의료분야에서는 환자의 증상 및 검사 결과 등을 분석하여 질병 진단 및 치료 방법을 결정한다. 이를 위해 환자 데이터 분석 및 의학적인 알고리즘이 사용된다. ④스마트홈: 스마트홈에서는 다양한 센서와 액추에이터가 연결되어 사용자의 생활을 자동화한다. 이를 위해 센서 데이터 분석 및 제어 알고리즘이 사용된다. 이처럼 알고리즘이 개인 생활에서 널리 사용되고 있다. 알고리즘을 잘 이해하고 활용한다면 개인 생활에서도 효율성과 편의성을 높일 수 있다.

비즈니스 분야에서도 알고리즘은 매우 중요한 역할을 한다. 알고리즘은 컴퓨터 프로그램의 핵심이며, 효율적인 데이터 처리와 분석, 예측모델링, 비즈니스 의사결정에 필요한 정보의 추출 및 정확한 예측 등에 사용된다. 알고리즘은 다음과 같은 비즈니스 영역에서 활용된다. ①데이터 분석: 대량의 데이터를 처리하고 분석하여 경영 전략 수립, 마케팅 전략 수립 등에 활용된다. ②의사결정: ML(기계학습)과 딥러닝 알고리즘을 사용하여 패턴 인식, 의사결정 등에 활용된다. ③예측: 알고리즘은 예측정확도를 높이기 위해 사용된다. 이를테면 시장의 동향 예측, 재고 관리, 수요 예측 등의 분야에서 활용된다. ④프로세스 자동화: 알고리즘을 사용하여 비즈니스 프로세스를 자동화하고, 작업 효율성을 높인다. 비즈니스 분야에서 알고리즘 사용 방법은 계속해서 발전하고 있다. 따라서 알고리즘에 대한 이해와 활용 능력은 비즈니스 분야에서 경쟁력을 유지하는 데 중요하다.

앞서 보았듯 문제해결은 문제 정의에서 비롯된다. 문제를 너무 추상적으로 단순하게 정의하면 이에 대한 솔루션 또한 단순해질 수밖에 없다. 반대로 문제를 너무 복잡하고 지엽적으로 정의하면 해결할 가치가 없는 문제에 집중력이 소모될 수 있다. 그만큼 문제에 대한 정확하고 올바르며 적시의 정의가 필요하다. Albert Einstein은 문제 정의 중요성에 대해 다음과 같이 역설하였다.

"만약 나에게 문제를 해결하기 위해 1시간이 주어진다면, 문제를 정의하는 데 55분을 쓰고, 나머지 5분을 해법을 찾는 데 쓰겠다." 어떤 의미일까? 문제가 발생했을 때 문제 속으로 곧바로 뛰어들기보다는 한 걸음 물러나 왜, 문제가 발생했는지. 문제가 무엇인지… 문제를 정의, 진단하면서 문제를 올바르게 이해하라는 의미다. 문제가 무엇인지 아는 것이 가장 중요한 문제인 셈이다. 문제를 맞이할 때 ①문제를 다른 말로 바꾸어보거나 ②가정을 노출하고 이의를 제기하고 ③위아래로 뭉쳐보며 ④다양한 관점을 발견하고 ⑤효과적인 언어구성을 사용하며 ⑥문제를 매력적으로 만들어 ⑦문제를 뒤집어보고 ⑧사실을 수집하여 문제를 정의하는 것이 필요하다.

Einstein의 명언처럼 문제를 제대로 정의하는 게 가장 중요하고 우선해야 한다. 특히 비즈니스모델의 수립 전 고객의 문제와 Need 정의 관점에서 어떻게 하면 문제를 잘 정의할 수 있을까? 개인적 문제뿐만 아니라 조직 및 사회적 문제에

닥쳤을 때, 그 문제를 제대로 알고 해결할 자원들을 동원하여 솔루션을 찾는 것이 중요하다(Spradlin, 2012).[1]

제1단계 : 주어진 문제를 최대한 간단한 용어로 표현

(1) 문제의 기반에 자리 잡은 기본적인 Needs가 무엇인가? 질문은 본질적인 문제를 명확하고 간결하게 표현하기 위함. 솔루션을 고민하기에 앞서 문제 본질에 있는 욕구에 집중하는 것이 중요함.

(2) 원하는 결과는 무엇인가? 질문에 답하기 위해서는 문제 상황에 있는 대상과 다른 이해관계자들의 관점을 이해해야 함. 최대한 질적이고 양적인 답을 고민해야 함.

(3) 문제를 해결하게 되면 누구에게 이익이 되는가? 문제에 대한 모든 이해관계자를 파악하기 위함.

제2단계 : Needs의 정당화

(4) 문제를 해결하고자 하는 노력이 조직의 Mission에 부합하는가? Needs를 충족시키는 것이 조직전략과 Mission과 부합하는지 점검하되 만약 부합하지 않으면 다시 시도함.

(5) 문제를 해결하면 조직에 어떤 이득이 있으며, 어떻게 측정되는가? 조직에 있어 수익과 점유율, 영향력 등 어떤 척도로 어떻게 측정할 것인지 고민해야 함.

(6) 문제해결의 실행을 위해 자원이 보장되어 있나? 솔루션을 찾았다고 가정할 때 조직의 어떤 사람들이 실행을 책임질지, 어떤 자원을 투자할 수 있는지 미리 파악해야 함

제3단계 : 문제의 맥락(脈絡)화

(7) 기존에는 내부에서 문제해결을 위해 어떤 접근법을 시도했는가? 솔루션이 이미 존재하는지 찾아보고, 문제해결에 실패한 기존 솔루션을 되돌아보아야 함.

(8) 다른 조직들은 문제해결을 위해 어떤 시도를 했는가? 사례 연구를 통해 최적의 솔루션을 위한 시행착오를 줄일 수 있어야 함.

(9) 문제해결을 실행할 때 내외적 제약은 무엇이 있나요? 내부적인 자원 및 조직의 투입 문제와 지적 재산권, 법과 규제 등 외부 제약을 평가함.

---

1) https://hbr.org/2012/09/are−you−solving−the−right−problem

제4단계 : 문제의 서술

(10) 해결하려는 문제가 실제로 여러 가지인가? 겉보기에 해결책이 보이지 않는 문제이더라도 근본을 파고들며 별개 요소들로 분해해보면 접근이 훨씬 쉬어질 수 있음.

(11) 문제해결을 실행할 때 충족해야 할 사항은 무엇인가? 잠재 수혜자를 대상으로 설문 조사나 인터뷰를 통해 솔루션이 필수로 갖춰야 할 요건과 갖추면 좋을 요건을 파악함.

(12) 문제의 해결을 누구에게, 어떤 팀에게 맡겨야 하나? 솔루션 개발을 위해 전문가 네트워크를 찾아 활용함.

(13) 문제를 정의한 내용은 어떤 정보와 언어를 포함해야 하나? 다양한 분야 전문가들을 불러들이고자 과할 정도로 구체적이지만, 동시에 불필요하게 기술적이지 않은 문제 서술문을 완성함.

(14) 문제를 해결하고자 하는 사람, 팀에 대해 점검할 정보는 무엇인가? 조직은 후보로 올라온 솔루션에 투자하기 위해 어떤 정보가 필요한지 점검함. 이를테면, 근거가 충분한 가정적 접근법과 완벽한 프로토타입 중 고민해야 함.

(15) 문제를 해결하고자 하는 사람, 팀들은 어떤 Incentive가 필요한가? 승진이나 보너스, 현금 등의 Incentive를 통해 문제해결에 동기부여를 받도록 할 수 있음.

(16) 솔루션은 어떻게 평가되고 성공은 어떻게 측정될 수 있을까? 조직이 솔루션을 어떻게 평가할지 분명히 해요. 실현 가능한 솔루션에 도달하고, 평가 프로세스의 공정성을 확보하려면 명확함과 투명성이 필수임.

인간의 뇌는 신체에서 가장 많은 에너지를 사용하는 기관으로 하루에도 수천 번의 의사결정을 내린다. 그래서 인간의 뇌는 쉽게 지치기 쉽다. 그렇기에 인간은 본능적으로 문제를 보자마자 숙고하기보다 성급하게 해결책을 찾아내기 위해 달려든다. 가령 갈증이 난다, 배가 고프다, 학교에 간다 등과 같이 단순한 문제들은 뇌의 자동시스템을 통해 처리해도 무방하다. 하지만 "고객의 진짜 문제를 해결하기 위한 제품/서비스 기획하기, 해결책 만들기…"와 같이 중요한 문제에 대해 성급하게 정의하고 해결책을 찾는다면 문제가 될 수밖에 없다. 고객 또는 비즈니스 관련 문제를 정의할 때 문제의 피상적인 단면만 보고 곧바로 해결하려고 돌진하는 것은 위험하고 무모하다.[2]

---

2) https://acquiredentrepreneur.tistory.com/74

인공지능은 모든 비즈니스에 영향을 미칠 흥미로운 기술이다. 사업주 또는 경영진 모두 디지털화가 더는 선택 사항이 아니라 필수라는 것을 이해하고 있다. 하지만 진정한 디지털 전환은 원거리 여정으로 미래를 향해 나아가는 데 필연적인 적응과 진화를 받아들이고자 하는 기업에는 몇 가지 신기술을 접목하는 것 이상의 의미를 지닌다. 즉, 디지털로의 사업 전환은 규율, 비전, 의지 등을 요구한다. 이와 함께 해결하려는 비즈니스 문제가 무엇인지 묻는 것이 핵심이다.

인공지능의 핵심은 데이터 분석, 모델 및 알고리즘을 사용해 비즈니스 의사결정을 개선하는 것이다. 인공지능이 효과를 내고 경영진이 목표했던 효율성, 생산성 및 인사이트를 달성하려면 좋은 품질의 데이터가 필요하다. 리더나 경영진은 정확한 고객 서비스, 과잉재고나 낭비를 줄일 적시 구매 등과 같이 성과 측정 지표를 구체적으로 정의하고, 최대한 데이터 기반 의사결정을 내려야 한다. 목적이 분명하면 실행은 쉬워지고 효과를 내기도 어렵지 않다.

또한 프로젝트는 작은 분야부터 시작해보는 것도 바람직하다. 데이터 중심 의사결정의 중요성을 인지하고 그 태도를 견지하는 것도 매우 중요하다. 이는 올바른 데이터의 수집과 함께 데이터 처리, 분석 및 저장에 필요한 엔지니어링 시스템을 구비하고, 기술 및 분석 인력을 존중하고, 데이터 중심의 혁신 기업 문화로 나아가는 중요한 토대가 된다.

인공지능은 기업에서 벌어지는 많은 문제를 해결할 수 있다. 그러나 해결할 필요가 없는 문제에 시간과 자원을 낭비해서는 안 된다. 이를 위해 문제 정의에 심혈을 기울여야 한다. 그렇다면 어떤 문제에 집중해야 할까? 인공지능을 도입하는 경우, impact 있는 문제와 함께 일정한 기준을 갖고 있어야 한다. 이는 3가지 조건으로 정리된다. 바로 어려운 문제, 획기적인 문제, 개선이 가능한 문제다. 쉬운 문제를 풀기 위해 복잡한 기술을 쓰는 것은 의미가 없다. 그동안 해결하기 어렵고 불가능했던 일을 해낼 때 비로소 의미가 있다. 인공지능은 과거에 불가능했던 일을 해낼 수 있는 기술이다. 과거와 다른 획기적인 방법으로 문제를 풀어낼 때 커다란 가치가 창출된다. 또한 실질적 개선이 있는 문제여야 한다. 특히 산업 또는 사람들이 갖고 있던 고질적인 문제를 말끔하게 해결하거나 눈에 띄는 도움을 줄 수 있을 때 인공지능 기술은 활용 의미가 있다.

좋은 문제를 찾기 위해서 무엇보다 시야가 넓어야 한다. 문제의 종류는 크게 두 가지다. 첫째, 원래 고민하는 문제다. 현재의 고객과 관련된 문제이자 기업의 일상적 고민에 해당한다. 주로 프로세스 효율화나 수익체계 개선과 같은 종류다. 계속해 오던 일의 연장선이기 때문에 안정적인 혁신을 도모할 수 있다. 하지만 문제를 해결해도 조직에 커다란 변화를 가져오지는 않는다. 둘째, 새로운 기회를 창출하는 문제다. 이는 평상시 하지 않던 생소한 고민이다. 새로운 시장과 새로운 수익을 창출할 기회가 될 수 있다. 전혀 새로운 아이디어를 도출하는 것을 추구한다. 이전과 다른 카테고리의 제품을 개발하며, 많은 경우 프로세스 재정립이 수반될 수도 있다. 일상 밖의 영역을 개척하는 것이므로 어느 정도의 위험 감수(Risk Taking)가 필요하다.

그렇다고 무조건 새로운 문제만 찾아야 한다는 이야기는 아니다. 인공지능을 통해 기존의 문제를 푸는 것에도 impact가 창출되는 것은 분명하다. 여기에도 많은 기회가 있다. 그러나 시야가 기존 문제에만 매몰되면 기회의 절반은 보지 못하는 것이다. 인공지능이 보유한 잠재성은 매우 큰데 이를 기존의 틀 안에서만 다루는 것은, 끊임없이 새로운 기회를 얻기 위해 도전해야 할 기업가에게는 적합하지 않다. 인공지능의 기술적 가능성에 기반해서 이전에 풀지 못한 새로운 문제를 찾아 창조적으로 해결하면, 거기에서 커다란 도약의 기회를 만나게 된다.

기존 사업이 가진 문제 '해결'	신규 기회를 창출할 문제 '발견'
기존 고객에 대한 문제 사업부에서 평상시 하던 고민 기존 프로세스의 효율화 기존 수익 체계의 확대 안정적이며 리스크 낮음	새로운 고객을 창출할 기회 평상시 하지 않던 생소한 고민 새로운 프로세스 창출 새로운 수익 기회 창출 리스크 테이킹 필요

<하버드비즈니스리뷰>는 기업들이 인공지능과 같은 기하급수적 기술을 이용하여 추구하는 혁신과 그로 인해 창출되는 수익의 양상을 분석하였다. 그 결과, 기업들은 기하급수적 기술을 이용해 핵심(Core) 영역을 혁신하는 데 70%가량의 자원과 에너지를 투입하고, 인접(Adjacent) 영역에는 20%, 전혀 새로운 변혁적(Transformational) 영역에는 10%를 투입하는 흐름을 보여주었다. 그러나 기하급수적 기술을 통해 각각의 영역에서 5년 후 창출되는 가치는 변혁적 영역에서 70%, 인접 영역에서 20%, 핵심 영역에서 10%로 차이가 큰 것으로 나타났다. 핵심 영역이란 기존 패러다임의 핵심에 해당하며 현금흐름이 가장 많이 창출되는 영역이고, 변혁적 영역은 후 순위 관심 영역이자 현재 회사에 수익을 크게 가져다주지 못하는 영역을 뜻한다. 인공지능을 도입하려는 기업들은 기술을 이용해 기존 핵심 영역의 문제를 해결하려고 하지만, 인공지능의 비즈니스 impact는 오히려 멀리 있는 변혁적 영역에서 나오는 경향이 강했다. 따라서 시야를 현재의 문제에만 두지 말고 새롭고 먼 영역으로 넓힐 필요가 있음을 시사한다(정두희, 2022).

　　또한 문제를 제대로 정의하기 위해 참고할 만한 4가지 Know-How를 예시하면 다음과 같다(Daniel Markovitz, 2020).[3] 첫째, 직접 사실을 확인해야 한다. 처음 사업을 시작하는 경우, 예비창업자들은 보고서, 기사, 커뮤니티 일부 반응 등 문제에 대한 데이터만 가지고 고객 문제를 정의하고 해결하고자 노력한다. 하지만 문제에 대한 데이터만으로 문제를 제대로 정의하거나 문제해결에 대한 통찰을 얻을 수 없다. 해결하고자 하는 문제가 진짜 문제인지, 해결할 만한 가치가 있는지 등을 직접 현장에서 관찰해야 한다. 이를 위해 실제 사용자와 고객 관점에서 직접 경험해보거나 실제 잠재고객을 대상으로 관찰 및 인터뷰하는 방법 등이 있다. 둘째, 문제를 정확하게 표현해야 한다. 참고 자료 중에서 가장 도움이 되고 공감이 될 수 있는 Know-How다. 만들고자 하는 제품 및 서비스의 존재 이유, 가치에 대해 매력적인 이야기로 뽑아내지 못하는 대부분 이유가 해당 제품 및 서비스가 고객의 삶 가운데 들어가 해결하고자 하는 고객의 문제가 매력적이지 않기 때문

---

3) https://www.hbrkorea.com/article/view/atype/di/category_id/6_1/article_no/327

이다. 고객 문제가 매력적이지 못하다는 것은 문제 정의가 추상적이거나 모호하거나 지엽적이어서 와 닿지 않는다는 뜻이다. 문제를 정확하게 서술해야 무엇을 토론하고 어떤 해결책을 선택해야 하는지 뚜렷하게 알 수 있다. 서술된 문제가 너무 모호하거나 산만하면 솔루션도 단순해질 수 있다. 예컨대 정확한 문제 서술의 중요성을 강조하기 위해 다음 2가지 문제 서술을 제시할 수 있다. A) "우리 병원은 심장박동기가 더 필요하다." B) "우리 병원은 이용 가능한 심장박동기가 더 필요하다." 이처럼 대개 고객의 문제를 정의할 때 A와 같은 방식으로 문제를 정의한다. 이렇게 문제를 단순하고 단조롭게 정의하면, 나올 수 있는 해결책도 뻔하다. 심장박동기를 더 구매하면 된다. 그런데 심장박동기를 더 사면 문제가 모두 해결될까? 반대로 B와 같은 문제 서술 방식은 곧바로 답을 내기 어렵다. '이용 가능한' 심장박동기가 부족한 이유에 대해서 더 파고들게 한다. 현재 병원 내에서 수리 중인 심장박동기는 몇 대인지, 박동기 모두 작동 가능한 상태를 유지하기 위해 얼마나 노력하고 있는지, 여분의 비상용 박동기가 있는지, 하나의 박동기 회전율은 얼마나 되는지 등 문제 서술이 단 하나의 해결책만을 보여준다면 다시 한번 생각해야 한다. 의견, 판단, 해석이 아니라 관찰할 수 있는 사실로부터 출발해야 한다. 셋째, 거꾸로 생각해본다. 문제를 발견하면 곧바로 해결책을 향해 돌진하는 것이 아니라 먼저 어떻게 이 문제 상황에 이르렀는지 그 경로를 역 추적하는 방식이다. 이를 위해 Fishbone Diagram 도구를 활용해서 현재의 문제 상황을 야기한 근본적 원인을 분석해볼 수 있다.[4] 넷째, 왜, 그런지 따져보아야 한다. 정의한 문제에 대한 해결책을 정하기 전에 '왜'라는 질문을 반복해보는 것이다. 이를 통해 성급하게 결론을 내리거나 빈약한 해결책을 내놓는 것을 방지할 수 있다. 이를 위해 '5 Whys 기법'이 활용될 수 있다.

---

[4] https://acquiredentrepreneur.tistory.com/74[린스프린트 블로그 (Insights for Startups):티스토리]

2. 문제해결의 단서, 데이터

과거 데이터는 미래 결과를 예측하는 인공지능의 핵심이다.[5] 지난 2021년 11월 온라인 부동산 회사 Zillow는 인공지능기반 서비스 <Zillow Offers>의 추천에 따라 구매한 주택으로 인해 3분기에만 3억 400만 달러의 재고 상각을 초래했다. 이어 4분기 적자가 2억 6,500만 달러에 달하면서 직원의 1/4을 해고해야 했다. Zillow의 CEO Rich Barton은 투자자와의 Conference Call에서 "Zillow Offers를 운영하는 짧은 기간 동안 글로벌 팬데믹, 주택 시장의 일시적인 동결, 공급-수요 불균형으로 인한 전례 없는 주택 가격 상승 등 일련의 이례적인 사건들을 경험했다. 이에 따라 미래의 주택 가격을 정확하게 예측할 수 없었다."고 밝혔다. 엄청난 변동성을 외인성 블랙스완 사건의 탓으로 돌리고, 학습한 것을 기반으로 모델을 수정하여 계속 운영할 수 있었다. 하지만 지금까지의 경험에 비춰보면 미래에도 예측할 수 없는 가격 전망 및 혼란이 발생하지 않으리라 가정하는 건 안일한 생각이라 피력했다.

McKinsey의 Senior Partner Tim Fountaine이 역설했듯 인공지능은 과거로부터 학습한다. 과거에 발생하지 않은 일을 알고리즘이 예측하는 건 불가능하다. 인공지능은 상식이 없다. 이전에 화재가 발생한 적이 없는 공장의 생산량을 예측하도록 설계된 인공지능 알고리즘은 화재가 발생하면 생산량이 급감할 것으로 예측하지 못할 것이다. 또한 ACP(Axiom Consulting Partners)의 Partner Donncha Carroll은 인공지능 또는 ML의 근본적인 특징은 이력을 활용해 정보를 제공한다는 것이다. 그렇기에 과거와 떼려야 뗄 수가 없다. 인공지능은 역사가 반복될 가능성이 있는 상황에 적합하다. 예를 들어 인공지능을 사용해 미래 수익을 예측한다고 할 때 매출은 예측할 수 없고, 통제할 수 없으며, 기업에 데이터가 없는 요인의 영향을 받는다. 그리고 이러한 요인 중 일부가 결과에 외부적인 영향을 미치는 경우 모델 전체가 무용지물이 될 수 있다. 이러한 상황에서는 인공지능을 도입해

---

5) https://www.ciokorea.com/news/223324

서는 안 된다. 하나의 변수가 바뀌면 즉시 관련성이 없어지는 솔루션에 수십억 달러를 투자하는 것은 무리수다. 인공지능은 다양한 시나리오를 모델링하거나 분명하지 않을 수 있는 Insight를 드러내는 데 유용할 수 있다. 초점을 좁히면 성공할 가능성이 한층 커진다. 인공지능의 존재 자체가 시스템의 행동을 바꾸는 경우라면 적합하지 않다. 예를 들면 인공지능을 사용하여 혐오 발언을 걸러낸다고 할때 사람들은 인공지능이 찾는 패턴과 단어를 신속하게 파악하여 필터를 통과한다. 세계적인 석학들이 이러한 문제를 해결하기 위해 노력하고 있지만 아직 성공하지 못했다고 Carroll은 강조했다.

이렇듯 문제해결을 위해 기존 데이터는 중요한 단서를 제공한다. 데이터는 문제를 해결하는 과정에서 필요한 정보를 제공한다. 이를 통해 문제를 더욱 명확하게 이해하고, 해결책을 도출할 수 있다. 예컨대 기업이 매출이 감소했다는 문제가 발생했다고 가정할 때 매출 감소 이유를 파악하기 위해 데이터의 수집과 분석이 필요하다. 데이터는 고객 구매 이력, 상품 판매 이력, 시장 동향 등 다양한 정보를 포함할 수 있다. 이러한 데이터를 분석하여 매출 감소의 원인을 찾아내면, 문제를 더욱 정확하게 이해하고, 해결책을 찾는 데 유용하다. 따라서 문제해결을 위해 데이터의 수집과 분석의 바탕에서 문제의 실마리를 찾는 것이 중요하다. 데이터는 문제해결에 필수적인 요소로 데이터를 통해 문제를 파악하고, 해결책을 도출할 수 있다.

데이터는 사실과 숫자, 문자, 기호 등으로 표현된 정보의 집합이다. 예를 들어, 학생들의 성적, 고객 구매 이력, 일자리 신청자 정보, 지역별 기온 등이 데이터의 예시다. 데이터는 현실 세계에서 발생한 다양한 형태의 정보를 수집하여 기록한 것이며, 이를 통해 패턴을 분석하고 의사결정을 내리는 등의 목적으로 활용된다. 데이터는 구조화되어 있을 수도 있고, 비정형적일 수도 있다. 구조화된 데이터는 표 형태로 정리된 데이터베이스, 스프레드시트, CSV 파일 등과 같은 형태를 지니며, 비정형적인 데이터는 문서, 이미지, 비디오, 음성 등과 같은 형태를 지닌다. 데이터는 다양한 분야에서 활용된다. 예를 들면 기업은 고객 정보, 판매 이력, 재고 정보 등을 활용하여 비즈니스 전략을 수립하고, 정부는 인구 조사, 경제성장 등의 정보를 활용하여 정책을 결정한다. 데이터는 또한 인공지능 및 머신러닝 분야에서도 매우 중요한 역할을 한다.

또한 만일 개인적 호기심이든 직장 상사가 시켰든 아니면 누군가를 위해 데이터를 분석하게 되었다면 데이터 분석의 첫 단계에서 필요한 것은 문제 제기를 통한 올바른 문제 정의다.[6] 그런데 해결해야 할 문제가 너무 생소하고 크게 느껴질 때, 쉽게 문제에 접근하는 방법 가운데 하나는 분류하기다. 큰 덩어리로 있을 때는 보이지 않다가 잘게 부수고 비슷한 유형끼리 모아 놓으면 해결의 실마리가 보일 수 있다. 고객 유형별로 분류하기, 인력 Pool 관리를 위해 내부 직원들 구분하기 등이 그 예가 될 수 있다.

데이터 분석은 특이점을 발견하는 것이다. 특정 데이터를 지속하여 입력받을 수 있는 준비가 되어 있다면, 이후에는 특이점과 일반적인 데이터 간의 차이를 구별해야 한다. 이를테면 카드 도용 의심 사례 검출, 스마트 워치 등에서 모니터링 데이터에서 특이점 발견하기 등이 그 예이다. 요즘에는 카드 도용 의심 사례나 타인에 의한 로그인 의심 사례 등이 발생 즉시 경고 이메일이나 메시지가 발송되는데 그 원리는 특이점 발견하기의 하나로 볼 수 있다. 분류하기는 각각의 아이템에 대해서 공통되거나 비슷한 속성을 발견하여 묶어주는 것이지만, 주제를 정의하기는 한 단계 더 나아가 분류된 것들을 특정 주제로 이름 붙여서 더 직관적인 이해가 가능도록 해야 한다.

또한 과제의 해결이나 사업목표달성을 위해서 어떤 지표를 관리해야 할까? 바로 '연결점 찾기'이다. 데이터 내 특정한 패턴을 발견하여 유의미한 결과로 이어짐을 보여주길 바라는 것이 '패턴 찾기' 유형의 문제이다. 특히, 데이터 패턴 발견은 데이터 분석의 핵심 과정이다. 데이터 패턴 발견은 데이터를 분석하여 새로운 통찰력을 얻고 의사결정을 내리기 위함이다. 데이터에서 패턴을 발견하고, 이를 분석하여 질문을 찾는 것은 데이터 분석에서 중요한 과정이다.

---

6) https://double-d.tistory.com/4

그러면 질문은 어떻게 해야 할까? 어떤 질문을 만들어야 할까?[7] 질문하기 전에 다시 한 번 점검해보는 것이 필요하다. 누구하고 얘기하고 있는지, 관련 분야를 고려 시, 질문이 과연 SMART한 지 등을 생각해야 한다. SMART한 질문은 목표의 설정에 널리 알려진 방법이다. 구체적이고(Specific), 측정 가능하며(Measurable), 의뢰 가능하며(Assignable), 현실적이며(Realistic), 시한을 정한(Time-limited) 목표를 세워야 한다. 먼저 문제를 질문으로 전환해야 한다.

①Specific(구체적인 질문): 단순하며, 핵심을 찌르는 1~2가지 정도에 초점을 맞춘 구체적인 질문이다.

②Measurable(측정 가능한 질문): 정량적이고 측정 및 평가 가능한 답을 구하는 질문이다.

③Action-Oriented(행동 지향의 질문): 특정한 변화를 의도하고, 구체적인 실행을 유도하는 질문이다.

④Relevant(연관성이 있는 질문): 해결하고자 하는 문제와 연관성이 깊은 질문이다.

⑤Time-Bound(시점을 특정할 수 있는 질문): 분석하고자 하는 주제 관련 데이터의 기간을 특정할 수 있는 질문이다.

모든 현상은 데이터로 표현할 수 있다. 사실 인간은 생존을 위해 데이터를 받아들이고, 그 데이터가 의미하는 바를 분석하여 생존을 위한 도구로 사용해 왔다. 많은 사람들이 뱀이나 거미에 물려 죽었다(관찰 및 데이터 수집) 그리고 주변 사람들은 뱀이나 거미를 보면 도망가야 한다는 걸 알게 되었다(데이터 분석) 이것은 우리의 유전자에 그대로 남아 있다(데이터 및 분석 결과 저장). 그래서 우리는 직접 물려본 경험이 없어도 그들을 보면 도망간다(출력). 썩은 것, 역한 냄새, 잔인한 장면 등을 봤을 때 나타나는 현상도 인류의 데이터 분석 결과이다. 이성을 만날 때도 마찬가지다. 가령 여성들은 왜 다정하고 능력 있으며 체력이 좋고 키가 큰 남성들을 선호할까. 왜 남성들은 피부가 곱고 머릿결이 좋으며 상대적으로 더 어

---

7) https://double-d.tistory.com/6?category=556120

린 여성을 선호할까. 시대에 맞지 않는 부분이 없진 않지만, 위의 뱀/거미 사례와 마찬가지로 당시의 조상들이 원하는 환경과 가치를 추구했던, 그리고 그를 위한 데이터 분석을 했던 결과가 아닐까.

분석을 위한 데이터는 어떻게 구할 것인가.[8] 내부 데이터를 사용하면 문제는 비교적 간단하다. 하지만 내부 데이터만으로 부족할 수 있다. 때로는 외부에 있는 자료를 직접 찾거나 다른 회사로부터 구매해야 할 수도 있다. 데이터 분석을 위해 데이터 소스를 찾는 것이 중요하다. 데이터 소스는 다양한 형태로 존재할 수 있으며, 온라인이나 오프라인에서 찾을 수 있다. ①공공데이터 포털: 국가나 지방 자치 단체에서 운영하는 공공데이터 포털에서는 다양한 분야의 공공데이터를 제공한다. 예컨대 국가 통계 포털, 국가 열린 데이터 광장 등이 있다. ②온라인 데이터베이스: 데이터베이스는 데이터를 구조화하여 저장하고, 검색할 수 있는 소프트웨어다. 데이터베이스에서는 다양한 분야의 데이터를 검색할 수 있다. 가령 Google 데이터 검색, Kaggle, UC Irvine Machine Learning Repository 등이 있다. ③소셜미디어: 소셜미디어에서는 사용자들이 생성하는 다양한 데이터의 수집이 가능하다. 가령 트위터, 페이스북, 인스타그램 등이 있다. ④조직(기업·기관)데이터: 조직은 다양한 형태의 데이터를 보유하고 있다. 예를 들면 고객 구매 이력, 상품 판매 이력, 시장 동향 등이 있으며 기관에서 제공하는 API를 통한 데이터의 수집이 가능하다. ⑤오픈 데이터: 데이터를 제공하는 Open Source 커뮤니티에서는 다양한 분야의 오픈 데이터를 제공한다. 대표적인 예로 데이터 공유 플랫폼인 Zenodo, figshare, Dryad 등이 있다.

그러면 어떤 데이터를 쓸 것인가? 많은 경우, 데이터는 Dataset 형태로 한 가지 이상의 정보가 담겨있다. 그 많은 정보가 다 필요하지 않다. 데이터 소스를 골라서 데이터 세트를 확보했다면, 그중에서 어떤 부분만 사용할 것인지 판단해야 한다. 불필요한 데이터를 쥐고 있으면 처리 속도가 늘어나고 실수의 확률이 높아진다. 필요한 것만 고르고, 필요 없는 것은 과감히 버려야 한다. 하지만 버릴 때는

---

8) https://double-d.tistory.com/10?category=556120

신중해야 한다. 분석의 마지막에 필요할 수도 있다. 그러면 다시 뒤로 돌아가 처음부터 다시 해야 한다. 그리고 어느 정도 양의 데이터가 필요한지 만약 자체 수집한 데이터를 사용한다면, 스스로 수집할 데이터의 양과 크기를 결정할 수 있다. 예를 들어 코로나 팬데믹 전후의 개인위생 관념 변화에 대해 알아보기 위해 조선시대 자료까지 뒤져볼 필요는 없다. 다른 예로, 가끔 데이터 전체가 아니라 일부분만 Random Sample로 뽑아도 충분하다.

수집된 데이터는 분석(analysis)과 처리가 필요하다. 분석은 유용한 정보를 발견하고 결론을 도출하며 의사결정을 지원하기 위해 데이터의 수집, 정제, 변환 및 모델링이 이루어지는 과정이다. 데이터 분석의 일반적 프로세스에는 다음 단계가 포함된다. 첫째, 문제의 정의다. 해결하고자 하는 문제나 답변하고자 하는 질문을 명확히 정의한다. 이렇게 하면 수집 및 분석에 필요한 데이터를 식별하는 데 도움이 된다. 문제 정의와 데이터는 긴밀하게 관련되어 있다. 문제 정의는 분석가가 데이터 분석을 수행하기 전에 반드시 수행해야 하는 단계다. 문제 정의를 제대로 수행하지 않으면 분석 결과가 불필요하거나 부적절한 결론을 내리는 경우가 많아진다. 문제 정의는 다음과 같은 질문에 대한 답을 찾는 과정이다. ①무엇을 분석하려고 하는가? ②분석 결과로 얻고자 하는 것은 무엇인가? ③어떤 데이터를 수집하는가? 등으로 문제 정의는 데이터의 수집 및 분석에 필요한 데이터 유형, 크기, 형식 등을 결정하는 데 중요한 역할을 한다. 반면에, 데이터는 문제 정의에 필요한 정보를 제공한다. 데이터는 문제해결을 위한 인사이트를 발견하는 데 필요한 모든 정보를 담고 있을 수 있다. 데이터는 다양한 소스에서 수집되며, 이를 분석하여 문제를 해결하고 의사결정을 지원할 수 있다. 문제 정의가 잘 수행되면 분석가가 필요한 데이터를 식별하고 수집할 수 있다. 이는 데이터 분석의 정확성과 유용성을 높이는 데 중요한 역할을 한다.

둘째, 데이터의 수집이다. 문제와 데이터의 수집은 서로 긴밀하게 관련되어 있다. 문제를 해결하기 위해서는 필요한 정보를 수집해야 하며, 질문에 답하거나 문제해결에 필요한 데이터의 수집이 필요하다. 데이터는 설문 조사, 실험 또는 기존 데이터 세트와 같은 다양한 소스에서 나올 수 있다. 문제를 정의하는 과정에서 문제해결을 위해 필요한 데이터를 식별하고, 데이터의 수집을 위한 방법을 결정한다. 이 과정에서 데이터의 수집 방법, 수집 데이터의 종류와 양, 문제의 특성, 데이터의 양과 형태, 수집 비용 등을 고려한다. 따라서 문제를 잘 이해하고 정의하는 것은 적절한 데이터의 수집을 위한 기반이 된다.

셋째, 데이터의 가공이다. 데이터의 수집 후에 데이터를 정제하고 분석에 사용할 수 있는 형태로 가공해야 한다. 데이터 정제는 데이터의 불일치, 결측값, 이상값 등을 처리하고, 데이터를 일관된 형식으로 변환하는 과정이다. 데이터를 정제하는 것은 데이터 분석의 정확성과 신뢰성을 높이는 데 중요한 역할을 한다. 이에 따라 문제와 데이터의 수집은 상호보완적 관계를 갖는다. 문제를 잘 이해하고 정의하면 적절한 데이터의 수집과 가공을 통해 문제해결을 위한 유용한 정보를 얻을 수 있다. 이 단계는 데이터가 정확하고 신뢰할 수 있도록 보장한다. 수집된 데이터를 검토하여 불일치나 불완전한 부분을 파악한다. 이 과정에서 데이터의 정확성과 완전성을 점검한다. 먼저 데이터에는 결측값이 포함될 수 있다. 결측값은 분석의 정확성을 떨어뜨릴 수 있으므로, 이를 처리해야 한다. 결측값은 대체값으로 대체하거나 해당 레코드를 제거하는 등의 방법으로 처리할 수 있다. 다음, 이상값은 데이터 분석에 있어서 예기치 않은 결과를 초래할 수 있다. 이상값은 수정하거나 해당 레코드를 제거하는 등의 방법으로 처리할 수 있다. 또한 데이터에는 중복된 값이 포함될 수 있다. 중복 값은 분석 결과를 왜곡할 수 있으므로 제거하거나 하나의 값으로 대체하는 등의 방법으로 처리해야 한다. 이처럼 데이터 정리과정을 수행하여 분석에 적합한 데이터를 확보하면, 더욱 정확하고 신뢰성 높은 데이터 분석 결과를 얻을 수 있다.

넷째, 데이터 변환이다. 분석에 적합한 형식으로 데이터를 구성하여 변환한다. 이 단계에는 데이터를 집계하거나 정렬하거나 새 변수를 만드는 작업이 포함될 수 있다. 데이터 변환은 데이터의 정제하고 합치며 분할하고 다양한 계산 작업을 수행하며, 분석 결과의 생성을 위해 데이터를 준비하는 작업을 포함한다. 데이터 변환의 주요 작업으로 ①데이터 정제는 데이터의 품질을 향상하는 과정으로 데이터에서 불필요한 정보를 제거하거나 결측값이나 이상값을 처리하는 등의 작업을 수행한다. ②데이터 변환: 데이터 변환은 데이터를 분석에 적합한 형식으로 변환하는 과정으로, 데이터 형식을 변경하거나 열을 추가하거나 병합하는 등의 작업을 수행한다. ③데이터 결합: 데이터 결합은 여러 개의 데이터 소스를 결합하는 작업으로, 데이터를 분석에 적합한 형태로 통합한다. ④데이터분할: 대규모 데이터의 분할로 처리하기 쉬운 작은 단위로 나누는 작업으로, 데이터를 처리할 때 속도를 높일 수 있다. ⑤데이터 계산: 데이터에 다양한 계산 작업을 수행한다. 가령 데이터의 합계, 평균, 분산, 표준편차, 최솟값, 최댓값 등을 계산할 수 있다. ⑥데이터 집계: 데이터의 그룹화를 통해 요약정보를 생성하는 작업으로, 데이터를 더 작은 그룹으로 나누어 계산한 후, 결과를 다시 합쳐서 요약정보를 생성한다. 이처럼 데이터를 분석에 적합한 형식으로 변환하고, 분석 결과를 생성하기 위한 데이터를 준비하여 데이터 분석의 정확성과 신뢰성을 높이는 데 활용한다.

3. 문제해결의 열쇠: 알고리즘

가. 문제와 알고리즘

문제와 알고리즘은 밀접한 관련이 있다. 문제는 해결이 필요한 불만족스러운 상황이며, 알고리즘은 문제를 해결하기 위한 일련의 절차나 규칙이다. 문제를 해결하기 위해서 알고리즘이 필요하다. 알고리즘은 문제를 해결하기 위한 체계적이고 명확한 절차를 제공한다. 알고리즘은 문제의 종류에 따라 다양한 방식으로 설계된다. 예를 들어 검색 알고리즘은 대량의 데이터에서

문제해결과 알고리즘

특정 항목을 검색하는 데 사용되고, 정렬 알고리즘은 데이터를 정렬하여 분석이

나 처리를 쉽게 하며, 최단 경로 알고리즘은 지도에서 최단 경로를 찾는 데 사용된다.

문제와 알고리즘은 서로 영향을 주고받는다. 문제를 잘 이해하고 분석하여 알고리즘을 설계하면 더욱 효율적인 문제해결이 가능하다. 반대로, 알고리즘이 문제에 적합하지 않으면 문제를 효율적으로 해결할 수 없다. 따라서 문제를 해결하기 위해서 적절한 알고리즘을 선택하고 설계하는 것이 중요하다. 알고리즘은 문제를 효율적으로 해결하는데 필수적 도구이며, 알고리즘의 적절성은 문제해결의 효율성과 밀접한 관련이 있다.

문제해결은 주어진 문제에 대해 해답을 찾는 것이고, 알고리즘은 문제를 해결하기 위한 절차나 방법이다. 알고리즘은 일반적으로 다음과 같은 단계로 구성된다. ①문제의 이해와 목표의 설정 → ②입력 데이터 정의와 문제 조건의 명확화 → ③가능한 모든 경우의 수를 고려하여 문제해결 방법의 설계 → ④알고리즘의 구현과 문제의 해결 → ⑤결과의 확인과 필요한 경우, 수정 및 개선 등의 과정을 거친다.

문제해결과 알고리즘을 연결하는 과정에서 핵심 개념은 "문제를 작은 단위로 쪼개는 것"이다. 문제를 작은 단위로 분해하고 각 단계에서 필요한 결정을 내리는 것이 알고리즘 설계의 핵심이다. 이러한 결정을 내리는 과정에서 이전 단계에서의 결정과 결과를 고려하여 최적의 해답을 찾아 나가야 한다. 이처럼 알고리즘은 프로그래밍, 데이터 분석, 기계학습 등 다양한 분야에서 사용된다. 알고리즘은 일반적으로 컴퓨터 프로그래밍에서 사용되며, 주어진 문제에 대한 해답을 찾기 위해 프로그램을 작성할 때 사용된다. 알고리즘은 또한 수학, 물리학, 공학 등 다양한 분야에서도 사용된다.

문제해결을 위한 알고리즘 Tips

- 문제를 읽고 이해한다.
- 각 문제의 난이도와 예상 소요 시간을 파악한다.
- 각 문제를 해결할 때 사용할 수 있는 알고리즘과 수식을 고민한다.
- 가장 간단한 문제부터 시작하여 차례대로 푸는 대신, 소요 시간과 난이도를 고려하여 적절한 순서로 문제를 푸는 것이 좋다. 예를 들어, 비교적 복잡한 문제를 먼저 풀어버리면 남은 시간에 간단한 문제들을 해결할 수 있다.
- 문제를 해결하는 과정에서, 중간에 막히거나 시간이 오래 걸리는 문제는 일단 건너뛰고 다른 문제를 해결한 후에 다시 돌아와서 해결하는 것이 효율적이다.
- 시간을 효율적으로 활용하기 위해 문제를 처음부터 끝까지 읽어보는 대신, 문제의 핵심 내용을 파악하고 빠르게 문제의 유형과 해결 방법을 결정하는 것이 좋다.
- 시간이 부족해지면, 가장 중요하거나 쉬운 문제들부터 먼저 해결하는 것이 좋다. 이러한 문제들을 해결함으로써 기본 점수를 얻을 수 있고, 나머지 문제들은 시간이 된다면 해결하는 것이 좋다.

알고리즘은 프로그래밍, 데이터 분석, 기계학습 등 다양한 분야에서 사용된다. 예를 들어 프로그래밍에서는 알고리즘이 문제를 해결하기 위한 절차를 제공하므로, 프로그램을 작성할 때 사용된다. 데이터 분석에서는 알고리즘이 복잡한 데이터를 처리하고 분석하는 데 사용된다. 기계학습에서는 알고리즘이 모델생성과 학습을 위한 절차를 제공한다. 이에 따라 문제해결의 열쇠는 문제에 대해 체계적인 알고리즘을 설계하고, 실제로 실행하는 것이다. 알고리즘을 사용하면 문제를 보다 체계적이고 효과적으로 해결할 수 있다.

나. 알고리즘의 효용

알고리즘은 컴퓨터 과학 분야에서 핵심적인 개념 중 하나이며, 문제해결을 위한 방법론을 제공한다. 아래는 알고리즘의 주요한 효용들이다.

첫째, 문제의 해결 기능이다. 알고리즘은 문제해결을 위해 매우 중요한 기능을 수행한다. 복잡한 문제를 단순한 단계로 분해하여 해결할 수 있도록 도와준다. 알고리즘은 문제를 해결하기 위한 일련의 절차나 규칙으로, 명확하게 정의되어 있고, 실행 가능하며, 결과를 반환한다. 또한 문제를 해결하기 위한 기반이 되는 다양한 분야에서 사용된다. 예를 들어, 기계학습 알고리즘은 대량의 데이터에서 패턴을 발견하고 분류하는 데 사용된다. 자연어 처리 알고리즘은 텍스트에서 의미 있는 정보를 추출하는 데 사용된다. 알고리즘을 이용한 문제해결은 문제를 더욱 명확하게 이해하고, 해결 방법을 논리적으로 분석하여 실행 가능한 해결 방안을 찾을 수 있다. 이를 통해 문제해결의 효율성과 정확성을 향상할 수 있다.

둘째, 효율적인 자원 관리이다. 알고리즘을 사용하면 자원을 효율적으로 관리할 수 있다. 여기서 자원은 시간, 공간, 처리능력 등 다양한 것들을 포함한다. 알고리즘의 효율성은 주로 시간 복잡도와 공간 복잡도로 측정된다. 효율적인 알고리즘은 처리 시간을 단축하고 메모리 사용량을 줄일 수 있다. 시간 복잡도는 알고리즘을 실행하는 데 걸리는 시간을 측정하며, 공간 복잡도는 알고리즘이 실행되는 데 필요한 메모리 공간의 양을 측정한다. 알고리즘의 효율성을 고려하면, 시간과 공간 자원의 낭비를 최소화할 수 있다. 가령 대량의 데이터를 정렬하는 경우, 선택 정렬 알고리즘은 시간 복잡도가 $O(n^2)$이며, 메모리 공간의 사용량도 많다. 하지만 병합 정렬 알고리즘은 시간 복잡도가 $O(nlogn)$이며, 메모리 공간의 사용량도 적다. 따라서 대량의 데이터를 정렬할 때는 병합 정렬 알고리즘이 더 효율적이다. 알고리즘의 효율성을 고려하여 자원을 효율적으로 관리하면, 실행 시간과 메모리 사용량을 최소화할 수 있다. 이는 성능 개선과 비용 절감에 도움이 되며, 시스템의 안정성과 신뢰성을 높여줄 수 있다.

셋째, 응용 분야의 확장이다. 알고리즘은 다양한 응용 분야에서 사용될 수 있다. 예를 들면, 컴퓨터 과학 분야에서는 데이터 처리, 그래프 이론, 인공지능, 자연어 처리 등 다양한 분야에서 알고리즘이 활용된다. 또한 경제학, 공학, 생물학, 화학 등의 다른 분야에서도 알고리즘이 사용된다. 알고리즘은 새로운 문제의 해결을 위해 계속해서 발전하고 있다. 기존에는 문자열 패턴 매칭 문제를 해결하기 위해 브루트 포스 알고리즘이 사용되었다. 하지만, 지금은 보이어−무어 알고리즘, KMP 알고리즘, 라빈−카프 알고리즘 등 더욱 효율적인 알고리즘이 개발되었다. 또한 알고리즘은 새로운 응용 분야로 확장되고 있다. 예컨대 빅데이터 분석을 위해 맵리듀스 알고리즘이 개발되었으며, 인공지능 분야에서는 딥러닝 알고리즘이 발전하고 있다. 또한 블록체인 분야에서는 해시 함수, 암호화 알고리즘 등이 사용되고 있다. 따라서 알고리즘은 다양한 응용 분야에서 활용되고 있으며, 이러한 확장은 알고리즘의 발전을 견인하고 있다. 알고리즘의 효율성과 확장성은 문제해결 능력을 향상하면서 새로운 분야로의 진출을 가능하게 한다.

넷째, 미래 예측이다. 알고리즘은 데이터 분석을 통해 미래를 예측하는 데 매우 유용하다. 예측모델링, 기계학습, 인공지능 등의 분야에서 알고리즘이 사용되며, 이를 통해 미래 예측을 할 수 있다. 예를 들어, 주가 예측을 위해 다양한 알고리즘이 사용된다. 주가 예측 알고리즘은 인공지능 기술을 활용하여 주식 시장에서 향후 주가 변동을 예측하는 소프트웨어다. 기존의 통계기반 예측 방법에서부터 딥러닝 기반의 예측 방법까지 다양한 방법이 존재한다. 이러한 알고리즘을 사용하여, 주가 예측 모델을 만들고 이를 통해 미래 주가를 예측할 수 있다. 알고리즘은 과거의 주가 데이터와 기타 관련 데이터를 분석하여 향후 주가를 예측한다. 주가 예측 알고리즘은 주식 시장에서 투자 결정을 돕는 데에 매우 유용하다. 가령 알고리즘을 사용하여 향후 주가가 상승할 것으로 예상되는 종목을 선정하면, 투자자들은 미리 이 종목에 투자하여 수익을 얻을 수 있다. 현재 다양한 주가 예측 알고리즘이 개발되어 있다. 예를 들어, LSTM(Long Short−Term Memory) 알고리즘을 사용하여 주가 예측을 수행하는 알고리즘이 개발되었다. 이 알고리즘은 주식 시장에서의 변동성을 고려하여 과거의 주가 데이터를 분석하면서 향후 주가를 예측한다. 또한 딥러닝 알고리즘을 사용하여 주가 예측을 수행하는 알고리즘이 개발되어 있다. 그러나 예측 알고리즘의 정확도는 100%가 아니다. 예측이기 때문에 항상 정확한 결과를 보장할 수는 없다. 따라서 주가 예측 알고리즘을 사용할 때는 항상 주의를 기울이고, 기존의 시장분석과 함께 활용하는 것이 바람직하다. 또한 인공지능을 이용한 예측모델링은 다양한 분야에서 활용된다. 가령 자동차 운전 예측, 대기질 예측, 재난 예측 등의 분야에서 인공지능을 활용하여 미래를 예측할 수 있다. 또한 데이터 분석과 추천시스템에서도 사용된다. 데이터 분석을 통해, 고객 선호도를 파악하고 이를 바탕으로 상품 추천을 할 수 있으며 이를 통해, 고객 만족도를 높이고 매출을 증가시킬 수 있다. 따라서 알고리즘은 미래 예측에 매우 유용하며, 이를 통해 다양한 분야에서 응용할 수 있다. 알고리즘의 발전과 응용 확장은 미래 예측 분야를 발전시키고, 더욱 정확한 예측을 가능하게 한다.

다섯째, 인간의 일을 대신 처리한다. 알고리즘은 컴퓨터가 인간의 일을 대신 처리할 수 있도록 도와준다. 가령 인간이 처리하기 어려운 대규모 데이터의 처리에 사용된다. 따라서 알고리즘은 컴퓨터과학 분야에서 핵심적인 개념 중 하나이며, 다양한 분야에서 활용되는 중요한 도구이다.

다. 문제의 성격(특성/유형)과 알고리즘 선택[9]

문제의 진단과 알고리즘 선택은 문제해결 과정에서 매우 중요한 단계이다. 문제의 진단을 통해 문제가 발생하는 원인을 파악하고, 그에 맞는 알고리즘을 선택할 수 있다. 문제의 진단 과정은 문제의 증상과 원인을 파악하는 과정이다. 예를 들어, 어떤 시스템에서 발생하는 성능저하 문제의 경우, 시스템 로그 분석 등을 통해 성능저하 원인을 파악할 수 있다. 또한 어떤 프로그램에서 발생하는 버그 문제의 경우, 버그 리포트 분석 등을 통해 버그 발생 원인을 파악할 수 있다.

알고리즘 선택은 문제의 성격과 요구사항에 적합한 알고리즘을 선택하는 과정이다. 예를 들어, 어떤 데이터를 분류하는 문제의 경우, 데이터의 크기와 특성에 따라 다양한 분류 알고리즘이 존재하며, 데이터의 특성에 따라 적합한 알고리즘을 선택할 수 있다. 따라서 문제의 진단과 알고리즘 선택은 문제해결 과정에서 매우 중요한 단계이며, 이를 통해 문제를 더 빠르고 정확하게 해결할 수 있다.

---

9) 본서에서 알고리즘은 기본 개념과 성격, 작동원리를 중심으로 소개하였음. 머신러닝의 알고리즘에 관한 세부 내용은 <한세억(2020), 모든 사람을 위한 인공지능, 박영사>를 참고할 수 있음.

우리가 살아가는 세상에 과연 알고리즘은 얼마 존재할까? 사실 알고리즘의 유형과 종류는 매우 다양하다. 앞서 언급했듯이 알고리즘은 문제해결이나 데이터 처리, 패턴 인식 등 다양한 도메인에서 사용되며, 각각의 독특한 특성과 목적을 갖는다. 따라서 정확한 종류의 수를 헤아리기 어렵다. 알고리즘은 문제에 따라 선택되고 적용되며, 효율적인 문제해결을 위해 다양한 종류의 알고리즘이 활용되고 있다. 즉 문제의 특성에 따라 적합한 알고리즘을 선택하는 것이 중요하다. 일반적으로 사용되는 문제의 특성과 알고리즘 선택을 기본 개념을 중심으로 살펴보면 다음과 같다.

알고리즘의 유형과 종류

- 탐색 알고리즘: 선형 탐색, 이진 탐색, 깊이 우선 탐색, 너비 우선 탐색 등
- 정렬 알고리즘: 버블 정렬, 선택 정렬, 삽입 정렬, 퀵 정렬, 병합 정렬 등
- 그래프 알고리즘: 최단 경로 알고리즘(Dijkstra, Bellman-Ford), 최소 신장 트리 알고리즘(Kruskal, Prim), 플로이드-와샬 알고리즘 등
- 동적 계획법 알고리즘: 피보나치 수열, 최장 공통 부분 수열(LCS), 최대 부분 배열 등
- 네트워크 알고리즘: 최대 유량 문제, 최소 스패닝 트리 문제 등
- 머신 러닝 알고리즘: 선형회귀, 로지스틱 회귀, 의사결정 트리, 나이브 베이즈, 서포트 벡터 머신(SVM), k-Nearest Neighbor, 랜덤 포레스트, 주성분 분석(PCA), 강화학습 (Q-Learning, Deep Q-Networks, Policy Gradient) 등
- 신경망 알고리즘: 다층 퍼셉트론(MLP), 합성곱 신경망(CNN), 순환 신경망(RNN), 장단기 메모리(LSTM), 생성적 적대 신경망(GAN), 변이형 오토인코더(Variational Autoencoder) 등
- 클러스터링 알고리즘: k-means, DBSCAN, 계층적 클러스터링 등
- 최적화 알고리즘: 유전 알고리즘, 타브 서치, 그래디언트 디센트 등
- 유전 알고리즘: 진화와 유전 원리를 모방하여 최적화문제를 해결하는 알고리즘
- 압축 알고리즘: 허프만 코딩, LZ 압축 알고리즘 등
- 해시 알고리즘: MD5, SHA, SHA-256 등
- 트리 알고리즘: 이진 트리, AVL 트리, B-트리 등

첫째, 문제의 크기와 관련하여 문제의 크기가 작을 경우, 브루트 포스(brute force) 알고리즘이나 그리디(greedy) 알고리즘을 사용하는 것이 적절하다. 하지만 문제의 크기가 커지면, 동적 계획법(dynamic programming)이나 분할 정복(divide and conquer) 알고리즘 등 더 복잡한 알고리즘을 사용해야 한다.

문제의 크기가 작을 경우

- **Brute Force** 알고리즘: 문제를 해결하기 위해 가능한 모든 경우의 수를 모두 시도해보는 간단하고 직관적인 접근 방식임. 동 알고리즘은 문제의 해를 찾기 위해 모든 가능한 조합이나 순열을 순차적으로 생성하고, 각각의 경우에 대해 조건을 만족하는지 확인하는 방식으로 동작함. 따라서 매우 간단하고 직관적이지만, 경우의 수가 많은 문제에 대해서는 시간과 계산 자원이 많이 소요될 수 있음. 또한 브루트 포스 알고리즘은 문제에 따라 다양한 형태로 구현될 수 있음. 일반적으로 이중 반복문을 사용하여 모든 가능한 조합을 생성하고, 각각의 경우에 대해 조건을 검사함. 이를 통해 가능한 모든 해를 찾을 수 있지만, 경우의 수가 많은 경우 실행 시간이 길어질 수 있음. 브루트 포스 알고리즘은 경우의 수를 줄일 수 있는 최적화 기법이나 휴리스틱 알고리즘과 달리, 모든 가능한 경우를 시도하기 때문에 항상 정확한 결과를 보장함. 하지만 이러한 방식은 경우의 수가 많은 문제에 대해서 처리 속도가 느리고, 연산자원이 크게 소요된다는 단점이 있음. 따라서 경우의 수가 많은 문제에서는 브루트 포스 알고리즘이 비효율적일 수 있으며, 최적화된 알고리즘을 고려하는 것이 바람직할 수 있음.
- **Greedy** 알고리즘: 각 단계에서 가장 최적인 선택을 하는 방식으로 문제를 해결하는 알고리즘으로, 각 단계에서 최선을 선택하면서 전체적으로 최적의 해답을 찾는 것을 목표로 함. 그리디 알고리즘은 각 단계에서 지금 당장 가장 유리한 선택을 하는 것을 특징으로 함. 다른 선택지에 대해 고려하지 않고 그 순간에 최적인 선택을 하는 것이 주요한 특징이며, 알고리즘이 선택한 해답이 전체적으로 최적 여부는 보장되지 않을 수 있음. 따라서 그리디 알고리즘은 항상 최적의 해답을 보장하지는 않지만, 간단하고 빠른 실행 시간을 가지는 경우가 많음. 그리디 알고리즘은 많은 문제에서 유용하게 사용됨. 예를 들어, 거스름돈 문제나 활동 선택 문제와 같이 각 단계에서 최적의 선택을 하는 것이 전체적으로 최적의 해답을 제공하는 경우, 그리디 알고리즘을 사용할 수 있음. 그리디 알고리즘은 정렬된 데이터나 제약조건이 없는 경우에 유용하며, 실행 시간이 매우 빠른 장점이 있음.

문제의 크기가 클 경우

- **Dynamic Programming**: 큰 문제를 작은 하위 문제로 분할하여 해결하는 알고리즘 설계 기법으로 동적 계획법은 중복되는 하위 문제들의 결과를 저장하고 활용하여 중복 계산을 피하며, 효율적으로 최적해를 찾아내는 특징을 가지고 있음. 동적 계획법은 문제를 작은 부분 문제로 나눈 뒤, 하위 문제들을 해결하고 그 결과를 저장해두는 과정을 거침. 이후 하위 문제의 결과를 이용하여 상위 문제를 해결하는 과정을 반복하여 최종적으로 전체 문제의 해답을 구함. 동적 계획법은 중복되는 계산을 피함으로써 실행 시간을 효과적으로 줄일 수 있음. 동적 계획법은 최적 부분 구조(Optimal Substructure)와 중복 부분 문제(Overlapping Subproblems)라는 두 가지 핵심 개념을 기반으로 함. 최적 부분 구조는 큰 문제의 최적해가 작은 부분 문제의 최적해를 포함하는 성질을 의미하며, 중복 부분 문제는 작은 부분 문제들 사이에 중복되는 계산이 발생하는 성질을 의미함. 동적 계획법은 다양한 문제에 적용할 수 있으며, 특히 최적화문제나 조합 문제, 최단 경로 문제 등에 유용함. 가령, 피보나치수열, 그래프의 최단 경로 등은 동적 계획법을 활용하여 효과적으로 해결할 수 있는 대표적인 문제들임.

- **분할 정복(Divide and Conquer)**: 큰 문제를 작은 부분 문제로 분할하여 해결하는 알고리즘 설계 기법으로 분할(Divide), 정복(Conquer), 결합(Combine)이라는 세 단계로 구성됨. ①분할(Divide): 큰 문제를 작은 부분 문제로 분할함. 원래 문제를 여러 개의 동일한 형태의 부분 문제로 분할하는 작업을 수행함. ②정복(Conquer): 작은 부분 문제들을 재귀적으로 해결함. 각각의 부분 문제들은 분할이 불가능한 정도까지 작게 만들어짐. 이 단계에서는 재귀 호출을 통해 부분 문제를 해결함. ③결합(Combine): 작은 부분 문제들의 해답을 결합하여 원래 문제의 해답을 구함. 이 단계에서는 작은 부분 문제들의 해답을 조합하여 전체 문제의 해답을 도출하는 작업을 수행함. 분할 정복은 큰 문제를 작은 문제로 분할하여 각각을 해결한 후, 그 결과를 결합하여 최종 해답을 얻는 방식으로 동작함. 문제의 크기를 줄이면서 문제를 해결하는 효과적인 방법이며, 특히 재귀적인 구조를 가진 알고리즘에 적합함. 분할 정복은 다양한 문제에 적용될 수 있는데 가령 정렬 알고리즘인 병합 정렬(Merge Sort)과 퀵 정렬(Quick Sort)이 있음. 또한 이진 검색(Binary Search), 행렬 곱셈(Matrix Multiplication), 최대 부분 배열 문제(Maximum Subarray Problem) 등에도 분할 정복 알고리즘이 활용됨.

둘째, 문제의 유형에 따라 적합한 알고리즘이 다르다. 예를 들어, 그래프 이론은 다양한 분야에서 응용되는 수학적인 도구로 사용된다. 가령 도로 네트워크, 전력 공급망, 인터넷 라우팅, 분자 구조 분석, 텍스트 문서 분석 등 다양한 분야에서 활용된다. 그래프 이론은 복잡한 상호관계를 모델링하고 분석하는 강력한 도구이며, 이를 통해 다양한 문제를 효율적으로 해결할 수 있다. 그래프 이론 문제의 경우, 깊이 우선 탐색(depth first search)이나 너비 우선 탐색(breadth first search) 등의 그래프 탐색 알고리즘이 적합하다.

그래프 이론 문제

- **깊이 우선 탐색(Depth First Search, DFS)** : 그래프 자료 구조에서 사용되는 탐색 알고리즘 중 하나로, 깊은 부분을 우선으로 탐색하는 방식임. DFS는 스택(Stack)이나 재귀 함수 호출을 통해 구현됨. DFS의 동작은 ①시작 정점을 방문하고, 방문한 정점을 스택에 넣음. ②스택에서 정점을 꺼내고, 해당 정점과 연결된 정점 중 방문하지 않은 정점을 찾음. ③방문하지 않은 정점이 있다면, 해당 정점을 방문하고 스택에 넣음. ④방문하지 않은 정점이 없을 때까지 2~3단계를 반복함. ⑤스택이 공백이 될 때까지 모든 정점을 방문함. DFS는 깊이를 우선하여 탐색하기 때문에, 현재 정점에서 한 경로를 끝까지 탐색한 후에 다른 경로로 탐색함. 따라서 그래프의 깊은 부분을 먼저 탐색하게 되며, 이는 미로 찾기와 같은 경로 탐색 문제에서 유용하게 사용될 수 있음. DFS는 재귀 호출을 사용하거나 스택을 이용하여 구현할 수 있음. 재귀 호출을 사용할 경우, 함수 호출 스택을 사용하기 때문에 시스템 스택의 크기에 따라 제한이 있을 수 있음. 스택을 이용하는 경우, 명시적으로 스택을 생성하고 조작해야 하므로 구현이 복잡해질 수 있음. DFS는 그래프의 모든 정점을 방문할 수 있고, 연결된 모든 경로를 탐색할 수 있으나, 그래프에 순환 경로가 있는 경우 무한 루프에 빠질 수 있으므로 방문한 정점을 표시하여 중복 방문을 방지하는 것이 중요함.
- **너비 우선 탐색(Breadth First Search)**: 그래프의 탐색기법 중 하나로, 시작 정점에서부터 같은 레벨의 정점들을 먼저 탐색하는 방식임. BFS 알고리즘의 동작은 다음과 같음. ①시작 정점을 큐(Queue)에 추가하고, 방문한 정점으로 표시함. ②큐가 빌 때까지 다음 과정을 반복함. 큐에서 정점을 하나 꺼내고 해당 정점에 인접한 모든 정점 중 방문하지 않은 정점들을 큐에 추가함. 이때, 큐에 추가되는 순서는 큐에 들어온 순서대로 정점을 처

리하기 위해 유지됨. 방문한 정점으로 표시함. ③탐색이 끝나면 모든 정점을 방문한 순서대로 결과를 반환함. BFS 알고리즘은 큐를 사용하여 정점들을 관리하며, 가까운 정점부터 순서대로 탐색하기 때문에 최단 경로를 찾는 문제나 최단 거리를 구하는 문제에 주로 사용됨. BFS는 그래프에서 순환 없이 모든 정점을 탐색하는 데 사용될 수 있음. BFS 알고리즘의 시간 복잡도는 정점의 수를 V, 간선의 수를 E라고 할 때 O(V+E)임. 이는 모든 정점과 간선을 한 번씩 검사하므로 선형 시간에 실행됨. 따라서 BFS 알고리즘은 그래프의 탐색과 관련된 다양한 문제에서 널리 사용되는 유용한 알고리즘임.

또한 최단 경로 문제의 경우, 다익스트라(Dijkstra) 알고리즘이나 벨만-포드(Bellman-Ford) 알고리즘이 적합하다.

최단 경로 문제

■ 다익스트라(Dijkstra) 알고리즘: 최단 경로 문제를 해결하는 그래프 탐색 알고리즘으로 특정 시작 정점에서 다른 모든 정점까지의 최단 경로를 찾는 데 사용됨. 다익스트라 알고리즘은 음의 가중치를 가진 간선이 없는 경우에 적용됨. 다익스트라 알고리즘의 동작은 ①시작 정점을 선택하고, 시작 정점으로부터의 거리를 0으로 설정하고 나머지 정점들의 거리를 무한대로 초기화함. ②시작 정점을 기준으로 가장 가까운 정점을 선택함. ③선택한 정점과 인접한 정점들의 거리를 업데이트함. 시작 정점으로부터 현재 정점을 거쳐 인접한 정점으로 가는 거리와 현재까지의 거리를 비교하여 더 짧은 거리로 업데이트함. ④모든 정점을 방문할 때까지 2~3단계를 반복함. 다익스트라 알고리즘은 그리디(Greedy) 알고리즘의 한 종류로, 매 단계에서 가장 가까운 정점을 선택하여 거리를 업데이트함. 이를 통해 시작 정점으로부터 모든 정점까지의 최단 경로를 구할 수 있음.
다익스트라 알고리즘은 최단 경로 문제를 효과적으로 해결할 수 있지만, 음의 가중치를 가진 간선이 있는 경우, 정확한 결과를 보장하지 않으므로 벨만-포드(Bellman-Ford) 알고리즘을 사용해야 함. 다익스트라 알고리즘은 네트워크 라우팅, GPS 기반 길 찾기, 통신 네트워크 최적화 등 다양한 분야에서 사용되며, 최단 경로 문제에 대한 효율적인 해결을 가능하게 함.

- 벨만-포드(Bellman-Ford) 알고리즘: 그래프의 음수 가중치를 가진 간선이 있을 때, 최단 경로 문제를 해결하는 알고리즘으로 다익스트라 알고리즘과 달리 음수 가중치를 처리할 수 있음. 벨만-포드 알고리즘의 동작은 ①시작 정점을 선택하고, 시작 정점으로부터의 거리를 0으로 설정하고 나머지 정점들의 거리를 무한대로 초기화함. ②모든 간선에 대해 시작 정점에서 도착 정점으로의 거리를 업데이트함. 이때, 시작 정점에서 도착 정점으로 가는 현재까지의 거리와 시작 정점에서 현재 정점을 거쳐 도착 정점으로 가는 거리를 비교하여 더 짧은 거리로 업데이트함. ③모든 간선에 대해 2번 과정을 V-1번 반복함. 여기서 V는 정점의 수이며, V-1번의 반복을 통해 시작 정점으로부터 모든 정점까지의 최단 거리를 구할 수 있음. ④음수 가중치 순환이 있는지 확인하기 위해 한 번 더 간선들에 대해 거리를 업데이트함. 이때, 거리가 계속해서 갱신되는 경우 음수 가중치 순환이 존재한다는 것을 의미함. 벨만-포드 알고리즘은 그래프의 모든 간선에 대해 반복적으로 거리를 업데이트하는 방식으로 동작하기 때문에 시간 복잡도는 O(V * E)임. 동 알고리즘은 음수 가중치 순환을 탐지할 수 있어 순환의 경우, 최단 경로를 구할 수 없음을 알려줌. 따라서 벨만-포드 알고리즘은 음수 가중치를 가진 그래프에서 최단 경로 문제를 효과적으로 해결할 수 있는 중요한 알고리즘임.

셋째, 시간과 관련하여 시간제한이 있는 경우, 효율적인 알고리즘을 선택해야 한다. 이 경우, Greedy 알고리즘이나 동적 계획법 등의 효율적인 알고리즘이 적합하다.

넷째, 문제의 제한 조건에 따라 알고리즘을 선택해야 한다. 예를 들어, 정수론 문제의 경우, 소인수 분해(factorization) 알고리즘을 사용할 수 있다. 소인수 분해 알고리즘은 다양한 상황에서 활용된다. 주로 다음과 같은 경우에 소인수 분해가 사용될 수 있다. ①암호해독이다. 공개키 암호 시스템 중 하나인 RSA 알고리즘[10]에서는 큰 소수의 곱으로 이루어진 모듈러 값의 소인수 분해가 어렵다는 가정을 기반으로 한다. 따라서 소인수 분해 알고리즘을 통해 RSA 암호화된 메시지를 해독할 수 있다. ②암호 분석이다. 암호학적 해시 함수, 디지털 서명 등의 암호

---

10) RSA 알고리즘은 공개키 암호화 알고리즘으로, Rivest, Shamir, Adleman의 세 개의 개발자 이름에서 유래되었음. RSA 알고리즘은 대칭키 암호화 방식과 다르게 공개키와 개인키를 사용하여 암호화와 복호화를 수행함.

알고리즘은 수학적으로 안전한 소수와 그 소인수 분해를 기반으로 한다. 소인수 분해를 통해 이러한 암호 알고리즘의 보안성을 평가하고 취약점을 발견할 수 있다. ③수학 연구이다. 수학적인 연구에서 소인수 분해는 중요한 주제이다. 큰 수의 소인수 분해는 수론의 중요한 문제 중 하나로 여전히 활발히 연구되고 있다. 소인수 분해는 암호학, 수론, 알고리즘 등 다양한 분야에서 중요한 역할을 한다. 특히, 큰 수의 소인수 분해는 RSA와 같은 공개키 암호 시스템의 보안성을 파괴할 수 있으므로, 암호 분석과 관련된 분야에서 활발히 연구되고 있다.

소인수 분해(factorization) 알고리즘

소인수 분해(Factorization) 알고리즘은 어떤 정수를 소수의 곱으로 나타내는 것을 말함. 달리 말해, 주어진 수를 소수인 인수들로 나누어 가장 작은 소수부터 차례대로 나누는 과정을 반복하여 소인수를 찾아내는 것임. 소인수 분해 알고리즘은 크게 두 가지 주요 방법으로 구현될 수 있음.

- Trial Division(시도 나눗셈) 알고리즘: 가장 간단하면서도 직관적인 방법으로, 주어진 수를 가능한 모든 소수로 나누어보면서 소인수를 찾아냄. 주어진 수의 제곱근까지만 나누어보면 됨. 시도 나눗셈 알고리즘은 작은 수에 대해서는 효율적이지만, 큰 수에 대해서는 상당히 비효율적임.
- Pollard's Rho 알고리즘: Pollard's Rho 알고리즘은 더 효율적인 소인수 분해 알고리즘 중 하나이며, 순환을 이용하여 소인수를 찾아내는데, 임의의 시작 값으로부터 순환을 감지하여 소인수를 찾아냄. Pollard's Rho 알고리즘은 시도 나눗셈보다 더 빠르게 소인수를 찾을 수 있는 장점이 있음.

소인수 분해 알고리즘은 암호학, 약수 찾기, RSA 알고리즘 등 다양한 분야에서 활용됨. 소인수 분해는 매우 중요하고 기본적인 알고리즘으로, 다른 수학적인 문제들을 해결하는 데에도 필수적으로 사용됨. 소인수 분해 알고리즘은 대표적인 예로 Trial Division, Pollard's Rho, Quadratic Sieve, Elliptic Curve Method 등이 있으며 이 알고리즘들은 수의 크기와 소수의 개수에 따라 실행 시간이 달라짐.

다섯째, 문제의 목적에 따라 알고리즘을 선택해야 한다. 예를 들어, 최적화문제의 경우, 선형 계획법(linear programming)이나 Greedy 알고리즘 등을 사용해야한다. 이처럼 문제의 특성에 따라 적합한 알고리즘을 선택하는 게 중요하다. 따라서 알고리즘을 공부할 때 어떤 문제에 적합한 알고리즘이 있는지 파악하고, 해당알고리즘을 효율적으로 구현하는 방법을 익히는 것이 필요하다.

문제의 종류와 알고리즘은 문제해결을 위해 매우 중요한 요소이다. 다양한문제해결을 위한 알고리즘들이 개발되어 있지만, 각 문제의 종류와 특성에 따라적절한 알고리즘을 선택해야 한다. 일반적으로 다음과 같은 문제의 종류가 있다.

첫째, 최적화문제(Optimization problem)이다. 최적화문제는 어떤 목적함수를 최대화하거나 최소화하는 변수의 값을 찾는 문제이다. 이러한 문제는 수많은 분야에서 매우 중요한 역할을 한다. 가령 경제학에서는 이익을 극대화하는 상품 생산량 등을 계산하고, 공학에서는 자동차 엔진의 연비를 극대화하거나 인공지능에서는 최적의 정책(policy)을 찾기 위해 사용된다. 최적화문제를 해결하기 위한 알고리즘에는 여러 가지가 있다. 일반적으로 대부분 최적화문제는 경사 하강법(Gradient Descent)이나 최적화 알고리즘(Optimization Algorithm)을 사용하여 해결할 수있다. 최적화 알고리즘은 주어진 조건에서 최적의 값을 찾는 과정을 자동화하기위해 사용되는 알고리즘으로 비즈니스 분야에서 최적화 알고리즘은 다양한 문제에 적용될 수 있으며, 효율적인 자원 할당, 최적의 결정 및 계획 수립, 비용 최소화 등을 도모할 수 있다. 특히, 최적화 알고리즘은 주어진 조건 또는 목적에 따라가장 좋은 해결책을 찾는 문제를 해결하기 위해 다양한 영역에서 활용된다. 예를들어 기계학습, 운송 경로 최적화, 자원 할당 등에 사용이 알고리즘들은 주어진문제의 제약조건과 목적함수를 고려하여 최적의 해를 찾아내는 데 사용된다.

경사 하강법(Gradient Descent)

■ **경사 하강법(Gradient Descent)**은 함수의 최솟값을 찾기 위한 최적화 알고리즘으로 주어진 함수의 기울기(경사)를 이용하여 함수의 최솟값을 찾아가는 방법임. 경사 하강법은 다음과 같은 원리로 동작함. 먼저, 임의의 시작점을 선택하고, 해당 위치에서 함수의 기울기를 계산함. 기울기는 해당 지점에서 함수의 증가 또는 감소 방향을 나타내는 값임. 그리고 기울기의 반대 방향으로 조금씩 움직여 함숫값을 감소시키는 방향으로 이동함. 이 과정을 반복하면서 점차 함수의 최솟값에 접근하게 됨. 경사 하강법은 여러 가지 변형이 있으며, 가장 기본적인 형태인 배치 경사 하강법(Batch Gradient Descent)은 모든 학습 데이터를 한 번에 사용하여 기울기를 계산하고 이동하는 방식임. 이 외에도 확률적 경사 하강법(Stochastic Gradient Descent)과 미니 배치 경사 하강법(Mini-batch Gradient Descent) 등 다양한 변형이 있음. 경사 하강법은 머신러닝과 딥러닝에서 많이 사용되는 알고리즘으로, 모델의 파라미터(가중치와 편향)를 조정하여 손실함수를 최소화하는 최적의 파라미터값을 찾을 수 있음. 이를 통해 모델의 학습과 예측성능을 향상할 수 있음.

- **배치 경사 하강법**은 가장 기본적인 형태로, 학습 데이터의 전체 배치를 사용하여 기울기를 계산하고 모델 파라미터를 업데이트하는 방법으로 다음과 같은 단계로 동작함. ①초기값 설정: 모델의 파라미터를 임의의 값으로 초기화함. ②전체 학습 데이터 사용: 모든 학습 데이터를 한 번에 사용하여 손실함수를 계산하고 모델의 기울기(gradient)를 구함. ③기울기 계산: 손실함수의 모든 파라미터에 대한 편미분을 계산하여 기울기를 얻음. ④파라미터 업데이트: 기울기를 사용하여 모델의 파라미터를 업데이트함. 업데이트는 현재 파라미터값에서 기울기를 곱한 후 학습률(learning rate)을 곱하여 수행함. ⑤2~4단계를 반복: 학습 데이터의 전체 배치를 사용하여 기울기를 계산하고 파라미터를 업데이트하는 과정을 반복함. ⑥수렴 확인: 손실함수의 값이 충분히 작아지거나 미리 정한 반복 횟수에 도달할 때까지 2~5단계를 반복함.

- **확률적 경사 하강법(Stochastic Gradient Descent, SGD)**은 경사 하강법의 변형 알고리즘으로, 각 학습 데이터 포인트에 대해 기울기를 계산하여 모델 파라미터를 업데이트하는 방법으로 다음과 같은 단계로 동작함. ①초기값 설정: 모델의 파라미터를 임의의 값으로 초기화함. ②학습 데이터 샘플 선택: 학습 데이터에서 무작위로 한 개의 샘플을 선택함. ③기울기 계산: 선택된 샘플에 대해 손실 함수를 계산하고 모델 파라미터에 대한 편미분을 계산하여 기울기를 얻음. ④파라미터 업데이트: 기울기를 사용하여 모델의 파라미

터를 업데이트함. 업데이트는 현재 파라미터값에서 기울기를 곱한 후 학습률(learning rate)을 곱하여 수행함. ⑤2~4단계를 반복: 학습 데이터에서 무작위로 선택된 샘플에 대해 기울기를 계산하고 파라미터를 업데이트하는 과정을 반복함. ⑥수렴 확인: 손실함수의 값이 충분히 작아지거나 미리 정한 반복 횟수에 도달할 때까지 2~5단계를 반복함.

- **미니 배치 경사 하강법(Mini-batch Gradient Descent)**은 경사 하강법의 한 변형 알고리즘으로, 각 반복 단계에서 일부 학습 데이터를 미니 배치라고 하는 작은 그룹으로 선택하여 기울기를 계산하고 모델 파라미터를 업데이트하는 방법임. 미니 배치 경사 하강법은 경사 하강법의 중간 지점으로서, 계산 효율성과 학습 안정성 사이의 균형을 제공하는 알고리즘으로 데이터세트의 크기와 모델의 복잡성에 따라 적절한 미니 배치 크기를 선택하는 것이 중요함.

이 외에도 유전 알고리즘(Genetic Algorithm), 탐욕 알고리즘(Greedy Algorithm), 라그랑주 승수법(Lagrange Multipliers Method), 시뮬레이티드 어닐링(Simulated Annealing) 등이 있다. 이 중에서도 문제의 특성과 크기, 해결해야 할 최적화 함수의 성질 등에 따라 적절한 알고리즘을 선택하는 것이 중요하다.

유전 알고리즘(Genetic Algorithm)

유전 알고리즘(Genetic Algorithm)은 생물학적인 유전 원리를 모방하여 최적화 문제를 해결하기 위한 메타 휴리스틱 알고리즘이며, 진화적 접근 방식을 사용하여 해답을 찾아내는데, 초기 해의 집단을 생성하고, 이를 변형하며 최적해(解)를 발견하는 과정을 거침.

유전 알고리즘은 다음과 같은 주요 개념과 단계로 이루어짐.

①해의 표현방식: 문제에 따라 해를 표현하는 방식을 정의함. 이는 일반적으로 이진 문자열, 순열, 실수 등으로 표현됨.

②초기 해의 생성: 무작위로 초기 해의 집단을 생성함.

③적합도 함수: 각 해의 적합도를 평가하는 함수를 정의함. 이는 문제에 따라 목적함수로 정의되며, 해가 얼마나 좋은지를 나타냄.

④선택: 적합도에 기반하여 해의 집단에서 일부 해를 선택함. 일반적으로 적합도가 높은 해일수록 선택될 확률이 높아짐.

⑤교차: 선택된 해(解)들을 기반으로 교차 연산을 수행하여 새로운 해를 생성함. 이는 해 간의 정보 교환을 통해 다양성을 유지하면서 새로운 해를 발견하는 과정임.

⑥돌연변이: 일부 해를 무작위로 변형하여 다양성을 증가시키고 지역 최적해에서 벗어나게 함.

⑦새로운 해의 평가: 새로운 해의 적합도를 평가함.

⑧종료 조건: 종료 조건을 만족하는지 확인하여 알고리즘을 종료하거나 그렇지 않으면 4단계부터 다시 반복함.

유전 알고리즘은 단순하면서도 강력한 최적화 알고리즘으로 널리 사용됨. 다양한 문제에 적용할 수 있으며 특히 해의 검색 공간이 크거나 복잡한 조건이 존재하는 경우, 유용함. 또한 유전 알고리즘은 병렬 계산에 적합하며, 전역 최적해를 탐색할 수 있는 능력을 갖추고 있어 다양한 문제에 대한 해결을 위한 강력한 도구로 활용될 수 있음.

라그랑주 승수법(Lagrange Multipliers Method)

라그랑주 승수법(Lagrange Multipliers Method)은 등식 제한 조건이 있는 최적화문제를 해결하는 방법으로서 라그랑주 승수를 도입하여 등식 제한 조건을 고려한 최적해를 찾는 방법임. 라그랑주 승수법의 동작은 다음과 같음.

①최적화할 목적함수와 등식 제한 조건을 정의함.

②목적함수와 등식 제한 조건을 하나의 함수로 결합한 라그랑주 함수를 만듦. 이때 라그랑주 승수라 불리는 새로운 변수들을 도입함.

③라그랑주 함수의 도함수를 계산하고, 이를 0으로 두어 최적해를 찾음. 이때 도함수는 목적함수의 변수들과 라그랑주 승수들에 대한 편도함수로 이루어짐.

④등식 제한 조건을 만족하는 해를 찾기 위해, 라그랑주 승수들에 대한 추가적인 조건을 설정함.

⑤최적해를 찾으면 목적함수의 값을 계산하여 최종결과를 얻음.

라그랑주 승수법은 등식 제한 조건이 있는 최적화문제를 해결하는 강력한 도구로 활용됨. 이 방법을 사용하면 등식 제한 조건을 고려한 최적해를 구할 수 있으며, 목적함수와 등식 제한 조건의 복잡성에 따라 수학적으로 복잡해질 수도 있음. 그러나 라그랑주 승수법은 다양한 분야에서 활용되며, 예를 들어 경제학, 공학, 운영 연구 등에서 최적화문제를 다룰 때 자주 사용됨.

시뮬레이티드 어닐링(Simulated Annealing)

시뮬레이티드 어닐링(Simulated Annealing)은 최적화 문제를 해결하기 위한 메타 휴리스틱 알고리즘 중 하나로서 금속 재료의 열처리 과정에서 영감을 받아 개발되었음. 시뮬레이티드 어닐링은 초기 해에서부터 시작하여 점진적으로 해를 개선해 나가는 방식으로 동작함. 동 알고리즘은 전역 최적해를 찾기 위해 지역 최적해에 빠지는 것을 방지하기 위해 확률적으로 이동함. 이동과정에서 허용되는 "나쁜" 해도 일시적으로 허용될 수 있으며, 이를 통해 전역 최적해를 찾는 가능성을 높임. 시뮬레이티드 어닐링의 동작 방식은 다음과 같음.

①초기 해를 무작위로 선택함.

②현재 해에 대한 목적함수 값을 계산함.

③주변 해(이웃해)를 생성함. 이웃 해는 현재 해에서 약간의 변형을 가한 것임.

④이웃 해에 대한 목적함수 값을 계산함.

⑤현재 해와 이웃해의 목적함수 값 차이를 계산함.

⑥목적함수 값의 차이와 시뮬레이티드 어닐링의 확률 함수를 이용하여 이동 여부를 결정함. 목적함수 값이 낮아질수록 이동할 확률이 높아지지만, 높은 목적함수 값 차이에도 일시적으로 이동할 가능성을 남겨둠.

⑦이동할 경우, 현재 해를 이웃해로 업데이트함.

⑧일정한 조건(예: 시간, 반복 횟수 등)이 충족될 때까지 2단계부터 7단계를 반복함.

⑨최종 해를 반환함. 이처럼 시뮬레이티드 어닐링은 전역 최적해를 찾는 능력이 높고, 지역 최적해에 빠지지 않는 특징을 가지고 있음. 또한 초기 해의 선택과 시뮬레이팅 파라미터 조정에 따라 성능이 달라질 수 있음. 따라서 문제에 맞게 적절한 초기 설정과 파라미터 조정이 필요함. 이 알고리즘은 다양한 최적화문제에 적용되며, 특히 복잡한 문제에서 전역 최적해를 탐색하는 데 유용하게 사용됨.

둘째, 검색 문제(Search problem)이다. 검색 문제는 어떤 조건을 만족하는 해를 찾는 문제로, 주어진 정보에서 원하는 결과를 찾는 문제이다. 검색 문제의 해결 방법은 문제의 특성과 해결하고자 하는 데이터의 크기, 검색 속도 등에 따라 적절한 알고리즘을 선택하는 것이 중요하다. 검색 알고리즘은 컴퓨터과학 분야에서 가장 기초적인 알고리즘 중 하나이기 때문에, 이를 잘 이해하고 활용하는 것은 프로그래밍에서 매우 중요하다. 검색 문제는 컴퓨터과학 분야에서 매우 중요한 문제 중 하나로 인공지능, 자연어 처리, 데이터베이스 검색 등 다양한 분야에서 사용된다. 검색 문제를 해결하기 위한 알고리즘에는 많은 종류가 있다. 그 중 대표적인 것은 선형 검색(Linear Search)과 이진 검색(Binary Search)이다. 선형 검색은 리스트의 처음부터 끝까지 차례대로 원하는 값을 찾는 방법이다. 이진 검색은 정렬된 리스트에서 중간값과 비교하여 찾고자 하는 값을 찾는 방법이다.

선형 검색(Linear Search)과 이진 검색(Binary Search)

- **선형 검색(Linear Search)**은 데이터의 리스트나 배열에서 순차적으로 각 요소를 비교하면서 원하는 값을 찾는 검색 알고리즘임. 가령 책상 위에 책이 여러 권 쌓여있다고 생각해보면, 특정한 책을 찾기 위해 첫 번째 책부터 마지막 책까지 차례대로 검색함. 각각의 책을 찾을 때마다 제목을 확인하고 원하는 책을 찾을 때까지 계속해서 다음 책으로 넘어가는 방식임. 선형 검색은 매우 간단하지만, 데이터의 크기가 클 경우, 검색 속도가 느릴 수 있음. 최악의 경우 모든 요소를 순차적으로 확인해야 하기 때문임. 따라서 선형 검색은 작은 크기의 데이터나 정렬되지 않은 데이터에서 효과적으로 사용될 수 있음.
- **이진 검색(Binary Search)**은 데이터가 정렬된 경우, 사용하는 검색 알고리즘임. 가령 책장에 있는 책들이 제목의 알파벳 순서대로 정렬되어 있다고 할 때 이진 검색은 책장을 절반으로 나누어 현재 위치와 찾고자 하는 책의 위치를 비교하면서 탐색 범위를 반으로 줄여가며 찾는 방법임. 먼저, 책장의 중간 위치의 책을 확인하여 찾고자 하는 책과 비교함. 찾고자 하는 책이 중간 위치의 책보다 작으면 책장의 왼쪽 절반을 대상으로 다시 이진 검색을 수행함. 만약 찾고자 하는 책이 중간 위치의 책보다 크다면 책장의 오른쪽 절반을 대상으로 이진 검색을 수행함. 이 과정을 반복하여 탐색 범위를 반으로 줄여가며 원하는 책을 찾을 때까지 진행함.
- 선형 검색은 데이터의 크기에 상관없이 모든 요소를 순차적으로 확인해야 하므로 시간 복잡도가 $O(n)$임. 반면 이진 검색은 정렬된 데이터에서 절반씩 탐색 범위를 줄여나가므로 시간 복잡도가 $O(\log n)$임. 따라서 데이터의 크기가 크고 정렬된 상태에서 검색을 수행해야 할 때는 이진 검색이 훨씬 효율적임.

이 외에도 해싱(Hashing), 깊이 우선 탐색(Depth First Search), 너비 우선 탐색(Breadth First Search), A* 알고리즘(A* Algorithm) 등 다양한 검색 알고리즘이 있다.

해싱(Hashing)

해싱(Hashing)은 임의의 크기를 갖는 데이터를 고정된 크기의 값으로 변환하는 것을 말함. 해싱은 해시 함수(Hash Function)라고도 불리는 특정 알고리즘을 사용하여 데이터를 변환하는 과정임. 아래와 같은 예시를 사용해 설명할 수 있음. 만일 누군가 가방에 물건을 넣을 때 각각의 물건을 가방에 넣기 전에 특별한 규칙에 따라 번호를 붙인다고 하면, 각 번호는 물건의 크기, 형태, 색상 등을 모두 고려해서 부여되는 고유한 값임. 이렇게 번호를 붙이는 과정이 해싱과 유사함.

해시 함수는 입력 데이터에 대해 고정된 길이의 해시 코드 또는 해시값으로 변환함. 해시값은 고유한 특성을 가지며, 같은 입력에 대해서 항상 동일한 해시값이 반환됨. 해시값은 일반적으로 숫자나 문자열로 표현되며, 일반적으로 고유한 값을 가지기 때문에 데이터의 식별에 사용할 수 있음. 해싱은 다양한 분야에서 사용되는데, 가장 일반적인 예로는 데이터 검색이 있음. 해시값을 이용하여 데이터를 저장하고 검색할 때, 데이터의 특정 위치를 빠르게 찾을 수 있음. 또한 데이터의 무결성 검사, 암호화, 암호해독, 데이터 저장 등에도 널리 사용됨. 하지만 해싱은 입력 데이터의 크기가 다르더라도 항상 고정된 길이의 해시값으로 변환하기 때문에 해시 충돌이 발생할 수 있음. 해시 충돌은 서로 다른 입력 데이터가 동일한 해시값으로 변환되는 상황을 의미함. 충돌을 최소화하기 위해 좋은 해시 함수를 선택하고 충돌을 처리하는 방법을 고려해야 함.

A*알고리즘(A* Algorithm)

A*알고리즘(A* Algorithm)은 그래프 탐색 알고리즘 중 하나로, 효율적인 경로 탐색을 위해 사용되는 알고리즘임. A* 알고리즘은 최단 경로 문제를 해결하는 데 사용되며, 특히 그래프의 정점 사이에서 최단 경로를 찾는 문제에 적용됨. A* 알고리즘은 경로 탐색 시 두 가지 평가 지표를 사용함.

-g(n): 출발 노드부터 현재 노드까지의 이동 비용을 나타내는 함수.

-h(n): 현재 노드부터 목표 노드까지의 예상 이동 비용을 나타내는 함수. 이것은 휴리스틱 함수로서, 실제 이동 비용을 과소평가하지 않는 한정된 예측치를 제공함.

A* 알고리즘의 동작은 다음과 같음. ①출발 노드를 선택하고, g(n) 값을 초기화한 뒤, 이를 오픈 리스트에 넣음. ②오픈 리스트에서 가장 작은 f(n) 값을 가진 노드를 선택함. f(n) = g(n)+h(n)임. ③선택한 노드가 목표 노드인지 확인함. 목표 노드라면 탐색을 종료함. ④선

택한 노드와 연결된 인접한 노드들에 대해 g(n) 값을 갱신하고, 이를 오픈 리스트에 추가함. ⑤2~4단계를 반복함. 오픈 리스트가 공백이 될 때 때까지 반복함. A*알고리즘은 최단 경로를 탐색하는 동안 최소한의 노드를 탐색하도록 설계되었으며, 휴리스틱 함수 h(n)를 통해 예상되는 이동 비용을 계산하여 효율적인 탐색을 수행함. 이를 통해 A*알고리즘은 다양한 문제에서 최적의 경로를 빠르게 찾을 수 있음. 하지만 휴리스틱 함수의 선택은 알고리즘의 성능에 큰 영향을 미치므로, 적절한 휴리스틱 함수를 선택하는 것이 중요함.

셋째, 분류 문제(Classification problem)이다. 분류 문제는 어떤 데이터가 여러 개의 클래스 중 어느 한 클래스에 속하는지를 결정하는 문제이다. 예를 들어 스팸 메일 필터링, 이미지 분류, 손글씨 인식 등 다양한 분야에서 분류 문제가 발생한다. 분류 문제의 해결을 위한 알고리즘에는 다양한 종류가 있다. 그 중 대표적인 것은 결정 트리(Decision Tree), 로지스틱 회귀(Logistic Regression), k−최근접 이웃(k−Nearest Neighbor), 서포트 벡터 머신(Support Vector Machine), 신경망(Neural Network), 랜덤 포레스트(Random Forest) 등이 있다. 각 알고리즘의 원리와 특징은 다르지만, 모두 주어진 입력 데이터를 학습하여 새로운 데이터를 분류하는 데 사용된다. 알고리즘 선택은 분류 문제의 특성에 따라 결정되며, 데이터의 크기, 차원, 클래스 수, 특징 등을 고려하여 적절한 알고리즘을 선택하는 것이 중요하다. 또한 분류 문제에서 모델의 성능은 정확도(Accuracy), 정밀도(Precision), 재현율(Recall), F1 스코어(F1 Score)[11] 등의 지표를 사용하여 평가된다. 이러한 평가 지표를 활용하여 알고리즘의 성능을 비교하고, 최적의 알고리즘을 선택하는 것이 중요하다. 주어진 데이터를 미리 정의된 카테고리에 할당하는 문제이다. 이 문제를 해결하기 위해

---

11) F1 스코어(F1 Score)는 분류모델의 성능을 평가하기 위해 사용되는 지표임. 정밀도(Precision)와 재현율(Recall)의 조화 평균값으로 계산됨. 정밀도는 모델이 양성으로 예측한 샘플 중 실제로 양성인 샘플의 비율을 나타내며, 재현율은 실제로 양성인 샘플 중 모델이 양성으로 예측한 샘플의 비율을 나타냄. F1 스코어는 정밀도와 재현율이 균형을 이룰 때 가장 높은 값을 가지며, 다음과 같은 공식으로 계산됨. F1 스코어 = 2 * (정밀도 * 재현율) / (정밀도 + 재현율) 여기서 F1 스코어는 0부터 1까지의 값을 가지며, 1에 가까울수록 모델의 성능이 우수하다고 평가됨. 이는 양성 예측과 실제 양성 샘플을 모두 잘 처리하는 모델일수록 높은 F1 스코어를 가짐.

서는 다양한 머신러닝 알고리즘을 사용할 수 있다.

분류 문제를 위한 알고리즘

- **결정 트리(Decision Tree) 알고리즘**은 데이터를 분류하거나 예측하기 위해 사용되는 지도학습 알고리즘임. 트리 구조로 이루어져 있으며, 데이터의 속성을 기반으로 한 분기(decision)를 통해 데이터를 분류하거나 예측함. 여기서 "결정"은 데이터의 특정 속성값을 기준으로 분기를 결정하는 것을 의미함. 예를 들어, 특정 상품을 구매할지 말지 예측하는 문제에서 가격이라는 속성을 기준으로 분기를 결정할 수 있음. 가격이 특정 기준보다 낮으면 "구매하지 않음"으로 분류되고, 가격이 특정 기준보다 높으면 "구매함"으로 분류될 수 있음. 트리의 각 분기는 속성의 값에 따라 생성되며, 이를 통해 데이터를 계층적으로 분류하거나 예측함. 분기는 정보이론에 기반하여 최적의 속성과 분기 기준을 선택하여 생성됨. 즉, 분기를 결정하는 기준은 정보 이득, 지니 불순도 등과 같은 개념을 사용하여 데이터의 순도를 최대화하거나 불순도를 최소화하는 방향으로 선택됨. 결정 트리 알고리즘은 직관적이고 해석하기 쉽다는 장점이 있어 널리 사용되는 알고리즘이며, 다양한 유형의 데이터에 적용할 수 있으며, 분류와 회귀 문제에 모두 사용될 수 있음.

- **로지스틱 회귀(Logistic Regression) 알고리즘**은 이진 분류(Binary Classification) 문제를 해결하기 위해 사용되는 지도학습 알고리즘임. 데이터의 속성을 기반으로 하여 어떤 사건이 발생할 확률을 예측하는 모델을 만들어 줌. 로지스틱 회귀는 선형회귀 (Linear Regression)과 달리, 출력값을 0과 1 사이의 확률값으로 변환시킴. 이를 위해 로지스틱 함수(Sigmoid 함수)를 사용하여 확률값을 계산함. 시그모이드 함수는 S 모양의 곡선으로서, 입력값이 커질수록 1에 가까워지고 입력값이 작아질수록 0에 가까워짐. 로지스틱 회귀는 입력 데이터의 속성에 대한 가중치(weight)와 편향(bias)을 학습하여 예측 모델을 구축함. 학습 과정에서 손실함수(loss function)를 사용하여 예측값과 실제값의 차이를 최소화하는 가중치와 편향을 찾음. 일반적으로는 최대 우도 추정(Maximum Likelihood Estimation)을 사용하여 최적의 파라미터 값을 찾음. 로지스틱 회귀는 이진 분류 문제에 적용되며, 예측값이 0.5보다 크면 양성 클래스로 분류하고, 0.5보다 작으면 음성 클래스로 분류함. 이 알고리즘은 분류 문제뿐만 아니라 확률적 예측도 가능하며, 해석이 쉽고 계산이 빠르다는 장점이 있음.

- **k-최근접 이웃(k-Nearest Neighbor) 알고리즘**은 지도학습의 분류(Classification) 문제를 해결하기 위해 사용되는 알고리즘으로 주어진 데이터에서 가장 가까운 이웃들을 찾아서 다수결 방식으로 예측하는 방법을 사용함. k-최근접 이웃 알고리즘은 간단하고 직관적인 방법으로 작동함. ①훈련 데이터세트를 기반으로 이웃을 찾기 위한 거리 계산 방법을 선택함. 일반적으로 유클리디안 거리(Euclidean Distance)[12]가 사용됨. ②입력 데이터와 훈련 데이터 간의 거리를 계산함. ③가장 가까운 k개의 이웃을 선택함. 이때 k는 사용자가 지정하는 하이퍼 파라미터로, 일반적으로 홀수로 설정됨. ④선택한 k개의 이웃 중에서 다수결 방식으로 분류함. 즉, 가장 많은 이웃이 속한 클래스로 입력 데이터를 분류함. k-최근접 이웃 알고리즘은 학습과정이 필요하지 않으며, 예측할 때마다 거리 계산과 다수결 분류를 수행함. 이 알고리즘은 주변 데이터의 패턴을 이용하므로 비교적 간단하지만, 데이터세트가 크거나 차원이 높을 경우, 계산비용이 높아질 수 있음. 또한 이웃의 수(k)를 선택하는 것이 중요한데, 작은 k 값은 데이터의 잡음에 민감하게 반응하고 큰 k 값은 결정경계를 더 부드럽게 만들 수 있음. k-최근접 이웃 알고리즘은 데이터세트가 작고 단순한 분류 문제에 유용하게 사용될 수 있음. 또한 특정 패턴이나 규칙을 명확히 알 수 없는 데이터에 적용하기에도 용이함.

- **서포트 벡터 머신(Support Vector Machine, SVM)**은 지도학습 알고리즘 중 하나로, 주어진 데이터를 분류(Classification)하거나 회귀(Regression)하는 데 사용됨. SVM은 데이터를 분리하는 최적의 결정경계를 찾기 위해 훈련 데이터의 일부인 서포트 벡터들을 활용함. SVM의 작동 방식을 간단히 설명하면 다음과 같음. ①SVM은 주어진 데이터세트를 특성 공간에 투영하여 클래스 간의 가장 큰 간격(마진)을 가지는 결정경계를 찾음. 이를 위해 서포트 벡터들을 찾고, 결정경계로부터 가장 가까운 데이터 포인트들과의 거리를 최대화함. ②분류 문제의 경우, SVM은 데이터를 선형으로 분리할 수 없는 경우 커

---

12) Euclidean distance는 두 점 사이의 직선거리를 나타내는 방법임. 간단히, 두 점을 이어주는 선의 길이를 구하는 것임. 예를 들어, (x_1, y_1)과 (x_2, y_2)라는 두 개의 점이 있다고 가정할 때 Euclidean distance를 계산하기 위해 다음과 같은 공식을 사용함. $d = \sqrt{((x_2 - x_1)^2 + (y_2 - y_1)^2)}$ 여기서 $\sqrt{}$는 제곱근을 의미함. 즉, 두 점의 x 좌표 차이를 제곱한 값과 y 좌표 차이를 제곱한 값을 더한 후, 이를 제곱근으로 계산하면 두 점 사이의 거리가 나옴. Euclidean distance는 2차원 공간에서 두 점 사이의 거리를 계산하는 데에 많이 사용되지만, 더 높은 차원의 공간에서도 동일한 방식으로 적용할 수 있음. 예를 들어, 3차원 공간에서는 (x_1, y_1, z_1)과 (x_2, y_2, z_2)라는 두 점 사이의 거리를 계산할 수 있음. Euclidean distance는 데이터 분석, 패턴 인식, 컴퓨터 비전 등 다양한 분야에서 활용됨. 데이터 포인트 간의 유사성이나 거리에 기반한 분류, 군집화, 회귀 등의 작업에서 사용될 수 있음.

널 트릭(Kernel Trick)을 사용하여 고차원으로 데이터를 변환하여 선형 분리 가능한 형태로 만듦. 이를 통해 비선형적인 결정경계를 찾을 수 있음. ③SVM은 훈련 데이터의 일부인 서포트 벡터들을 기반으로 결정경계를 정의하기 때문에 훈련 데이터에 영향을 많이 받음. 따라서 훈련 데이터의 품질과 양이 SVM의 성능에 큰 영향을 미침. SVM은 데이터를 분류하는 최적의 결정경계를 찾는데 탁월한 성능을 보이며, 고차원의 데이터세트에서도 잘 동작하는 특징이 있음. 또한 커널 트릭을 활용하여 비선형 문제를 해결할 수 있어 다양한 종류의 데이터세트에 적용할 수 있음. 그러나 SVM은 계산 비용이 높을 수 있고, 데이터의 크기나 클래스의 불균형에 따라 조정이 필요한 매개변수가 있을 수 있음.

■ 랜덤 포레스트(Random Forest)는 앙상블(Ensemble) 기법 중 하나로, 여러 개의 의사 결정 트리(Decision Tree)를 조합하여 분류(Classification) 또는 회귀(Regression) 문제를 해결하는 알고리즘임. 랜덤 포레스트의 작동 방식을 간단히 설명하면 다음과 같음. ①훈련 데이터세트에서 복원 추출(Bootstrap Sampling)을 통해 샘플링을 수행함. 이를 통해 다양한 훈련 데이터세트를 생성함. ②생성된 각각의 훈련 데이터세트를 사용하여 의사 결정 트리를 구성함. 각 의사 결정 트리는 데이터의 일부 특성을 무작위로 선택하여 분할 기준을 정하고, 트리를 생성함. ③모든 의사 결정 트리가 생성되면, 분류 문제의 경우 투표(Voting) 또는 평균화(Averaging)를 통해 예측 결과를 도출함. 회귀 문제의 경우 각 트리의 예측값을 평균하여 최종 예측 결과를 얻음. 랜덤 포레스트는 결정 트리의 약점인 과적합(Overfitting)을 줄이고, 안정적인 예측을 제공하는 특징이 있음. 다양한 데이터세트와 변수에 대해 좋은 성능을 보이며, 특히 특성의 중요도를 평가할 수 있는 장점이 있음. 또한 데이터 일부가 손실되어도 전체 성능에 큰 영향을 받지 않는 장점도 가지고 있음. 그러나 랜덤 포레스트는 학습과 예측에 시간이 오래 걸릴 수 있고, 결정 트리의 개수와 트리의 깊이 등의 하이퍼 파라미터를 조정해야 하는 경우가 있음.

셋째, 군집화 문제(Clustering problem)이다. Clustering은 주어진 데이터를 비슷한 특성을 가지는 그룹으로 나누는 기법으로 비지도 학습(unsupervised learning) 문제 중 하나로, 데이터 집합을 서로 다른 그룹으로 분류하는 문제이다. 이를 통해 데이터의 구조를 파악하거나 데이터의 특징을 이해하는 등의 다양한 분석이 가능하다. 클러스터링 문제를 해결하기 위한 알고리즘에는 K-Means, DBSCAN (Density-Based Spatial Clustering of Applications with Noise), 계층적 클러스터링(Hierarchical Clustering), GMM(Gaussian Mixture Model) 등이 있다. 이 가운데 K-평균은 가장 대표적인 클러스터링 알고리즘 중 하나로, 군집 간 분산을 최소화하는 방식으로 클러스터를 구분한다.

K-Means 알고리즘

K-Means 알고리즘은 비지도학습(Unsupervised Learning) 방법 중 하나로, 주어진 데이터를 K개의 클러스터로 그룹화하는 클러스터링(Clustering) 알고리즘임. 데이터의 특성을 기반으로 유사한 데이터들을 동일한 그룹으로 묶어주는 역할을 수행함. K-Means 알고리즘의 작동 방식을 간단히 설명하면 다음과 같음.

①초기 단계에서는 K개의 중심(Cluster Center)을 무작위로 선택함. 이 중심은 각각 하나의 클러스터를 대표하는 점으로 이해할 수 있음. ②모든 데이터 포인트를 가장 가까운 중심에 할당함. 거리 측정 방식으로는 일반적으로 Euclidean distance를 사용함. ③할당된 데이터 포인트를 기반으로 새로운 중심을 계산함. 이때 중심은 해당 클러스터에 속한 데이터 포인트들의 평균으로 설정됨. ④중심을 업데이트한 후, 데이터 포인트의 할당을 다시 업데이트함. 이 단계에서는 데이터 포인트가 더 가까운 중심에 할당되도록 재조정됨. ⑤ 3단계와 4단계를 반복하여 중심을 업데이트하고 데이터 포인트의 할당을 재조정하는 과정을 반복함. 이 과정은 중심의 업데이트가 더 이상 변화하지 않거나 미리 정의한 반복 횟수에 도달할 때까지 진행됨.

K-Means 알고리즘은 클러스터의 중심과 각 데이터 포인트 사이의 거리를 최소화하는 방향으로 작동하며, 클러스터 내부의 분산을 최소화하는 것을 목표로 함. K-Means 알고리즘은 간단하고 직관적인 구조를 지니며, 대용량의 데이터세트에도 효율적으로 적용할 수 있음. 그러나 초기중심의 선택에 따라 결과가 달라질 수 있고, 클러스터의 개수 K를 미리 지정해야 하는 한계가 있음.

DBSCAN은 데이터 밀도를 기반으로 클러스터를 구분한다. 즉 DBSCAN은 데이터 포인트들이 주변에 일정 수 이상의 데이터 포인트가 있는지 확인하여 그룹을 형성하고, 멀리 떨어져 있는 데이터 포인트들은 그룹에 속하지 않는다고 판단한다. 이렇게 DBSCAN은 데이터 포인트들의 밀집도에 기반하여 그룹을 찾는 알고리즘 Noise 데이터를 자연스럽게 처리할 수 있다.

DBSCAN(Density-Based Spatial Clustering of Applications with Noise) 알고리즘

DBSCAN은 밀도 기반 공간 군집화 알고리즘인 Density-Based Spatial Clustering of Applications with Noise의 약자이며, 데이터의 밀도를 기반으로 데이터를 군집화하는 방법임. 알고리즘은 주어진 반지름(ε, epsilon) 내에 최소한의 데이터점 개수(MinPts)를 가지는 핵심점(core point)을 찾고, 이 핵심점을 중심으로 주어진 거리 내에 있는 다른 점들을 밀집점(density-reachable)으로 간주하여 같은 군집에 속하게 합 DBSCAN은 주어진 데이터 포인트들을 중심으로 밀집한 지역을 찾아 군집을 형성함. 데이터의 분포에 따라 군집의 개수를 자동으로 결정하고, 이상치나 잡음에 대해서도 처리할 수 있음.

DBSCAN 알고리즘의 동작 방식은 다음과 같음. ①임의의 데이터 포인트를 선택함. ②선택한 데이터 포인트의 반경 내에 있는 다른 데이터 포인트를 찾음. 이 반경 내의 데이터 포인트들은 밀집 지역에 속하는 것으로 간주함. ③밀집 지역에 속하는 데이터 포인트들을 하나의 군집으로 할당함. ④해당 군집과 관련된 모든 이웃 데이터 포인트를 재귀적으로 찾아 군집에 추가함. ⑤군집에 속하는 데이터 포인트를 모두 탐색한 후, 다른 데이터 포인트를 선택하여 새로운 군집을 형성하는 과정을 반복함. ⑥군집화 과정을 모두 완료한 후, 남은 이웃 없는 데이터 포인트들은 잡음으로 처리함. DBSCAN 알고리즘은 데이터가 밀집한 영역에 군집을 형성하는 데에 효과적이며, 군집의 모양이 비선형적이거나 복잡한 경우에도 잘 동작함. 또한 군집의 개수를 사전에 지정할 필요가 없으며, 이상치나 잡음 데이터에 대해서도 유연하게 처리할 수 있는 장점이 있음. 따라서 데이터 마이닝, 패턴 인식, 이상 탐지 등 다양한 분야에서 활용되고 있음.

계층적 클러스터링은 클러스터링 결과를 계층적인 구조로 표현하는 방식이다. 계층적 클러스터링은 클러스터의 수를 사전에 정하지 않고 자동으로 결정할 수 있으며, 클러스터링 결과의 해석과 시각화가 비교적 용이하다. 또한 데이터의 전역적인 구조를 파악할 수 있어 다양한 분석 목적에 활용될 수 있다. 하지만 큰 데이터세트에 대해서 계산 비용이 높을 수 있으며, 계층 구조를 생성하는 과정에서 오류가 누적될 수 있다. 또한 GMM은 데이터를 Gaussian 분포로 가정하고 이를 이용하여 클러스터링하는 방식이다. 각 알고리즘은 데이터의 특징과 클러스터링 목적에 따라 적합한 알고리즘이 달라질 수 있다. 또한 클러스터링 결과의 유효성을 검증하기 위해서는 실루엣 계수(Silhouette Coefficient) 등의 지표를 사용하여 평가할 수 있다. 이러한 평가 지표를 활용하여 알고리즘의 성능을 비교하고, 최적의 알고리즘을 선택하는 것이 중요하다.

계층적 클러스터링(Hierarchical Clustering)과 GMM(Gaussian Mixture Model) 알고리즘

- **계층적 클러스터링(Hierarchical Clustering)**은 데이터를 계층 구조로 구성하는 클러스터링 알고리즘으로, 데이터 간의 유사성 또는 거리를 기반으로 클러스터를 형성함. 계층적 클러스터링은 클러스터를 하위 클러스터로 분할하거나 상위 클러스터로 병합하는 방식으로 작동함. 계층적 클러스터링은 두 가지 주요 접근 방식으로 구분됨.
- 병합적(Agglomerative) 클러스터링: 각 데이터 포인트를 개별 클러스터로 시작하고, 유사한 클러스터를 반복적으로 병합하여 계층 구조를 형성함. 초기에는 각 데이터 포인트가 개별 클러스터로 간주되며, 가장 유사한 클러스터가 병합됨. 이 과정은 클러스터 간의 거리나 유사성에 따라 계속 진행됨.
- 분할적(Divisive) 클러스터링: 모든 데이터를 하나의 클러스터로 시작하고, 반복적으로 클러스터를 분할하여 계층 구조를 형성함. 초기에는 모든 데이터가 하나의 클러스터로 간주되고, 가장 이질적인 클러스터를 분할하여 계속 진행됨. 계층적 클러스터링은 데이터 간의 거리나 유사성에 기반하여 클러스터 간의 관계를 시각적으로 표현할 수 있는 덴드로그램(Dendrogram)[13]을 제공함. 덴드로그램은 계층 구조를 나타내며, 데이터 포인트, 클러스터, 그리고 클러스터 간의 거리를 시각적으로 표현함.
- **GMM(Gaussian Mixture Model)**은 데이터세트를 여러 개의 Gaussian 분포[14]로

---

13) 덴드로그램(Dendrogram)은 계층적 클러스터링(Hierarchical Clustering)에서 사용되는 시각화 도구임. 계층적 클러스터링은 데이터를 그룹으로 나누는 클러스터링 방법 중 하나로, 데이터 간 유사성에 기반하여 클러스터를 형성함. 계층적 클러스터링 결과를 시각적으로 표현한 그래프로서 x축에는 데이터 포인트가 위치하고, y축에는 유사성(거리 또는 유사도)가 표시됨. 가장 아래에 있는 데이터 포인트부터 시작하여 점점 위로 올라가면서 데이터들을 병합하여 클러스터를 형성하는 과정을 보여줌.

14) 가우시안 분포(Gaussian distribution)는 통계학에서 가장 널리 사용되는 확률분포 중 하나로서 정규 분포(Normal distribution)라고도 불림. Gaussian distribution는 연속형 변수를 모델링 하기 위해 사용되며, 그래프로 그렸을 때 종 모양의 대칭적인 분포를 갖음. 가우시안 분포

구성된 혼합 모델로 모델링하는 알고리즘임. 동 알고리즘은 데이터가 여러 개의 클러스터로 구성되어 있고, 각 클러스터가 Gaussian 분포로 근사될 수 있다고 가정함. GMM은 데이터세트를 구성하는 개별 데이터 포인트가 어떤 클러스터에 속하는지 확률적으로 모델링 함. 각 클러스터는 Gaussian 분포로 표현되며, GMM은 데이터 포인트가 각 클러스터에 속할 확률을 추정함. 따라서 GMM은 소프트 클러스터링(soft clustering) 방법으로 간주됨. GMM 알고리즘의 학습 과정은 EM(Expectation-Maximization) 알고리즘을 사용함. EM 알고리즘은 초기에 랜덤한 클러스터 파라미터값을 선택하고, 그 값을 업데이트하면서 클러스터의 중심과 분산을 조정해가는 과정을 반복함. 이 과정은 모델의 로그-우도(likelihood)를 최대화하는 방향으로 진행됨. GMM은 유연한 모델로, 복잡한 데이터세트에서도 다양한 형태의 클러스터를 잘 표현할 수 있음. 또한 소프트 클러스터링 방식을 사용하기 때문에 데이터 포인트가 여러 클러스터에 속할 수 있는 확률 정보를 제공함. 이를 통해 데이터세트의 복잡한 구조를 더 잘 이해하고 모델링할 수 있음. GMM은 비 지도학습(unsupervised learning)의 일환으로 사용되며, 데이터의 클러스터링, 이상치(Outlier) 탐지, 데이터 생성 등 다양한 분석 및 모델링 문제에 활용될 수 있음.

는 평균(mu)과 표준편차(sigma)라는 두 개의 파라미터로 정의됨. 평균은 분포의 중심을 나타내고, 표준편차는 분포의 폭이나 변동성을 나타냄. 평균을 중심으로 좌우로 대칭 형태를 갖기 때문에 평균 주변에서 더 높은 확률을 가지며, 먼 곳으로 갈수록 확률이 감소함. Gaussian distribution는 다양한 분야에서 활용됨. 가령 통계적 추론, 가설 검정, 회귀분석, 머신러닝 등 다양한 분석 방법과 모델링에 사용됨. Gaussian distribution의 특징과 통계적 성질은 데이터의 특성을 이해하고 모델링하는 데 유용함.

참고문헌

- 정두희(2022), AI로 비즈니스 성과를 얻기 위한 노하우, MIT Technology Review
- Daniel Markovitz(2020), How to Avoid Rushing to Solutions When Problem—Solving,https://hbr.org/2020/11/how—to—avoid—rushing—to—solutions— when — problem—solving
- Dwayne Spradlin(2012), Are You Solving the Right Problem?, Harvard Business Review.

제4장

가치 창출과 인공지능 모델

1. 불확실성 시대의 핵심 요소: 예측 능력

2. 사용자중심의 가치 창출

3. 가치 창출과 알고리즘

제4장

가치 창출과 인공지능 모델

"인공지능은 비즈니스에 높은 가치를 창출할 수 있으며, 이를 통해 경쟁 우위를 확보할 수 있다." —Bill Gates(1955~)

1. 불확실성 시대와 핵심 요소: 예측 능력

불확실성, 불안정성, 불연속성이 심화하는 시대를 살아가고 있다. 이러한 성격은 끊임없이 변화하는 경제, 정치, 기술적인 환경, 문화 등을 반영한다. 특히, 불확실성은 다양한 요인들로 인해 발생하고 있다. 예를 들면 급변하는 기술혁신, 지속적인 경제적 불안정성, 지구온난화와 같은 환경 문제, 인구 구성의 변화 등이 있다. 이러한 변화들은 기존의 사회, 경제, 정치 체제를 뒤엎고 새로운 방향성과 모델을 찾아내는 과정에서 불확실성과 불안정성, 불연속성을 야기하고 있다.

불확실성 시대에서는 변화 대응 능력이 중요하다. 불확실성이란, 미래에 대한 불가측한 상황이나 정보를 의미한다. 즉, 미래에 대한 정확한 예측이 어렵거나 불가능한 상황을 말한다. 불확실성은 사회, 경제, 기술 등 다양한 분야에서 발생할 수 있다. 기업, 정부, 개인 등은 변화상황에 능동적으로 대응하며 새로운 가능성을 찾기 위해 노력해야 한다.

또한 불확실성이 클수록 예측 능력에 대한 중요성이 강조된다. 예측 능력은 미래에 대한 불확실성의 해소에 큰 역할을 한다. 예측은 어떤 일이 일어날 것인지 또는 어떤 결과가 나타날 것인지를 추론하는 것이다. 예측을 통해 불확실성을 최소화하고, 미래에 대비를 할 수 있다. 이러한 맥락에서 인공지능 기술은 예측 능력을 향상하는 데 큰 도움을 준다. 인공지능은 대량의 데이터를 분석하여, 패턴을 찾고, 예측 모델을 생성할 수 있다. 가령, 개인은 물론 조직과 국가는 인공지능 기술을 이용하여 예측 모델을 생성하여 대응 전략을 수립하며 가치를 창출할 수 있다. 가령 금융 서비스 분야에서는 인공지능을 활용하여 금융 거래의 위험성을 예측하고, 사기 거래를 감지하는 등 불확실한 상황에서의 예측과 대응에 도움을 준다. 또한 의료분야에서는 인공지능을 활용하여 환자 건강 상태를 모니터링하고, 조기 진단 및 예방에 공헌한다. 인공지능 기술을 활용하면 불확실한 데이터를 분석하여 신뢰성 높은 예측 모델을 만들 수 있으며, 이를 통해 인간의 판단력을 보완하고 정확한 의사결정을 가능하게 한다.

불확실성 시대에서 비즈니스 환경이 급격하게 변화하고 있다. 이러한 환경에서 인공지능은 기업이 전략을 수립하고 실행하는 데 필요한 데이터를 분석하고, 신속하게 대처할 수 있는 능력을 제공한다. 인공지능을 활용하면 기업은 불확실성에 대처할 수 있는 민첩성을 강화하고, 적극적인 전략적 의사결정을 할 수 있다. 물론 불확실성 시대에서 인공지능의 한계도 논의되고 있다. 인공지능이 학습한 데이터와 실제 환경이 다를 경우, 예측력이 떨어지거나 잘못된 결정을 내리는 등의 문제가 발생할 수 있다. 또한 인공지능이 결정을 내리는 과정에서 어떠한 규칙에 근거하여 작동하는지 명확하게 알 수 없는 블랙박스 문제도 제기되고 있다. 따라서 이러한 문제를 해결하기 위해서 인공지능 기술을 보완하는 다양한 기술과 전문가의 지식이 필요하다.

불확실한 상황에서 인공지능기술의 발전으로 인해 많은 것들이 자동화되고, 예측 모델이 개선되면서 불확실성 감소에 도움을 준다. 예를 들면 인공지능을 활용하여 데이터를 분석하고 패턴을 찾아내어 예측 모델을 개발할 수 있다. 이러한 예측 모델을 통해 기업은 수익성을 높이고 비즈니스모델을 최적화할 수 있다. 하지만 인공지능이 새로운 문제를 일으키기도 한다. 가령 인공지능이 결정을 내리는 과정에서 편향성이 생길 수 있다. 편향성은 결정에 대한 불확실성을 높이고 불신을 유발할 수 있다. 또한 인공지능 기술은 현재로부터 멀리 떨어진 미래를 예측하는 것이 어렵기에 불확실성 하에서 예측 모델이 정확하지 않을 위험성이 높다. 따라서 인공지능의 활용이 중요하지만, 인공지능 기술의 한계와 위험성을 인식하고 적절한 대처 방안을 마련해야 한다. 인공지능 기술의 발전과 함께, 인간과 기계 간의 상호작용, 윤리적 고민, 규제 등 다양한 문제를 고려해야 한다.

AI를 이용한 질병의 예측과 진단은 이미 시작됐다. 인공지능에 의한 사망 시기 예측을 의료 서비스에 활용하려는 연구 움직임도 활발한 편이다. 인공지능은 심장마비처럼 환자나 의사가 미리 알기 어려운 질환의 발병 여부를 예측하는데 매우 효과적인 기술이 되고 있다. 이처럼 인공지능은 의료분야에서 매우 유용한 도구로 사용되고 있다. 예를 들어, 인공지능을 이용하여 MRI나 CT 스캔 이미지를 분석하여 암 진단을 예측할 수 있다.

의료 진단 알고리즘은 인공지능 기술을 사용하여 의료 진단을 지원하는 소프트웨어다. 알고리즘은 환자의 증상, 검사 결과, 진료 기록 등 다양한 정보를 수집하여 분석한 후, 질병을 진단하고 적절한 치료 방안을 제안한다. 또한 의료 진료의 효율성을 향상하고, 의료 비용을 절감하는 데에도 큰 도움을 준다. 이미 다양한 의료 진단 알고리즘이 개발되어 있다. 예를 들어 인공지능을 사용하여 뇌졸중 진단을 돕는 알고리즘이 개발되었다. 환자의 CT 스캔 이미지를 분석하여 뇌졸중의 유무와 심각도를 판별한다. 또한 유전자 분석 기술을 사용하여 유전자 변이와 질병 사이의 연관성을 분석하는 알고리즘이 개발되었다. 의료 진단 알고리즘은 빅데이터와 인공지능 기술의 발전으로 더욱 정확하고 유용한 도구가 되고 있다. 물론 알고리즘이 적용되더라도 의사의 판단과 지식을 대체할 수는 없으며, 보조적 수단으로 사용되는 것이 일반적이다.

지난 2021년 2월 14일 미국의 종합 시사매거진 타임(TIME)은 AI 기반 도구가 암 종양이 될 수 있는 이상 증식을 의사보다 더 잘 골라낼 수 있다는 연구 결과를 보도했다. 영국의 심장재단의 Christopher Note 연구원 팀은 순환기 학회지 'Circulation'에 AI 프로그램이 심장마비와 뇌졸중을 안정적으로 예측할 수 있다고 발표했다. AI 모델은 훈련하여 스캔을 판독하고, 혈류 저하 징후를 감지하는 법을 배웠다. 심장질환의 위험이 있거나 이미 진단이 내려져 있어 CMR이 필요한 1,000여 명을 대상으로 기술을 실험한 결과, AI 모델이 심장마비나 뇌졸중, 사망 등에 이를 가능성이 큰 사람을 선별하는 데 효과가 있는 것으로 나타났다. 심장 근육으로 가는 혈류에 대한 질적인 시각보다는 정량적인 수치를 얻게 됐다. 이 수치를 통해 어떤 사람들이 더 불리한 사건에 노출될지 예측할 수 있는지 알게 됐다.

또한 인공지능 기술은 일기예보와 같은 사전 예측이 중요한 분야에서 탁월한 능력을 나타내고 있다. 파키스탄 최대의 소프트웨어개발 회사 Nextbridge의 2021년 3월 17일 자 블로그 뉴스에 미 국립대기연구센터(NCAR)의 Sue Ellen Haupt박사의 칼럼을 게재했다. Ellen 박사는 칼럼에서 인공지능은 기상 예보에 필요한 모든 도구를 갖추고 있고, 수년간 인공지능을 사용해 왔지만, 현재 상황이 크게 변하고 있다고 소개했다. 연구진은 AI를 이용해 어떤 폭풍이 우박이나 토네이도와 같은 극단적인 사건을 일으킬지 결정하기 시작했다. 몇 시간을 몇 분으로 줄이는 경고를 하기 위해 AI가 예측의 열쇠가 될 것이라고 했다.

최근 들어 과학자들은 인공지능, 머신러닝, 신경망, 딥러닝 등과 결합하면서 기상 예보의 정확한 예측으로 이어질 수 있는 조합을 찾기 위해 그 패턴을 찾고 있다. 머신러닝, 신경망, 딥 러닝 등의 도움을 받으면 예측 요소가 매우 정밀해질 수 있다. 인공지능을 이용한 기상 예측의 획기적인 발전 중 하나는 언제 신경망이 우박 폭풍을 예측할 수 있을 것인지 예측한다. 즉, 시간당 시속 200km의 속도로 내리는 우박은 최대 100억 달러의 피해를 주는데 AI가 우박 폭풍을 효과적으로 예측할 수 있다면, 이런 피해를 크게 줄일 수 있다. 비는 인공지능을 통해 예측되는 또 다른 자연현상이다. 즉, AI 기반 강우량 측정 모델들은 상당히 강력해 강우 예측방식을 바꿀 수 있고, 나아가 예측도 할 수 있다. 기상 예측 알고리즘은 인공지능 기술을 사용하여 대기 상태, 해양 상태, 기후 등의 정보를 수집하고 분석하여 일정 기간의 날씨를 예측하는 소프트웨어다. 기상 예측 알고리즘을 사용하여 일정 기간의 강수량, 온도, 바람의 세기 등을 예측하면, 농작물 생산, 건설 및 교통 등 다양한 산업 분야에서 이를 활용하여 생산성을 높일 수 있다.

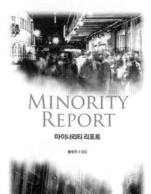

이러한 추세라면 영화 <Minority Report>의 예측자가 실제 가능하다. 지난 2016년 9월 12일 영국의 The SUN은 경찰이 사건 발생 전에 인공지능을 이용해 범죄를 막았다고 보도했다. 장차 <2030년의 인공지능과 삶>이란 주요 연구에서 스탠퍼드 대학 연구원들이 예측적 치안유지 기술이 향후 15년 안에 보편화될 것으로 예상된다. 도시들은 이미 공공의 안전을 위해 AI 기술을 배치하기 시작했다. 2030년이면, 카메라에서 범죄 가능성을 지적하고, 이상 징후를 탐지할 수 있는 감시용 카메라, 탐지 드론, 예측 감시 애플리케이션 등이 포함될 수 있다. 아울러 기술이 발전함에 따라 AI로 막을 수 있는 범죄의 범위는 더욱 확대될 것으로 보인다. 이미 사이버 범죄와 테러범의 온라인 채용 추진 등을 차단하는 데 AI가 활용되고 있다. 법 집행기관들은 소셜미디어로부터 파괴적인 사건에 대한 계획을 탐지하고, 보안을 분석하기 위한 대규모 모임에서의 활동을 감시하는 데 많은 관심을 보여주고 있다. 예를 들면, 어두운 골목에서 거동 수상자가 카메라에 잡히면, 범죄를 저지를 징후를 학습한 AI가 강도 사건이 일어나기 직전에 경찰이 그를 저지할 수 있도록 도울 수 있다. 스탠퍼드 대학 연구팀은 ML(머신 러닝)은 범죄가 언제, 어디서 일어날지, 누가 저지를지, 예측하는 능력을 크게 향상하였다고 말했다(AI타임즈, 2021년7월23일자).[1] 이러한 흐름은 앞으로 지속될 것이다.

---

1) http://www.aitimes.com/news/articleView.html?idxno=139771

세계적인 인공지능 연구자들은 인공지능(AI)의 미래를 만드는 것은 모델의 크기가 아니며, 인간의 뇌처럼 앞을 내다보는 추론과 예측 능력을 지금보다 한층 높여야 하는데 공감하고 있다. 그러면서 인공지능의 활용 영역이 넓어지면서 딥러닝이 갖춰야 할 필수 요소로 예측성(prediction)을 꼽았다. 지금처럼 인공지능 모델에 데이터를 늘리는 것만으로 충분하지 않다는 의미다. 대신 모델에 들어있는 기존 데이터를 통해 예측·추론 능력을 높이는 것이 중요한 과제다. Yann LeCun은 딥러닝 예측성을 높이려면 데이터 규모 그 이상이 필요하다면서 이를 '월드 모델(world model)'이라는 이론으로 설명했다. 모델 실행을 위한 과제 순서를 하나하나 꾸준하게 시뮬레이션하면 결국 예측성이 높아진다는 개념이다. 한 상황에 예측성이 높아지면 다양한 환경에 적용해 불확실성에 대한 대처 능력을 높일 수 있다. 예를 들어 '식사를 마치면 설거지하라'는 명령이 주어질 경우, 기존에 훈련받은 여러 하위 의무를 조각조각 모아 이후 발생할 문제 해결법을 예측하는 방식이다. 기존에 배운 '식사 후 의자에서 일어나기', '의자를 식탁 안으로 집어넣기', '싱크대로 가서 접시 닦기'를 적용해 명령을 수행할 수 있다. 대표적인 예로 Google 딥마인드가 2021년 개발한 'AlphaFold'가 언급됐다. AlphaFold는 지구상 존재하는 거의 모든 단백질 구조를 예측하는 AI 플랫폼으로 알려져 있다.

Yoshua Bengio도 Yann LeCun처럼 딥러닝 예측 중요성을 반복적으로 강조했다. 그는 "AI는 아직 사람의 지능과 차이가 크다. 일반적인 사람 수준이 되려면 현재 딥러닝 수준으로 역부족이라면서 AI와 신경과학(Neuroscience)를 결합한 딥러닝 연구 중요성에 우선순위를 두어야 한다. AI가 예측성을 높이려면 인간 뇌처럼 의문점을 갖고, 분석하며, 상상하고, 계획까지 할 수 있는 데이터 아키텍처 연구가 필요하다"는 설명도 덧붙였다. 여기서 Bengio는 인과관계 학습법(Causal Learning)을 제시했다. 해당 학습은 데이터 구축과정에 대한 구조적 지식을 말한다. 쉽게 말해 기존 지식을 활용해 다른 분야나 새로운 것을 창조할 수 있도록 학습하는 방식이다. 그는 모델에 넣은 데이터를 단순히 내보내 결과물을 만드는 연구보다 새로운 결과물을 내놨는지에 대한 집중의 필요성을 역설하였다.

Geoffrey Hinton도 미래에는 예측성을 높일 수 있는 새로운 대안적 AI 모델이 필요하다면서 LeCun과 Bengio가 제안한 딥러닝 이론과 모델로는 불충분하다고 보았다. 당장 5년 후 일어날 일에 대해 AI뿐만 아니라 그 어떤 것도 예측할 수 없다면서 새로운 방법을 찾아야 한다고 보았다. 특히, LeCun이 예시로 언급한 AlphaFold에 대해서는 돌연변이 단백질을 예측하거나 해당 구조의 해독에 한계가 있음을 지적했다. 그러면서 AI와 딥러닝 예측성을 높이기 위해 인공신경망 연구를 지속하고, 역전파(Back Propagation) 알고리즘의 대안 찾기 등 꾸준한 노력의 필요성을 강조했다.

또한 인공지능의 요소기술로 혁신할 수 있는 기능을 크게 인식, 예측, 자동화, 소통, 생성으로 나눌 수 있다. 이 가운데 예측의 혁신사례로 귀추 예측을 들 수 있다. 인간은 내일 일어날 일을 알 수 없다. 하지만 데이터는 가능하다. 가령 출판사는 2,000권의 책을 인쇄한 뒤 전국 서점에 책을 비치하여 판매한다. 책이 잘 팔리면 좋지만, 만약 책이 팔리지 않는다면 출간된 책은 창고 신세로 전락한다. 그런데 독일의 Inkitt라는 출판사는 기존 편집방식을 탈피하여 칼럼 혹은 짧은 소설 분량의 이야기를 연재로 올릴 수 있는 독자적인 출판 플랫폼을 운영했다. 고객의 행동 데이터를 분석하여 어떤 책이 Best Seller가 될지 예측할 수 있다. 인간이 수행하던 편집자 역할을 인공지능에 맡김으로써 흥행 예측 역량을 대폭 향상했다. 그 결과, 출간 서적의 91.7%를 Best Seller로 만들어냈다.

Google의 공동창업자 Larry Page는 "우리가 Google을 통해 만들어낸 많은 것들이 처음에는 미친 생각처럼 보였다." 하지만 지금 그러한 '미친 생각'들이 모든 산업의 판도를 바꾸고, 우리는 '미친 사람들'이 만들어놓은 새로운 시장 속에서 살아가고 있다. 앞으로 AI는 더 많은 미친 상황을 만들어낼 것이며 아직 더 많은 혁신의 기회는 무궁무진하게 존재한다. 실례로 인공지능기술의 발달로 빅데이터 분석이 편리해졌을 뿐만 아니라 분석 결과를 바탕으로 문제를 해결하는 능력이 급격하게 향상됐다. 데이터에 기반을 둔 정교한 의사결정과 프로세스 자동화가 가능해졌다. IoT 기술 발전은 기계나 사물로 하여금 더 많은 데이터를 생성하여 데이터를 통한 기계와 기계 간, 기계와 사람 간 소통이 더욱 활발해지고 있다. 또한 Cloud는 Computing Power의 공유를 통해 누구라도 빅데이터와 다양하고 복잡한 알고리즘에 쉽게 접근, 분석할 수 있는 기반을 제공한다. 또한 인공지능기반 출하 수요 예측과 일별 적정 재고량 자동 산출을 통해 원료 배급과 물류비용 구조를 최적화하기도 한다. 과거 수요 데이터, 기온, 탱크로리 크기 등 다양한 변수에 대한 방대한 데이터를 기반으로 출하량을 예측할 수 있다.

2. 사용자중심의 가치 창출

사용자 중심의 가치 창출이란? 제품 또는 서비스를 제공할 때, 사용자의 요구와 Need를 중심으로 고려하여 가치를 창출하는 것을 말한다. 이는 기업이 제공하는 제품 또는 서비스를 단순히 판매하는 것이 아니라 사용자가 진정으로 필요로 하는 가치를 제공하며, 그로 인해 더 나은 경험과 만족감을 느끼도록 하는 것이다. 사용자 중심의 가치 창출을 위해서 우선 사용자를 이해해야 한다. 사용자의 요구와 Need를 파악하기 위해 설문 조사나 인터뷰 등의 방법을 활용하여 사용자의 생각과 의견을 수집해야 한다. 또한 사용자가 제공하는 피드백을 적극적으로 수용하여 제품 또는 서비스를 개선하고 발전시켜 나가야 한다. 그리고 사용자 중심의 가치 창출을 위해서 제품 또는 서비스의 기능과 편의성, 가격 등을 고려하여 최적의 조합을 찾아야 한다. 이를 위해 다양한 시나리오를 고려하고, 실험을 통해 사용자가 원하는 기능과 편의성을 제공할 수 있는 제품 또는 서비스를 개발해야 한다.

사용자 중심의 가치 창출은 기업의 이익을 추구하는 것과 동시에 사용자의 만족도와 경험을 높이는 것을 목표로 한다. 이는 기업의 고객 충성도와 이익을 높일 뿐만 아니라 더 나은 제품 또는 서비스를 제공하는 데 큰 역할을 한다. 따라서 기업은 사용자 중심의 가치 창출을 끊임없이 추구하여, 사용자의 요구와 Need를 충족시키며, 한층 나은 제품 또는 서비스를 제공해 나가야 한다.

인공지능 기술은 사용자 중심의 가치 창출을 위해 매우 유용한 도구이다. 인공지능 기술을 활용하여 제품 또는 서비스를 개발할 때, 사용자의 요구와 Need를 더욱 정확하게 파악할 수 있고, 이를 기반으로 한층 효율적인 제품 또는 서비스를 제공할 수 있다. 예를 들어 자연어 처리 기술을 사용하면, 사용자의 질문이나 요구시항을 한층 정확하게 이해할 수 있다. 또한 추천 알고리즘을 통해 사용자가 원하는 제품 또는 서비스를 더욱 정확하게 제공할 수 있다.

이처럼 인공지능 기술을 활용하여 제품 또는 서비스의 기능과 편의성을 개선할 수 있다. 가령 인공지능 기술을 활용한 음성인식 기술을 사용하면, 사용자가 더욱 편리하게 제품 또는 서비스를 이용할 수 있다. 그리고 인공지능 기술을 활용하여 제품 또는 서비스의 사용자 경험을 개선하고, 사용자의 요구와 Need에 맞게 맞춤형 서비스를 제공할 수 있다. 이러한 방식으로, 사용자 중심의 가치 창출을 추구할 수 있다. 즉 인공지능 기술을 활용하여 사용자의 요구와 Need를 더욱 정확하게 파악하고, 이를 바탕으로 제품 또는 서비스를 개발하여 사용자에게 더욱 가치 있는 고객 경험을 제공할 수 있다.

가치 창출과 고객 경험 개선은 밀접한 관련이 있다. 고객 경험을 개선하면서 가치를 창출하는 것이 중요한 목표이다. 고객 경험은 제품이나 서비스를 사용하는 동안 느끼는 전반적인 감정, 인상, 인식 등을 의미한다. 고객이 기대하는 것보다 더 나은 경험을 제공하는 것이 중요하다. 이를 통해 고객은 제품이나 서비스를 구매하고, 이용하는 데 더욱 만족하게 된다.

가치 창출은 제품이나 서비스를 통해 고객에게 제공되는 가치를 의미한다. 가치 창출은 고객이 원하는 것에 대한 충족감을 제공하고, 고객이 제품이나 서비스를 사용함으로써 얻을 수 있는 이점을 의미한다. 따라서 제품이나 서비스의 가치를 높이면서 고객 경험을 개선하는 것이 중요하다. 이를 위해 인공지능 기술을 활용하여 고객의 요구사항을 더욱 정확하게 파악하고, 이를 기반으로 제품이나 서비스를 개선할 수 있다. 예를 들어 고객의 검색 키워드 분석결과의 바탕에서 맞춤형 추천 서비스를 제공할 수 있다. 또한 고객의 행동 패턴을 분석하여 개인 맞춤형 서비스를 제공할 수 있다. 이러한 방식으로, 제품이나 서비스의 가치를 높이면서 고객 경험을 개선할 수 있다. 이처럼 가치 창출과 고객 경험 개선은 상호 보완적 관계를 맺고 있으므로 두 가지를 함께 고려하여 제품이나 서비스를 개발하는 것이 중요하다.

또한 인공지능은 고객이 서비스를 이용하는 과정에서 발생할 수 있는 문제를 빠르게 파악하고 대처할 수 있다. 가령 자연어 처리 기술을 이용하여 고객이 제기하는 문의나 요청을 실시간으로 분석하고, 적절한 대응을 제공할 수 있다. 고객데이터를 분석하고 예측분석을 수행하여 고객의 구매 성향을 파악하고 개인 맞춤형 서비스를 제공할 수도 있다. 이를 통해 고객은 한층 향상된 구매 경험을 누릴 수 있으며, 기업은 더 많은 고객을 유치하고 이탈을 예방할 수 있다. 즉 ML(기계학습) 알고리즘을 활용한 예측 모델을 통해, 개인의 취향이나 구매 이력을 파악하여 맞춤형 상품 추천이나 맞춤형 광고 서비스를 제공할 수 있다. 또한 Image나 음성인식 기술을 활용하여, 개인의 특징이나 행동 패턴을 파악하여 맞춤형 서비스를 제공하는 것도 가능하다. 이러한 개인 맞춤형 서비스는 고객 만족도와 충성도를 높이는 데 큰 역할을 한다. 고객은 개인 맞춤형 서비스를 통해 불필요한 정보나 광고를 받지 않고, 자신이 원하는 정보나 제품을 빠르게 찾을 수 있기 때문이다.

이 외에도 인공지능은 고객 서비스의 효율성을 높일 수 있다. 예를 들어, 인공지능 기술을 활용하여 고객이 서비스를 이용하는 과정에서 발생하는 문제를 자동으로 분류하고, 적절한 부서나 담당자에게 자동으로 배정하는 것이 가능하다. 이러한 방식으로, 인공지능은 고객 경험을 개선하는 데 많은 도움을 줄 수 있다. 고객이 원하는 것을 더욱 정확하게 파악하고, 적절한 대응을 제공하며, 고객 서비스의 효율성을 높일 수 있는 게 인공지능이 가지는 장점이다. 반면에 인공지능이 고객 경험을 개선하는 데 성공하려면 고객데이터의 질과 양이 매우 중요하다. 또한 인공지능 알고리즘이 고객 경험을 개선하는 데 적절한 방법을 적용할 수 있도록 충분한 학습 데이터와 감독이 필요하다. 이를 통해 인공지능 기술을 최대한 활용하여 고객 경험을 개선할 수 있다. 개인 맞춤형 서비스 제공에 있어서 개인 정보 보호 문제가 큰 과제이다. 개인 정보 보호 관련 법률과 규정을 준수하여 고객의 개인 정보를 안전하게 보호해야 한다. 또한 고객의 동의를 받고, 개인 정보 수집과 활용에 대한 설명을 제공하는 것이 중요하다.

장차 인간이 인공지능을 어떻게 바라보고 활용하느냐에 따라 그 가치에 대한 평가는 달라질 것이다. 바람직한 방향은 인공지능 윤리원칙 수립을 통해 인간과 인공지능 간 공존의 바탕에서 진정한 고객 가치를 창출해야 한다. 인공지능기술은 단독으로 의사결정에 쓰는 것이 아니라 의사결정의 참고 모델로 사용되어야 한다. 빅데이터를 잘 다루는 것이 인공지능을 성공적으로 활용하는 바탕이다. 가령 산업영역의 인공지능에서는 산업 데이터의 양 못지않게 품질이 중요하다. 양과 질이 확보되면 인공지능을 효과적으로 사용할 수 있다.

인공지능은 빅데이터와 함께 기업들이 새로운 가치를 창출할 수 있는 도구이다. 근래에 빅데이터 기반 인공지능을 이용하여 새로운 서비스를 찾고 가치를 창출하는 기업들이 업종을 막론하고 늘어나고 있다. 산업과 사회 전반에 걸쳐 데이터를 활용한 가치 창출이 이루어지고 있다. 기업들은 각자의 목적에 맞는 빅데이터를 수집하고 분석하는 것으로 새로운 서비스를 제공하고, 기존의 업종들은 이를 통해 디지털 전환(Digital Transformation)을 진행하고 있다. 새로운 가치를 창출한다는 것은 결국 생성된 빅데이터를 필요한 목적에 맞게 가공하고 분석하여 새로운 통찰을 얻어내고, 인공지능을 통해 최적의 답안을 제시하는 것이다. 이는 기존 현상에 대한 패턴을 분석해서 미래에 일어날 현상과 상태를 예측하고 대응하는 것이다.

지난 2016년 3월 알파고와의 대국에서 4대1로 패한 이세돌 9단은 알파고가 창의적이라고 말했다. 사실 인공지능을 위한 기술 개발은 "반복적인 일을 꼭 사람이 해야 할 것인가?"라는 의문에서 출발하였다. 인공지능으로 반복 업무를 대체해 사람의 가치를 높이고 창조적인 세상을 만들 것이다. 미래에는 인공지능이 창조적인 일을 할 수 있다. 하지만 그때가 되면 사람은 더 높은 수준의 가치, 지성, 창의성을 찾을 것이다.

현재 인공지능은 사람을 돕는 'Assistant(도우미)' 기능을 수행하고 있다. 사실 인공지능은 확률적으로 문제를 풀기 때문에 불완전할 수밖에 없다. 따라서 마지막 단계에 사람이 조율해 완벽으로 다가가야 한다. 인공지능은 사람에게 도움을 주는 것이지 대신하는 것은 아니다.

인공지능의 연구개발(R&D)은 기존 인공지능 기술의 최적화에 집중하는 경향이 있다. 사용자는 현재 기술이 기존 기술보다 얼마나 최적화됐는지 체감하기는 쉽지 않다. 그래서 인공지능 비즈니스 경쟁력은 기술 최적화에 집중하기보다 사용자에게 어떤 새로운 가치를 줄 수 있는지에 초점을 맞춰야 한다. 장차 인공지능 기술력으로 무엇을 할 수 있는지 생각해야 한다. 가령 국제 올림피아드 경기에서 한국은 우수한 성적을 거두고 있다. 그만큼 기술을 흡수하고 활용하는 데 경쟁력이 있다. 이러한 역량과 함께 우리가 가진 기술과 데이터를 바탕으로 더 잘할 수 있는 것이 무엇인지 찾는 노력이 필요하다.

MWi(독일연방 경제에너지청)의 위임을 받아 iit(베를린 혁신 및 기술 연구소)가 실시한 한 연구에서 AI(인공지능)가 제조 산업에서 미래의 가치 창출에 대한 막대한 잠재력을 지니고 있다고 밝혔다. 연구에 따르면 독일에서 인공지능은 향후 5년 안에 약 318억 유로(원화로 41조 5천억 원)의 추가적인 가치를 창출할 것이라 한다. 따라서 인공지능이 전체 예상되는 성장의 1/3을 감당할 것으로 기대된다고 한다. 동 연구에 따르면 예측분석, 로봇공학, 지능적 Assistant, 자동화, 센서의 인공지능 애플리케이션이 적용 사례에 속한다.

인공지능은 지금껏 인간만이 가지고 있던 많은 영역에 침투하고 있다. 이러한 인공지능에 의해 앞으로 어떤 일이 벌어질까? 향후 10년 간 의사를 비롯하여 미숙련 노동자에 이르기까지 일자리의 1/3이 없어질 것이다. ML(기계학습)을 비롯한 인공지능에 의해 있기 때문이다. 이러한 이유로 창의적 기업가정신은 기업이 살아남기 위한 전제조건이 된다. 경제와 삶은 초고속으로 변화를 가속화할 것이다. 하지만 내일 무슨 일이 일어날지 예상할 수 없다. 통찰과 창의성이 더욱 필요해질 것이다. 살아남기 위한 핵심 요소다. 경쟁자들보다 앞서 나아가기 위해 기업 전략에 창의성과 혁신이 중요하다. 직원들에게 창의성을 발휘할 기회의 제공과 함께 창의적인 것을 요구해야 한다. 그래야 회사가 독창적이고, 견줄 수 없는 대상이 될 수 있으며, 다른 기업들보다 한 걸음 앞서 나갈 수 있다.

오늘날 소비자의 요구에 따라 제품을 구성하고 스마트한 공정을 통해서 생산 및 판매하는 모든 과정에서 데이터가 활용된다. 데이터의 수집을 통해 고객의 Need를 분석하고, 그에 따른 제품 기획 및 시뮬레이션을 거쳐 제품이 생산된다. 이 과정에서 생성되는 데이터는 다시 생산 공정에 반영된다. 즉, 새로운 비즈니스 모델의 생성, 기존 비즈니스모델의 수정 및 보완에 사용된다. 고객 및 생산 공정에서 축적된 데이터는 다시금 각 Layer별로 맞춤형 서비스도 가능하게 한다. 스마트 생산과 서비스가 빅데이터에 의해 맞물려 있다.

현재 고객경험(Customer Experience, CX)과 인공지능은 매우 밀접한 관계에 있다. 인공지능기술의 발전으로 고객 경험을 개선하고 최적화하는 것이 가능해졌기 때문이다. 인공지능은 고객 경험의 모든 측면에서 사용될 수 있다. 예를 들어, 고객 서비스 부서에서는 자동화된 챗봇을 사용하여 고객의 질문에 대한 답변을 신속하게 제공할 수 있다. 이를 통해, 고객은 기다리는 시간이 줄어들고 적극적인 대응을 받을 수 있다. 가령 KT는 100번 고객센터에 AI 챗봇, AI 보이스봇을 구축했다. 상담사 7천여 명이 일하는 KT고객센터에는 월평균 600만 Call이 들어온다. 이 중 200만 Call은 보이스봇이 사람 상담사보다 먼저 대응하고 있다. 챗봇은 월 100만 건을 처리한다. KT는 상담 후 처리 시간을 15초, 목소리 인증 시간은 19초 단축했다. AI가 일을 보조하자 상담사들은 한층 복잡한 상담에 집중할 수 있게 됐다. 기업관점에서 생산성은 향상되고, 비용은 줄었다. 단순 키워드가 아닌 고객 상황에 맞춘 상담 스크립트를 추천하는 AI 서비스, 문자·발화로 피상담자의 의도를 분석하는 음성 데이터 자산화 등도 나오는 추세이다. AI 서비스 도입 뒤에는 활용성이 중요하다. 음성인식, 음성·텍스트 분석 등 AI 학습이 지속돼야 한다. AI가 신제품, 상품 정책 개정에 관한 내용을 업데이트하고, 적용 환경을 최적화해 줄 수 있다(정명환, 2022).

3. 가치 창출과 알고리즘[2]

가치란? 물질적 또는 비물질적인 것이 가진 의미나 중요성을 나타내는 것을 말한다. 즉, 가치는 사람이 느끼는 것으로, 그것이 가지고 있는 의미나 중요성에 따라 상대적으로 다르게 해석될 수 있다. 가령 제품이나 서비스가 고객에게 가치를 제공할 때, 고객이 그 제품이나 서비스를 구매하고 사용함으로써 얻게 되는 이점이나 만족도를 말한다. 이러한 가치는 제품이나 서비스의 기능, 효과, 디자인, 브랜드 등의 다양한 요소에 영향을 받는다. 물론 사회적 가치도 존재한다. 기업이 제품이나 서비스를 제공함으로써 사회적인 문제를 해결하거나 사회적 가치를 창출한다면 이는 사회 전반에 대한 가치를 의미한다. 가령 환경 문제나 사회적 문제를 해결하는 제품이나 서비스는 사회적인 가치를 제공한다. 따라서 가치는 사람이 느끼는 것으로 상대적인 개념이며, 제품이나 서비스가 가진 기능적인 측면과 함께 Brand Image, 디자인, 사회적 가치 등 다양한 측면에서 판단된다.

가. 알고리즘(모델)과 가치 창출

비즈니스에서 가치 창출이란? 제품이나 서비스를 만들어서 소비자에게 가치를 제공하는 것을 말한다. 기업이나 조직에서는 가치를 창출하기 위해 다양한 노력을 기울이며, 제품이나 서비스를 제공한다. 여기서 가치란 고객이 원하는 것을 충족시켜주는 것이다. 즉 고객들이 기업

인공지능과 가치창출

AI value creation by 2030 $13 trillion

Retail	$0.8T
Travel	$480B
Transport & Logistics	$475B
Automotive & Assembly	$405B
Basic Materials	$300B
Advanced Electronics/Semiconductors	$291B
Healthcare Systems and Services	$267B
High Tech	$267B
Telecom	$174B
Oil & Gas	$173B
Agriculture	$164B

Source: McKinsey Global Institute 자료: https://shawnharris.com/week-1-introduction-to-artificial-intelligence/

---

2) 본서에서 알고리즘은 기본 개념과 성격, 작동원리를 중심으로 소개하였음. 머신러닝의 알고리즘에 관한 세부 내용은 <한세억(2020), 모든 사람을 위한 인공지능, 박영사>를 참고할 수 있음.

이나 조직을 선호하도록 만들 수 있는 요인을 의미한다. 이를 통해 고객 만족도를 높이고, 시장 점유율을 높일 수 있으며, 이는 기업이나 조직의 수익을 증대하는 데 큰 도움이 된다. 또한 제품이나 서비스의 가치는 소비자들의 요구와 Need에 따라 다르게 변할 수 있다. 가령 고객들은 제품의 기능성, 디자인, 품질, 가격 등 다양한 요소를 고려하여 제품의 가치를 판단한다. 가치는 추상적 개념이지만 제품이나 서비스를 제공하는 기업이나 조직에서는 가치 창출 노력이 중요하다.

가치 창출이란, 기업이 제공하는 제품이나 서비스가 고객에게 가치를 제공하여, 고객이 그에 대한 보상을 기업에 지불하는 것이다. 즉, 기업이 제공하는 제품이나 서비스가 고객의 문제를 해결하거나, 고객의 욕구를 충족시키는 것으로 인해 고객은 그에 대한 보상을 지불하고, 이를 통해 기업은 수익을 창출하는 것이다. 가치 창출은 기업의 비즈니스모델과 관련이 있다. 기업은 고객이 가치를 느끼는 제품이나 서비스를 제공함으로써 수익을 창출한다. 따라서 기업은 고객의 요구에 맞춰 제품이나 서비스를 개발하고, 이를 끊임없이 개선해 나가야 한다. 이를 통해 기업은 경쟁 우위를 확보하고, 지속적인 성장을 이룰 수 있다. 가치 창출은 기업의 비즈니스 성과뿐만 아니라, 사회적 가치 창출에도 관련이 있다. 기업이 제공하는 제품이나 서비스가 사회의 문제를 해결하거나 사회적 가치를 창출함으로써, 기업은 사회적인 인정과 지지를 받을 수 있다. 따라서 기업은 고객의 요구와 사회적 가치를 고려하여 제품이나 서비스를 개발하고, 이를 통해 가치 창출을 추구해야 한다.

또한 제품이나 서비스의 가치는 경쟁 환경에서 중요한 역할을 한다. 경쟁업체보다 우수한 제품이나 서비스를 제공하면, 고객들은 기업이나 조직을 선호할 확률이 높아진다. 이는 시장에서 경쟁력을 확보할 수 있도록 한다. 따라서 기업이나 조직은 가치 창출을 위한 다양한 노력을 기울이며, 고객들에게 더 나은 제품이나 서비스를 제공하도록 노력해야 한다. 이를 위해서는 고객의 Need와 요구 사항을 파악하고,

적절한 전략을 수립하여 가치를 창출하는 것이 중요하다.

알고리즘은 가치 창출을 위한 핵심기술 중 하나이다. 가치 창출이란 제품이나 서비스를 만들어서 소비자에게 가치를 제공하는 것을 말한다. 이를 위해 적절한 알고리즘을 사용하여 다양한 문제를 해결해야 한다. ①제품 디자인: 제품 디자인에서는 디자인 알고리즘이 사용된다. 이를 통해 제품 디자인의 품질을 개선하고, 생산성을 높일 수 있다. 제품 디자인과 알고리즘은 서로 다른 분야이지만, 두 분야는 상호작용하여 제품을 개발하고 개선하는 데에 중요한 역할을 한다. 알고리즘은 제품의 기능을 구현하고 개선하는 데에 필요하다. 예를 들어, 스마트폰의 카메라 기능은 사진을 찍는 알고리즘에 의해 결정된다. 또한 인공지능 기술을 이용하여 제품성능이 개선되는 경우도 많다. 가령 음성인식 기능을 이용하여 제품의 사용성을 개선하는 것이 해당한다. 제품 디자인에서도 알고리즘은 중요한 역할을 한다. 제품 디자인은 제품의 외형뿐 아니라 사용성과 기능 등을 고려하여 개발된다. 이때, 디자이너는 알고리즘을 이용하여 제품의 사용성과 기능을 최적화할 수 있다. 이를테면 스마트폰의 터치스크린은 사용자의 터치를 감지하는 알고리즘을 이용하여 제작된다. 이를 통해 사용자의 편의성과 제품의 기능성을 높일 수 있다. 또한 디자인과 알고리즘을 결합한 '컴퓨터 지원 디자인' 분야가 등장하고 있다. 알고리즘을 이용하여 디자인 프로세스를 자동화하고, 제품의 디자인을 최적화하는 방법이 연구되고 있다. 따라서 제품 디자인과 알고리즘은 서로 다른 분야이지만, 제품의 기능성과 사용성을 높이기 위해서는 두 분야를 함께 고려해야 한다.

②마케팅 전략: 마케팅 전략에서는 데이터 마이닝 알고리즘이 사용된다. 이를 통해 소비자들의 구매패턴을 파악하고, 이에 맞는 마케팅 전략을 수립할 수 있다. 마케팅 전략과 알고리즘은 서로 다른 분야이지만, 두 분야는 상호작용하여 기업이나 조직이 제품이나 서비스를 홍보하고 마케팅을 진행하는 데에 중요한 역할을 한다.

알고리즘은 기업이나 조직에서 수집한 데이터를 분석하고 이를 활용하여 고객의 선호도나 구매패턴 등을 파악하는 데에 사용된다. 이를 통해 기업이나 조직은 고객에게 더욱 효과적인 마케팅 전략을 수립할 수 있다. 예를 들어, 알고리즘을 활용하여 고객이 제품을 검색하는 키워드나 검색 시간대 등을 파악하고 이를 기반으로 제품의 광고 Targeting을 수행할 수 있다. 이를 통해 마케팅 비용을 절감하고 효과적인 마케팅 전략을 수립할 수 있다. 최근에는 인공지능 기술을 활용하여 마케팅 전략이 실행되는 경우도 많아졌다. 가령 기업은 알고리즘을 이용하여 고객의 데이터를 분석하고 이를 바탕으로 개별적인 맞춤형 마케팅 전략을 수립할 수 있다. 이를 통해 기업은 고객의 구매 의사결정을 도와주는 서비스를 제공하고, 이를 통해 기업의 판매 실적을 높일 수 있다.

③금융 서비스: 금융 서비스에서는 투자 및 Risk 관리를 위한 알고리즘이 사용된다. 이를 통해 투자 전략을 세우고, Risk를 최소화할 수 있다. 금융 서비스와 알고리즘은 깊게 연관된 분야이다. 알고리즘은 금융 서비스의 많은 영역에서 활용된다. 대표적인 예로 자동화된 투자 서비스인 로보어드바이저가 있다. 로보어드바이저는 기존에는 전문가가 수행했던 자산 배분, Rebalancing, 성과 분석 등의 작업을 알고리즘을 통해 자동화하여 투자자에게 안정적인 수익을 제공한다. 또한 금융영역에서는 큰 규모의 데이터를 다뤄야 한다. 이를 효과적으로 분석하고 활용하기 위해 알고리즘을 사용한다. 가령 금융기관에서는 대출 승인 여부 결정에 알고리즘을 사용하여 대출 가능성이 높은 고객을 신속하게 판별하고 대출 승인을 더욱 효율적으로 처리할 수 있다. 최근에는 블록체인기술이 금융서비스 분야에서 큰 역할을 하고 있다. 블록체인 기술은 암호 화폐 거래에 주로 사용되었지만, 금융서비스 분야에서는 블록체인기술을 활용하여 거래의 안전성과 신뢰성을 높일 수 있다. 이를 위해 다양한 알고리즘을 사용하여 블록체인 네트워크를 유지하고 관리해야 한다. 따라서 금융 서비스와 알고리즘은 서로 밀접하게 연관되어 있으며, 알고리즘을 통해 금융 서비스의 효율성과 안정성을 높일 수 있다. 향후 금융기관에서는 더욱 많은 알고리즘 기술을 도입하여 고객에게 안정적이고 효율적인 서비스의 제공이 예상된다.

④고객 서비스: 고객 서비스에서는 고객 데이터 분석 알고리즘이 사용된다. 이를 통해 고객 만족도를 높이고, 서비스 품질을 개선할 수 있다. 알고리즘을 적

절히 활용하면 제품이나 서비스의 품질을 개선하고, 생산성을 높일 수 있다. 또한 소비자들의 요구에 맞는 제품이나 서비스를 만들어서 경쟁력을 확보할 수 있다. 따라서 가치 창출을 위해서는 적절한 알고리즘을 사용하는 것이 중요하다. 고객 서비스와 알고리즘은 상호보완적인 관계를 갖는다. 알고리즘은 고객 서비스 분야에서 자동화된 작업을 수행하는 데 매우 유용하며, 고객이 더 나은 서비스를 받을 수 있도록 돕는다. 예를 들면, 대규모 고객 서비스 센터에서는 고객 문의를 빠르게 처리하고 해결하기 위해 자동응답시스템이 도입되고 있다. 자동응답시스템은 알고리즘을 사용하여 고객 문의를 분석하고 최적의 대응 방법을 제공한다. 또한 알고리즘을 사용하여 이메일, 문자메시지, SNS 등 다양한 채널을 통해 고객과의 소통을 자동화할 수 있다. 이를 통해 고객은 빠르고 정확한 서비스를 받을 수 있으며, 기업은 인력과 비용을 절감할 수 있다. 또한 알고리즘은 고객의 선호도와 행동 패턴을 분석하여 개인 맞춤형 서비스를 제공하는 데도 활용된다. 이를테면 온라인 쇼핑몰에서 고객이 검색한 상품과 구매한 상품을 분석하여 알고리즘을 적용하면, 해당 고객에게 관련 상품을 추천할 수 있다. 이를 통해 고객은 편리하고 맞춤형 서비스를 받을 수 있으며, 기업은 고객 만족도를 높일 수 있다. 따라서 알고리즘은 고객 서비스 분야에서 매우 유용하게 사용될 수 있으며, 기업은 알고리즘 기술을 적극적으로 활용하여 고객 서비스의 효율성과 품질을 높일 수 있다.

　이처럼 알고리즘은 가치 창출에 중요한 역할을 한다. 알고리즘은 문제해결을 넘어 가치를 창출하기 위한 절차나 방법을 나타낸다. 이를 통해 제품이나 서비스의 효율성을 높이고, 품질을 개선할 수 있다. 예를 들면 온라인 쇼핑몰에서는 추천 알고리즘을 사용하여 고객들이 원하는 상품을 빠르게 찾을 수 있도록 도와준다. 이를 통해 고객들의 만족도를 높일 수 있고, 쇼핑몰의 매출을 증가시킬 수 있다. 또한 제조업 분야에서는 생산 line의 최적화를 위해 알고리즘이 사용된다. 가령 자동차 생산 공정에서는 최적화 알고리즘을 사용하여 생산 line의 효율성을 높이고, 제품의 품질을 개선할 수 있다. 알고리즘은 가치 창출을 위한 핵심기술 중 하나이며, 다양한 분야에서 사용된다. 적절한 알고리즘을 사용하면 제품이나 서비스의 품질을 개선하고, 생산성을 높일 수 있다.

오늘날 공·사를 막론하고 비즈니스를 둘러싼 불확실성이 갈수록 커가고 있다. 비즈니스와 미래 예측 알고리즘은 매우 밀접한 관련이 있다. 미래 예측 알고리즘은 비즈니스 환경에서 수집된 데이터를 분석하여 미래 동향과 트렌드를 예측하는 데 사용된다. 이를 통해 기업은 전략적 의사결정을 내리고 비즈니스 성과를 향상할 수 있다. 비즈니스는 불확실한 환경에서 경영 및 전략 결정을 내리는 과정을 포함하며, 이는 미래에 대한 추정과 예측이 필요하다. 미래 예측 알고리즘은 비즈니스에서 수집된 데이터 및 외부 요인을 분석하여 미래 동향을 예측하고 의사결정에 도움을 주는 데 사용된다.

비즈니스에서 미래 예측 알고리즘을 활용하는 몇 가지 예시를 살펴보면 다음과 같다. 첫째, 수요 예측이다. 기업은 수요 예측 알고리즘을 사용하여 제품 또는 서비스의 수요 변동성을 예측할 수 있다. 이를 통해 생산 계획, 재고 관리, 마케팅 전략 등을 최적화하여 비용을 절감하고 고객 만족도를 높일 수 있다. 가령 시계열 예측 알고리즘을 사용하여 과거 판매 데이터를 분석하고 미래 수요를 예측하여 생산량을 조절하거나 재고를 관리할 수 있다.

둘째, 매출 예측이다. 매출 예측 알고리즘은 기업이 향후 매출을 예측하는 데 도움을 준다. 이를 통해 예산 편성, 판매 전략 수립, 수익성 분석 등을 수행할 수 있다. 특히, 마케팅 예측 알고리즘은 고객 행동과 마케팅 활동 사이의 관계를 분석하여 효과적인 마케팅 전략을 수립하는 데 도움을 준다. 이를 통해 비즈니스는 타겟 고객을 파악하고 마케팅 예산을 최적으로 할당하여 매출 증대와 고객 유치를 도모할 수 있다.

셋째, 위험 및 위기 예측이다. 비즈니스는 위험(Risk) 요소를 예측하고 예방하는 데 미래 예측 알고리즘을 활용할 수 있다. 예를 들어, 금융 기관은 사기 거래, 신용위험 등을 감지하기 위해 머신러닝 알고리즘을 사용하여 거래 패턴을 분석하고 이상을 감지할 수 있다. 또한 자연 및 사회적 재난과 위험에 대한 탐지와 예측에 다양한 알고리즘이 활용될 수 있다.

넷째, 고객 세분화(Segmentation)이다.: 고객데이터를 활용하여 미래 예측 알고리즘을 적용하면 고객 세분화를 수행할 수 있다. 비즈니스에서 고객을 다양한 그룹으로 분류하는 작업을 의미한다. 이는 고객들 간의 유사성을 파악하고, 각 그룹의 특성과 행동 패턴을 이해하여 개인화된 마케팅 전략을 수립하거나 서비스를 개선하는 데 도움을 준다. 즉, 고객 그룹별로 개인화된 마케팅 전략을 수립하고 고객 유치 및 충성도를 향상할 수 있다. 고객 세분화는 다양한 변수를 고려하여 수행할 수 있으며, 이를 위해 머신러닝 알고리즘을 활용하는 것이 효과적이다.

다섯째, 경쟁 분석이다. 미래 예측 알고리즘을 사용하여 시장의 경쟁 상황을 예측할 수 있다. 경쟁사의 행동, 시장 동향, 제품 출시 등을 예측하여 기업이 대응 전략을 세우고 경쟁 우위를 확보할 수 있다.

여섯째, 효율적인 자원관리이다. 미래 예측 알고리즘을 활용하여 자원 사용량, 생산량, 인력 등을 예측할 수 있다. 이를 통해 비즈니스 운영을 최적화하고 자원의 효율성을 높일 수 있다.

미래 예측 알고리즘은 비즈니스에 필수적인 도구로 활용된다. 미래 예측 알고리즘을 효과적으로 활용하기 위해서는 정확한 데이터의 수집과 전처리, 적합한 모델 선택, 모델 평가 등이 필요하다. 또한 예측 결과를 실제 비즈니스 환경에 적용하기 위해서는 도메인 지식과 전문가의 통찰력도 중요한 요소이다. 정확하고 신뢰할 수 있는 예측은 비즈니스의 성과를 향상하고 시장 변동성에의 대응을 위해 도움을 줄 수 있다. 그러나 예측은 불확실성을 내포하고 결과가 항상 정확하지는 않을 수 있으므로 도메인 지식과 전문가의 판단도 중요하다. 시계열 예측은 시간에 따라 변화하는 데이터의 향후 값을 예측하는 작업을 말한다. 이를 위해 사용되는 다양한 시계열 예측 알고리즘이 있다.

나. 시계열 예측 알고리즘

1) 선형회귀 모델: 선형회귀 모델은 시간에 따른 데이터의 선형 관계를 모델링하여 예측을 수행한다. 선형회귀 모델은 다양한 독립 변수를 사용하여 종속 변수를 예측하는데 적용될 수 있다. 선형회귀 모델은 입력변수와 출력변수 간의 선

형적인 관계를 모델링하는 알고리즘이다.

선형 회귀모델

선형회귀 모델은 미치 직선의 방정식을 찾는 것과 같음. 수학에서 직선의 방정식은 "y = ax + b" 형태로 표현됨. 여기서, y는 점수, x는 공부한 시간, a는 직선의 기울기, b는 y 절편을 나타냄. 선형회귀 모델은 주어진 공부한 시간과 실제 점수 데이터를 사용하여 최적의 기울기 a와 절편 b를 찾음. 이후, 어떤 학생이 주어진 공부한 시간에 대해 모델을 적용하면, 예측된 점수를 얻을 수 있음. 이를 통해 해당 학생의 실제 점수를 예측하는 데 도움이 됨. 달리 선형회귀 모델은 주어진 데이터를 기반으로 선형함수의 매개변수를 추정하여 입력변수와 출력변수 간의 관계를 모델링하는 알고리즘으로 주어진 데이터를 기반으로 최적의 직선을 찾아내는 것이 목표임. 선형회귀 모델의 알고리즘은 주로 최소제곱법(Least Squares)을 사용함. 이는 데이터의 잔차(실제 값과 예측 값의 차이)를 최소화하는 매개변수를 찾는 것을 목표로 함. 일반적으로, 선형회귀 모델은 경사하강법(Gradient Descent)이나 정규 방정식(Normal Equation)을 사용하여 최적의 매개변수를 찾음. 선형회귀 모델은 다음과 같은 형태의 선형함수를 사용함.

$$y = b + w_1 * x_1 + w_2 * x_2 + … + w_n * x_n$$

여기서, y는 출력변수, x_1, x_2, …, x_n은 입력변수, w_1, w_2, …, w_n은 각 입력변수에 대한 가중치, b는 y 절편을 나타냄. 주어진 입력변수와 출력변수의 데이터를 사용하여, 최소제곱법을 통해 가중치 w와 절편 b를 추정함. 선형회귀 모델은 입력변수와 출력변수 사이의 선형관계를 가정하며, 이를 통해 주어진 입력값에 대한 출력값을 예측할 수 있음. 이 모델은 간단하고 해석하기 쉬우며, 많은 경우에 효과적으로 사용됨. 선형회귀 모델은 수학적인 방법을 사용하여 데이터의 패턴을 분석하고, 주어진 입력값에 대한 출력값을 예측하는 데 사용됨. 이를 통해 우리는 어떤 변수가 다른 변수에 어떤 영향을 미치는지 이해하고, 미래값을 예측하는 데 도움을 줄 수 있음.

선형회귀 모델은 다음과 같이 비즈니스 분야에서 다양한 가치를 창출할 수 있다.

①예측: 선형회귀 모델은 과거 데이터를 기반으로 미래값을 예측하는 데에 사용될 수 있다. 가령 매출 예측, 수요 예측, 재고 관리 등과 같은 비즈니스 분야

에서 선형회귀 모델은 정확한 예측과 효율적인 자원 관리에 도움을 줄 수 있다.

②효과 분석: 선형회귀 모델은 입력변수와 출력변수 간 관계를 분석하는 데에 사용될 수 있다. 이를 통해 특정 변수가 비즈니스 성과에 어떤 영향을 미치는지, 어떤 변수들이 중요한지 등을 파악할 수 있다. 이러한 분석 결과를 토대로 비즈니스 전략 및 의사결정을 수립할 수 있다.

③상관관계 파악: 선형회귀 모델은 변수 간 상관관계를 분석하는 데에도 사용될 수 있다. 예를 들어 마케팅 데이터에서 광고 비용과 매출 간의 관계를 파악하거나 제품 특성과 고객 만족도 간의 관계를 분석할 수 있다. 이를 통해 비즈니스에서 효과적인 전략 수립이 가능하다.

④이상 탐지: 선형회귀 모델은 정상적인 패턴과의 차이를 검출하여 이상 값을 탐지하는 데에도 사용될 수 있다. 이를 통해 사기 탐지, 품질 이상 감지, 잠재적인 위험 요인 식별 등과 같은 비즈니스 상황에서 유용하게 활용할 수 있다. 선형회귀 모델은 입력변수와 출력변수 간의 선형적 관계를 모델링하므로, 데이터가 선형적인 패턴을 따를 때 가장 효과적이다. 비즈니스 분야에서 선형회귀 모델은 예측, 분석, 상관관계 파악, 이상 탐지 등 다양한 가치를 창출할 수 있으며, 효율적인 의사결정과 전략 수립에 공헌할 수 있다.

2) ARIMA(AutoRegressive Integrated Moving Average): ARIMA는 자기회귀(AutoRegressive), 누적 이동평균(Moving Average), 차분(Differencing)의 세 가지 개념을 조합한 모델이다. ARIMA 모델은 시계열 데이터의 경향성, 계절성 등을 고려하여 예측을 수행한다. ARIMA(AutoRegressive Integrated Moving Average)는 예측하는 데에 유용하다.

ARIMA(AutoRegressive Integrated Moving Average) 모델

ARIMA(자동 회귀 누적 이동평균) 모델은 시계열 데이터에서 추세(Trend), 계절성 (Seasonality), 그리고 잔차(Randomness)를 모델링하기 위한 알고리즘임. ARIMA 모델은 시계열 데이터의 자기 상관성을 활용하여 다음 값을 예측하는 데 사용됨. ARIMA 모델은 세 가지 주요 요소로 구성됨.

- AR(AutoRegressive): 자동회귀 부분은 이전 시점의 데이터와 현재 시점의 데이터 사이의 관계를 나타냄. 이전 시점의 오차를 고려하여 현재 시점의 값을 예측하는 데 사용됨. AR 모델의 차수는 이전 시점의 개수를 나타내며, 각 시점의 가중치를 결정함.
- I(Integrated): 적분 부분은 시계열 데이터의 차분(Differencing)을 의미함. 데이터가 비정상적인 경우, 차분을 통해 정상 시계열로 변환하여 모델링함. 이는 데이터의 추세나 계절성을 제거하여 예측을 수행하는 데 도움을 줌.
- MA(Moving Average): 이동평균 부분은 이전 시점의 오차와 현재 시점의 오차 사이의 관계를 나타냄. 이전 시점의 오차를 고려하여 현재 시점의 값을 예측하는 데 사용됨. MA 모델의 차수는 이전 시점에서 오차의 개수를 나타내며, 각 시점의 가중치를 결정함. ARIMA 모델은 이러한 세 가지 요소를 조합하여 시계열 데이터의 패턴과 특성을 모델링하고 예측함. 모델의 차수(AR, I, MA의 차수)는 데이터의 특성에 맞게 선택되며, 최적의 모델은 AIC(Akaike Information Criterion)이나 BIC(Bayesian Information Criterion)과 같은 정보 기준을 사용하여 선택됨. ARIMA 모델은 시계열 데이터 예측, 장기 및 단기 예측, 이상치(異狀置) 탐지 등에 널리 사용됨. ARIMA 모델은 시계열 데이터의 추세, 계절성, 예측 오차 등을 고려하여 데이터의 패턴을 잘 파악하고 예측할 수 있음. 이 모델은 다양한 시계열 데이터 분석과 예측에 널리 사용되며, 경제, 금융, 기상, 주식 등 다양한 분야에서 활용됨.

시계열 데이터 분석에 사용되는 모델로, 과거의 데이터 패턴을 기반으로 미래값을 ARIMA 모델은 비즈니스 분야에서 다양한 가치를 창출할 수 있다. ARIMA 모델은 시계열 데이터의 변동 패턴을 분석하고 예측하는 데에 유용한 도구이다. 이를 통해 비즈니스 분야에서 수요 예측, 매출 예측, 리소스 계획, 성능 모니터링 등 다양한 가치를 창출할 수 있으며, 효율적인 의사 결정과 비즈니스 전략 수립에 이바지할 수 있다.

①수요 예측: ARIMA 모델은 시계열 데이터를 분석하여 수요의 향후 변동을 예측하는 데에 사용될 수 있다. 가령, 제품 판매량, 고객 수, 재고 수준 등과 같은 수요 예측을 통해 효율적인 자원 관리, 생산 계획 수립, 재고 최적화 등을 실현할 수 있다.

②매출 예측: ARIMA 모델은 매출 패턴의 변동을 예측하는 데에도 활용될 수 있다. 이를 통해 매출 목표 설정, 마케팅 전략 수립, 수익 최적화 등을 지원할 수 있다.

③리소스 계획: ARIMA 모델을 활용하여 리소스의 향후 요구를 예측할 수 있다. 예를 들어, 인력, 원자재, 에너지 등과 같은 리소스의 사용량을 예측하여 효율적인 운영 및 비용 관리를 도모할 수 있다.

④성능 모니터링: ARIMA 모델은 시계열 데이터의 변동을 모니터링하고 이상치를 탐지하는 데에도 사용될 수 있다. 비즈니스 환경에서 성능 지표 모니터링, 품질 관리, 잠재적인 문제 식별 등에 활용될 수 있다.

3) LSTM(Long Short-Term Memory): LSTM은 장기 의존성을 모델링할 수 있는 장기 기억을 가진 순환 신경망(RNN)의 한 유형이다. LSTM은 시계열 데이터의 긴 의존성을 학습하고 예측하는 데 효과적이다. LSTM(Long Short-Term Memory)은 순환 신경망(RNN)의 한 종류로, 시계열 데이터나 순차적인 데이터의 처리에 특화된 알고리즘으로 장기 의존성 문제를 해결하고 긴 시퀀스 데이터에서 중요한 정보를 유지하는 능력을 갖추고 있다. 특히, LSTM은 비즈니스 분야에서 다양한 가치를 창출할 수 있다.

①시계열 예측: LSTM은 시계열 데이터의 패턴을 학습하고, 과거 데이터를 기반으로 미래값을 예측하는 데 사용될 수 있다. 이는 매출 예측, 재고 관리, 수요 예측 등과 같은 비즈니스 영역에서 유용하게 활용될 수 있다.

②자연어 처리: LSTM은 텍스트 데이터의 순차적인 특성을 이해하고, 문장의 의미를 파악하는 데에 활용될 수 있다. 이를 통해 텍스트 분류, 감성 분석, 기계번역, 질의응답 시스템 등과 같은 자연어 처리 작업에서 성능을 향상할 수 있다.

③이상 탐지: LSTM은 비정상적인 패턴을 감지하고 이상을 탐지하는 데에 사용될 수 있다. 예를 들면 금융 거래 데이터에서 사기 거래를 탐지하거나, 제조 공정 데이터에서 이상 상태를 감지하는 등의 비즈니스 상황에서 유용하게 활용될 수 있다.

④추천 시스템: LSTM은 사용자의 이전 행동 패턴을 학습하고, 해당 사용자에게 맞춤형 추천을 제공하는 데에 활용될 수 있다. 이를 통해 개인화된 제품 추천, 콘텐츠 추천, 마케팅 캠페인 Targeting 등과 같은 비즈니스 분야에서 사용자 경험을 향상할 수 있다.

⑤LSTM은 다양한 비즈니스 분야에서 시계열 데이터와 순차적인 데이터의 처리에 활용될 수 있으며, 예측, 분류, 감지, 추천 등 다양한 가치를 창출할 수 있다.

LSTM(Long Short-Term Memory)

LSTM(Long Short-Term Memory)은 순환 신경망(Recurrent Neural Network, RNN)의 한 종류로, 시계열 데이터와 순차적인 데이터를 처리하고 예측하는 데 사용되는 신경망 모델임. LSTM은 RNN의 단점 중 하나인 기울기 소실 문제(Vanishing Gradient Problem)를 해결하면서 더 긴 기간의 의존성을 학습할 수 있는 능력을 갖추고 있음.
LSTM은 RNN의 일반적인 문제인 장기 의존성 문제를 해결하기 위해 제안되었음. RNN은 이전 시간 단계의 정보를 현재 단계에 전달하는 방식으로 동작하지만, 시퀀스가 길어질수록 이전 정보의 영향력이 희석되는 일종의 장기 의존성 문제임. 이러한 문제를 해결하기 위해 LSTM은 게이트 메커니즘을 도입했음.[3] 게이트는 현재 입력에 대한 중요한 정보를 보존하거나 제거함으로써 장기 의존성을 유지하면서도 불필요한 정보를 걸러내는 역할을 함. LSTM은 입력 게이트, 삭제 게이트, 출력 게이트 등의 게이트를 사용하여 중요한 정보를 저장하고

---

[3] LSTM은 기본적으로 셀(Cell)이라고 불리는 메모리 유닛을 갖고 있음. 셀은 정보를 저장하고 입력 데이터와 상호작용하며, 게이트(Gate)라고 불리는 구조를 통해 정보의 흐름을 제어함. LSTM은 기억하고 있는 정보를 유지하거나 버리는 능력을 갖추고 있어, 긴 시퀀스에서 이전 정보를 오랫동안 기억하면서 학습할 수 있음.

이를 다음 단계로 전달함.[4] 달리 말해 LSTM은 시퀀스 데이터의 장기 의존성을 효과적으로 처리하기 위해 장기 기억 셀(Long-Term Memory Cell)과 단기 기억 셀(Short-Term Memory Cell)을 사용함. 장기 기억 셀은 시퀀스 데이터의 장기적인 의미를 기억하고, 단기 기억 셀은 현재의 입력과 관련된 정보를 임시로 저장함. 이러한 기억 셀들은 게이트 메커니즘을 사용하여 정보의 흐름을 제어하고, 학습을 통해 최적의 가중치를 조정하여 의미 있는 출력을 생성함.

LSTM은 자연어 처리, 음성인식, 기계번역 등 다양한 분야에서 활용되며, 특히 시퀀스 데이터의 장기적인 의미를 파악해야 하는 경우, 유용하게 사용됨. LSTM은 기존의 RNN보다 긴 시퀀스에 대한 학습 능력이 탁월하며, 많은 양의 데이터로 훈련되어 더 정확한 예측과 분류를 수행할 수 있음.

4) Prophet: Prophet은 Facebook에서 개발한 시계열 예측 알고리즘으로, 계절성, 휴일, 트렌드 등을 고려하여 예측을 수행한다. Prophet은 비교적 간단하게 사용할 수 있으며, 데이터의 특성을 자동으로 파악하여 예측 모델을 생성한다.

Prophet

Prophet은 Facebook에서 개발한 시계열 예측 라이브러리임. Prophet은 간편한 사용법과 높은 예측성능으로 알려져 있으며, 비즈니스 분석가나 데이터 과학자들이 시계열 데이터를 예측하고 분석하는 데에 자주 사용됨. Prophet은 시계열 데이터의 특성을 고려하여 트렌드(Trend), 계절성(Seasonality), 휴일(Holiday) 등의 요소를 모델링 함. ①트렌드(Trend)는 데이터의 긴 기간 동안 전반적인 방향성을 나타내며 선형 또는 비선형함수로 모델링될 수 있음. ②계절성(Seasonality)으로, 주기적인 패턴이 있는 데이터의 변동성을 설명함. 계절성은 연간, 월간 또는 주간 패턴으로 모델링될 수 있음. ③휴일(Holiday)이라는 이벤트 효과를 고려하여 데이터를 모델링함. Prophet은 대규모의 시계열 데이터세트에서도 효과적으로 작동하며, 일반적인 시계열 예측 방법들보다 더욱 유연하고 정확한 예측을 제공함. 또한

4] LSTM은 기억(메모리) 셀과 입력 게이트, 출력 게이트, 삭제 게이트라는 3개의 게이트로 구성됨. 입력 게이트는 현재 입력을 얼마나 저장할지를 제어하고, 삭제 게이트는 얼마나 이전 기억을 잊을지를 제어하며, 출력 게이트는 현재 입력과 기억을 얼마나 출력할지를 제어함.

Prophet은 결측치 처리에 우수한 성능을 보여줌. Prophet은 Python으로 구현되어 있으며, Facebook에서 Open Source로 공개되었음. 사용자는 Prophet을 설치하여 간단한 코드로 시계열 데이터의 예측을 수행할 수 있음. 이를 통해 비즈니스에서 시계열 데이터를 다양하게 활용할 수 있으며, 예측 결과를 기반으로 의사결정을 내릴 수 있음.

5) SARIMA(Seasonal ARIMA): SARIMA는 ARIMA 모델을 계절성을 가진 시계열 데이터에 적용한 확장된 모델이다. SARIMA는 계절성 패턴을 분석하여 미래 값을 예측하는 데 사용된다.

SARIMA

ARIMA(AutoRegressive Integrated Moving Average) 모델의 확장판으로, 시계열 데이터에서 계절성 요소를 고려한 예측을 수행하는 모델임. SARIMA는 데이터의 계절성 패턴을 모델링하기 위해 AR, MA 및 차분(differencing)의 개념을 확장시켰음. SARIMA 모델은 일반적인 ARIMA 모델과 유사한 구조를 가지며, 추가적으로 계절적인 구성 요소를 포함함. SARIMA 모델은 계절성 차분 및 계절성 AR 및 MA 항을 포함하여 데이터의 계절성을 캡처함. 일반적으로 ARIMA(p, d, q) 모델에서 p는 자기회귀(ar) 항의 차수, d는 차분(differencing)의 차수, q는 이동평균(ma) 항의 차수를 나타내지만, SARIMA(p, d, q)(P, D, Q, s) 모델에서는 추가적으로 계절성(ar) 항의 차수 P, 계절성 차분의 차수 D, 계절성 이동평균(ma) 항의 차수 Q, 그리고 계절성 주기 s가 포함됨. SARIMA 모델은 계절성 패턴이 있는 데이터를 예측하기 위해 주로 사용됨. 계절성이 있는 데이터는 특정 주기에 따라 반복되는 패턴을 보이는 경우로, 예를 들어 월간 판매 데이터나 분기별 수익 데이터 등이 해당함. SARIMA 모델은 이러한 계절성 패턴을 적절하게 모델링하여 예측을 수행함. SARIMA 모델은 R과 Python의 statsmodels 패키지에서 제공되며, 시계열 데이터 분석 및 예측에 널리 사용됨. SARIMA 모델을 사용하면 계절성을 고려하여 더 정확한 예측을 수행할 수 있으며, 비즈니스에서 시계열 데이터의 예측 문제를 해결하는 데에 유용함.

또한 SARIMA 모델을 사용하여 시계열 데이터를 예측하면 다음과 같은 비즈니스 가치를 얻을 수 있다.

①수요 예측: SARIMA 모델은 과거 패턴을 기반으로 미래 수요를 예측할 수 있다. 이를 통해 비즈니스는 제품 또는 서비스의 수요 예측을 수행하고, 적절한 재고 관리, 운영 계획, 생산 계획 등을 수립할 수 있다. 이는 비즈니스의 효율성을 향상하고 비용을 절감할 수 있는 데 도움을 준다.

②매출 예측: SARIMA 모델을 사용하여 매출을 예측하면 매출 흐름을 파악할 수 있다. 이는 비즈니스의 재무관리, 수익 계획, 마케팅 전략 등을 수립하는 데 도움을 줄 수 있다. 매출 예측을 통해 수익을 극대화하고 비즈니스 성과를 개선할 수 있다.

③운영 계획: SARIMA 모델을 사용하여 운영 데이터를 예측하면 비즈니스 운영에 대한 통찰력을 얻을 수 있다. 가령 트래픽 데이터를 예측하여 서버 용량을 적절하게 조정하거나 생산량을 조정하여 공급망을 최적화할 수 있다. 이를 통해 비즈니스의 운영 효율성을 향상할 수 있다.

④리소스 계획: SARIMA 모델은 리소스 사용량을 예측하는 데에도 활용될 수 있다. 가령 전력 사용량을 예측하여 에너지 관리를 최적화하거나, 인력 수요를 예측하여 적절한 인력 관리와 스케줄링을 수행할 수 있다.

다. 생성형 알고리즘

가치 창출을 지향하는 생성형 알고리즘은 주어진 데이터나 조건에 기반하여 새로운 가치를 창출하거나 창조하는 알고리즘이다. 이러한 알고리즘은 문제해결은 물론 혁신적인 아이디어를 발굴하고, 새로운 패턴이나 구조를 생성하는 데에 활용된다. 또한 생성형 인공지능 모델은 비즈니스에서 다양한 가치를 창출하는 데 활용될 수 있다. 이러한 모델은 데이터를 기반으로 새로운 콘텐츠, 디자인, 추천, 예측 등을 생성하거나 개선할 수 있다.

①콘텐츠 생성: 생성형 인공지능 모델을 사용하여 글, 이미지, 음악, 비디오 등의 콘텐츠를 자동으로 생성할 수 있다. 이를 통해 비즈니스는 대량의 콘텐츠를

신속하게 생성하고, 마케팅, 광고, 소셜 미디어 등에서 활용할 수 있다.

②디자인 개선: 생성형 인공지능 모델은 제품, 웹사이트, 앱 등의 디자인을 개선하는 데에도 활용될 수 있다. 예를 들어, 이미지 생성 모델을 사용하여 제품 디자인의 다양한 변형을 생성하거나 자동으로 레이아웃을 조정하여 사용자 경험을 개선할 수 있다.

③추천 시스템: 생성형 인공지능 모델은 개인화된 추천 시스템을 구축하는 데에도 사용될 수 있다. 사용자의 선호도와 행동 패턴을 분석하여 상품, 콘텐츠, 서비스 등을 추천하고, 이를 통해 고객 경험을 개선하고 매출을 증가시킬 수 있다.

④예측과 시나리오 분석: 생성형 인공지능 모델을 사용하여 비즈니스의 미래 예측과 시나리오 분석을 수행할 수 있다. 예를 들어, 경제 모델링을 통해 수요와 공급의 변동성을 예측하거나 시뮬레이션을 통해 다양한 비즈니스 전략의 결과를 예측하여 의사결정을 지원할 수 있다. 이처럼 생성형 인공지능 모델은 비즈니스에 다양한 가치를 창출할 수 있는데, 이는 비즈니스의 효율성을 향상하고 고객 경험을 개선하는 데 도움을 줄 수 있다. 또한 새로운 아이디어와 창의적인 솔루션을 제공하여 비즈니스 혁신을 이끌 수 있다. 생성형 알고리즘과 모델을 통해 다양한 창조적인 결과물을 자동으로 생성하고 발전시킬 수 있으며, 비즈니스 분야에서도 창의적인 솔루션을 찾는 데에 활용될 수 있다. 일부 예시로는 다음과 같은 생성형 알고리즘이 있다.

1) 생성적 적대 신경망(GAN, Generative Adversarial Network): 2014년에 Ian Goodfellow와 그의 동료들에 의해 제안되었으며, 이미지, 음악, 문장 등의 다양한 종류의 데이터를 생성하는 데 사용된 GAN은 두 개의 신경망인 생성자와 판별자를 경쟁시켜 새로운 데이터를 생성한다. 생성자는 기존 데이터와 유사한 새로운 데이터를 생성하고, 판별자는 생성된 데이터와 실제 데이터를 구분하려고 한다. GAN은 이미지, 음악, 텍스트 등 다양한 도메인에서 창의적인 콘텐츠 생성에 사용된다.

생성적 적대 신경망(GAN, Generative Adversarial Network)

생성적 적대 신경망(GAN, Generative Adversarial Network)은 딥러닝 기반의 생성 모델 중 하나로, 생성자(Generator)와 판별자(Discriminator)라는 두 개의 신경망을 경쟁시켜 원하는 결과물을 생성하는 기법임.

■ 생성자(Generator): 생성자는 랜덤한 입력 데이터로부터 실제 데이터와 유사한 결과물을 생성하는 역할을 함. 초기에는 무작위의 노이즈를 입력으로 받아 결과물을 생성하며, 학습을 거치면서 점차로 더 현실적인 결과물을 생성하게 됨.

■ 판별자(Discriminator): 판별자는 생성자가 생성한 결과물과 실제 데이터를 구분하는 역할을 함. 생성자가 생성한 결과물과 실제 데이터를 구분하기 위해 이진 분류 문제로 학습됨. 판별자는 생성자가 생성한 결과물을 가짜로 판별하거나 실제 데이터를 진짜로 판별하도록 학습됨. GAN의 핵심 아이디어는 생성자와 판별자를 경쟁시키는 것임. 생성자는 실제 데이터와 구분하기 어려운 결과물을 생성하고, 판별자는 생성자의 결과물과 실제 데이터를 구분하기 위해 노력함. 이러한 경쟁 과정을 통해 생성자는 점차 더 실제와 유사한 결과물을 생성하게 되며, 판별자도 생성자의 결과물을 더 정확하게 판별할 수 있게 됨. GAN은 이미지 생성, 음악 작곡, 자연어 처리 등 다양한 분야에서 활용되며, 창의적인 결과물 생성에 기여하고 있음. 또한 생성자와 판별자를 상호보완적으로 학습시키는 과정을 통해 다양한 데이터 분포의 모델링이 가능하다는 특징을 가지고 있음.

생성적 적대 신경망(GAN, Generative Adversarial Network)은 비즈니스 영역에서 다양한 가치를 창출할 수 있다. 몇 가지 예시를 통해 GAN의 비즈니스 가치 창출에 대해 살펴보면 다음과 같다.

①이미지 및 비디오 생성: GAN은 이미지 및 비디오 생성에 매우 효과적이다. GAN을 사용하여 실제와 구분하기 어려운 가짜 이미지와 비디오를 생성할 수 있다. 이를 활용하여 예술, 광고, 디자인 등에서 새로운 시각적 콘텐츠를 생성하고 제공할 수 있다.

②제품 디자인 및 개발: GAN은 제품 디자인과 개발 분야에서도 활용될 수 있다. GAN을 사용하여 다양한 제품 디자인을 생성하고, 디자인 개선을 위한 피드백을 얻을 수 있다. 이를 통해 창의적인 제품 아이디어를 발견하고 비즈니스에

적용할 수 있다.

③데이터 증강 및 합성: GAN은 데이터 증강과 합성에도 유용하다. GAN을 사용하여 기존 데이터를 변형하거나 새로운 데이터를 합성할 수 있다. 이는 데이터 부족 상황에서 모델의 성능을 향상하고, 다양한 시나리오에 대한 학습을 강화하는 데 도움을 준다.

④가짜 데이터 생성과 시뮬레이션: GAN을 사용하여 가짜 데이터를 생성하고 시뮬레이션하는 것은 여러 분야에서 유용하다. 예를 들어, 자율주행 자동차의 시뮬레이션, 금융 거래의 모의실험, 의약품 개발의 가상 실험 등에서 GAN을 활용할 수 있다.

⑤개인화된 콘텐츠 제공: GAN을 사용하여 개인화된 콘텐츠를 제공할 수 있다. 사용자의 데이터와 기반한 GAN 모델을 사용하여 개인에게 맞춤형 콘텐츠를 생성하고 제공할 수 있다. 이는 개인화된 광고, 추천 시스템, 컨텐츠 생성 등에서 유용하게 활용될 수 있다. 이처럼 GAN은 다양한 비즈니스 영역에서 가치를 창출할 수 있는 다재다능한 알고리즘이다. 이미지 및 비디오 생성, 제품 디자인 및 개발, 데이터 증강 및 합성, 가짜 데이터 생성과 시뮬레이션, 개인화된 콘텐츠 제공 등 다양한 비즈니스 목적에 맞게 활용할 수 있다.

2) 변이형 오토인코더(VAE, Variational Autoencoder): VAE는 입력 데이터의 특징을 추출하고, 추출된 특징을 기반으로 새로운 데이터를 생성한다. VAE는 데이터의 잠재적인 분포를 학습하여 유사한 분포에서 샘플링하여 새로운 데이터를 생성한다. 예를 들어, VAE는 얼굴 이미지에서 얼굴 특징을 추출하고, 이를 기반으로 새로운 얼굴 이미지를 생성할 수 있다. 특히, 변이형 오토인코더(Variational Autoencoder, VAE)는 비즈니스 영역에서 다양한 가치를 창출할 수 있는 강력한 도구이다. VAE의 비즈니스 가치 창출에 대한 예시를 살펴보면 다음과 같다.

①데이터 생성과 증강: VAE는 잠재 변수를 통해 새로운 데이터를 생성할 수 있다. 이를 활용하여 기존 데이터의 다양성을 높이고, 새로운 시나리오나 상황에 대응할 수 있는 데이터를 생성할 수 있다. 가령, 의류 회사는 VAE를 사용하여 다

양한 스타일의 옷을 생성하고 고객들에게 제안할 수 있다.

②이상 탐지와 이상치 탐지: VAE는 정상적인 데이터의 분포를 학습하는 데 사용될 수 있다. 학습된 VAE를 사용하여 이상 탐지를 수행하거나 이상치를 식별할 수 있다. 이는 보안 분야에서 침입 탐지, 금융 분야에서 사기 탐지 등에 유용하게 활용될 수 있다.

③차원 축소와 시각화: VAE는 데이터의 차원 축소에도 사용될 수 있다. 잠재변수의 차원을 줄이는 것을 통해 데이터의 특징을 잘 요약할 수 있고, 시각화를 통해 데이터 패턴을 파악할 수 있다. 이를 활용하여 비즈니스 분석 및 의사결정을 지원할 수 있다.

④개인화된 추천 시스템: VAE는 사용자의 개인적인 취향을 학습하고 이를 기반으로 개인화된 추천을 제공하는 데 활용될 수 있다. 이를테면 음악 스트리밍 서비스는 VAE를 사용하여 사용자의 음악 취향을 학습하고, 해당 취향에 맞는 음악을 추천할 수 있다.

⑤데이터 임베딩과 유사도 계산: VAE는 데이터를 저차원의 잠재공간으로 Mapping 하는 데 사용될 수 있다. 이를 활용하여 데이터의 임베딩을 생성하고, 임베딩을 기반으로 데이터 간의 유사도를 계산할 수 있다. 이는 검색엔진, 콘텐츠 분석, 상품 추천 등에서 유용하게 활용될 수 있다. 이처럼 VAE는 다양한 비즈니스 영역에서 가치를 창출할 수 있는 다재다능한 알고리즘이다. 데이터 생성과 다양성 확보, 이상 탐지, 차원 축소, 개인화된 추천, 데이터 임베딩과 유사도 계산 등 다양한 비즈니스 목적에 맞게 활용할 수 있다.

변이형 오토인코더(VAE, Variational Autoencoder)

변이형 오토인코더(Variational Autoencoder, VAE)는 딥러닝 기반의 생성 모델 중 하나로, 데이터의 잠재 표현을 학습하고, 새로운 데이터를 생성하는 데에 사용됨. VAE는 오토인코더(Autoencoder)의 변형된 형태로, 데이터의 잠재 변수에 대한 확률 분포를 모델링하여 더 유연하고 다양한 데이터를 생성할 수 있음. VAE의 구성은 다음과 같음.

- 인코더(Encoder): 인코더는 입력 데이터를 저차원의 잠재 변수로 변환하는 역할을 함. 입력 데이터를 인코딩하여 잠재 변수의 평균과 분산을 추정하고, 이를 통해 잠재 변수의 확률 분포를 정의함.
- 디코더(Decoder): 디코더는 잠재 변수로부터 원본 입력 데이터를 복원하는 역할을 함. 잠재 변수를 디코딩하여 원본 입력 데이터의 확률 분포를 추정하고, 이를 통해 생성된 데이터를 생성함.
- 잠재 변수의 샘플링(Sampling): VAE는 잠재 변수의 확률 분포에서 샘플링을 수행하여 새로운 데이터를 생성함. 이를 통해 VAE는 입력 데이터의 분포를 학습하고, 새로운 데이터를 생성하는 데에 활용할 수 있음.

VAE의 핵심 아이디어는 잠재 변수의 확률 분포를 모델링하는 것임. VAE는 입력 데이터를 잠재 변수로 인코딩할 때, 잠재 변수의 평균과 분산을 추정하고, 이를 통해 잠재 변수의 확률 분포를 정의함. 이러한 확률 분포를 통해 잠재 변수의 샘플링을 수행하고, 디코더를 통해 새로운 데이터를 생성함. 이 과정에서 VAE는 입력 데이터의 분포를 학습하고, 잠재 변수의 다양한 표현을 학습할 수 있음. VAE는 데이터의 생성과 잠재 변수의 공간을 탐색하는 데에 활용됨. VAE를 사용하여 잠재 변수를 조작하면, 입력 데이터의 특징을 변화시키거나 새로운 데이터를 생성할 수 있음. 또한 VAE는 데이터의 차원 축소나 잠재 변수의 시각화에도 사용될 수 있음. VAE는 이미지 생성, 음악 생성, 자연어 처리 등 다양한 분야에서 창의적인 결과물을 생성하고 데이터의 특징을 학습하는 데에 활용됨.

3) 유전 프로그래밍(Genetic Programming): 유전 프로그래밍은 유전 알고리즘의 변형으로, 컴퓨터 프로그램을 진화시켜 새로운 솔루션을 찾는 기법이다. 프로그램의 구조와 동작을 유전자로 표현하고, 유전적 연산을 통해 최적의 프로그램을 생성한다.

유전 프로그래밍(Genetic Programming)

유전 프로그래밍(Genetic Programming)은 컴퓨터 프로그램을 진화시켜 원하는 목표를 달성하는 최적의 프로그램을 생성하는 알고리즘임. 이를 위해 생물학에서의 유전적 원리를 모방하여 프로그램을 진화시키는 과정을 거침. 유전 프로그래밍은 다음과 같은 단계로 이루어짐.

①초기 모집단 생성: 랜덤하게 생성된 여러 개의 초기 프로그램을 모집단으로 구성함. 이 프로그램들은 각각 다른 솔루션을 나타냄.

②적합도 평가: 모집단의 각 프로그램에 대해 목표 함수를 사용하여 적합도를 평가함. 이 적합도는 프로그램이 목표를 얼마나 잘 달성하는지를 나타냄.

③선택과 복제: 적합도에 기반하여 일부 프로그램을 선택하고 복제함. 적합도가 높은 프로그램일수록 선택될 확률이 높아짐. 이를 통해 다음 세대에 좋은 프로그램들이 유전적으로 전달됨.

④돌연변이와 교차: 선택된 프로그램들에 대해 돌연변이와 교차 연산을 수행함. 돌연변이는 프로그램 일부를 변경하여 다양성을 유지하고, 교차는 두 개의 프로그램을 조합하여 새로운 프로그램을 생성함.

⑤새로운 세대 생성: 돌연변이와 교차를 통해 생성된 새로운 프로그램들을 모집단에 추가함. 이를 통해 다음 세대의 모집단이 형성됨.

⑥종료 조건 확인: 종료 조건을 확인하여 알고리즘을 종료하거나 계속해서 새로운 세대를 생성하는 과정을 반복함. 종료 조건은 보통 정해진 세대 수나 적합도 기준을 충족했을 때 등으로 정의됨. 유전 프로그래밍은 프로그램을 진화시키는 과정을 반복하면서 최적의 프로그램을 찾아내는 데 사용됨. 이를 통해 복잡한 문제를 해결하거나, 원하는 목표를 달성하는 프로그램을 생성할 수 있음. 유전 프로그래밍은 다양한 분야에서 활용되며, 최적화문제, 예측 및 패턴 인식, 창의적인 아이디어 생성 등 다양한 비즈니스 목적에 적용될 수 있음.

특히, 유전 프로그래밍(Genetic Programming)은 비즈니스 분야에서도 가치를 창출할 수 있다. 즉 컴퓨터 프로그램을 진화시켜 원하는 목표를 달성하는 최적의 프로그램을 생성하는 방법으로 다음과 같이 다양한 비즈니스 가치 창출이 가능하다.

①최적화문제 해결: 유전 프로그래밍은 비즈니스에서 발생하는 최적화문제를 해결하는 데 활용될 수 있다. 가령 제조 공정의 최적화, 자원 할당 문제, 비용 최소화 등과 같은 문제를 유전 프로그래밍을 통해 효과적으로 해결할 수 있다.

②예측 및 추천 시스템: 유전 프로그래밍은 예측 및 추천 시스템 개발에도 활용될 수 있다. 가령 고객의 구매패턴을 예측하고 개인화된 추천을 제공하는 시스템을 유전 프로그래밍을 통해 구축할 수 있다.

③자동화된 결정 시스템: 유전 프로그래밍을 사용하여 자동화된 결정 시스템

을 개발할 수 있다. 예를 들면 주식 투자의 자동화된 의사결정 시스템을 구축하여 최적의 투자 전략을 도출할 수 있다.

④데이터 마이닝 및 패턴 인식: 유전 프로그래밍은 데이터 마이닝 및 패턴 인식에도 활용될 수 있다. 대규모 데이터세트에서 특정 패턴을 탐지하고 분석하는데 유전 프로그래밍을 활용할 수 있다. 이를 통해 비즈니스에서 숨겨진 정보와 인사이트를 발견할 수 있다.

⑤창의적인 아이디어 생성: 유전 프로그래밍은 창의적인 아이디어를 생성하는 데에도 활용될 수 있다. 비즈니스에서 문제해결이나 혁신을 위해 유전 프로그래밍을 사용하여 새로운 아이디어를 발견하고, 이를 비즈니스에 적용할 수 있다. 이처럼 유전 프로그래밍은 다양한 비즈니스 분야에서 가치를 창출할 수 있는 강력한 알고리즘으로 최적화문제 해결, 예측 및 추천 시스템, 자동화된 결정 시스템, 데이터 마이닝 및 패턴 인식, 창의적인 아이디어 생성 등 다양한 비즈니스 목적에 맞게 유전 프로그래밍을 활용할 수 있다.

4) 생성적 플로우(Generative Flow): 생성적 플로우는 데이터 분포의 확률밀도 함수를 학습하여, 해당 분포에서의 샘플링을 통해 새로운 콘텐츠를 생성하는 방식이다. 생성적 플로우 모델은 데이터를 변환하는 데 사용되는 플로우 모델(flow model)을 학습하고, 이를 통해 샘플을 생성할 수 있다. 즉 데이터의 생성, 변형, 보간 등 다양한 활용 가능성을 제공하여 창의적인 활동을 도모하고 혁신을 이끌 수 있는 도구로 사용될 수 있다. 비즈니스에서는 생성적 플로우를 활용하여 다양한 영역에서 가치를 창출할 수 있다. 예를 들어, 새로운 제품 디자인, 비디오 게임 캐릭터 생성, 사진 및 비디오 편집, 텍스트 생성 등 다양한 콘텐츠 생성에 활용될 수 있다. 또한 생성적 플로우는 데이터의 차원 축소, 이상 탐지, 데이터 보강 등 다양한 데이터 전처리 작업에도 사용될 수 있다. 생성적 플로우는 데이터의 창의적 활용과 혁신을 도모하는 데 중요한 역할을 할 수 있으며, 비즈니스에서 새로운 가치를 창출하는데 유용한 도구가 될 수 있다.

생성적 플로우(Generative Flow)

생성적 플로우(Generative Flow)는 생성 모델링의 한 유형으로, 데이터 분포의 확률밀도 함수를 학습하여, 해당 분포에서의 샘플링을 통해 새로운 데이터를 생성하는 방식임. 생성적 플로우 모델은 데이터를 변환하는 데 사용되는 플로우 모델(flow model)을 학습하고, 이를 통해 샘플을 생성할 수 있음. 생성적 플로우 모델은 기본적으로 데이터를 낮은 차원의 잠재공간으로 변환하는 변환 함수를 학습함. 이 변환 함수는 데이터를 낮은 차원으로 압축하는 것과 동시에 원래 데이터를 보존하는 역할을 수행함. 예를 들어, 데이터의 차원 축소를 위해 유용한 특징(feature)을 추출하는 방법으로 사용될 수 있음.

생성적 플로우 모델은 잠재공간에서의 샘플링을 통해 원래 데이터의 분포를 모델링하는 것이 목표임. 이를 위해 변환 함수는 잠재공간에서 샘플을 원래 공간으로 복원하는 디코딩 과정을 수행함. 이렇게 디코딩된 샘플은 원래 데이터와 유사한 분포를 가지는 것으로 간주됨. 생성적 플로우 모델은 주로 확률 분포를 다루는 작업에 활용됨. 특히, 데이터 생성, 데이터 재구성, 이상치 탐지 등과 같은 작업에 유용함. 또한 생성적 플로우 모델은 데이터의 생성, 변형, 보간 등 다양한 활용 가능성을 제공하여 창의적인 활동을 도모하고 혁신을 이끌 수 있는 도구로 사용될 수 있음.

생성적 플로우는 딥러닝 기술을 기반으로 하며, 변환 함수는 보통 신경망으로 구성됨.변환 함수의 구조와 학습 알고리즘은 다양한 변형이 존재하며, 플로우 기반 모델링의 발전과 함께 생성적 플로우 모델의 성능과 효율성이 크게 향상되었음. 이를 통해 생성적 플로우 모델은 다양한 도메인에서 데이터 생성과 변형에 유용하게 활용되고 있음.

5) 신경망 언어모델(Neural Language Model): 신경망 언어모델은 텍스트 데이터에서 문장 또는 문서 수준의 콘텐츠를 생성하는 데 사용된다. 즉 자연어 처리 분야에서 사용되는 기술로, 텍스트 데이터의 언어적 구조와 의미를 이해하고 예측하는 데에 활용된다. 동 모델은 주로 딥러닝 기반의 인공신경망을 사용하여 구현되는 데 이전 단어들을 기반으로 다음 단어를 예측하고, 이를 반복하여 새로운 텍스트를 생성한다. 신경망 언어모델은 비즈니스에 다양한 가치를 창출할 수 있다. 몇 가지 예시를 살펴보면 다음과 같다.

①자동문서 생성: 신경망 언어모델은 주어진 텍스트 데이터를 기반으로 자동으로 문서를 생성할 수 있다. 이를 활용하여 비즈니스 문서, 보고서, 마케팅 콘텐츠 등을 빠르고 효율적으로 생성할 수 있다.

②개인화된 콘텐츠 추천: 신경망 언어모델은 사용자의 이전 텍스트 데이터를 학습하여 개인화된 콘텐츠 추천을 제공할 수 있다. 이를 통해 고객에게 관심 있는 콘텐츠를 제공하고, 사용자 경험을 개선할 수 있다.

③자연어 이해 및 대화 시스템: 신경망 언어모델은 자연어 이해(Natural Language Understanding)와 대화 시스템에 활용될 수 있다. 사용자의 입력을 이해하고, 적절한 응답을 생성하는 대화 시스템을 구현하여 고객 서비스나 챗봇 등에 활용할 수 있다.

④감성 분석: 신경망 언어모델은 텍스트 데이터의 감성을 분석하여 긍정적인 또는 부정적인 감성을 판별할 수 있다. 이를 활용하여 제품 또는 서비스의 고객 만족도를 분석하거나 소셜 미디어에서의 감성 분석을 수행할 수 있다.

⑤자동 번역: 신경망 언어모델은 기계번역에서도 활용될 수 있다. 다양한 언어 간의 번역을 자동으로 수행하여 글로벌 비즈니스에 도움을 줄 수 있다. 이처럼 신경망 언어모델은 텍스트 데이터를 효과적으로 다루고 처리하는 기능을 제공하여 비즈니스에 가치를 창출할 수 있다. 데이터를 기반으로 자연어 이해, 생성, 번역, 감성 분석 등 다양한 작업을 자동화하고 개인화된 서비스를 제공함으로써 비즈니스 성과를 향상할 수 있다.

신경망 언어모델(Neural Language Model)

신경망 언어모델(Neural Language Model)은 자연어 처리(Natural Language Processing) 분야에서 사용되는 기법 중 하나임. 이 모델은 주어진 텍스트 데이터를 학습하여 언어의 특징과 패턴을 학습하고, 새로운 텍스트를 생성하거나 이해하는 데 사용됨. 신경망 언어모델은 심층신경망(Deep Neural Network) 아키텍처를 기반으로 구성됨. 일반적으로 순환 신경망(Recurrent Neural Network, RNN)이나 변형된 형태의 순환 신경망인 LSTM(Long Short-Term Memory)이 주로 사용됨. 이러한 신경망은 텍스트의 시퀀스 특성을 잘 캡처할 수 있어 언어 모델링에 적합함.

신경망 언어모델은 단어나 문자와 같은 입력 시퀀스를 받아, 다음 단어를 예측하는 작업을 수행함. 이를 통해 모델은 언어의 문맥과 의미를 학습하고, 주어진 문장의 다음 단어를 생성하거나 문장을 완성하는 등의 작업을 수행할 수 있음. 신경망 언어모델은 다양한 자연어 처리 작업에 활용될 수 있음. 가령 기계번역, 자동 요약, 문장 생성, 질의응답 시스템, 감성 분석 등에서 사용될 수 있음. 또한 대화 시스템과 같이 사용자와의 자연스러운 대화를 구현하는 데 활용될 수 있음.

신경망 언어모델은 대량의 텍스트 데이터를 학습하여 언어의 특징을 파악하고, 이를 통해 다양한 자연어 처리 작업을 수행하는 데에 큰 도움을 줌. 최근에는 사전 학습된 언어모델인 GPT(Generative Pre-trained Transformer)과 BERT(Bidirectional Encoder Representations from Transformers)와 같은 모델들이 주목을 받고 있으며, 신경망 언어모델의 발전은 자연어 처리 분야의 발전과 혁신을 이끌고 있음.

참고문헌

- 정두희(2019), 「3년 후 AI 초 격차 시대가 온다」, 청림출판.
- 정영환(2022). AI가 도입된 컨택센터의 변화, 서울디지털재단·지디넷코리아 제1회 스마트시티 서울 포럼.

제5장

인공지능과 생활 - 비즈니스 혁신

1. 인공지능과 생활양식 변화와 혁신

2. 인공지능과 비즈니스 혁신

3. 인공지능기술과 공공(행정)비즈니스 혁신

제5장

인공지능과 생활 - 비즈니스 혁신

"모든 회사, 모든 개인, 모든 비즈니스는 언어 비즈니스이며, 언어의 흐름이 깊이 배어 있다. 따라서 기존 언어 Workflow에서 약간의 가치를 추가할 수 있다면, 그것은 매우 광범위하게 채택될 수 있을 것이다" - Greg Brockman(OPEN AI 공동창업자)

1. 인공지능과 생활양식 변화와 혁신

현재 삶에서 두드러진 위치를 차지하고 있는 기술 중 하나는 인공지능이다. 인공지능은 공상과학 소설 작가의 상상력의 산물이 아니다. 일상생활에서 미묘하게 자리 잡고 있다. 일기 예보 지원, Netflix에서 프로그램 추천, 스팸 이메일 필터링, Google에서 검색 예측 활성화, Apple의 Siri와 같은 음성인식에 이르기까지 모든 곳에서 널리 퍼져 있다. 특히, <그림>에서 보듯 지난 2012년 이후 10년간 인공지능분야에서 스릴 넘치고 다사다난한 여정이었다. 딥 러닝의 잠재력에 대한 탐구는 전자상거래의 추천 시스템부터 자율 주행 차량의 객체감지, 사실적 이미지에서 일관된 텍스트에 이르기까지 모든 것을 생성할 수 있는 생성 모델에 이르기까지 모든 것을 포함하는 분야의 폭발적 확산으로 바뀌었다.[1]

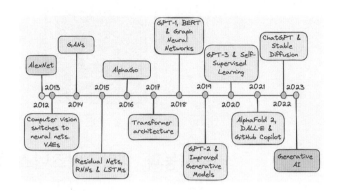

ChatGPT와 같은 생성 인공지능은 우리의 세상을 바꾸고 있다. Bill Gates는 인공지능(AI) 발전이 현재, "가장 중요한(Most Important)" 혁신이라고 역설했다. 실제로 인공지능기술은 우리가 알고 있는 사회를 재구성하고 있다. 실제적 위험과 부작용이 따르지만, 인간의 삶을 획기적으로 개선하기 위해 인류가 지금까지 개발한 가장 위대한 기술이다. 인공지능기술은 생활양식을 변화시키면서 혁신을 가져오고 있다. 변화와 혁신은 일상생활의 여러 측면에 영향을 미친다. 무엇보다 정보 접근과 소통 방식을 변화시키고 있다. 예전에는 정보를 얻기 위해 책이나 신문, 잡지 등의 인쇄 매체를 찾아야 했다. 하지만 인공지능을 통해 인터넷 검색엔진을 이용하여 필요한 정보를 쉽고 빠르게 얻을 수 있다. 또한 채팅 기반의 인공지능 애플리케이션을 통해 채팅 형식으로 정보를 요청하고 상호작용할 수 있다.

가. 인공지능이 생활양식에 미치는 영향과 고려 사항

인공지능은 PC, 인터넷, 스마트폰이 그랬던 것처럼 우리 삶을 변화시킬 혁명이다. 사람들이 배우고, 여행하고, 의료 서비스를 받고, 일하고, 소통하는 방식을 바꾸면서 일상생활에 광범위한 영향을 미치고 있다. 이른바 인간의 생활 방식을

---

1) https://towardsdatascience.com/ten－years－of－ai－in－review－85decdb2a540

혁신하고 변화시키는 데 중요한 역할을 한다. 첫째, 생활 편의성과 효율성을 높이

고 있다. 인공지능은 생활을 훨씬 편리하게 만들어준다. 가령 음성 비서를 통해 명령을 내리거나 질문을 하여 필요한 정보를 빠르게 얻을 수 있다. 스마트 홈 장치를 통해 조명, 난방, 보안 시스템 등을 손쉽게 제어할 수 있다. 인공지능은 선호도와 취향을 학습하여 맞춤형 추천 서비스를 제공하고 개인화된 경험을 제공한다. 다양한 기기와 서비스에서 인공지능 기술을 활용하여 요구와 선호도를 파악하고, 그에 맞춰 맞춤형 서비스를 제공한다. 이로써 시간과 노력을 절약하며 더욱 편안하고 효율적인 일상생활을 경험할 수 있다. 즉 인공지능은 취향과 관심사에 맞는 개인화된 서비스를 제공한다. 검색엔진이나 온라인 쇼핑 플랫폼에서는 이전 검색 기록과 구매 이력을 분석하여 관련성이 높은 추천을 제공한다. 이로써 더욱 효율적으로 정보를 얻고 원하는 제품을 찾을 수 있다.

또한 인공지능기술은 일상적 작업을 자동화하여 시간과 노력을 절약해준다. 가령 이메일 필터링 기능은 이메일을 스팸과 중요한 메시지로 자동으로 분류하여 주요 관심사에 집중할 수 있도록 도와주고 있다. 업무 자동화 도구를 사용하면 반복적이고 번거로운 작업을 컴퓨터가 처리해주므로 더 많은 시간을 창의적인 작업에 투자할 수 있다. 그리고 일상생활을 개인화하여 효율성을 극대화해준다. 검색엔진은 검색 기록과 관심사를 분석하여 각 사람에게 필요한 맞춤형 검색 결과를 제공한다. 이렇게 함으로써 원하는 정보를 빠르게 찾을 수 있고, 필요한 정보에 집중할 수 있다. 이 외에도 인공지능은 일상생활을 효율적으로 만들어 주는 장점을 갖고 있다.

둘째, 의료와 건강 증진을 돕는다. 인공지능은 의료 분야에서 중요한 역할을 하고 있다. 의료 영상을 분석하여 질병 진단을 도와주고, 의료 기록의 관리 및 분

석을 통해 예방과 치료를 지원한다. 또한 스마트폰 및 웨어러블 기기를 통해 건강 상태를 모니터링하고 개선할 수 있다. 다양한 인공지능 기술과 알고리즘을 활용하여 의료 진단, 예방, 치료, 건강 관리 등 다양한 측면에서 혜택을 제공하고 있다. 인공지능은 의료 진단과 검사에서 큰 도움을 준다. 가령 이미지 기반 진단 분야에서는 인공지능이 X-ray, MRI, CT 스캔 등의 영상을 분석하여 이상을 감지하고 질병을 진단할 수 있다. 또한 의료 데이터를 분석하여 암, 심장질환, 당뇨병 등의 질병 위험을 예측하는 기술도 개발되고 있다.

인공지능은 개인의 건강 상태를 모니터링하고 관리하는 데에도 활용된다. 스마트 웨어러블 기기와 센서를 통해 수집된 신체 신호 및 생체 데이터를 분석하여 개인의 건강 상태를 평가하고, 신체 활동 추적, 수면 모니터링, 식단 관리 등을 지원한다. 이를 통해 개인의 건강 상태를 예방적으로 관리하고, 질병의 조기 발견과 예방에도 도움을 준다. 이 외에도 인공지능은 의료 데이터의 분석과 연구에도 활용된다. 대량의 의료 데이터를 기반으로 인공지능 알고리즘은 질병 패턴 및 유전적 요인을 분석하고, 새로운 치료법과 의학적 지식을 발견하는 데에 활용된다. 이는 의료 연구의 속도와 효율성을 향상하며, 개인 맞춤형 치료와 의료 결정에도 도움을 준다. 하지만 의료와 건강 분야에서 인공지능을 적용할 때 몇 가지 고려 사항이 있다. 즉 의료 데이터의 안전성과 개인정보 보호를 최우선으로 고려해야 한다. 의료 기록 및 개인 건강 데이터는 민감한 정보이므로 이를 보호하기 위해 적절한 보안 및 개인정보 보호 정책이 필요하다. 그리고 인공지능기반 의사결정 과정에서의 투명성과 책임성이 중요하다. 즉 인공지능에 의한 의사결정 과정을 설명하고, 의사결정에 영향을 미치는 요소를 명확하게 알려야 한다.

셋째, 교육과 학습활동을 지원한다. 인공지능은 교육 분야에서 혁신을 가져오고 있다. 온라인 학습 플랫폼이 학생들에게 맞춤형 교육 경험을 제공한다. AI Tutor는 개인화된 학습 지원을 제공하여 학습 효과를 극대화한다. 또한 인공지능은 학습자의 지식을 평가하고 학습 경로를 개인별로 조정하여 최적의 학습 환경을 제공한다. 교육과 학습은 인공지능의 발전과 함께 혁신적 변화를 겪고 있다. 인공지능기반 교육과 학습은 개별 학습 지원, 맞춤형 교육, 학습 자료의 제공 등 다양한 방식으로 학습 경험을 개선하고 향상하는 데 도움을 준다. 인공지능은 개별 학습 지원을 위해 개별 학습자의 특성과 수준에 맞는 학습 자료를 제공하고 개인화된 학습 경로를 제시할 수 있다. 가령, 학습자의 진도와 이해도를 분석하여 학습자에게 최적화된 문제나 학습 자료를 제공하거나 학습자의 강점과 약점을 파악하여 개인별로 맞춤형 학습 계획을 제시할 수 있다.

또한 인공지능은 대량의 데이터를 기반으로 한 지식 추론과 자동화된 평가를 통해 학습자의 학습 수준을 평가할 수 있다. 학습자의 성취도를 실시간으로 모니터링하고, 개인별로 피드백을 제공하여 학습자의 이해도를 파악하고 효과적으로 지도할 수 있다. 인공지능은 학습자와의 상호작용을 통해 적응형 학습 환경을 구축할 수 있다. 학습자와의 대화를 통해 질문에 답하거나 문제를 해결하는 데 도움을 주는 가상 조교나 학습 도우미 기능을 수행할 수 있다. 이를 통해 학습자는 더욱 적극적으로 학습에 참여하고, 자신의 이해를 확인하며 지식을 구축할 수 있다. 하지만 인공지능을 교육과 학습에 적용할 때 몇 가지 고려해야 할 사항이 있다. 데이터의 신뢰성과 개인정보 보호를 중시해야 한다. 학습자 데이터의 수집과 활용하는 과정에서 개인정보 보호 및 데이터 관리에 대한 주의가 필요하다. 그리고 인공지능의 한계와 부정확성을 인지하고 이의 극복을 위한 방법을 고려해야 한다. 학습자와의 상호작용에서 발생할 수 있는 오류나 오해를 예방하고, 피드백 메커니즘을 통해 정확성과 효과성을 지속으로 개선해야 한다.

넷째, 교통과 자동화의 증진이다. 교통은 일상생활에서 매우 중요한 부분인데 인공지능은 교통 분야에서 큰 영향을 미친다. 가령 자율주행 자동차는 운전의 편의성과 안전성을 증대시키고 교통 혼잡을 감소시킬 수 있다. 인공지능은 교통 데이터를 분석하여 효율적인 교통 계획을 수립하고, 스마트 시티 시스템을 구축하는 데 도움을 준다. 인공지능과 자동화 기술은 교통의 효율성, 안전성, 환경 친화성 등을 향상하는 데 큰 도움을 주고 있다. 인공지능은 교통 데이터의 수집과 분석, 예측에 활용된다. 이를 통해 교통 혼잡 예측, 최적 경로 제공, 교통량 및 흐름 관리 등 다양한 기능을 수행할 수 있다. 가령, 실시간 교통 정보를 분석하여 Traffic 현황을 예측하고, 운전자에게 가장 효율적인 경로를 안내하는 서비스를 제공한다.

또한 자율주행 차량은 교통 분야에서 자동화 기술의 대표적 사례이다. 인공지능을 탑재한 자율주행 차량은 센서와 카메라를 통해 주변 환경을 인식하고, 실시간으로 판단과 제어를 수행하여 안전하게 운행할 수 있다. 이를 통해 운전자의 부담을 줄이고 교통사고의 위험을 감소시킬 수 있다. 또한 교통량과 흐름 관리 시스템도 인공지능과 자동화 기술을 활용하여 효율적으로 운영될 수 있다. 실시간 데이터의 수집과 분석을 통해 교통량을 예측하고, 신호 제어를 최적화하여 교통 혼잡을 완화하는 등의 기능을 수행할 수 있다. 이러한 인공지능과 자동화 기술은 교통 분야에서 효율성과 안전성을 향상하는 데 큰 도움을 주고 있다. 그러나 도입과 적용과정에서 여러 가지 고려해야 할 사항들이 존재한다. 데이터의 신뢰성과 개인정보 보호, 기술의 안정성과 신뢰성, 규제와 법적인 쟁점 등이 주요한 이슈 중 하나이다. 교통 분야에서 인공지능과 자동화 기술을 적용할 때 기술의 장점을 최대한 활용하면서도 관련된 문제들을 적절히 해결해야 한다. 이를 통해 교통 시스템의 효율성과 안전성을 향상할 수 있다.

다섯째, 언어 번역과 의사소통의 증진이다. 인공지능 기반의 언어 번역 기술은 의사소통의 장벽을 허물어 주는 역할을 한다. 이전에는 다른 언어를 사용하는 사람들과 대화하거나 문서를 번역하는 것이 어려웠다. 하지만 인공지능의 발전으로 이러한 어려움을 극복할 수 있게 되었다. 언어 번역기술은 기계번역(Machine Translation)이라고도 불리며, 입력된 텍스트나 음성을 다른 언어로 번역하는 작업을 수행한다. 인공지능 기반의 언어 번역은 기계학습과 자연어 처리 기술을 사용하여 문장의 구조와 의미를 이해하고, 번역 결과를 생성한다. 이러한 언어 번역기술은 다양한 형태로 활용된다. 일상적으로 번역 애플리케이션을 통해 실시간으로 대화하거나 웹사이트나 문서의 번역을 수행할 수 있다. 또한 국제적인 비즈니스 협업에서도 다양한 언어로 이루어진 회의나 이메일을 번역하여 의사소통의 효율성을 높여준다. 하지만 인공지능 기반의 언어 번역은 아직 완벽하지 않은 부분이 있다. 문맥에 따른 의미 파악이나 구어체 번역 등에 어려움이 있을 수 있으며, 문장의 뉘앙스나 문화적 차이를 정확히 전달하는 것도 도전적 과제이다. 따라서 사용자는 번역 결과를 검토하고, 필요에 따라 전문 번역가의 도움을 받는 것이 좋다.

이처럼 인공지능은 일상생활에 큰 영향을 미치며, 끊임없이 발전하고 혁신되고 있다. 그러나 동시에 개인정보 보호, 윤리적 고려, 인간 중심의 설계 등에 주의해야 한다. 이러한 관점에서 인공지능의 영향은 인간 삶을 더욱 풍요롭고 편리하게 해주는 동시에 지속적인 탐구와 협업이 필요한 분야임을 알 수 있다.

나. ChatGPT가 생활양식에 미치는 영향

ChatGPT는 인공지능 기술을 기반으로 한 대화형 모델로서, 일상생활에 다양한 영향을 미칠 수 있다. 아래와 같이 ChatGPT는 법률, 건강, 심리 상담, 학업 등 일상생활에서 다양하게 활용될 수 있다. 그리고 활용과정에서 대화의 파트너, 개인 학습 및 지식 확장 도구 등 여러 가지 역할 및 기능을 수행할 수 있다.

일상생활에서 ChatGPT 활용

- 법률 자문: 교통사고, 계약 체결·해지, 상속 등 시민의 일상생활과 밀접하게 관련된 법적 절차, 해결 방안 등 자문
- 건강 상담: 감기 등 질병 예방을 위한 음식 추천, 고혈압·저혈압 등 질병 초기증상, 주의사항 등 시민의 건강한 생활 유지를 위한 기본적인 질의응답
- 심리 상담: 불면, 우울 등 시민의 심리 상태에 관한 질문 및 상담
- 학업, 직업 등 진로 상담: 대학 진학, 직업 선택 등 시민의 진로에 대한 기본적인 정보제공
- 자동차 정비 문의: 자동차 오일 체크 등 기본적인 자동차 정비에 관한 질문 및 상담
- 쓰레기 처리 방법 문의: 음식물 처리, 대형폐기물 등 처리 방법 질의
- 음식·요리 질문: 요리를 위한 Recipe, 한정된 재료로 실천 가능한 요리 추천 등 문의
- 육아 관련 질문: 잘 재우고 잘 먹이고 잘 놀아주는 것에 대한 부모의 고민 상담 등

첫째, 대화의 파트너로서 역할이다. ChatGPT는 사용자와 자연스러운 대화를 할 수 있는 능력을 갖추고 있다. 이를 활용하여 ChatGPT는 사람과 마치 대화를 나누는 것처럼 다양한 주제에 대해 정보를 제공하고, 질문에 답변하며, 문제를 해결해줄 수 있다. 일상생활에서 사용자에게 편의성과 도움을 제공할 수 있다. 나아가 대화의 파트너로서 다양한 역할이 기대된다. 동 모델은 사용자와 자연스러운 대화를 나눌 수 있으며, 다양한 주제에 관한 질문에 답변하고 정보를 제공할 수 있다.

대화의 파트너로서 ChatGPT 활용

- 정보제공: 사용자의 질문에 대한 정보를 제공할 수 있음. 가령, 역사적 사실, 실시간 날씨 정보, 최신 뉴스 등 다양한 주제에 대한 정보를 제공할 수 있음.
- 문제 해결: 사용자가 안고 있는 문제나 고민에 대해 도움을 줄 수 있음. 사용자의 문제를 이해하고 적절한 해결 방법을 제안하거나 조언을 제공할 수 있음.
- 상담 및 지원: 사용자의 감정적 문제나 상담 요청에 응답할 수 있음. 일상적인 스트레스, 감정 조절, 가정 문제 등에 대한 상담을 제공하고, 필요한 지원 방법을 안내할 수 있음.
- 예약 및 예약 관리: 예약을 도와주는 비서 역할의 수행이 가능함. 가령, 레스토랑 예약, 항공편 예약, 호텔 예약 등을 처리하고 예약 관련 정보를 제공할 수 있음.
- 상품 및 서비스 추천: 사용자의 취향과 요구에 기반하여 상품이나 서비스를 추천할 수 있음. 가령 옷, 식품, 여행 상품 등 다양한 분야에서 사용자에게 맞춤형 추천을 제공할 수 있음.
- 챗봇 기능: 사용자와 자연스러운 대화를 나눌 수 있는 챗봇 기능을 제공할 수 있음. 일상적인 대화, 유머, 일정 관리 등 다양한 대화 주제에 대응할 수 있음.
- 언어 학습 및 교육: 사용자의 언어 학습을 지원하고 교육적인 측면에서 활용될 수 있음. 언어 학습, 문법 첨삭, 단어 정의 등 다양한 언어 관련 질문에 답변하거나 학습 자료를 제공할 수 있음.

둘째, 개인 학습 및 지식 확장이다. ChatGPT는 대화를 통해 사용자의 질문에 답변하고 정보를 제공하기 때문에, 개인의 학습과 지식 확장에 큰 도움이 될 수 있다. 예를 들어, 어떤 주제에 대해 궁금한 사항이 있을 때 ChatGPT에 질문을 하고, 해당 주제에 대한 정보를 얻을 수 있다. 이는 개인의 지식 습득과 학습을 촉진하는 데 도움을 줄 수 있다. 또한 ChatGPT를 사용하여 개인 학습 및 지식 확장을 위해 자신의 궁금증을 해결하고, 새로운 주제에 관하여 탐구하며, 자신의 학습 경로를 개척할 수 있다.

개인 학습 및 지식 확장 도구로서 ChatGPT 활용

■ 질문과 답변: 사용자가 질문을 던지면 해당 질문에 대한 답변을 제공할 수 있음. 이를 통해 사용자는 새로운 주제에 대해 직접 학습하고 지식을 확장할 수 있음. ChatGPT는 다양한 분야의 질문에 대해 다양한 답변을 제공할 수 있어 다양한 주제에 대한 학습을 도울 수 있음.

■ 학습 자료 및 참고 자료 제공: 사용자가 학습 자료나 참고 자료를 요청할 경우, 관련 자료를 제공할 수 있음. 가령, 특정 주제에 관한 책 추천, 학습 자료의 링크, 학술 논문 요약 등을 제공하여 사용자의 학습 과정을 지원할 수 있음.

■ 언어 사용 및 표현력 향상: ChatGPT는 자연어 처리 능력을 갖추고 있으며, 다양한 문장 구조와 표현 방법을 이해하고 생성할 수 있음. 이를 통해 사용자는 새로운 언어 표현 방법을 배우고 자신의 언어 사용 및 표현력을 향상할 수 있음.

■ 문제 해결과 상담: 사용자의 문제나 고민에 관한 해결 방법이나 조언을 제공할 수 있음. 사용자가 어려움을 겪거나 도움이 필요한 상황에서 ChatGPT와의 대화를 통해 해결 방법을 찾을 수 있음.

■ 독서 및 문학: 다양한 도서 추천을 제공하고, 문학 작품에 대한 정보와 해석을 제공할 수 있음. 사용자는 ChatGPT와의 대화를 통해 다양한 독서 경험을 공유하고 문학적인 지식을 확장할 수 있음.

셋째, 창의성과 문제해결 능력의 향상이다. ChatGPT는 예측이나 창작과 같은 창의적인 작업에도 도움을 줄 수 있다. 가령, 아이디어를 떠올리거나 문제에 대한 해결 방법을 찾을 때, ChatGPT와 대화를 통해 새로운 관점이나 아이디어를 얻을 수 있다. 이는 창의성과 문제해결 능력의 발전에 도움이 될 수 있다.

개인 학습 및 지식 확장 도구로서 ChatGPT 활용

- 아이디어 생성: 다양한 주제와 도메인에 대한 지식을 갖고 있으며, 이를 기반으로 새로운 아이디어를 생성할 수 있음. 사용자는 ChatGPT와의 대화를 통해 창의적인 아이디어를 도출하고 새로운 관점을 얻을 수 있음.
- 문제해결 지원: ChatGPT는 사용자의 문제를 이해하고 해결책을 제시할 수 있음. 사용자는 ChatGPT와의 상호작용을 통해 문제의 복잡성을 분석하고, 다양한 해결 방법을 탐색하며, 최적의 해결책을 찾을 수 있음.
- 도메인 지식 제공: ChatGPT는 다양한 도메인에 대한 지식을 가지고 있어, 특정 분야에서의 문제해결을 지원할 수 있음. 사용자는 ChatGPT와의 대화를 통해 도메인 지식을 얻고 이를 문제해결에 적용할 수 있음.
- 시각화와 설명: ChatGPT는 추상적인 개념을 쉽게 이해할 수 있는 방식으로 시각화하고 설명할 수 있음. 사용자는 ChatGPT와의 대화를 통해 복잡한 개념을 시각화하고 명확하게 설명함으로써 문제해결에 도움을 받을 수 있음.
- 자극과 영감: ChatGPT는 사용자에게 독창적인 아이디어나 관점을 제공할 수 있음. 이를 통해 사용자는 자극을 받고 영감을 얻어 창의적인 문제 해결 방법을 발견하거나 새로운 아이디어를 도출할 수 있음. 사용자는 ChatGPT와의 대화를 통해 다양한 독서 경험을 공유하고 문학적인 지식을 확장할 수 있음.

넷째, 감정적 지원 및 상담이다. ChatGPT는 감정적 지원 및 상담 도구로서도 유용하게 활용될 수 있다. 즉 대화 파트너로서 사람들에게 감정적인 지원과 상담을 제공할 수도 있다. 사람들은 종종 자신의 감정이나 어려움을 이해하고 공감해 주는 상대방의 존재를 필요로 한다. ChatGPT는 이러한 감정적인 지원을 제공하며, 상담과 같은 역할을 감당할 수 있다.

감정적 지원 및 상담 도구로서 ChatGPT 활용

- 이해와 공감: 사용자의 감정을 이해하고 공감할 수 있음. 사용자는 ChatGPT와의 대화를 통해 자신의 감정을 표현하고 이해받을 수 있음. 이는 감정적인 문제를 공유하고 속마음을

털어놓는 데 도움이 될 수 있음.

- 상담과 조언: ChatGPT는 다양한 주제에 대한 지식을 가지고 있으며, 이를 기반으로 상담과 조언을 제공할 수 있음. 사용자는 ChatGPT와의 대화를 통해 문제나 고민에 대한 조언을 얻을 수 있고, 상황에 맞는 해결책을 찾을 수 있음.
- 감정적 안정감 제공: ChatGPT는 친근하고 이해심 있는 대화를 통해 사용자에게 감정적인 안정감을 제공할 수 있음. 사용자는 ChatGPT와의 상호작용을 통해 위로받고 안정감을 얻을 수 있으며, 감정적인 어려움을 해결하는 데 도움을 받을 수 있음.
- 자기표현과 정서 조절: ChatGPT는 사용자가 자신의 감정을 표현하고 정서를 조절하는 데 도움이 될 수 있음. 사용자는 ChatGPT와의 대화를 통해 자신의 감정을 탐구하고 정서를 이해하며, 적절한 정서 조절 방법을 찾을 수 있음.
- 심리적 자아 정체성 탐색: ChatGPT는 사용자가 자기 자신을 이해하고 심리적인 자아 정체성을 탐색하는 데 도움이 될 수 있음. 사용자는 ChatGPT와의 상호작용을 통해 자신의 가치, 욕망, 목표 등에 대해 생각하고 탐구할 수 있음.

마지막으로, 일상생활에서 ChatGPT를 사용하면서 몇 가지 도덕적 고려 사항이 요구된다. 주지하듯 인공지능은 사람과 유사한 능력을 지녔다. 그러나 민감한 주제나 윤리적인 문제에 대한 판단력이 부족할 수 있다. 따라서 ChatGPT의 사용은 적절한 윤리적 가이드라인과 규제가 필요하다. 일상생활에서 ChatGPT를 활용할 때 도덕적 고려 사항을 염두에 두어야 한다. 하나는 개인정보 보호이다. ChatGPT와의 대화에서 개인정보가 노출되지 않도록 주의해야 한다. 개인정보는 신용카드 정보, 주소, 전화번호 등 민감한 정보를 포함한다. 개인정보를 요구하는 질문에 대해서는 신중하게 대응해야 한다. 그리고 편견과 차별성에 주의해야 한다. ChatGPT는 훈련 데이터에 포함된 편견이 반영될 수 있다. 편견은 대화 결과에 영향을 줄 수 있으며, 사회적 불평등이나 차별을 조장할 수도 있다. 그러므로 윤리적 사용이 요구된다. ChatGPT를 사용할 때는 다른 사람에게 해를 끼칠 수 있는 부적절하거나 위험한 내용을 유도하는 등의 행동은 지양해야 한다. 사용자는 자신의 대화 요청에 대해 책임성을 인식해야 한다. ChatGPT는 훈련 데이터를 기반으로 생성된 내용을 제공하는 도구이다. 그래서 악용 가능성이 있으며, 악의

적 목적으로 사용될 수도 있다. 따라서 ChatGPT를 사용할 때 사용자와 운영자가 적절한 악용 방지를 위한 대응 조치를 취해야 하며, 모델의 사용범위와 제약사항을 명확히 정의해야 한다. 이러한 고려 사항을 준수하면서 ChatGPT를 일상생활에서 활용할 때 사용자의 개인정보 보호, 편견과 차별성 방지, 윤리적 사용, 악용 방지 등에 주의해야 일상생활에서 유용한 도구로 활용될 수 있다.

2. 인공지능과 비즈니스 혁신

가. 비즈니스 혁신에 미치는 영향과 중요성

인공지능은 인간의 지능을 시뮬레이션하는 기술로, 최근 몇 년 동안 빠르게 발전하고 있다. 인공지능은 다양한 산업에서 활용되고 있으며, 비즈니스 혁신에 큰 영향을 미칠 수 있다. 인공지능을 기반으로

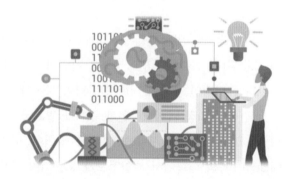

한 비즈니스 혁신 방법은 다양하다. 가령, 인공지능은 고객 서비스, 마케팅, 제조, 재무 등 다양한 분야에서 자동화를 가능하게 한다. 또한 데이터 분석 및 예측을 통해 기업이 의사결정을 개선하는 데 도움이 될 수 있다. 인공지능은 비즈니스의 효율성과 생산성을 향상할 뿐만 아니라 새로운 제품과 서비스를 개발하는 데에도 도움이 될 수 있다. 가령, 인공지능은 의료 분야에서 새로운 치료법을 개발하는 데 사용되고 있으며, 금융 분야에서는 새로운 투자 전략을 개발하는 데 사용되고 있다. 이처럼 비즈니스 혁신에 큰 잠재력을 가지고 있다.[2]

---

2) https://www.spiceworks.com/tech/artificial-intelligence/guest-article/ai-implementation

인공지능 기술은 현재의 비즈니스 환경에서 혁신과 성장을 위한 핵심 도구로 인식되고 있다. 다양한 산업 분야에서 인공지능을 적용함으로써 기업은 비즈니스 프로세스의 자동화, 데이터 분석 및 예측, 개인화된 고객 서비스 등의 장점을 얻을 수 있다. 첫째, 고객 서비스 개선이다. 인공지능은 고객 요구와 취향을 분석하고 이를 기반으로 개인화된 서비스를 제공할 수 있다. 가령 인공지능을 활용한 챗봇은 고객의 질문과 요청에 신속하고 정확하게 응답할 수 있다. 이를 통해 고객은 24시간 언제든지 편리하게 도움을 받을 수 있다. 또한 대량의 고객 데이터를 분석하여 패턴과 행동을 파악할 수 있다. 이를 통해 기업은 고객의 선호도와 취향에 대한 인사이트를 얻을 수 있다. 이를 바탕으로 제품 및 서비스 개선, 마케팅 전략의 최적화, 개인화된 추천 서비스 등을 제공할 수 있다. 고객은 자신에게 맞는 제품과 서비스를 받을 수 있으며, 이는 고객의 만족도와 충성도를 강화할 수 있다. 그리고 인공지능은 고객과의 상호작용을 자연스럽게 유지할 수 있다. 인공지능을 활용한 음성인식 기술이나 자연어 처리기술을 이용하면, 고객은 음성이나 문장으로 편리하게 서비스를 이용할 수 있다. 이는 고객의 사용 편의성을 높여주고, 직관적인 경험을 제공한다. 인공지능은 고객의 피드백과 반응을 실시간으로 분석하여 문제를 예측하고 예방할 수 있다. 가령 고객의 불만이나 문제를 감지하고, 이를 기반으로 빠른 대응 조치를 취할 수 있다. 이는 고객의 만족도를 높이고, 기업의 평판과 신뢰도를 강화하는 데 도움이 된다. 이처럼 인공지능은 고객 서비스 향상에 많은 영향을 미치며, 기업은 인공지능을 활용하여 고객과의 상호작용을 개선하고 개인화된 서비스를 제공하는 데 집중할 수 있다. 이는 고객의 경험과 만족도를 향상하며, 기업의 경쟁력을 강화하는 데 도움을 줄 수 있다.

둘째, 마케팅 효과의 개선이다. 인공지능은 마케팅 캠페인의 효과를 개선하는 데 도움이 될 수 있다. 예를 들어, 고객의 구매 성향을 분석하여 고객에게 맞춤화된 마케팅 메시지를 전달할 수 있다. 즉 마케팅 캠페인에 대한 데이터를 분석하고, 고객의 구매 성향을 예측하여 고객에게 맞춤화된 마케팅 메시지를 전달할 수

−what−does−it−take−to−adopt−artificial−intelligence−in−business/

있다. 고객의 구매 성향, 행동, 관심사 등을 분석하여 고객을 세분화할 수 있다. 이를 통해 기업은 각 고객 세분화에 맞는 마케팅 메시지를 전달할 수 있다. 또한 고객의 행동을 추적하여 고객의 관심사와 니즈를 파악할 수 있다. 이를 통해 기업은 고객에게 더 적절하고 효과적인 마케팅 캠페인을 진행할 수 있다. 즉 고객의 구매 여정을 분석하여 고객이 제품이나 서비스를 구매하기까지의 과정을 파악할 수 있다. 이를 통해 기업은 고객의 구매 여정에 맞는 마케팅 캠페인을 진행할 수 있다. 또한 과거 데이터를 분석하여 미래의 고객 행동을 예측할 수 있다. 이를 통해 기업은 고객의 구매 성향을 예측하고, 고객에게 맞춤화된 마케팅 메시지를 전달할 수 있다. 나아가 인공지능은 기존에 없던 새로운 시각과 아이디어를 제공할 수 있다. 이는 창의적인 마케팅 전략을 개발하고 혁신을 끌어내는 데 큰 도움이 될 수 있다.

셋째, 제조 공정의 개선이다. 인공지능은 제조 공정의 효율성을 개선하는 데 도움이 될 수 있다. 가령 인공지능은 제조 공정에서 발생하는 문제를 감지하고 해결할 수 있다. 인공지능은 제조 공정에서 발생하는 문제를 감지하고 해결하고, 공정 효율성을 향상하고, 새로운 제품과 서비스를 개발하는 데 다음과 같은 방법으로 활용될 수 있다. ①품질 관리: AI는 제조 공정에서 발생하는 문제를 감지하고 해결하여 제품의 품질을 개선할 수 있다. 즉 제조 공정 데이터를 분석하여 제품의 불량률을 예측하고, 불량 제품을 감지할 수 있다. ②공정 최적화: AI는 제조 공정 데이터를 분석하여 공정 효율성을 높일 수 있다. 즉, AI는 제조 공정 데이터를 분석하여 공정 조건을 최적화하고, 공정 시간을 단축할 수 있다. ③제품 개발: AI는 새로운 제품과 서비스를 개발하는 데 활용될 수 있다. 즉, 고객의 요구를 분석하여 새로운 제품 아이디어를 도출하고, 새로운 제품을 설계할 수 있다. 이처럼 AI를 활용하여 제조 공정의 효율성을 향상하면서, 제품의 품질을 높이며, 새로운 제품과 서비스를 개발함으로써 기업은 경쟁력을 높일 수 있다.

넷째, 재무 업무의 향상이다. AI는 재무 데이터를 분석하여 기업이 의사결정을 개선하는 데 도움이 될 수 있다. 예를 들어, AI는 기업이 위험을 관리하고, 투자를 결정하는 데 도움이 될 수 있다. 인공지능은 대량의 재무 데이터를 신속하게 처리하고 분석할 수 있다. 이를 통해 재무 데이터의 정확성과 일관성을 유지하면서 인력 및 시간을 절약할 수 있다. 특히, 실시간으로 재무 상태를 모니터링하고 경고를 제공할 수 있다. 예를 들어, 재무 지표의 특정 기준치를 초과하는 경우 자동으로 경고를 발생시켜 대응 조치를 취할 수 있다. 이처럼 인공지능의 영향은 재무 업무의 효율성을 향상하고 정확성을 확보하는 데 큰 기회를 제공한다. 그리고 재무 데이터를 기반으로 예측 모델을 구축하고, 수익성, 성장률, 비용 등의 경향을 분석할 수 있다. 이는 재무 전략과 의사결정에 도움을 주며, 재무 성과를 개선하는 데 중요한 역할을 한다. 또한 인공지능은 재무 부정행위를 감지하고 예방하는 데 도움을 줄 수 있다. 가령, 금융 사기나 재무 조작과 같은 부정행위를 식별하고 경고 신호를 제공하여 조기 대응할 수 있다. 물론 재무 보고서 작성을 자동화할 수 있다. 가령, 재무 상태 및 성과에 대한 보고서를 자동으로 생성하고 필요한 정보를 추출하여 관련 이해관계자에게 제공할 수 있다. 이 외에도 재무 데이터를 분석하여 비즈니스 인텔리전스를 제공할 수 있다. 이는 경쟁 환경에서의 시장 동향 파악, 투자의사 결정, 위험 관리 등에 유용하게 활용될 수 있다.

다섯째, 데이터 기반 의사결정 및 전략을 촉진한다. 인공지능 기술은 막대한 양의 데이터를 실시간으로 분석하고 이해할 수 있으며, 이를 기반으로 정확한 예측과 의사결정을 할 수 있다. 이는 비즈니스에서 더 빠르고 효과적인 전략을 수립할 수 있다. AI는 데이터 기반 의사결정 및 전략의 촉진에 다음과 같은 방법으로 활용될 수 있다. 먼저 데이터의 수집 및 분석이다. AI는 다양한 소스에서 데이터의 수집 및 분석을 통해 기업이 의사결정에 필요한 정보를 제공할 수 있다. 예를 들어, AI는 고객의 행동 데이터를 분석하여 고객의 구매 성향을 예측하고, 고객에게 맞춤화된 마케팅 메시지를 전달할 수 있다. 또한 과거 데이터를 분석하여 미래의 사건을 예측할 수 있다. 이를 통해 기업은 미래의 잠재적인 위험을 예측하고, 이에 대응하는 전략을 개발할 수 있다. 나아가 최적화를 도모한다. AI는 데이터를 분석하여 최적의 의사결정을 도출할 수 있다. 가령, AI는 재무 데이터를 분석하여 기업의 투자 전략을 최적화할 수 있다. 이처럼 AI는 데이터 기반 의사결정 및 전략의 촉진에 큰 도움이 될 수 있다.

여섯째, 창의성과 혁신을 자극한다. 인공지능은 기존의 문제를 새로운 시각에서 바라보고, 새로운 아이디어를 도출할 수 있다. 이를 통해 비즈니스에서의 창의성과 혁신을 촉진할 수 있다. 인공지능은 창의성과 혁신에 많은 영향을 미친다. 인공지능은 기존의 데이터와 지식을 분석하고 학습하여 새로운 아이디어를 생성하고 문제를 해결하는 능력을 갖추고 있다. 이러한 능력을 통해 인공지능은 기존의 사고방식과 다른 새로운 관점을 제시하며, 비즈니스에서 혁신적 변화를 끌어낼 수 있다. 인공지능은 많은 데이터를 분석하고 패턴을 식별하는 능력이 있다. 이를 통해 인공지능은 기업이 소유한 데이터를 활용하여 새로운 아이디어를 도출하고 비즈니스 전략을 개발할 수 있다. 예를 들어, 인공지능은 고객의 구매 패턴을 분석하여 개인화된 추천 서비스를 제공하거나 시장 동향을 예측하여 새로운 시장 기회를 발견할 수 있다. 또한 인공지능은 기존의 사고방식을 벗어나 새로운 관점을 제시할 수 있다. 다양한 데이터와 지식을 학습하여 창의적 결정을 내릴 수 있으며, 기존 경험과 차별적인 접근법을 제시할 수 있다. 이는 비즈니스에서 혁신적인 아이디어와 전략을 발굴하는 데 도움이 된다. 나아가 인공지능은 자율적인 학습과 발전을 통해 계속해서 개선되고 발전될 수 있다. 데이터를 분석하고 피드백을 받으면서 스스로 개선할 수 있으며, 새로운 지식을 학습하여 더 나은 성과를 도출할 수 있다. 이는 지속적인 혁신과 발전을 가능하게 한다. 따라서 인공지능은 창의성과 혁신의 바탕에서 비즈니스의 성공과 성장을 끌어내는 데 활용할 수 있다.

일곱째, 새로운 비즈니스모델의 탄생을 돕는다. 인공지능은 새로운 비즈니스모델의 생성을 돕는다. 예를 들어, 기존 제품을 서비스화하거나 데이터를 활용하여 새로운 비즈니스 영역을 개척할 수 있다. 사실 인공지능은 데이터 분석, 패턴 인식, 예측 등의 기능을 통해 기업이 보유한 다양한 데이터를 활용하여 새로운 비즈니스모델을 생성하는 데에 큰 도움을 준다. 이를 통해 기업은 새로운 시장 기회를 발견하고 고객에게 맞춤형 서비스를 제공하며, 자원을 효율적으로 활용하여 비즈니스의 수익을 극대화할 수 있다. 또한 인공지능 기술을 활용하여 새로운 제품과 서비스를 개발하고 경쟁력을 강화할 수 있으며, 기업의 혁신적인 이미지를 구축하여 Brand 가치를 높일 수 있다. 따라서 인공지능은 기업들이 경쟁적 환경에서 성공적으로 새로운 비즈니스모델을 창출하는 데 필수적 요소로 작용하고 있다.

이처럼 AI는 비즈니스 혁신에 다양하고 커다란 잠재력을 가지고 있다. 인공지능 기술을 활용하는 기업은 비즈니스 프로세스를 최적화하고, 더 나은 제품과 서비스를 제공할 수 있다. 이를 통해 경쟁력을 강화 기업들은 인공지능에 대한 투자를 확대하여 인공지능이 비즈니스 혁신에 도움이 되도록 해야 한다.

나. 비즈니스 목표에 맞는 사용 사례의 선택과 구현

비즈니스 목표에 맞는 사용 사례를 선택하고 구현하는 것은 소프트웨어 개발 프로젝트의 성공에 중요 요소다. 사용 사례는 비즈니스 사용자가 소프트웨어를 사용하여 수행하는 작업을 설명하는 문서다. 사용 사례는 소프트웨어 개발 프로젝트의 요구 사항을 식별하고, 프로젝트의 범위를 정의하고, 프로젝트의 위험을 식별하는 데 사용비즈니스 목표에 맞는 적절한 사용 사례를 선택하고 구현하기 위해 다음과 같은 절차를 따를 수 있다.

1) 목표 설정: 비즈니스 목표를 명확히 정의하고 우선순위를 결정한다. 가령 '매출 증가'와 같이 모호한 목표보다 '올해 매출을 전년 대비 20% 증가시키기'와 같이 구체적이고 측정 가능한 목표 설정이 중요하다. 이러한 목표는 수익 증대, 비용 절감, 고객 경험 개선 등 다양한 요소를 고려하여 설정해야 한다. 그리고 설정한 목표가 현실적으로 달성 가능한지 검토해야 한다. 현재 상황과 자원, 경쟁 환경 등을 고려하여 목표의 달성 가능성을 평가할 수 있다. 이와 관련 목표 달성을 위해 필요한 기간이 설정되어야 한다. 목표의 기간은 너무 길지 않고, 너무 짧지 않게 적절히 설정해야 한다. 기간이 너무 짧으면 목표 달성이 어려울 수 있고, 너무 길면 목표에 대한 동기부여가 떨어질 수 있다. 목표 설정 과정에서 필요한

활동으로 첫째, 비즈니스 분석이 필요하다. 현재 비즈니스 상황을 분석하고 SWOT(강점, 약점, 기회, 위협) 분석 등을 통해 비즈니스의 강점과 약점, 시장 기회와 경쟁 상황을 파악해야 한다. 보통 비즈니스 분석의 바탕에서 구체적이고 실현 가능한 목표가 설정되어야 한다. 일종의 SMART 기준을 따를 수 있다. 즉, Specific(구체적), Measurable(측정 가능), Achievable(실현 가능), Relevant(관련성 있는), Time-bound(기한이 있는) 등의 요소를 고려해야 한다. 둘째, 우선순위를 결정해야 한다. 설정한 목표간 우선순위를 결정한다. 가장 중요하고 긴급한 목표부터 우선하여 추진해야 한다. 셋째, 목표를 세분화한다. 설정한 목표를 세분화하여 구체적인 목표와 하위 목표를 설정한다. 전체적 목표를 조각내 보다 구체적 업무 계획과 실행 가능한 단계로 나누는 것이다. 또한 설정한 목표의 실현 가능성과 측정 가능성을 평가한다. 목표 달성을 위한 리소스와 장애 요소를 고려하여 목표의 실행 가능성을 검토한다. 넷째, 모니터링 및 조정이다. 목표를 추진하는 동안 진행 상황을 모니터링하고 필요한 조정작업을 실시한다. 즉 성과 측정을 통해 목표 달성 여부를 확인하고 필요한 대응 조치를 취하여 비즈니스 전략을 조정한다.

2) 비즈니스 요구 사항 분석: 비즈니스 요구 사항을 분석하여 어떤 부분에 인공지능을 활용할 수 있는지 파악할 수 있다. 가령, 고객 서비스 개선, 마케팅 효과 향상, 프로세스 자동화 등과 같은 요구 사항을 고려할 수 있다. 이를 위해 필요한 활동과 절차로 ①이해관계자 식별: 프로젝트에 영향을 주는 이해관계자들을 식별하고 관련 이해관계자와의 소통을 통해 요구 사항을 파악한다. ②요구 사항 도출: 이해관계자들과의 인터뷰, 설문조사, 워크숍 등을 통해 요구 사항을 도출한다. 이때, 요구 사항은 기능적 요구 사항(시스템이 수행하는 작업)과 비기능적 요구 사항(시스템의 품질, 보안, 사용성 등)으로 구분될 수 있다. ③요구 사항 분석: 도출한 요구 사항을 분석하여 이해관계자의 요구 사항을 명확히 이해하고 기능적 요구 사항과 비기능적 요구 사항 간의 우선순위를 결정한다. ④요구 사항 문서화: 도출한 요구 사항을 문서화 하여 명확하고 이해하기 쉽게 기록한다. 요구 사항 문서화는 요구 사항 명세서, 사용자 시나리오, 프로토타입 등의 형태로 이루어질 수 있다. ⑤요

구 사항 검증: 도출된 요구 사항을 이해관계자들과 검토하고 확인하여 정확성과 완전성을 검증한다. 이를 통해 요구 사항에 대한 합의와 공감을 도출할 수 있다. ⑥변경 관리: 요구 사항은 프로젝트 진행 중에 변경될 수 있으므로 변경 관리 프로세스를 수립하여 요구 사항의 변경을 관리하고 통제한다. 이처럼 비즈니스 요구 사항 분석은 프로젝트의 성공과 비즈니스 목표 달성을 위해 매우 중요한 과정이다. 이해관계자들과의 적극적인 소통과 협업을 통해 요구 사항을 정확히 파악하고 문서화를 통하여 프로젝트의 진행과 결과물의 품질을 보장하는 것이 핵심이다. 사실 제품의 완성도가 낮고 초기 단계일수록 팀이 함께 노력하는 협업을 위해 더 많은 시간이 필요하다.

3) 사용 사례 식별: 분석한 비즈니스 요구 사항에 맞는 사용 사례를 식별한다. 가령, ChatGPT를 활용한 고객상담 자동화, 데이터 분석을 통한 맞춤형 추천 시스템 구축, 자동화된 프로세스 작업 등이 될 수 있다. 사용 사례의 식별은 비즈니스에 적용할 수 있는 인공지능 솔루션을 찾기 위해 중요한 단계이다. 사용 사례의 식별 절차는 다음과 같다. ①현황 분석: 현재 비즈니스 상황과 문제점을 파악한다. 어떤 부분에서 개선의 필요성을 느끼고 있는지, 어떤 부분에서 자동화나 최적화를 원하는지 등을 분석한다. ②인공지능 적용 가능성 확인: 비즈니스에서 인공지능의 적용 가능성을 검토한다. 인공지능이 해당 비즈니스 문제를 해결하는 데 적합한지 평가한다. ③우선순위 결정: 여러 사용 사례가 나오더라도 리소스와 시간이 한정적이므로, 우선순위를 결정한다. 가장 중요하고 긴급한 문제를 해결할 수 있는 사용 사례를 선정한다. ④사용 사례의 상세화: 선택된 사용 사례를 상세하게 정의하고 구체화한다. 이는 사용자 요구 사항, 기능 및 기술 요구 사항, 예상 비용 및 일정 등을 포함한다. ⑤기술적 구현 가능성 검토: 선택한 사용 사례를 기술적으로 구현할 수 있는지 검토한다. 필요한 데이터가 충분히 확보 가능한지, 적절한 알고리즘과 모델을 사용하여 문제를 해결할 수 있는지 등을 고려한다. ⑥ 비용과 이점 분석: 선택한 사용 사례의 구현에 필요한 비용과 얻을 수 있는 이점을 분석한다. 비용 대비 얼마나 큰 가치를 창출할 수 있는지 평가한다. ⑦구현

및 평가: 선택한 사용 사례를 구현하고 성과를 평가한다. 초기에는 작은 규모로 테스트하고, 성과가 입증되면 확장하는 방식으로 진행한다. 이러한 절차를 따라 비즈니스 요구 사항과 목표에 가장 적합한 사용 사례를 찾고 구현함으로써 인공지능 기술을 효과적으로 활용할 수 있다.

기술적 구현 가능성 검토기준과 요소

- 데이터: 해당 사용 사례를 구현하는 데 필요한 데이터의 가용성과 품질을 평가함. 데이터가 충분하고 정확한지, 필요한 형식과 구조로 제공되는지 확인해야 함.
- 기술적 자원: 해당 사용 사례를 구현하는 데 필요한 하드웨어 및 소프트웨어 자원의 가용성과 성능을 평가함. 필요한 연산 처리능력(Computing Power), 저장 공간, 네트워크 등을 고려해야 함.
- 알고리즘과 모델: 사용 사례에 적합한 알고리즘과 모델을 선택해야 함. 문제의 복잡성과 데이터의 특성을 고려하여 적합한 알고리즘과 모델을 사용해야 함.
- 시간 및 비용: 사용 사례를 구현하는 데 소요 시간과 비용을 고려해야 함. 리소스 및 예산이 충분한지, 구현에 필요한 인력과 기술을 확보할 수 있는지 확인해야 함.
- 확장성: 구현한 솔루션이 확장 가능한지 평가해야 함. 비즈니스의 성장과 함께 처리해야 할 데이터 수량과 요구 사항이 늘어날 경우, 솔루션이 효과적으로 확장될 수 있는지 고려해야 함.
- 보안과 개인정보 보호: 구현한 솔루션의 보안 및 개인정보 보호에 대한 측면을 고려해야 함. 데이터의 안전한 저장 및 전송, 액세스 제어, 개인정보 보호에 대한 정책 등을 고려해야 함.
- 유지보수 및 지원: 구현한 솔루션의 유지보수 및 지원이 필요한지 평가해야 함. 업데이트, 버그 수정, 사용자 지원 등을 고려해야 함.

4) 구현 계획 수립: 선택한 사용 사례를 구현하기 위한 계획을 수립한다. 이 단계에서 필요한 리소스, 예산, 시간 등을 고려하여 구현 일정을 수립하고 실행계획을 수립한다. 구현 계획을 수립하기 위해 다음 단계를 따를 수 있다. ①목표 설정: 구현하려는 사용 사례의 목표를 명확히 설정한다. 어떤 결과를 얻고자 하는

지, 어떤 문제를 해결하고자 하는지를 명확히 이해해야 한다. ②요구 사항 정의: 사용 사례를 위해 필요한 요구 사항을 정의한다. 어떤 데이터가 필요한지, 어떤 알고리즘이 사용되어야 하는지, 어떤 성능과 기능이 요구되는지 등을 명확히 정의한다. ③일정 계획: 구현에 필요한 일정을 계획한다. 어떤 작업이 언제 시작되고 완료해야 하는지, 각 작업의 우선순위를 결정하고 일정을 조율한다. ④자원 할당: 구현에 필요한 자원을 할당한다. 인력, 장비, 소프트웨어 등을 확보하고 필요한 경우 외부 협력 업체와의 협업을 고려한다. ⑤작업 분배: 구현에 필요한 작업을 팀원들에게 분배한다. 각 팀원의 역할과 책임을 명확히 정의하고, 작업의 진행 상황을 모니터링하고 관리한다. ⑥테스트 계획: 구현된 솔루션을 테스트할 계획을 수립한다. 테스트 시나리오, 테스트 데이터, 테스트 환경 등을 정의하고 테스트 일정을 계획한다. ⑦품질 관리: 구현된 솔루션의 품질을 관리하기 위한 절차를 수립한다. 이를테면 품질 검증, 버그 수정, 사용자 피드백 수집 등을 포함하여 품질 관리 체계를 구축한다. ⑧위험 관리: 구현 프로젝트에서 발생할 수 있는 위험을 관리한다. 위험 요소를 식별하고 평가한 후, 대응 전략을 수립하고 위험 감소를 위한 계획을 수립한다. ⑨모니터링과 평가: 구현 프로젝트의 진행 상황을 모니터링하고 평가한다. 일정과 예산의 준수 여부, 품질 요건의 충족 여부 등을 확인하고 필요한 대응 조치를 취한다. ⑩조정과 개선: 구현 계획에 필요한 조정과 개선을 수행한다. 프로젝트의 변동 사항이나 문제점을 파악하고, 필요한 대응 조치를 취하여 계획의 수립을 조정하고 개선한다.

5) 구현 및 테스트: 구현 계획에 따라 선택한 사용 사례를 구현하고 테스트한다. 이 단계에서는 데이터의 수집 및 전처리, 모델 학습과 튜닝, 시스템 통합 등을 수행한다. 구현 및 테스트는 비즈니스 목표에 따라 개발된 솔루션을 실제로 구현하고 검증하는 단계이다. 먼저 구현 계획에 따라 솔루션을 개발하고 구현한다. 필요한 소프트웨어, 하드웨어, 데이터 등을 활용하여 시스템을 구축하고 기능을 구현한다. 이후 개발된 각 구성요소를 독립적으로 테스트한다. 단위 테스트는 작은 단위의 코드, 함수 또는 모듈을 테스트하여 정확성과 기능을 검증하는 과정이다.

다음 개별적으로 테스트 된 구성 요소들을 통합하여 시스템 전체의 동작을 테스트한다. 시스템의 모든 부분이 제대로 작동하고 상호 작용하는지 확인한다. 그리고 시스템의 성능과 확장성을 테스트한다. 다양한 부하 조건에서 시스템의 성능을 측정하고 병목 현상을 확인하여 최적화를 위한 개선점을 찾는다. 다음으로 개발된 솔루션의 품질을 보증하고 검증한다. 요구 사항과 명세에 따라 솔루션의 기능, 성능, 안정성 등을 평가하고 문제점을 발견하고 수정한다. 그리고 실제 사용자를 대상으로 한 테스트를 수행한다. 사용자 피드백을 수집하고 사용자 경험을 평가하여 개선점을 도출한다. 테스트 과정에서 발견된 오류나 문제점을 수정하고 반복적으로 테스트를 수행한다. 오류 수정과 테스트 사이클을 반복하여 완전하고 안정적인 솔루션을 구현한다. 구현과 테스트 과정은 문서화를 수행하여 개발 과정과 결과를 기록한다. 문서화는 향후 유지보수 및 지식 전이에 도움을 줄 수 있다. 구현 및 테스트는 솔루션의 신뢰성과 품질을 보장하기 위한 중요한 단계이다. 적절한 테스트 계획과 자원 할당, 품질 관리 프로세스를 수행하여 비즈니스 목표에 부합하는 우수한 솔루션을 구현할 수 있다.

6) 성과 평가: 구현한 사용 사례의 성과를 평가한다. 성과 평가는 구현된 솔루션의 성과와 성공 여부를 측정하고 평가하는 과정이다. 비즈니스의 성과를 정확하게 파악 및 개선하기 위해 중요한 단계이다. 적절한 성과 평가 절차와 도구를 활용하여 목표 달성을 위한 실질적인 행동 계획을 수립하고 실행할 수 있 예를 들어, 고객 서비스 개선을 위한 자동화 시스템의 경우, 고객 만족도 조사, 문제 해결 속도 측정 등을 통해 성과를 평가할 수 있다. 성과 평가를 수행하는 주요 단계와 방법으로 ①성과 지표 정의: 성과를 측정하기 위한 지표를 정의한다. 동 지표는 목표에 대한 진척도와 성과를 측정할 수 있는 척도로 사용된다. 예를 들어, 매출 증가, 비용 절감, 고객 만족도 등의 지표를 활용할 수 있다. ②데이터의 수집: 성과 지표의 측정을 위해 필요한 데이터를 수집한다. 내부 데이터, 외부 데이터, 사용자 피드백 등 다양한 소스에서 수집될 수 있다. 데이터의 정확성과 신뢰성을 보장하기 위해 적절한 데이터 품질 관리를 수행해야 한다. ③성과 측정

및 분석: 수집된 데이터를 기반으로 성과를 측정하고 분석한다. 성과 지표에 따라 정량적인 측정이나 정성적인 평가를 수행할 수 있다. 이를 통해 솔루션의 성과를 평가하고 비즈니스 목표와의 일치성을 확인한다. ④결과 해석: 측정된 성과를 해석하고 평가한다. 성과가 목표에 부합하는지, 예상된 결과와 일치하는지 등을 분석하여 평가한다. 결과 해석을 통해 솔루션의 성공 여부와 개선 방향을 도출할 수 있다. ⑤보고 및 의사결정: 성과 평가 결과를 보고서나 프레젠테이션 등의 형태로 정리하여 관련 이해관계자에게 보고한다. 이를 통해 의사결정에 활용하고, 필요한 조치 및 개선 방안을 도출하여 비즈니스 전략에 반영할 수 있다.

7) 지속적인 개선: 구현된 사용 사례를 지속 개선해 나가는 과정을 진행한다. 지속적인 개선은 성과 평가 결과를 기반으로 솔루션 및 프로세스를 개선하는 과정이다. 사용자 피드백을 수집하고 모델의 성능을 개선하며, 변화하는 비즈니스 요구 사항에 맞춰 계속하여 발전시킨다. 지속적인 개선은 비즈니스의 변화에의 대응과 발전을 위해 필요한 과정이다. 솔루션을 더욱 효과적으로 개선하고 성과를 극대화하기 위해 지속으로 개선 사항을 식별하고 적용하는 것이 중요하다. 지속적인 개선을 위해 다음과 같은 요소들이 고려되어야 한다. ①피드백 수집: 사용자들의 피드백을 주기적으로 수집하고 분석한다. 고객의 의견과 요구 사항을 이해하여 문제점을 파악하고 개선점을 찾을 수 있다. ②문제 분석: 수집된 피드백과 성과 평가 결과를 바탕으로 문제점을 분석한다. 이로부터 개선이 필요한 부분을 명확하게 정의하고 우선순위를 결정한다. ③개선 방안 도출: 문제점에 대한 해결책과 개선 방안을 도출한다. 이때 창의적인 사고와 혁신적인 아이디어를 활용하여 효과적인 개선 방법을 찾는다. ④실험과 시행착오: 새로운 개선 방안을 시험해 보고 실험을 통해 효과를 확인한다. 실패할 수도 있으며, 이때 시행착오를 통해 학습하고 보완한다. ⑤지속적인 모니터링: 개선 사항을 적용한 후 지속으로 성과에 대해 점검한다. 결과를 측정하고 평가하여 계속해서 개선할 수 있는 여지를 파악한다. ⑥조직적인 문화 구축: 지속적인 개선을 위해 조직 내에 학습과 혁신을 장려하는 문화를 구축한다. 실수에 대한 경험 공유와 개선에 대한 적극적인 참여

를 장려한다. ⑦기술적인 지원: 개선에 필요한 기술적인 지원을 제공한다. 새로운 기술을 도입하거나 기존 기술을 업그레이드하여 효율성과 성능을 향상한다. 이처럼 비즈니스 목표에 맞는 사용 사례를 선택하고 구현하기 위해서 비즈니스의 요구 사항을 정확히 이해하고, 사용 사례의 구체적인 기능과 장단점을 평가하는 것이 중요하다. 또한 구현 과정에서 필요한 데이터의 품질 관리와 모델의 신뢰성을 확보하는 것도 중요하다.

다. 인공지능의 비즈니스 활용에서 고려 사항

ChatGPT를 활용하여 해결할 수 있는 비즈니스 과제들과 고려해야 할 사항은 다양하다. 이를 도출하기 위해 다음과 같은 절차를 따를 수 있다.

1) 비즈니스 과제의 식별: 비즈니스 과제의 식별은 조직이나 기업이 직면한 문제점이나 개선이 필요한 영역을 파악하는 과정이다. 즉, 비즈니스 환경에서 직면하는 문제점이나 도전과제를 파악하는 것이다. 이를 통해 조직은 자체적으로 해결이 요구되는 과제들을 발견하고, 그에 맞는 솔루션을 찾아내는 데 집중할 수 있다. 조직 내에서 해결해야 할 과제들은 가령, 고객 서비스 품질 향상, 자동화된 고객 지원, 마케팅 콘텐츠 개선 등의 문제들을 고려할 수 있다. 비즈니스 과제의 식별은 조직이 현재 직면한 문제와 개선이 필요한 영역을 명확히 파악하고, 이를 해결하기 위한 목표와 계획을 수립하는 중요한 과정이다. 이를 통해 조직은 효과적인 비즈니스 전략을 수립하고, 지속적인 성장과 혁신을 이룰 수 있다.

비즈니스 과제의 식별 방법과 절차

■ 비즈니스 목표 및 우선순위 설정: 먼저 비즈니스의 전략과 목표를 명확히 설정함. 이를 통해 어떤 분야에서 문제가 발생하거나 개선이 필요한지를 파악할 수 있음. 또한 비즈니스의

우선순위를 고려하여 가장 중요한 과제를 선정할 수 있음.

- SWOT 분석: 비즈니스의 강점, 약점, 기회, 위협을 분석하여 현재 상황을 파악함. 이를 통해 경쟁력이 부족하거나 개선이 필요한 부분을 식별할 수 있음.

- 고객 요구 사항 분석: 고객의 요구와 니즈를 조사하고 분석함. 이를 통해 현재 제공되는 서비스나 제품에서 발생하는 문제나 불만을 파악할 수 있으며, 고객 중심의 과제 식별에 유용함.

- 업계 및 시장 조사: 해당 비즈니스 분야의 업계 동향과 시장 변화를 조사함. 이를 통해 경쟁 상황이나 시장의 니즈 변화에 따라 발생하는 과제를 식별할 수 있음.

- 내부 프로세스 및 운영 분석: 비즈니스 내부의 프로세스와 운영을 분석하여 효율성, 생산성, 비용 절감 등의 개선이 필요한 부분을 식별함.

- 팀 협업 및 의견 수렴: 조직 내에서 팀 협업을 통해 문제를 공유하고 의견을 수렴함. 다양한 관점을 고려하여 과제를 식별하고 해결 방안을 도출하는 데 도움을 줌.

- 외부 전문가와의 협력: 필요한 경우 외부 전문가와 협력하여 비즈니스 과제를 식별하고 해결 방안을 모색할 수 있음. 외부 전문가의 시각과 경험을 활용하여 과제 식별에 도움을 받을 수 있음.

---

2) ChatGPT의 적용 가능성 평가: 식별된 과제들을 ChatGPT와 연결하여 해결할 수 있는지 평가한다. ChatGPT는 자연어 이해와 생성 능력을 보유하고 있으므로, 다양한 비즈니스 과제에 활용될 수 있다. 하지만 다음과 같은 평가 기준과 요소를 검토할 수 있다.

ChatGPT의 적용 가능성 평가 기준과 요소

- 비즈니스 목표: ChatGPT를 도입하려는 비즈니스 목표를 명확히 이해해야 함. 어떤 문제를 해결하거나 어떤 가치를 창출하려는지를 파악하여 ChatGPT의 적용 가능성을 평가할 수 있음.

- 고객 요구 사항: ChatGPT를 통해 고객 요구 사항을 충족시킬 수 있는지 확인해야 함. 고객이 효율적인 서비스, 개인화된 경험, 실시간 지원 등을 원하는지 파악하여 ChatGPT의 적용 가능성을 판단할 수 있음.

- 시장 및 경쟁 환경: ChatGPT를 도입할 분야에서의 시장 및 경쟁 환경을 파악하여 적절한 전략을 수립함. 비즈니스 내에서의 경쟁 우위를 확보하기 위해 다른 기업들의 동향을 고려해야 함.
- 데이터 가용성: ChatGPT를 훈련하기 위해 충분한 양의 데이터가 필요함. 비즈니스가 가지고 있는 데이터가 ChatGPT의 훈련에 적합한지, 데이터의 품질과 다양성이 충분한지를 평가해야 함.
- 사용 사례와 도메인 특성: ChatGPT를 어떻게 활용하고자 하는지 명확히 정의해야 함. 가령, 고객 서비스, 마케팅, 상담 등의 분야에서의 사용 사례와 해당 도메인의 특성을 고려해야 함. ChatGPT의 자연어 이해와 생성 능력이 사용 사례와 도메인에 적합한지 평가해야 함.
- 기술적 구현 가능성: ChatGPT를 비즈니스에 적용하기 위한 기술적인 구현 가능성을 평가해야 함. 필요한 컴퓨팅 리소스, 인프라, 기술적인 전문성 등을 고려하여 ChatGPT를 구현할 수 있는지 확인해야 함.
- 비용 대비 효과: ChatGPT를 도입하는 비용과 이로 인해 얻게 될 효과를 평가해야 함. 비즈니스에 어떤 가치를 제공하고, 비용 대비 어느 정도의 효과를 기대할 수 있는지를 고려하여 ChatGPT의 적용 가능성을 평가할 수 있음.
- 윤리적 고려 사항: ChatGPT의 적용은 윤리적인 측면에서도 평가되어야 함. ChatGPT가 특정 집단이나 개인에 대한 편견을 갖거나, 개인정보 보호 등의 문제가 있는지 검토해야 함.

---

3) 문제 해결 가능성 확인: 각 과제에 대해 ChatGPT가 어떻게 문제를 해결할 수 있는지 확인한다. 가령, 고객 서비스 품질 향상을 위해 ChatGPT를 사용하여 실시간으로 고객의 질문에 답변을 제공하거나 마케팅 콘텐츠 개선을 위해 ChatGPT를 사용하여 창의적이고 매력적인 문구를 생성할 수 있다.

4) 데이터 및 리소스 준비: ChatGPT의 사용을 위해 필요한 데이터와 리소스를 준비한다. 이는 ChatGPT를 학습시키기 위한 데이터 세트나 API 연동을 위한 인프라 구축 등을 포함할 수 있다.

ChatGPT의 비즈니스 적용 시 데이터 및 리소스 준비단계와 절차

- 데이터 식별: ChatGPT를 학습시키기 위한 데이터를 식별함. 이는 기존의 데이터베이스, 고객 상호작용 로그, 텍스트 문서, 웹 크롤링 등 다양한 소스에서 추출될 수 있음.
- 데이터의 수집 및 전처리: 데이터의 품질을 개선하고, 노이즈나 이상치를 제거하여 모델의 성능을 향상함. 필요에 따라 데이터를 정제, 정규화하고, 텍스트 데이터의 경우 토큰화, 스톱워드 제거, 형태소 분석 등의 전처리 작업을 수행함.
- 데이터 라벨링: ChatGPT 모델이 적절한 응답을 생성하기 위해 데이터에 라벨을 부여할 수 있음. 기계학습 모델을 지도학습 방식으로 훈련하는 것을 의미함. 가령 채팅 데이터에 질문과 응답의 쌍을 생성하여 라벨로 활용할 수 있음.
- 컴퓨팅 리소스 준비: ChatGPT는 대규모의 컴퓨팅 리소스를 필요로 함. 모델 훈련 및 실행을 위해 충분한 GPU 또는 클라우드 기반의 컴퓨팅 인프라를 확보해야 함. 이를 위해 클라우드 제공업체와의 계약 또는 내부 인프라의 확장을 고려할 수 있음.
- 보안 및 개인 정보 보호: 데이터와 관련된 보안 및 개인 정보 보호를 고려해야 함. 데이터의 안전한 저장과 전송을 위해 암호화 기술을 적용하고, 접근 제어 및 권한 관리를 철저히 수행해야 함.
- 데이터 관리 및 유지보수: 데이터의 지속적인 관리와 유지보수가 필요함. 데이터베이스의 정기적인 업데이트, 새로운 데이터의 수집 및 추가, 오래된 데이터의 정리와 삭제 등을 고려해야 함. 또한, 모델 성능을 모니터링하고 필요에 따라 모델 재훈련을 수행해야 함.

5) 보안 및 개인정보 보호 고려: ChatGPT를 사용할 때는 보안과 개인정보 보호에 대한 고려가 필요하다. 보안 및 개인정보 보호 고려 사항을 준수함으로써 ChatGPT를 비즈니스에 안전하고 신뢰할 수 있는 방식으로 적용할 수 있다. 사용자와의 상호작용에서 개인정보를 적절히 처리하고, 적절한 데이터 보호 및 접근 제어를 설정해야 한다.

ChatGPT의 비즈니스 적용 시 보안 및 개인정보 보호 고려 사항

- 데이터 보안: ChatGPT 모델을 학습시키기 위해 사용되는 데이터는 민감한 정보를 포함

할 수 있으므로, 데이터의 보안을 확보해야 함. 데이터의 전송과 저장에 암호화를 적용하고, 접근 제어를 통해 인가되지 않은 사용자들로부터 데이터를 보호해야 함.

- 익명화: 개인 식별 정보를 제거하거나 익명화하여 모델이 개별 사용자를 식별할 수 없도록 해야 함.
- 데이터 접근 권한: 학습 데이터에 접근할 수 있는 권한을 최소화하여 데이터가 불필요하게 노출되지 않도록 함.
- 개인정보 처리: ChatGPT 모델을 사용하여 사용자와의 상호작용을 처리할 때, 개인정보 보호 규정을 준수해야 함. 사용자 동의를 얻거나 필요한 정보를 처리할 때는 투명하고 안전하게 처리해야 함.
- 안전한 모델 배포: 학습된 ChatGPT 모델을 안전하게 배포하기 위해 모델 파일의 암호화, 서버 보안 강화, 권한 설정 등을 고려해야 함.
- 챗봇 상호작용 기록 관리: 사용자와의 상호작용 기록은 필요한 경우에만 저장하고 기록 보관 기간을 정의하여 개인정보 유출 가능성을 최소화해야 함.
- 업데이트 및 패치: 보안 취약점이 발견되면 즉시 패치하여 모델과 시스템의 보안성을 유지해야 함.
- 교육과 감시: ChatGPT를 사용하는 직원들에게 보안 교육을 실시하고, 모델의 사용과 관련하여 정기적인 감사와 모니터링을 수행하여 보안 위험을 최소화해야 함.
- 규정 준수: 해당 국가 또는 지역의 관련 법규와 규정을 준수해야 함. 개인정보 보호법과 데이터 보안 요구사항에 맞게 비즈니스 프로세스와 운영 방식을 조정하고, 관련 기관과의 협력을 강화해야 함.

---

6) 평가 및 개선: 평가와 개선은 지속적인 프로세스이며, 사용자의 요구와 환경의 변화에 따라 반복적으로 수행되어야 한다. 이를 통해 ChatGPT의 성능과 사용자 경험을 지속으로 개선할 수 있다. ChatGPT를 적용한 후 성과를 평가하고 개선하는 과정이 필요하다. 이는 ChatGPT의 정확성, 신뢰성, 응답 속도 등을 평가하고, 사용자 피드백을 수집하여 시스템을 개선해야 한다. 이를 위해 사용자와의 상호작용을 통해 피드백을 수집해야 한다. 가령 사용자의 의견, 개선 사항, 불만 등을 주기적으로 수집하여 모델의 성능 향상에 반영해야 한다. 그리고 수집된 피드백과 평가 결과를 기반으로 모델을 지속으로 개선해야 한다. 학습 알고리즘

의 변경, 파라미터 조정, 모델 아키텍처의 개선 등을 통해 성능을 향상할 수 있다. 또한 사용자의 요구와 편의를 고려하여 모델의 대화 품질과 사용 편의성을 개선해야 한다. 자연스러운 대화 흐름, 정확한 응답, 유연한 사용자 인터페이스 등을 제공하여 사용자 경험을 개선할 수 있다.

7) 윤리적 고려 사항: 인공지능 기술의 활용은 윤리적인 측면에서도 신중한 고려가 필요하다. 데이터의 편향성, 차별성, 거짓 정보 등에 대한 방지와 관련된 윤리적 가이드라인을 준수해야 한다. 특히, ChatGPT를 사용자의 필요에 맞게 설계하고 제공해야 한다. 사용자의 의견을 수렴하고 사용자 경험을 중요시하는 설계 방향을 지향하여 더 유용하고 사용자 친화적인 서비스를 제공해야 한다.

ChatGPT의 비즈니스 적용 시 보안 및 개인정보 보호 고려 사항

- 투명성과 공정성: ChatGPT의 동작 방식과 의사 결정 과정을 투명하게 공개해야 함. 사용자는 모델이 어떻게 작동하고 응답을 생성하는지 이해할 수 있어야 함. 또한 모델의 학습 데이터와 바이어스에 대한 공정성을 확인해야 함.
- 개인정보 보호: ChatGPT와의 상호작용 중에 사용자의 개인정보를 적절히 보호해야 함. 모델은 사용자의 민감한 정보를 저장하거나 불법적으로 사용해서는 안 됨. 개인정보 처리와 보호에 관련된 법규와 규정을 준수해야 함.
- 바이어스와 차별성: ChatGPT는 학습 데이터에 포함된 바이어스를 학습할 수 있음. 따라서 모델의 응답에 잠재적인 차별성이나 편향이 발생할 수 있음. 이에 대한 모니터링과 대응을 통해 모델의 공정성을 유지해야 함.
- 악용 방지: ChatGPT는 인공지능 기술을 기반으로 작동하므로 악용될 수 있는 위험성이 있음. 모델을 사용하여 스팸, 사이버 습격, 사기 등의 부정한 목적을 위한 행위를 방지하기 위해 보안 대책을 강화하고 법적 규제를 준수해야 함.
- 긍정적인 영향 극대화: ChatGPT를 사용하여 사회적, 경제적, 환경적 가치를 극대화할 수 있는 방향으로 활용해야 함. 모델의 적절한 사용과 활용을 통해 사회적 이익을 추구하고 공공의 이익을 증진할 수 있음.

- 윤리 위원회나 감독 기구의 구성: ChatGPT의 개발 및 운영에 관여하는 조직은 윤리적인 측면을 고려하기 위해 윤리 위원회나 감독 기구를 구성할 수 있음. 이를 통해 모델의 개발과 사용에 대한 윤리적인 검토와 지침을 마련할 수 있음.
- 사용자 교육과 인식 제고: ChatGPT를 사용하는 사용자들에게 모델의 한계와 적절한 사용 방법에 대한 교육을 제공해야 함. 인공지능 기술의 한계와 잠재적인 윤리적 문제에 대한 인식을 높이는 것이 중요함.

ChatGPT를 비즈니스 과제에 적용할 때 앞에서 살펴본 사항들을 고려하여 적절한 문제 도출과 구현을 진행해야 한다. 각 과제에 따라 다른 접근 방식이 필요할 수 있으므로, 문제를 명확하게 정의하고 필요한 리소스와 전문성을 확보하는 것이 중요하다.

3. 인공지능기술과 공공(행정)비즈니스 혁신

가. 행정혁신에 미치는 영향과 중요성

인공지능이 행정혁신에 미치는 영향은 현재와 미래의 공공 서비스 제공에 큰

영향을 미칠 것으로 예상된다. 이를테면 데이터 분석, 자동화, 의사결정 지원, 개인화된 서비스 등 다양한 측면에서 인공지능의 활용은 행정 부문의 효율성과 품질을 향상할 수 있다. 또한 공공과 시민간 관계의 활성화

에 영향을 미칠 것이다.[3] 이에 따라 인공지능 기술을 행정혁신에 적절하게 도입하고 활용하는 것이 중요한 전략적 과제이다. 인공지능이 행정혁신에 미치는 영향과 중요성을 예시하면 다음과 같다.

1) 업무 자동화: 자동화된 프로세스는 인공지능 기술이 공공(행정)비즈니스 혁신에 가장 일반적으로 활용되는 영역 중 하나이다. 인공지능 기술을 활용하여 반복적이고 규칙적인 행정업무를 자동화할 수 있다. 즉, 다양한 부서와 업무에서 반복적이 규칙적인 업무들은 인공지능 기술을 통해 자동화될 수 있다. 가령, 공공(행정)부서에서는 문서 처리, 데이터 입력, 검색, 정리, 보고서 작성 등과 같은 작업을 자동화할 수 있다. 이를 통해 많은 시간과 인력 등 행정비용을 절약할 수 있으며, 업무 효율성을 대폭 향상할 수 있다. 특히, 자동화된 프로세스의 장점은 다음과 같다. ①작업 효율성 향상: 반복적이고 규칙적인 작업을 자동화하면 인력 및 시간을 절약할 수 있다. 인공지능 기술을 활용하면 정확성과 속도가 향상되어 업무처리가 빠르고 효율적으로 이루어진다. ②인간 에러 감소: 사람에 의한 작업은 실수가 발생할 수 있지만, 인공지능은 일관되고 정확한 결과를 제공한다. 이를 통해 인간 에러를 최소화하고 작업의 정확성을 향상할 수 있다. ③자원 활용 최적화: 자동화된 프로세스는 인력을 보다 전략적이고 가치 있는 작업에 할당할 수 있게 해준다. 반복적이고 지루한 작업을 자동화함으로써 공공(행정)부서의 인력을 더 가치 있는 업무에 투입할 수 있다. ④일관성과 표준화: 자동화된 프로세스는 일관성과 표준화를 제공할 수 있다. 인공지능은 규칙과 정책을 일관되게 적용하고, 데이터 분석을 통해 일관된 결과를 도출할 수 있다. 그러나 자동화된 프로세스를 도입할 때 몇 가지 고려해야 할 사항이 있다. 첫째, 자동화가 가능한 작업인지를 평가해야 한다. 일부 작업은 사람의 판단이 필요하거나 복잡한 상황에 대처해야 하는 경우가 있기에 자동화하기 어려울 수 있다. 둘째, 데이터의 품질과 보안을 고려해야 한다. 자동화된 프로세스는 데이터를 기반으로 작업을 수행하기 때문에

---

3) https://www.midas-pr.com/3-ways-artificial-intelligence-will-impact-public-relations/

정확하고 신뢰할 수 있는 데이터가 필요하다. 또한 개인정보와 같은 민감한 데이터는 적절한 보안 및 개인정보 보호 대책을 마련해야 한다.

2) 데이터 분석과 예측: 데이터 분석과 예측은 행정혁신을 위해 매우 중요한 도구로 활용될 수 있다. 이를 통해 정확한 정보와 통찰력을 얻고, 효율성과 품질을 개선하며, 시민 서비스를 발전시킬 수 있다. 인공지능은 대량의 데이터를 신속하게 분석하고 패턴을 식별할 수 있다. 이를 활용하여 행정 부문에서 데이터 기반의 의사결정을 지원하고 예측 모델을 구축할 수 있다. 이는 효율적이고 효과적인 정책 수립과 예산 할당에 도움을 줄 수 있다. 데이터 분석과 예측이 행정혁신에 어떻게 영향을 미치는지 다음과 같이 예시할 수 있다.

데이터 분석과 예측이 행정에 미치는 영향

- 정책 수립 및 평가: 데이터 분석과 예측은 정부나 행정 기관이 채택하는 정책에 대한 평가와 예측을 가능하게 함. 과거 데이터와 통계 모델을 기반으로 예측을 수행하고 정책의 효과를 예측하는 것은 미래에 대한 전략적인 결정을 내리는 데 도움이 됨.
- 자원 할당 및 예산 관리: 데이터 분석은 행정 기관이 가진 자원을 효율적으로 관리할 수 있도록 도와줌. 예산 할당, 프로젝트 우선순위 설정, 리소스 배분 등에서 데이터를 기반으로 한 분석은 효율성과 효과성을 높여줌.
- 시민 서비스 개선: 데이터 분석과 예측은 시민 서비스의 개선에 중요한 역할을 함. 예를 들어, 행정 기관은 과거 데이터를 활용하여 시민들의 요구 사항을 파악하고 개인화된 서비스를 제공할 수 있음. 데이터를 분석하여 공공 서비스의 품질을 개선하고 시민 만족도를 높일 수 있음.
- 위험 예측과 예방: 데이터 분석과 예측은 위험 예측과 예방에도 활용될 수 있음. 예를 들어, 범죄 예방을 위해 데이터 분석을 통해 범죄 발생 패턴을 파악하고 효과적인 대응 전략을 수립할 수 있음. 또한 재난 예측과 관련된 데이터 분석은 예방 조치를 취하고 효과적인 대응을 할 수 있는 기반을 제공함.
- 투명성과 감사: 데이터 분석은 행정 기관의 운영과 결정 과정을 투명하게 만드는 데 도와줌. 데이터를 분석하고 결과를 시각화하면 정부나 행정 기관의 업무를 감사하고 투명하게 보여줄 수 있음.

3) 개인화된 서비스 제공: 인공지능 기술은 다양한 데이터의 수집과 분석의 바탕에서 개인의 특성, 취향, 선호도 등을 이해하고 이를 기반으로 개인에게 맞춤화된 서비스를 제공할 수 있다. 즉 사용자의 특성과 선호도를 파악하여 개인화된 서비스를 제공할 수 있다. 이처럼 행정 부문에서는 개인의 요구에 맞는 서비스를 제공함으로써 공공 서비스의 품질과 만족도를 향상할 수 있다. 개인화된 서비스의 중요성은 다음과 같은 측면에서 확인할 수 있다. 첫째, 개인 경험의 향상이다. 인공지능은 개인의 과거 행동 패턴, 선호도, 관심사 등을 학습하고 기록한다. 이를 통해 개인에게 맞춤화된 추천, 정보제공, 가이드, 상담 등의 서비스를 제공할 수 있다. 개인의 요구에 최적화된 서비스는 편의성과 만족도를 높여준다. 둘째, 효율적인 자원 활용이다. 개인화된 서비스는 자원의 효율적인 활용을 도모한다. 인공지능은 개인의 특성과 필요에 맞게 리소스를 할당하고 우선순위를 설정하는 데 도움을 준다. 이를 통해 공공기관은 제한된 자원을 최적화하여 효율성을 극대화할 수 있다. 셋째, 참여와 만족도 향상이다. 개인화된 서비스는 개인의 참여와 참여도를 높여준다. 인공지능은 개인의 선호도와 관심사를 파악하여 이를 바탕으로 참여기회를 제공하거나 개인의 관심 분야에 대한 정보를 제공한다. 이는 개인의 참여와 참여 동기를 높이며, 서비스에 대한 만족도를 향상한다. 넷째, 개인 정보 보호와 투명성이다. 개인화된 서비스 제공 시 개인정보의 수집과 활용에 대한 이슈가 발생할 수 있다. 이를 위해 공공기관은 개인 정보 보호에 대한 엄격한 기준을 마련하고 투명성을 제공해야 한다. 개인정보 수집 목적, 활용 방법, 보안 조치 등에 대한 명확한 설명과 동의 절차를 마련하여 개인의 정보 보호와 개인의 권리를 존중해야 한다. 개인화된 서비스는 개인의 특성과 요구에 집중하여 행정기관이 시민들에게 더 나은 경험과 가치를 제공할 수 있도록 도와준다. 그러나 동시에 개인 정보 보호와 윤리적 고려 사항에 신경을 써야 하며, 공공기관은 이를 고려한 적절한 정책과 지침을 마련하여 인공지능을 효과적으로 활용할 필요가 있다.

4) 효율적인 의사소통: 행정에서의 효율적인 의사소통은 업무의 원활한 진행과 조직 간의 협력을 강화하는 데 중요하다. 인공지능 기술은 다음과 같은 방법으

로 행정에서 효율적인 의사소통을 지원할 수 있다. 자연어 처리 기술을 활용한 인공지능은 행정 부문에서의 의사소통을 간소화하고 개선할 수 있다. ChatGPT와 같은 자연어 처리 기술을 활용하여 공공부문에서의 문의 응답, 상담, 안내 등을 자동화하고 효율적으로 처리할 수 있다. 첫째, 자동화된 업무처리를 강화한다. 인공지능 기술은 반복적이고 규칙적인 업무를 자동화하여 행정업무의 효율성을 높일 수 있다. 예를 들어, 자동화된 이메일 응답 시스템이나 업무 프로세스 자동화 도구를 통해 업무처리 시간을 단축할 수 있다. 둘째, 즉각적인 응답과 정보제공이 가능하다. 인공지능 챗봇이나 가상 Assistant를 통해 직원들은 실시간으로 필요한 정보를 얻을 수 있고, 질문에 대한 즉각적인 응답을 받을 수 있다. 이는 업무의 원활한 진행을 돕고 응대 시간을 단축한다. 셋째, 데이터 분석과 시각화이다. 인공지능 기술은 대량의 데이터를 분석하고 시각화하여 의사소통에 활용할 수 있다. 가령, 데이터 마이닝 기술을 통해 정책 수립에 필요한 정보를 추출하거나 시각화 도구를 사용하여 데이터를 직관적으로 이해할 수 있다. 넷째, 협업과 지식 공유를 활성화한다. 인공지능 기술은 행정 조직 내에서의 협업과 지식 공유를 강화하는 데 도움을 준다. 가령, 지식 베이스 시스템이나 협업 플랫폼을 통해 직원들은 지식을 공유하고 업무 협업을 원활하게 진행할 수 있다. 이러한 방식으로 인공지능 기술은 행정에서의 효율적인 의사소통을 지원하여 업무의 효율성을 높이고 조직 간 협력을 강화할 수 있다.

5) 결정 과정의 투명성과 공정성: 행정에서의 결정 과정의 투명성과 공정성은 정부와 시민 간의 신뢰를 구축하고 효율적인 행정을 위해 매우 중요하다. 인공지능 기술은 다음과 같은 방법으로 행정에서의 결정 과정의 투명성과 공정성을 강화할 수 있다. 첫째, 데이터 기반 의사결정이다. 인공지능은 대량의 데이터를 분석하고 패턴을 식별하는 데 사용될 수 있다. 이를 통해 의사결정에 필요한 정량적인 근거를 제공하고 주관적인 판단을 최소화할 수 있다. 이는 결정 과정의 투명성을 높이고 공정성을 보장하는 데 도움이 된다. 둘째, 알고리즘 투명성과 해석 가능성이다. 인공지능 모델은 투명성과 해석 가능성을 갖추어야 한다. 이를 위해 AI

모델의 알고리즘과 작동 방식을 명확히 문서화하고 설명하는 노력이 필요하다. 이는 의사결정에 영향을 미치는 요인들을 이해할 수 있도록 도와주며, 결정에 관련된 책임에 대해 추적을 가능하게 한다. 셋째, 다각도 참여와 의견 수렴: 인공지능을 사용한 결정 과정에서 다양한 이해관계자들의 참여와 의견 수렴이 중요하다. 이를 위해 다양한 의견을 수집하고 개별적인 편견을 최소화하기 위한 프로세스를 구성해야 한다. 이는 결정의 공정성을 확보하고 투명성을 높이는 데 도움이 된다. 넷째, 결과의 모니터링과 검증이다. 인공지능 기술을 통해 내린 결정의 결과에 대해 지속으로 모니터링하고 검증하는 것이 중요하다. 이를 통해 결정 과정의 투명성을 제공하고 잠재적인 편향이나 오류를 탐지할 수 있다. 결과의 투명성과 공정성은 시민들의 신뢰를 증진하고 행정의 책임을 강조하는 데 도움이 된다. 이러한 방식으로 인공지능 기술은 행정에서의 결정 과정의 투명성과 공정성을 강화할 수 있다. 행정 기관은 이러한 원칙을 적용하여 의사결정 프로세스를 개선하고 시민들과의 상호작용에서 신뢰를 구축할 수 있다.

나. 공공(행정)비즈니스 목표에 맞는 사용 사례의 선택과 구현

공공(행정) 비즈니스 목표에 맞는 ChatGPT의 사용 사례를 선택하고 구현하기 위해서는 몇 가지 단계를 거쳐야 한다.

1) 목표 설정: 공공(행정) 비즈니스의 목표를 명확히 정의하고 목표에 부합하는 ChatGPT 사용 사례를 찾아야 한다. 목표는 시민 서비스 개선, 효율성 향상, 의사결정 지원 등이 될 수 있다. 공공(행정) 비즈니스의 목표 설정은 공공 서비스 제공과 시민의 복지 향상을 목표로 한다. 공공(행정) 비즈니스의 목표 설정에 대한 일반적인 절차와 주요 고려 사항은 다음과 같다. ①사회적 가치 도출: 공공(행정) 비즈니스의 목표는 사회적 가치를 창출하는 것이다. 이를 위해 현재 사회의 요구와 과제를 파악하고, 시민의 복지 향상, 공공 서비스의 효율성과 품질 향상, 사회

적 문제 해결 등의 가치를 도출해야 한다. ②정책 및 전략 수립: 사회적 가치를 달성하기 위한 정책과 전략을 수립한다. 가령 정부의 행정목표, 국가 비전 및 개발계획, 사회적 문제 해결을 위한 정책 등을 고려하여 목표를 설정한다. ③성과 지표 설정: 공공(행정) 비즈니스의 목표를 측정할 수 있는 성과 지표를 설정한다. 가령, 정부의 성과 관리 지표, 행정 서비스 만족도, 사회적 영향력 등을 고려하여 목표의 성과를 평가할 수 있도록 한다. ④이해관계자 참여: 공공(행정) 비즈니스의 목표 설정에는 이해관계자의 참여와 의견 수렴이 중요하다. 정부, 시민, 비즈니스 단체, 사회단체 등의 이해관계자들과의 소통과 협력을 통해 목표를 공동으로 설정하고 추진한다. ⑤타임프레임과 우선순위 설정: 목표 달성을 위한 일정과 우선순위를 설정한다. 시간적인 측면에서 목표를 달성할 기간을 정하고, 중요도와 긴급성에 따라 우선순위를 부여하여 진행한다. ⑥모니터링과 평가: 설정한 목표를 주기적으로 모니터링하고 평가한다. 목표의 진척 상황과 성과를 체계적으로 파악하여 필요에 따라 조정하고 개선해야 한다. 공공(행정) 비즈니스의 목표 설정은 사회적 가치 창출과 시민의 복지 향상을 위해 중요한 과정이다. 목표 설정을 통해 정부 및 공공기관은 효과적인 정책과 서비스를 제공하고, 사회적 문제의 해결에 공헌할 수 있다.

2) 요구 사항 분석: 목표에 따른 요구 사항을 분석하고 ChatGPT가 어떻게 이러한 요구 사항을 충족시킬 수 있는지 확인한다. 이 단계에서는 기능, 데이터, 보안 및 개인정보 보호 등의 요구 사항을 고려해야 한다. 공공(행정) 비즈니스의 요구 사항 분석은 공공 서비스 제공과 시민의 요구에 부응하는 방식으로 이루어져야 한다. 아래는 공공(행정) 비즈니스의 요구 사항 분석에 대한 일반적인 절차와 주요 고려 사항이다.

공공(행정) 비즈니스 목표에 맞는 ChatGPT 사용 사례

- 이해관계자 파악: 공공(행정) 비즈니스의 이해관계자를 파악함. 이해관계자는 정부, 시민, 사회단체, 비즈니스 단체 등 다양한 그룹으로 구성될 수 있음. 각 이해관계자의 요구와 욕구를 이해하고, 공공 서비스에 대한 기대를 파악함.
- 요구 사항 도출: 이해관계자와의 소통과 조사를 통해 요구 사항을 도출함. 이는 공공 서비스에 대한 기능적인 요구 사항뿐만 아니라, 편의성, 효율성, 투명성, 안전성, 공정성 등과 같은 비기능적인 요구 사항도 포함됨.
- 우선순위 설정: 도출된 요구 사항 중에서 우선순위를 설정함. 이는 공공 서비스의 중요도, 시민의 우선적인 필요, 법적 요구 사항, 예산 등을 고려하여 결정됨.
- 분석 및 설계: 요구 사항을 분석하고, 이를 기반으로 공공(행정) 비즈니스의 시스템, 프로세스, 서비스 등을 설계함. 이는 공공 서비스의 효율성과 품질 향상을 목표로 함.
- 법적 및 규제 요건 고려: 공공(행정) 비즈니스는 법적인 요건과 규제를 준수해야 함. 따라서 요구 사항 분석에는 해당 법령과 규정을 고려하여야 하며, 개인정보 보호, 정보보안, 데이터 활용 등과 같은 관련 사항을 충족해야 함.
- 이행 및 모니터링: 분석과 설계를 바탕으로 요구 사항을 이행하고, 주기적인 모니터링을 통해 요구 사항의 충족도와 성과를 평가하고, 필요한 경우 개선 및 조정함.

3) 사용 사례 식별: ChatGPT를 활용하여 공공(행정) 비즈니스에서 사용할 수 있는 다양한 사례를 식별한다. 예를 들어, 시민과의 상호 작용을 개선하기 위한 AI 기반의 가상 도우미, 자동화된 프로세스를 통한 행정업무 효율화, 데이터 분석을 통한 정책 및 의사결정 지원 등이 될 수 있다. 사례를 선택할 때는 해당 과제의 우선순위와 중요성, ChatGPT의 적용 가능성, 그리고 구현에 필요한 리소스와 기술적 요구 사항을 고려해야 한다. 또한, 구현 시에는 데이터의 정확성과 신뢰성, 보안 및 개인정보 보호, 윤리적 고려 사항을 충분히 고려하여 적절한 대책을 마련해야 한다.

공공(행정) 비즈니스 목표에 맞는 ChatGPT 사용 사례

- 청원 및 응답 시스템: 공공기관은 시민들로부터 많은 의견과 청원을 받음. ChatGPT를 활용하여 시민들의 의견을 자동으로 분석하고 키워드 및 트렌드를 파악하는 시스템을 구현할 수 있음. 이를 통해 정부가 시민들의 요구에 더 빠르고 효과적으로 대응할 수 있음.

- 온라인 상담 서비스: 정부나 공공기관은 시민들이 문의하는 내용에 대해 상담을 제공해야 함. ChatGPT를 이용하여 온라인 상담 서비스를 자동화하고, 기본적인 질문에 빠르게 답변하고 더 복잡한 문의는 상담원으로 연결하는 시스템을 구축할 수 있음.

- 법률 및 정책 분석: 정부에서 새로운 정책을 만들거나 기존 정책을 개선하기 위해 법률과 규제를 분석해야 함. ChatGPT를 활용하여 법률 및 규제 문서를 자동으로 분석하고, 관련 정보를 요약하여 정책 기획자들이 빠르게 의사결정을 할 수 있도록 도울 수 있음.

- 교육 및 훈련: 공공기관 내부에서 직원들에게 교육과 훈련을 제공해야 함. ChatGPT를 활용하여 교육 자료를 자동으로 생성하거나 직원들의 질문에 빠르게 답변하는 AI 기반의 학습 도우미를 구축하여 효율적인 교육과 훈련을 제공할 수 있음.

- 예산 관리 및 성과 분석: 정부와 공공기관은 예산을 효과적으로 관리하고 성과를 분석해야 함. ChatGPT를 활용하여 예산 관리와 성과 분석에 필요한 데이터의 수집과 분석시스템을 구축하여 정부의 효율성을 높일 수 있음.

- 고객 서비스 및 문의 응대: ChatGPT를 사용하여 공공기관의 고객들과 실시간으로 대화하고 문의에 응답하는 서비스를 구현할 수 있음. ChatGPT를 통해 자주 묻는 질문에 대한 답변을 제공하거나 고객의 개별 요청에 대응하는 기능을 개발할 수 있음. 이를 위해 ChatGPT 모델을 학습시켜 공공기관의 지침, 절차, 서비스 등에 대한 정보를 학습시킬 수 있음.

- 정책 및 규제 지원: ChatGPT를 활용하여 정책 및 규제에 관련된 질문에 대답하고 지원하는 도구를 개발할 수 있음. 가령, ChatGPT를 사용하여 정부의 정책과 규제에 대한 이해를 높이고, 개별 사례에 대한 지침을 제공하는 가상의 정책 컨설턴트를 구현할 수 있음.

- 신고 및 제보 접수: ChatGPT를 활용하여 공공기관에 대한 신고 및 제보를 접수하고 처리하는 시스템을 구축할 수 있음. ChatGPT를 사용하여 신고 접수 양식을 작성하고, 신고 내용을 분석하여 우선순위를 부여하거나 적절한 담당 부서로 라우팅하는 기능을 개발할 수 있음.

- 공공 정보 제공: ChatGPT를 사용하여 공공기관의 정보를 더욱 쉽고 효율적으로 제공하는 서비스를 구현할 수 있음. ChatGPT를 활용하여 사용자의 질문에 대한 답변을 제공하고, 관련된 공공 정보와 데이터를 검색하고 요약하여 제공할 수 있음.

4) 구현 계획 수립: 선택된 사용 사례에 대한 구현 계획을 수립한다. 구현 계획 수립은 공공(행정) 비즈니스의 효율적인 실행과 성공적인 결과 도출을 위해 중요한 단계로, 목표 달성을 위한 로드맵을 제시하고 필요한 자원과 조직의 협업을 효율적으로 관리하는 것이 핵심이다. 이 단계에서는 필요한 리소스, 기술적 요구사항, 일정 및 예산 등을 고려해야 한다. 또한 구현 단계에서는 공공(행정) 비즈니스의 특성에 맞게 보안 및 개인정보 보호 조치를 적용해야 한다.

공공(행정) 비즈니스 구현 계획 수립

- 목표 설정: 공공(행정) 비즈니스의 목표를 명확히 설정함. 이는 공공 서비스의 개선, 효율성 향상, 시민 참여 강화, 예산 절감 등과 같은 목표를 포함할 수 있음.
- 구현 전략 수립: 목표에 맞는 구현 전략을 수립함. 이는 기존의 시스템과 프로세스 개선, 새로운 기술 도입, 외부 협력 등의 방법을 고려할 수 있음.
- 자원 할당: 구현에 필요한 자원을 할당함. 이는 예산, 인력, 기술적인 인프라 등을 고려하여 결정됨.
- 일정 계획: 구현 일정을 계획함. 각각 단계별 필요한 작업과 시간을 고려하여 일정을 수립하고, 중요한 이벤트나 마일스톤을 설정함.
- 협업 및 조정: 구현에 관련된 다양한 이해관계자와 협력하고 조정함. 이는 관련 부서 및 조직 간의 협업, 외부 업체와의 협약 등을 포함할 수 있음.
- 위험 관리: 구현 과정에서 발생할 수 있는 위험을 식별하고 관리함. 이는 예상되는 문제점이나 장애 사항을 사전에 대비하고 대응책을 마련하는 것을 의미함.
- 테스트 및 검증: 구현된 시스템이나 서비스를 테스트하고 검증함. 이는 정확성, 안정성, 효율성 등을 평가하고 문제를 수정하는 과정을 포함함.
- 출시 및 전개: 구현된 공공(행정) 비즈니스를 출시하고 전개함. 이는 이용자에게 서비스를 제공하고, 필요한 경우 홍보 및 교육을 통해 시민들에게 알리는 과정임.

5) 구현 및 테스트: 공공(행정) 비즈니스의 구현 및 테스트 단계에서는 시스템의 안정성, 신뢰성, 보안성, 성능 등을 검증하고 사용자들의 요구에 맞게 조정하면서 시스템을 완성하여 사용자들에게 효과적인 서비스를 제공할 수 있도록 준비

하는 단계이다. 구현 계획에 따라 ChatGPT를 사용하여 선택된 사용 사례를 구현하고 테스트한다. 이 단계에서는 초기 버전의 시스템을 구축하고 문제를 해결하며 성능을 개선해야 한다.

공공(행정) 비즈니스 구현 및 테스트

- **시스템 구현:** 공공(행정) 비즈니스의 목표와 요구 사항에 맞게 시스템을 설계하고 구현함. 이는 소프트웨어 개발, 데이터베이스 구축, 인프라 구성 등을 포함함.
- **시험 계획 수립:** 구현된 시스템에 대한 테스트 계획을 수립함. 이는 테스트의 범위, 방법, 일정, 테스트 자원 등을 포함함.
- **단위 테스트:** 시스템의 각 구성 요소가 개별적으로 정확하게 작동하는지를 검증하는 단계로서 개별 모듈의 테스트와 디버깅이 이루어짐.
- **통합 테스트:** 단위 테스트를 통과한 모듈들을 하나로 통합하여 시스템 전체가 의도한 대로 작동하는지를 확인함.
- **시스템 테스트:** 전체 시스템의 기능과 성능을 검증하는 단계로, 예상되는 실제 환경에서의 사용을 모방하여 테스트함.
- **성능 테스트:** 시스템이 정해진 성능 목표를 충족하는지를 확인함. 이는 시스템의 응답 시간, 처리량, 확장성 등을 측정함.
- **보안 테스트:** 시스템의 보안 취약점을 확인하고, 적절한 보안 대책을 시험함.
- **사용자 테스트:** 실제 사용자들이 시스템을 사용하며 피드백을 제공하는 단계로서 사용자의 요구 사항을 충족시키고, 사용자 편의성을 개선하기 위해 반영됨.
- **운영 준비:** 테스트를 통과한 시스템을 운영할 준비를 함. 이는 사용자 교육, 데이터 이관, 백업 및 복구 전략 등을 포함함.

---

6) **평가 및 개선:** 공공(행정) 비즈니스의 평가 및 개선은 사용자들의 요구와 기대를 충족시키고, 시스템의 효율성과 품질 향상에 중요한 역할을 한다. 지속적인 개선을 통해 공공(행정) 비즈니스의 성과와 만족도를 높일 수 있도록 ChatGPT 시스템을 평가하고 사용자 피드백을 수집하여 개선점을 파악한다. 이를 통해 시스템을 계속해서 개선하고 최적화할 수 있다. 공공(행정) 비즈니스의 평가 및 개선

은 다음과 같은 단계로 이루어질 수 있다.

공공(행정) 비즈니스 구현 및 테스트

- 평가 계획 수립: 평가의 목적과 범위, 평가 방법 등을 포함하는 평가 계획을 수립함. 평가의 목표는 시스템의 성능, 효율성, 품질, 사용자 만족도 등을 평가할 수 있음.
- 평가 수행: 평가 계획에 따라 평가를 수행함. 사용자들에게 설문조사를 실시하거나 시스템 로그를 분석하는 등의 방법으로 시스템의 성능과 사용자 경험을 평가함.
- 평가 결과 분석: 평가 결과를 분석하여 문제점과 개선 가능성을 파악함. 시스템의 성능 저하, 사용자들의 불만족 요인 등을 확인함.
- 개선 계획 수립: 평가 결과를 바탕으로 개선 계획을 수립함. 문제점을 해결하고 성능 향상 방안을 구체적으로 계획함.
- 개선 구현: 개선 계획에 따라 시스템을 개선함. 소프트웨어 업데이트, 하드웨어 갱신, 사용자 교육 등을 통해 개선을 진행함.
- 개선 테스트: 개선된 시스템에 대해 테스트를 수행함. 기존의 문제점이 해결되었는지, 성능이 향상되었는지 등을 확인함.
- 사용자 피드백 수집: 사용자들로부터 개선된 시스템에 대한 피드백을 수집함. 사용자들의 만족도를 파악하고 추가적인 개선이 필요한지 확인함.
- 지속적인 개선: 평가 및 개선을 지속으로 반복함. 사용자들의 요구와 환경의 변화에 맞추어 시스템을 개선하여 공공(행정) 비즈니스가 끊임없이 발전하도록 함.

7) 확대 및 보급: 공공(행정) 비즈니스의 확대 및 보급은 다양한 방법과 절차를 통해 이루어질 수 있다. 초기 구현이 성공적으로 평가되면 ChatGPT를 더 많은 부서나 공공(행정) 영역에 확대하고 보급할 수 있다. 이 단계에서는 학습 데이터의 확장, 성능 향상을 위한 추가 개발, 보안 및 개인정보 보호 강화 등이 필요할 수 있다. 일반적인 확대 및 보급 절차는 다음과 같이 진행된다. ①수요 분석: 공공(행정) 비즈니스를 확대하고 보급하기 위해 수요를 분석한다. 공공 서비스가 필요한 대상자들의 수요와 요구 사항을 파악하는 과정이다. 수요 분석을 통해 어떤 공공 서비스가 필요하고 어떤 지역 또는 분야에서 확대가 필요한지를 판단할 수 있다.

②비즈니스모델 개발: 수요 분석을 바탕으로 공공(행정) 비즈니스의 확대를 위한 적절한 비즈니스모델을 개발한다. 이는 수요를 충족시킬 수 있는 서비스 형태, 운영 방식, 수익 모델 등을 고려하여 설계하는 단계이다. ③홍보 및 마케팅: 개발된 비즈니스모델을 대중에게 알리고 홍보하기 위해 적절한 홍보 및 마케팅 전략을 수립한다. 이는 온라인 및 오프라인 채널을 활용하여 대상자들에게 비즈니스의 가치와 혜택을 전달하고 관심을 유발하는 활동을 수행하는 것을 포함한다. ④제휴 협력 확보: 확대 및 보급을 위해 다양한 제휴 협력을 추진한다. 관련 기관, 단체, 기업 등과의 협력을 통해 리소스 공유, 서비스 제공, 지원 프로그램 등을 협력하여 비즈니스의 확장을 지원할 수 있다. ⑤지원 및 교육 프로그램: 공공(행정) 비즈니스의 확대 및 보급을 위해 대상자들에게 지원 및 교육 프로그램을 제공한다. 이는 서비스 이용 방법, 혜택 설명, 문의 사항에 대한 지원 등을 포함하며, 대상자들이 서비스를 쉽고 효과적으로 활용할 수 있도록 돕는 역할을 한다. ⑥모니터링 및 평가: 확대 및 보급된 공공(행정) 비즈니스의 성과를 지속으로 모니터링하고 평가한다. 이는 서비스 이용 현황, 고객 만족도, 효과성 등을 평가하여 개선 방안을 도출하고 지속적인 성장을 위한 전략을 수립하는 것을 의미한다. 이러한 절차를 따르면 공공(행정) 비즈니스에 맞는 ChatGPT 사용 사례를 선택하고 구현할 수 있다. 중요한 점은 사용 사례 선택과 구현 과정에서 고려 사항을 유의해야 한다.

다. 인공지능 기술의 공공(행정) 업무 활용에서 고려 사항

공공(행정) 업무에서 인공지능 기술을 활용하기 위해서는 몇 가지 고려 사항이 있다. 이러한 고려 사항은 데이터, 윤리, 투명성, 안전성 등을 포함한다. 아래에는 인공지능 기술의 공공(행정) 업무 활용 시 고려해야 할 주요 사항이다.

1) 데이터 보안과 개인정보 보호: 인공지능 기술은 대량의 데이터가 요구되므로 데이터 보안과 개인정보 보호는 매우 중요하다. 공공(행정) 업무에서는 개인정보 보호법과 관련 법규를 준수하고, 데이터의 수집, 저장, 처리, 공유에 있어서 보안을 강화해야 한다. 공공(행정) 부서는 시민들의 개인정보를 처리하고 다양한 데이터를 보유하고 있기에 이를 적절히 관리하고 보호해야 한다. 아래는 데이터 보안과 개인정보 보호를 위한 주요 고려 사항이다.

데이터 보안과 개인정보 보호의 고려 사항

- 데이터 보안 강화: 공공(행정) 부서는 데이터 보안을 강화해야 함. 이를 위해 데이터 암호화, 접근 제어, 네트워크 보안, 백업 및 복원 등의 기술과 절차를 도입하여 데이터의 안전성을 확보해야 함.

- 개인정보 보호법 준수: 개인정보 보호법과 관련된 법규를 준수해야 함. 개인정보 수집, 처리, 보관, 이용, 제공 등의 과정에서 법적 요건을 준수하고, 시민들의 개인정보를 적법하게 보호해야 함.

- 데이터 접근 및 사용 제한: 인공지능 기술에 사용되는 데이터에는 다양한 민감한 정보가 포함될 수 있음. 이에 따라 데이터에 접근하고 사용하는 권한을 제한하여 인가되지 않은 접근과 오용을 방지해야 함.

- 익명화 및 데이터 마스킹: 개인정보를 식별할 수 없도록 익명화하거나 적절한 데이터 마스킹 기술을 적용할 수 있음. 이를 통해 개인정보의 노출을 최소화하고 데이터의 활용 가능성을 유지할 수 있음.

- 외부 업체와의 계약 관리: 데이터 보안 및 개인정보 보호를 위해 외부 업체와의 계약 관리를 철저히 해야 함. 외부 업체와의 데이터 공유 및 처리에 관한 규정과 보안 조치를 명확히 정의하고 이행해야 함.

- 사전 평가와 감사: 데이터 보안 및 개인정보 보호를 위한 사전 평가 및 정기적인 감사를 수행해야 함. 이를 통해 잠재적인 보안 위험을 사전에 파악하고, 보안 조치의 효과성을 검토하여 필요한 개선이 요구됨.

2) 편향성과 공정성: 인공지능 모델은 학습 데이터에 기반하여 작동하므로, 편향성이 발생할 수 있다. 공공(행정) 업무에서는 인공지능 모델의 편향성을 최소화하기 위해 공정하고 다양한 데이터를 사용하고, 편향 검토 및 보완 절차를 도입해야 한다. 편향성과 공정성에 대한 고려는 공공(행정) 업무의 신뢰성과 정당성을 확보하는 데 중요한 역할을 한다. 이를 통해 모든 시민이 공평하고 공정한 대우를 받을 수 있는 환경을 조성할 수 있다.

편향성과 공정성에 대한 고려 사항

- 데이터 품질과 다양성: 인공지능 모델을 훈련하기 위해 사용되는 데이터는 다양하고 대표성이 있어야 함. 단일한 관점이나 특정 그룹에 편향되지 않도록 데이터를 선별하고 수집하는 데 주의해야 함.
- 알고리즘 편향성 검토: 인공지능 모델은 훈련 과정에서 알고리즘의 편향성을 흡수할 수 있음. 이를 방지하기 위해 모델의 예측 결과를 정기적으로 검토하고 편향된 패턴이나 편견이 있는지 확인해야 함.
- 공정한 의사결정 프로세스: 인공지능을 사용하여 의사결정을 내리는 경우, 이를 수행하는 과정을 투명하게 공개하고 관련 이해관계자들과의 협의를 통해 공정성을 확보해야 함. 이를 통해 의사결정에 영향을 받는 개인이나 그룹이 불리한 대우를 받지 않도록 해야 함.
- 알고리즘 편향 보정: 편향이 발견되면 알고리즘을 수정하거나 보정(補正)하는 과정을 거쳐야 함. 이를테면 성별이나 인종과 관련된 편향을 보완하기 위해 추가 데이터를 사용하거나 편향 보정 알고리즘을 적용할 수 있음.
- 외부 감사 및 규제: 공공(행정) 부서는 외부 감사와 규제에 대한 협력을 강화해야 함. 3자(Third Party)에 의한 독립적인 감사 및 검증을 통해 편향성과 공정성 문제를 식별하고 개선할 수 있음.

3) 의사결정의 투명성과 해석 가능성: 인공지능 알고리즘의 의사결정 과정은 투명해야 하며, 결과를 해석할 수 있어야 한다. 공공(행정) 업무에서는 인공지능 모델의 동작 원리와 의사결정 근거를 설명할 수 있어야 하며, 의사결정 결과에 대한 이해관계자들의 신뢰를 유지해야 한다. 여기서 의사 결정의 투명성은 의사

결정 과정과 결과에 대한 정보의 공개와 열린 토론을 의미한다. 이는 의사결정을 하는 주체가 자신의 판단이나 이유를 명확하게 설명하고, 해당 정보에 접근할 수 있는 모든 이들에게 공개하는 것을 의미한다. 이를 통해 다른 이해관계자들은 의사결정의 근거와 의도를 파악하고, 그에 따라 투명한 평가와 피드백을 제공할 수 있다. 또한 해석 가능성은 인공지능 모델의 의사 결정 과정을 이해하고 설명할 수 있는 능력을 말한다. 인공지능 모델이 어떻게 작동하는지, 어떤 특성을 고려하여 결과를 도출했는지 이해할 수 있는 것이 중요하다. 이를 통해 모델이 어떤 근거로 의사결정을 내렸는지 이해하고, 필요한 경우 모델의 동작을 개선하거나 수정할 수 있다. 이처럼 의사결정의 투명성과 해석 가능성은 공정성과 신뢰성을 강화하고, 이해관계자들의 참여와 협력을 촉진한다. 이를 통해 비판적 사고와 책임 있는 의사결정을 장려하고, 실수나 편향성을 예방하며 투명한 의사결정 문화를 형성할 수 있다.

4) 윤리적 고려 사항: 인공지능 기술은 인간의 가치와 권리를 존중해야 한다. 즉 인간 중심적 설계와 개발을 통해 인간의 복지와 행복을 증진하는 방향으로 나아가야 한다. 이러한 맥락에서 공공(행정) 업무에서 인공지능 기술을 적용할 때 아래와 같이 윤리적인 측면을 고려해야 한다. 이는 인공지능의 목적에 따른 사회적 영향, 공정성, 공익성 등을 고려하여 적절한 활용 방안을 수립하는 것을 의미한다.

윤리적 고려 사항

- 개인정보 보호: 인공지능 기술은 대량의 데이터를 활용하여 의사결정을 내림. 이때 수집된 개인정보의 보호와 적절한 데이터 처리 방침이 필요함. 개인정보 보호법과 관련 법규를 준수하고, 데이터의 수집 및 저장, 분석 시 개인정보 보호에 충실해야 함.
- 편향성 대처: 인공지능 모델은 학습 데이터에 따라 편향될 수 있음. 특정 인종, 성별, 나이 등에 대한 편향된 결과를 내놓을 수 있으며, 이는 공공(행정) 분야에서는 공정성과 차별 없는 의사결정에 부정적인 영향을 미칠 수 있음. 편향성을 감지하고 완화하기 위한 알고리

즘과 절차를 도입하여 공정한 의사결정을 지향해야 함.

- 의사결정의 설명 가능성: 인공지능 모델이 내린 의사결정에 관한 설명 가능성이 중요함. 투명성과 해석 가능성을 확보하기 위해 의사결정을 내리는 기준, 로직, 추론 과정 등을 설명하고, 사용자와 이해관계자들이 인공지능 모델의 의사결정에 대해 이해하고 신뢰할 수 있도록 해야 함.
- 윤리적 가치 및 규범 준수: 공공(행정) 분야에서는 법적, 윤리적 규정 및 가치에 따라 의사결정을 해야 함. 이에 따라 인공지능 기술의 적용은 사회적 가치와 규범을 고려하여 이루어져야 함.
- 사회적 영향 평가: 인공지능 기술의 도입은 사회에 큰 영향을 미칠 수 있음. 이를 위해 사회적 영향을 사전에 평가하고, 투명하고 협력적인 의사 결정 과정을 구축해야 함. 이를 통해 관련 이해관계자들의 참여와 피드백을 수렴하여 사회적 영향을 최대한 고려한 결정을 내릴 수 있음.
- 알고리즘의 공정성과 안전성: 인공지능 기술을 사용할 때는 알고리즘의 공정성과 안전성을 확인해야 함. 알고리즘의 동작 원리, 입력 데이터에 대한 처리 방식, 의사결정에 영향을 미치는 요소 등을 검토하여 공정하고 안전한 의사결정을 지원할 수 있도록 해야 함.
- 사전 예측 및 대응: 인공지능 기술의 적용은 예측할 수 없는 결과를 초래할 수 있음. 이를 위해 사전에 가능한 부작용, 오류, 의사결정의 잠재적인 문제 등을 예측하고 이에 대응할 방법을 마련해야 함. 이를 통해 잠재적인 문제를 최소화하고, 신속하고 적절한 대응 조치를 취할 수 있음.

5) 인적 역량과 교육: 인공지능 기술을 활용하기 위해서는 공공(행정) 부서 내에 인력 역량이 필요하다. 관련 직원들은 인공지능 기술에 대한 이해와 활용 능력을 갖추어야 하며, 지속적인 교육과 역량 강화가 필요하다. 첫째, 기술 역량이다. 인공지능과 관련된 기술 역량은 기술 개발과 적용을 위해 필요하다. 이는 프로그래밍, 데이터 분석, 머신러닝 등과 같은 기술적 지식과 기술 도구의 이해와 사용을 포함한다. 이러한 기술 역량은 실질적인 업무 수행과 문제해결에 도움이 된다. 둘째, 문제해결 능력이다. 인공지능을 활용한 비즈니스나 조직 내의 문제를 해결하기 위해서는 문제해결 능력이 필요하다. 이는 복잡한 상황에서 문제를 정확하게 이해하고 분석하며, 창의적인 해결책을 도출하는 능력을 의미한다. 효과적인

문제해결 능력은 업무의 효율성과 성과에 직결된다. 셋째, 커뮤니케이션 및 협업 능력이다. 인공지능 기술을 활용한 프로젝트나 업무에서는 효과적인 커뮤니케이션과 협업 능력이 필요하다. 이는 다른 팀원들과의 원활한 소통, 아이디어 공유, 문제해결을 위한 협력 등을 포함한다. 좋은 커뮤니케이션과 협업 능력은 팀의 성과를 향상하고 프로젝트의 성공을 끌어낸다. 넷째, 학습 및 적응 능력이다. 인공지능과 기술의 발전은 지속적인 변화와 혁신을 가져온다. 따라서 개인과 조직은 끊임없이 학습하고 적응해야 한다. 새로운 기술과 도구를 습득하고 변화에 능동적으로 대처하는 능력은 인적 역량의 중요한 부분이다. 이러한 인적 역량을 발전시키기 위해 지속적인 교육과 개발이 필요하다. 이는 전문 교육 프로그램, 온라인 자습 자료, 직무 교육, 워크숍 등을 통해 개인들은 기술 역량, 문제 해결 능력, 커뮤니케이션 및 협업 능력, 학습 및 적응 능력을 향상할 수 있다. 또한 조직은 내부 교육 프로그램, 외부 교육 제공자와의 협력, 팀 간의 지식 공유 및 협업 활동 등을 통해 인적 역량을 강화할 수 있다.

6) 협업과 이해관계자 관리: 인공지능 기술의 도입은 다양한 이해관계자 간 협업이 필요하다. 이는 내부적으로 조직 구성원들 간의 협업뿐만 아니라 외부 이해관계자들과의 소통과 협력을 의미한다. 협업과 이해관계자 관리는 성공적인 프로젝트 및 비즈니스 운영을 위해 중요한 요소다. 다양한 이해관계자들과의 원활한 협업과 관계 관리는 상호 간의 이해와 신뢰를 구축하고 목표 달성을 위한 핵심 요소 공공(행정) 업무에서는 이해관계자들과의 관계를 철저히 관리하고, 의견 수렴과 피드백을 수용해야 한다. 첫째, 협업은 다양한 팀원들 간의 효율적인 소통과 협력을 의미한다. 효과적인 협업을 위해서 명확한 역할과 책임의 분담, 열린 소통과 의사결정, 작업 일정 및 목표의 공유가 필요하다. 또한 상호 간 존중과 신뢰를 기반으로 한 건강한 팀 문화를 구축하는 것이 중요하다. 둘째, 이해관계자 관리: 프로젝트나 비즈니스에는 다양한 이해관계자들이 포함될 수 있다. 이해관계자 관리는 이해관계자들의 요구와 기대를 이해하고, 그들과의 상호작용을 효과적으로 관리하는 것을 의미한다. 이를 위해 이해관계자들과의 대화와 회의, 정보 공유 및

업무 협조를 체계적으로 수행해야 한다. 또한 이해관계자들의 우려와 요구를 고려하여 적절한 대응 조치를 취해야 한다. 셋째, 커뮤니케이션은 협업과 이해관계자 관리에 있어서 핵심적인 요소다. 명확하고 효과적인 커뮤니케이션을 통해 정보의 공유와 의사소통을 원활하게 할 수 있다. 이를 위해 정기회의, 이메일이나 채팅을 통한 대화, 문서화 된 업무 계획 및 보고서 등을 활용하여 필요한 정보를 공유하고 의사결정을 내릴 수 있다. 넷째, 협업과 이해관계자 관리 과정에서 갈등이 발생할 수 있다. 이러한 갈등을 효과적으로 관리하기 위해서 갈등의 원인을 분석하고, 대화와 협상을 통해 해결책을 찾는 것이 중요하다. 이때 객관적이고 중립적인 입장을 견지하면서 모든 이해관계자의 의견을 존중하고 공정한 해결을 도모해야 한다. 다섯째, 협업과 이해관계자 관리에서 리더십 역할이 중요하다. 리더는 팀원들을 이끄는 데 있어서 비전과 목표를 제시하고, 역할과 책임을 분명하게 지정하며, 팀원들을 지원하고 동기를 부여해야 한다. 또한 리더는 이해관계자들과의 관계를 관리하고 이해관계자들이 참여하고 몰입할 수 있는 환경을 조성해야 한다.

제6장

ChatGPT 정체성: 의미와 특성

1. ChatGPT의 이해와 특성

2. ChatGPT의 의미와 가치

3. ChatGPT의 맥락과 특성

제6장

ChatGPT의 정체성: 의미와 특성

"AI의 발전은 마이크로프로세서, 개인용 컴퓨터, 인터넷, 스마트폰의 탄생만큼 근본적이다. AI의 등장으로 인해 사람들이 일하고, 배우며, 여행하고, 건강 관리를 받고, 서로 소통하는 방식이 바뀔 것이다. 모든 산업이 AI를 중심으로 방향을 바꿀 것이다. 기업은 AI 기술을 얼마나 잘 사용하느냐에 따라 차별화될 것이다." −Billgate(Microsoft 창업자)

1. ChatGPT의 이해와 특성

ChatGPT는 인간의 대화 상대로서 인공지능기술의 산물이다. 인간의 언어(말)로 기계에 일을 시킬 수 있는 시대를 살고 있다. 마치 지식이 풍부한 인간(만물박사)과 대화하는 것과 유사한 경험을 제공한다. ChatGPT는 사용하는 사람들이 적절하게 활용하여 다양한 목적으로 활용할 수 있다. 따라서 ChatGPT의 정체성은 사용자와 개발자의 의도와 목적에 따라 다양하게 변할 수 있다. 이를 이해하고 적절히 활용함으로써 ChatGPT는 다양한 분야에서 유용한 도구로 사용될 수 있다.

ChatGPT가 주목받는 이유는 기존 AI챗봇과 기능·기술·성능 면에서 커다란 차이가 있기 때문이다. 기존 챗봇에 적용한 알고리즘 학습법부터 다르다. 이전보다 수준 높고 새로운 기능을 갖췄다. 가령 ChatGPT는 사용자가 전제가 잘못된 질문을 하면 이를 꼬집는다. 반대로 사용자가 답을 잘못했다고 하면 이를 인정하기도 한다. 어떤 질문이든 물으면 술술 대답한다. 이를 두고 BBC, 가디언 등 외신들은 "가장 대화할 만한 AI챗봇"이라고 평가했다. 아직 완벽하지 않지만, 성능의 경우 오픈AI에 따르면 GPT4가 미국 변호사 시험(UBE, Uniform Bar Exam)을 상위 10%로 통과하고, 생물학 올림피아드에서 상위 1%의 성적을 거두어 기존 ChatGPT를 압도하는 성능을 보여줬다. SAT 수학 시험에서 만점에 가까운 점수를 얻었으며 이제 대부분의 프로그래밍 언어로 컴퓨터 코드를 능숙하게 작성할 수 있다. 불가능하게만 느껴졌던 AGI(범용 인공지능) 시대가 머지않아 다가올 가능성이 높아졌다. 물론 넘어야 할 산도 있다. 오픈AI도 공식 블로그에서 인정했듯 워낙 답변을 잘하다 보니 틀린 답을 할 경우, 사용자가 이를 알아채지 못하면 사실로 인식할 수 있다는 점이다.

가. ChatGPT와 정체성

생성형 AI, ChatGPT는 GPT(Generative Pre-trained Transformer) 아키텍처를 기반으로 다양한 자연어 이해 및 생성 작업을 수행할 수 있는 대화 모델이다. 여기서 생성이란 텍스트나 이미지, 음악, 비디오 같은 콘텐츠를 생성하는 인공지능으로 딥러닝 기술로, 방대한 수량의 데이터를 분석해

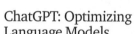

ChatGPT: Optimizing Language Models for Dialogue

We've trained a model called ChatGPT which interacts in a conversational way. The dialogue format makes it possible for ChatGPT to answer followup questions, admit its mistakes, challenge incorrect premises, and reject inappropriate requests. ChatGPT is a sibling model to InstructGPT, which is trained to follow an instruction in a prompt and provide a detailed response.

새로운 콘텐츠를 만들 수 있다. 생성형 AI를 이용하면 정보의 신규 생산이 가속화되고 정보 접근성이 뛰어날 뿐 아니라 새로운 비즈니스 영역을 창출할 수 있다. 즉 다양한 사업영역에 적용할 수 있다. 예를 들면 전자상거래에서 고객 데이터 분석, 미디어 분야의 가상이미지 구현, 의료 서비스에서 질병 영상 이미지 분석,

신제품 설계나 제조 프로세스 수립 등 다양한 분야에 접목할 수 있다.

2022년 미국의 한 디지털 미술전에서 AI 프로그램 'Midjourney'를 활용한 작품이 우승을 차지하며 생성형 AI는 세상의 이목을 집중했다. ChatGPT는 출시 이후 2달 만에 MAU(Monthly Active Users) 1억 명을 돌파했다. 주지하듯 AlphaGo 충격 이후 AI에 관한 관심이 크게 고조되었다. 하지만 일상적으로 AI를 실생활에 체감하기는 어려웠다. 그러나 ChatGPT는 마치 영화 <Her>에 나온 AI와 유사한 대화 경험을 제공하며 적지 않은 놀라움을 주고 있다. Billgate도 ChatGPT와 같은 생성형 AI가 그래픽유저인터페이스(GUI) 이후 본인이 겪은 가장 중요한 기술적 진보라 하니 향후 다양한 기기의 활용 및 소통 방식에 변화를 가져올 것은 분명하다.

GPT−3.5와 4는 많은 양의 텍스트 데이터를 학습하여 문맥을 이해하고, 문장을 완성하고, 응답을 생성할 수 있는 능력을 갖추었다. 즉 ChatGPT는 사람과의 자연스러운 대화를 수행하는 데 중점을 두고 개발되었다. 사용자가 제시한 입력에 대해 이해하고 그에 맞는 응답을 생성하며, 대화 흐름을 유지하고 의미적으로 일관된 답변을 제공한다.

ChatGPT는 사용자와의 대화를 통해 질문에 응답하고 자연스러운 대화를 제공하는 데 중점을 둔다. ChatGPT의 작동 방식은 입력된 문장을 이해하고, 문맥을 파악하여 다음 단어나 문장을 예측한다. 이를 위해 모델은 이전에 학습한 대규모 데이터 세트에서 문맥과 단어의 관계를 학습한 후, 그것을 기반으로 적절한 답변을 생성한다. 이를 위해 모델의 훈련 데이터는 인터넷의 다양한 웹페이지, 책, 뉴스 기사, 온라인 포럼 등 다양한 출처에서 수집되었다. GPT−3은 인터넷에서 45TB(20조 개 글자)의 텍스트를 가져와 학습한 모델은 문장 및 문맥의 패턴을 학습하고, 예측과 생성에 활용한다.

ChatGPT는 대화형 인공지능이지만, 그 정체성은 기계다. 글자이든 그림이든 숫자로 처리해야 인공 신경망(컴퓨터는 숫자만 처리)이 이해할 수 있다. 인공 신경망은 곱하기와 더하기를 하며 들어오고 나가는 것이 숫자일 수밖에 없다. 즉, 학습된 데이터와 모델의 복잡한 수학적 계산에 기반한 기계학습 알고리즘에 의해 작동하는 인공지능이다. 또한 딥러닝 기반의 언어모델인 트랜스포머(Transformer)를 기반으로 한다. 트랜스포머는 시퀀스 데이터를 처리하기 위한 인공지능 모델로, 번역, 요약, 질문 응답 등의 자연어 처리 작업에서 우수한 성능을 발휘한다. ChatGPT는 사전에 학습한 데이터에 기반하여 응답을 생성하며, 인간의 언어를 모방하는 데에 초점을 둔다. 그러나 ChatGPT는 자체적인 지각, 의식, 자아 등을 가지지 않으며, 진정한 이해나 의지를 갖고 작동하지 않는다.

대규모의 인공지능 모델인 ChatGPT를 개발하고 훈련하기 위해 상당한 인력과 컴퓨팅 리소스가 투입된 것으로 예상된다. 모델 개발은 팀으로 구성되며, 데이터 과학자, 연구원, 엔지니어, 디자이너, 프로그래머 등 다양한 전문가들이 참여하였다. 또한 대규모 모델 훈련을 위해서 고성능의 컴퓨팅 리소스, 클라우드 서비스, 그리고 분산 컴퓨팅 시스템 등이 필요하다. OpenAI는 기업이므로 자체적으로 많은 인력과 리소스를 투자하여 ChatGPT와 관련된 연구 및 개발에 참여한 것으로 판단된다.

ChatGPT는 인공지능 모델이므로 실제 인간과 다른 특징을 갖고 있다. 주어진 텍스트 데이터에 기반하여 작동하며, 자체적 의식이나 주관적인 경험을 가지지 않는다. 또한 모델이 생  성한 응답은 사전에 학습한 데이터의 영향을 받을 수 있으며, 정확한 정보나 합리적인 판단을 항상 보장하지는 않는다. ChatGPT는 대화의 편의와 정보제공을 위한 도구로 사용되어야 하며, 신뢰성 있는 정보나 전문적인 조언을 제공하기 위해서는 추가적인 검증이 필요할 수 있다. 사용자는 모델이 생성한 응답을 신중하게 평가하고, 필요에 따라 다른 정보원과 함께 활용하는 것이 중요하다.[1]

---

1) https://www.linkedin.com/pulse/chatgpts－swot－self－analysis－patrick－rafter

ChatGPT는 대화 기능을 제공하는 도구로 활용되면서 다양한 정보제공과 문제해결을 위한 도움을 줄 수 있다. 그러나 모델 응답은 학습 데이터에 기반하며, 제한된 학습 데이터와 인간의 개입 없이 동작하므로, 항상 정확하고 완벽한 응답을 제공하는 것은 아니다. ChatGPT는 매우 유용한 도구로서 편익과 강점을 지니고 있지만, 한계와 약점에서 벗어날 수 없다는 인식의 바탕에서 적절하게 활용해야 한다. 사용자는 모델의 응답을 검토하고, 이용자 본인의 판단과 주관을 통해 사용해야 한다.

강점

- 자연어 이해와 생성 능력: ChatGPT는 대화 형식으로 자연어를 이해하고 생성하는 능력을 갖추고 있음. 훈련 데이터에 기반하여 문맥을 파악하고 응답을 생성하기 때문에 자연스러운 대화를 할 수 있음.
- 다양한 주제에 대한 지식: ChatGPT는 학습에 사용된 대규모 데이터 세트를 통해 다양한 주제에 대한 정보를 학습했음. 따라서 다양한 분야와 주제에 관련된 질문에 대답할 수 있으며, 일반적인 지식을 제공할 수 있음.
- 유연한 상호작용: ChatGPT는 사용자와의 상호작용을 통해 학습할 수 있음. 사용자의 질문과 피드백을 통해 모델을 개선하고 더 정확한 응답을 제공할 수 있음.

약점

- 정보의 정확성 보장의 어려움: ChatGPT는 대화를 위해 학습된 데이터를 기반으로 응답을 생성함. 때로 모델이 훈련된 데이터에 포함되지 않은 새로운 정보나 최신 정보에 대해서는 정확한 답변을 제공하지 못할 수 있음.
- 편향성과 부적절한 응답 가능성: ChatGPT는 훈련 데이터에 포함된 편향된 정보나 잘못된 판단에 기반하여 부적절한 응답할 수 있음. 이러한 편향성이나 부적절한 응답은 주의가 필요하며, 사용자는 항상 모델의 응답을 신중하게 평가해야 함.
- 인간 수준 이해와 의식 부족: ChatGPT는 실제로 이해나 의식을 갖지 않음. 모델은 단순히 입력에 대한 패턴을 학습하고 그에 따라 응답을 생성하기에 인간의 사고 과정과 상이함.
- 개인정보와 보안 문제: ChatGPT는 대화 내용을 저장하지 않으며, 사용자의 개인정보를

알 수 없음. 그러나 모델과의 대화에서 개인정보를 공유하거나 민감한 정보를 제공하는 것은 보안과 프라이버시에 위험을 초래할 수 있음.

ChatGPT는 인공지능 언어모델의 최신 발전 사례로서 다양한 분야에서 놀라운 성과를 보여주고 있다. ChatGPT의 특성은 다음과 같이 정리할 수 있다. 첫째, GPT−3의 크기와 능력이다. GPT−3는 1,750억 개의 파라미터로 구성된 모델로, 이전에 개발된 대부분의 인공지능 언어모델보다 훨씬 크다. 대규모 모델 크기로 인해 GPT−3은 다양한 주제에 대해 탁월한 텍스트 생성 및 이해 능력을 보여준다.

둘째, 생성적 다양성이다. ChatGPT는 다양한 문장과 응답을 생성할 수 있는 능력을 갖고 있다. 동 모델은 다양한 스타일과 톤으로 대화를 이어갈 수 있으며, 문장을 다양하게 변형하고 창의적인 텍스트를 생성할 수 있다. 또한 이전 대화 내용과 문맥을 파악하여 적절한 응답을 생성한다.

셋째, 다양한 언어 지원이다. ChatGPT는 다양한 언어에 대한 지원을 제공한다. 초기에는 주로 영어에 중점을 두었지만, 이후 다른 언어들에 대한 지원도 확대되고 있다. 다양한 언어 사용자들이 ChatGPT를 활용할 수 있다.

넷째, 높은 사용자 상호작용이다. ChatGPT는 사용자와의 상호작용을 통해 지속적으로 학습하고 개선될 수 있다. 즉 대화를 유지하기 위해 사용자 입력과 이전 대화 내용을 함께 고려한다. 그리고 사용자들의 피드백과 제안을 받아들여 모델을 발전시키는 과정에서 사용자들은 더욱 향상된 대화 경험을 얻을 수 있다.

다섯째, 창의적 활용 사례이다. ChatGPT는 다양한 분야에서 창의적으로 활용되고 있다. 예를 들어, 문학 작품 생성, 콘텐츠 생성, 프로그래밍 개발, 상담 및 대화 기반 인터페이스 등에 활용되고 있다. 이처럼 놀랄만한 기록과 성과들이 계속해서 발전하고 있으며, 다양한 분야에서 혁신과 창의성을 가져올 것으로 예상된다.

나. ChatGPT와 파라미터

GPT-4의 파라미터 수는 정확하게 밝혀지지 않았다. 하지만 GPT-3 모델에 약 1,750억 개의 파라미터가 존재한다고 하니 그보다는 훨씬 많은 1조 개로 추산된다. 인간의 뇌는 약 100조 개의 시냅스가 상호작용

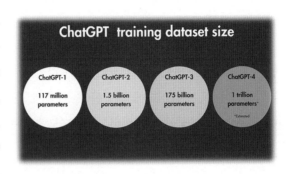

하여 복잡한 정보 처리를 수행한다. 인공지능에서는 입력과 출력 Layer 사이에 매개변수(파라미터)가 이 역할을 한다. ChatGPT는 수많은 파라미터 값을 조합하여 결괏값을 생성한다. 파라미터는 인공지능 모델 안에 있는 작은 기계 부품들과 비슷하다. 작은 부품들은 모델이 문제를 해결하는 과정에서 사용되는 값들이다. 가령 수학 문제를 풀 때 사용하는 계산기를 생각해보자. 계산기에는 숫자를 입력할 수 있는 버튼이 있고, 덧셈과 뺄셈을 할 수 있는 버튼이 있다. 이러한 버튼들이 계산기의 파라미터라고 할 수 있다.

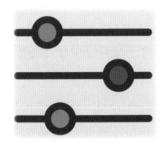

인공지능 모델도 마찬가지로 여러 개의 파라미터로 구성되어 있다. 파라미터들은 모델이 입력을 받아들이고, 그에 따라 적절한 출력을 생성하는데 사용된다. 이를테면 이미지를 분류하는 모델이 있다면, 각각의 파라미터는 이미지의 특징을 인식하고 분류하기 위해 사용될 수 있다. 파라미터를 조정하면 모델의 동작이 달라질 수 있다. 마치 계산기의 버튼을 다르게 누르면 다른 계산 결과를 얻을 수 있는 것과 비슷하다. 따라서 파라미터를 올바르게 조정하면 모델이 더 정확하고 효과적으로 문제를 해결할 수 있다. 하지만 파라미터를 조정하기 위해 수학적인 개념과 알고리즘을 이해해야 한다. 마치 계산기의 버튼들을 어떻게 누르는지 알아야 원하는 계산 결과를 얻을 수 있는 것과 비슷하다. 요약하

면, 파라미터는 인공지능 모델 안에 있는 작은 부품들로, 모델이 입력을 받아들이고 출력을 생성하는 데 사용된다. 파라미터를 조정하여 모델의 동작을 개선할 수 있지만, 이를 위해 수학과 알고리즘에 대한 이해가 필요하다.

달리 파라미터는 인공지능 모델의 '설정'으로 생각할 수 있다. 가령, 로봇을 만든다고 상상하면, 로봇 동작을 위해 다양한 조작 버튼이 있을 것이다. 여기서 각각의 버튼이 파라미터에 해당한다. 이렇게 파라미터는 모델의 동작을 조정하는 데 사용되며, 적절한 파라미터 설정은 모델이 원하는 결과를 얻는 데 도움을 줄 수 있다.

로봇 동작을 위한 버튼

- 속도 조절 버튼: 로봇이 움직이는 속도를 조절하는 버튼임. 높은 속도로 움직이면 빠르게 이동할 수 있고, 낮은 속도로 움직이면 천천히 이동할 수 있음.
- 회전 조절 버튼: 로봇이 회전하는 정도를 조절하는 버튼임. 왼쪽으로 많이 돌면 좌회전하고, 오른쪽으로 많이 돌면 우회전함.
- 감지 센서 조절 버튼: 로봇이 주변 환경을 감지하는 센서의 민감도를 조절하는 버튼임. 센서를 민감하게 조절하면 주변 사물을 더 잘 감지할 수 있고, 둔감하게 조절하면 미세한 움직임을 감지하기 어려워짐.
- 음성인식 설정 버튼: 로봇이 사람의 목소리를 인식하는 기능을 설정하는 버튼임. 민감하게 설정하면 작은 소리에도 반응할 수 있고, 둔감하게 설정하면 큰 소리에만 반응할 수 있음.

파라미터는 인공지능 모델의 기억력과 비슷하다. 가령 수학 시험을 준비할 때 우리는 문제를 푸는 데 사용하는 공식과 개념들을 기억해야 한다. 이렇게 기억해야 할 값들이 파라미터라고 할 수 있다. 모델이 학습하는 동안 파라미터들이 조정되어 데이터를 잘 표현하고 예측을 수행하는 데 도움을 준다. 또한 하이퍼파라미터는 파라미터를 결정하는 설정값들로 생각할 수 있다. 수학 시험을 보기 전에 우리가 선택하는 여러 가지 조건들이라고 할 수 있다. 예를 들어, 시험 시간, 공부할 책의 양, 푸는 문제의 난이도 등을 결정하는 것과 비슷하다. 설정값을 조정하면 모델의 학습 방식이나 성능을 개선할 수 있다. 요약하면, 파라미터는 모델 자체가 기억하고 있는 값들이라고 생각하면 되고, 하이퍼 파라미터는 모델의 동작 방식을 설정하는 값들이라고 생각할 수 있다.

달리 파라미터는 마치 농구를 할 때 필요한 도구들인 공, 바구니, 바스켓볼 속 마디 등과 비슷하다. 이 도구들은 농구 경기할 때 실제로 사용하는 것들이다. 선수들은 도구들을 활용하여 경기를 진행하고 슛을 던지는 데 사용한다. 하이퍼 파라미터는 농구를 할 때 게임의 규칙과 조건들을 결정하는 것과 비슷하다. 예를 들어, 농구 경기 시간, 팀의 선수 수, 경기장의 크기 등을 결정하는 것이다. 이러한 조건들은 게임의 진행 방식과 결과에 영향을 줄 수 있다. 이처럼 파라미터는 실제로 사용되는 도구들이고, 하이퍼 파라미터는 게임의 규칙과 조건들을 결정하는 것으로 생각할 수 있다. 선수들은 파라미터를 사용하여 경기를 진행하고, 하이퍼 파라미터는 게임의 규칙을 설정하는 데 사용된다.

하이퍼 파라미터는 인공지능 모델을 설정할 때 사용되는 값들이다. 이 값들은 모델이 어떻게 동작할지를 결정하며, 모델의 성능에도 영향을 준다. 예를 들어, 인공지능 모델을 비행기라고 생각해보면, 비행기를 운영할 때 어떤 값들을 결정해야 할까? 하이퍼 파라미터와 비슷한 개념들을 생각해볼 수 있다.

하이퍼 파라미터(Hyper Parameter)

- 승객 수용 능력: 비행기에는 몇 명의 승객이 탈 수 있는지 결정해야 한다. 이는 하이퍼 파라미터 중 하나인 "좌석 수"와 비슷하다. 좌석 수를 늘리면 더 많은 승객을 운송할 수 있지만, 무거워져 연료 소비가 더 많아질 수 있다.
- 속도: 비행기의 속도를 어떻게 설정할지 고려해야 한다. 속도는 비행기의 하이퍼 파라미터 중 하나인 "엔진 출력"과 비슷하다. 엔진 출력을 높이면 비행기는 빠르게 움직일 수 있지만, 연료 소비가 많아질 수 있다.
- 비행 고도: 비행기가 얼마나 높이 날아갈지 결정해야 한다. 이는 하이퍼 파라미터 중 하나인 "상승 각도"와 비슷하다. 상승 각도를 크게 조절하면 높은 고도로 올라갈 수 있지만, 연료 소비가 더 많아질 수 있다.

이렇게 비행기를 조종할 때 결정해야 하는 값들은 비행기의 성능과 효율성에 영향을 미친다. 마찬가지로 인공지능 모델의 하이퍼 파라미터도 모델의 동작과 성능에 영향을 미친다. 하이퍼 파라미터를 적절히 조절하면 모델이 원하는 방향으로 잘 동작하게 할 수 있다. 하지만 주의할 점은 하이퍼 파라미터를 선택하는 것이 모델을 학습시키는 데이터와 조금 다른 개념이다. 하이퍼 파라미터는 사람이 직접 설정하는 값이며, 여러 가지 실험을 통해 최적의 조합을 찾아야 한다.

ChatGPT가 마법과 같은 생성을 출력할 수 있는 비결은 무엇일까? 파라미터는 마법사(ChatGPT)가 주문을 외울 때 사용하는 주문서의 단어들이라고 생각해볼 수 있다. 이 주문서에는 마법을 작동시키는 데 필요한 지침과 정보들이 적혀있다. 마법사는 주문서를 보고 주문을 외워서 마법을 사용한다. 학습 데이터는 마법사가 경험하고 배운 마법에 관한 이야기나 정보들이라고 생각해볼 수 있다. 마법사는 다양한 경험과 이야기들을 듣고 배우면서 자신의 마법 능력을 향상할 수 있다. 요약하면, 파라미터는 마법을 작동시키기 위한 주문서의 단어들이고, 학습 데이터는 마법사가 경험하고 배운 마법에 관한 이야기나 정보들이다. 마법사는 주문서와 학습 데이터를 통해 마법을 배우고 사용할 수 있다.

다. ChatGPT와 학습 데이터

ChatGPT는 대량의 학습 데이터를 활용하여 학습된 언어모델이다. 대량의 학습 데이터를 사용함으로써 ChatGPT는 다양한 주제와 도메인에 대해 풍부한 지식을 보유하게 된다. 이는 사용자의 질문이나 요청에 대해 더 정확하고 유용한 응답을 생성하는 데 도움이 된다. 또한 다양한 문체와 표현 방식을 이해하고 적절한 어휘와 문법을 사용하여 응답을 생성할 수 있다. 학습 데이터는 인터넷에 공개된 다양한 웹페이지, 문서, 소셜 미디어의 텍스트 등을 포함할 수 있다. 이러한 데이터를 사용하여 ChatGPT는 언어모델을 학습하고 문장 생성, 질문 답변 등 다양한 자연어 처리 작업을 수행할 수 있다. 학습 데이터의 품질은 ChatGPT의 성능에 영향을 미친다. 고품질의 다양한 데이터가 있을수록 모델은 더 정확하고 다양한 응답을 생성할 수 있다. 데이터는 신뢰성, 다양성, 일관성 등의 요소를 갖춰야 하며, 특정 도메인에 대한 특화된 데이터가 있다면 해당 도메인에서의 성능도 향상될 수 있다.

　ChatGPT의 학습 데이터 수준과 규모는 매우 크다. ChatGPT는 대규모의 인터넷 텍스트 데이터를 사용하여 학습된다. 구체적으로 어떤 데이터가 사용되었는지 정확히 알 수 없지만, 대부분 경우, 온라인상 공개된 웹사이트, 뉴스 기사, 논문, 소셜 미디어 등 다양한 소스에서 수집된 텍스트 데이터가 사용되었다. 학습을 위한 거대한 언어 데이터베이스가 생성되었다. GPT-3에 사용된 데이터 세트는 Comman Crawl, WebText2, Books1, Books2, Wikipedia 등이며 데이터 세트의 총 용량은 735GB로 알려져 있다.

　ChatGPT의 학습 데이터 규모는 수억 단위의 문장에 이른다. 엄청난 양의 텍스트 데이터를 사용함으로써 모델은 다양한 주제와 어휘를 이해하고 다양한 문맥에서 적절한 답변을 생성하는 능력을 향상한다. 학습 데이터의 규모가 클수록 모델은 다양하고 일반적 지식을 보유하게 되며, 다양한 종류의 질문과 상황에 대응할 수 있는 능력이 향상된다. 그러나 데이터의 규모가 크다고 항상 좋은 결과를 보장하는 것은 아니며 데이터의 품질과 다양성도 중요한 요소다.

컨설팅 기업 Semianalysis에 따르면, HGX A100 서버 3,600여 대, 총 2만 8,900여 개 GPU 등 하루에 약 70만 달러로 한화 9억 3,000만 원이다. 단, 이는 하드웨어 비용이다. 네트워크와 인력, 시스템 고도화 등을 고려하면 실제 비용은 훨씬 크다.[2] 실

---

2) https://www.itworld.co.kr/news/289009

제로 ChatGPT는 태생부터 금수저다. AI기업 Latitude는 GPT-3 모델 학습에 3,110억 Teraflops[3]이 필요했을 것으로 추정한다. 현존 최강 슈퍼컴퓨터인 미국의 프론티어가 110만 Teraflops이므로 개발 과정부터 천문학적 비용이 들어갔음을 알 수 있다. 만약 많은 이들이 말하는 것처럼 구글 검색을 ChatGPT로 대체하면 어떨까? A100 HGX 서버 51만 대에 네트워크까지 포함해 장비 비용만 1,000억 달러, 134조 원이 든다. 구글의 1년 순익보다 많다. 가히 파괴적 수준이다. 결국 ChatGPT를 둘러싼 파괴적인 쩐의 전쟁터다. 마이크로소프트가 AI 전용 칩을 개발하는 이유다. ChatGPT는 대량의 텍스트 데이터를 사용하여 학습한다. 학습 데이터의 수준과 규모는 모델의 성능과 다양성에 영향을 준다. ChatGPT의 학습 데이터 수준과 규모는 다음과 같다.

ChatGPT 학습 데이터의 수준과 규모

- 수준(Level): ChatGPT는 GPT-3.5 모델을 기반으로 함. 이 모델은 많은 텍스트 데이터를 활용하여 다양한 주제와 어휘를 이해하고 생성할 수 있음. 따라서 일반적인 대화, 질의응답, 문제해결 등 다양한 주제에 대해 적절한 답변을 제공할 수 있음.
- 규모(Scale): ChatGPT는 수백억 개의 텍스트 토큰으로 구성된 대규모 데이터 세트를 사용하여 학습됨. 이는 인터넷의 다양한 웹페이지, 책, 기사, 블로그 등에서 수집된 데이터를 포함함. 이러한 대규모 데이터 세트를 사용하면 모델은 다양한 언어 표현과 문맥을 학습할 수 있으며, 좀 더 일반화된 지식과 표현 능력을 갖출 수 있음.

ChatGPT는 대량의 학습 데이터를 기반으로 학습되었으며, 이를 통해 사용자에게 자연스러운 대화와 다양한 정보를 제공할 수 있다. 하지만 중요한 점은 ChatGPT가 학습한 데이터를 기반으로 답변을 생성하기 때문에 학습 데이터에 포함된 편향성이나 부정확한 정보를 반영할 수도 있다는 점을 염두에 두어야 한다.

---

3) 테라플롭(Teraflops)은 컴퓨터의 연산 속도를 나타내는 단위로. 이는 초당 1조(1,000,000,000,000) 개의 연산을 수행할 수 있는 속도를 의미함. Floating Point Operations Per Second"의 약자이며, 플롭은 초당 부동 소수점 연산 횟수를 나타냄.

ChatGPT는 대규모의 학습 데이터를 사용하여 훈련된다. 학습 데이터 수준과 규모는 ChatGPT의 성능과 다양성에 직접적인 영향을 미친다. ChatGPT의 학습 데이터는 인터넷에서 수집된 대규모 텍스트 데이터로 구성된다. 이 데이터에는 웹페이지, 뉴스 기사, 책, 논문, 대화 기록 등 다양한 소스에서 수집된 텍스트가 포함된다. 이렇게 수집된 데이터는 ChatGPT 모델이 다양한 주제에 대해 학습하고 다양한 언어 스타일을 이해하는 데 도움을 준다. 또한 학습 데이터의 규모는 ChatGPT의 성능과 문장 생성의 다양성에 영향을 미친다. 대규모 데이터는 모델이 다양한 문장 구조와 어휘를 학습할 수 있도록 도와준다. 데이터를 많이 사용할수록 모델은 언어의 특징과 문법을 더 잘 이해하고 문장을 더 자연스럽게 생성할수 있다. 따라서 ChatGPT의 학습 데이터 수준과 규모는 모델의 성능과 다양성을 결정하는 중요한 요소다. 대규모의 다양한 학습 데이터를 사용하여 모델을 훈련함으로써 더 높은 수준의 자연어 이해와 생성 능력을 갖춘 ChatGPT를 구축할 수있다.

ChatGPT는 사전 훈련(pre-training) 단계와 세부 조정(fine-tuning) 단계로 나누어진다. 사전 훈련은 대규모 데이터를 사용하여 모델을 초기화하는 단계이다. 이 단계에서 모델은 대규모의 텍스트 데이터를 사용하여 기본적인 언어 이해와 생성 능력을 학습한다. 사전 훈련은 자연어 처리(NLP) 작업에 사용되는 대량의 인터넷 텍스트 데이터로 수행된다. 데이터는 웹페이지, 온라인 문서, 책, 뉴스 기사, 블로그 게시물 등 다양한 소스에서 수집된다. 데이터를 사용하여 모델은 언어의 문법, 문맥, 상식적 지식, 단어 간의 관계 등을 학습한다. 사전 훈련은 대량의 데이터와 강력한 컴퓨팅 자원을 요구하기에 대규모 분산 시스템을 사용하여 수행된다. 또한 여러 계층으로 구성된 Transformer 아키텍처를 사용하여 사전 훈련되며, 이 과정은 큰 규모의 모델 파라미터를 업데이트하여 언어 이해와 생성 능력의 향상에 중점을 둔다. 세부 조정(fine-tuning) 단계에서는 특정한 작업이나 도메인에 맞게 모델을 tuning 한다. 세부 조정 단계는 사전 훈련(pre-training)된 모델을 특정작업이나 도메인에 맞게 조정하는 단계다. 사전 훈련 단계에서는 대규모의 일반적인 언어 이해와 생성 능력을 학습한 모델이 생성되었지만, 이 모델은 특정 작업에 대해 최적화되지 않은 상태다. 세부 조정은 모델을 특정 작업에 맞는 tuning으로 성능을 향상하는 과정이다. 세부 조정은 작은 규모의 작업별 데이터 세트를 사용하여 수행된다. 데이터 세트는 특정 작업에 관련된 문제와 답변, 예시 문장 등을 포함한다. 모델은 작업별 데이터를 사용하여 추가적인 학습을 수행하고, 특정 작업에 대한 성능을 향상하는 데 중점을 둔다.

2. ChatGPT의 의미와 가치

가. ChatGPT와 비즈니스 혁신

AI의 기술적 성능과 가성비가 향상되면서 기술 융합을 통해 한층 넓은 산업 영역에 적용되고 있다. 그러나 기술이 범용화되면 AI 도입 자체의 이점은 점차 사라지게 될 것이다. 앞으로는 얼마나 AI를 효과적으로 도입하여 impact를 많이 창출했는지에 따라 경쟁력의 차이가 벌어질 것이다. 나날이 발전하는 AI 기술을 유연하게 비즈니스에 흡수하여 뚜렷한 impact 창출 전략이 요구된다. 이러한 전략을 갖기 위해 기술 자체에 대한 이해와 함께, AI를 통해 창출 가능한 impact의 종류를 이해해야 하고, 실제 AI 도입에서 impact까지 이어지도록 전략을 구사해야 한다.[4]

ChatGPT는 비즈니스 혁신에 많은 기회를 제공할 수 있는 강력한 도구이다. 비즈니스 혁신은 기업이 새로운 아이디어, 전략, 프로세스, 제품 또는 서비스를 도입하여 기존 비즈니스모델을 향상하는 것이다. ChatGPT는 다음과 같은 방식으로 비즈니스 혁신을 지원할 수 있다.

---

4) https://www.technologyreview.kr/the-future-of-artificial-intelligence/

ChatGPT와 비즈니스 혁신

- **자동화된 업무 프로세스**: ChatGPT를 활용하여 업무 프로세스를 자동화할 수 있음. 가령, 고객 서비스 부서에서 자동 응답 시스템을 구축하면, 고객 문의에 신속하고 정확한 답변을 제공할 수 있음.
- **개인화된 고객 경험**: ChatGPT를 사용하여 고객에게 맞춤형 서비스를 제공할 수 있음. 대화를 통해 고객의 요구와 선호도를 이해하고, 해당 정보를 활용하여 개인화된 추천, 제품 정보 제공 등을 통해 고객의 만족도를 높이고 충성도를 향상에 도움을 줄 수 있음.
- **창의적인 아이디어 발굴**: ChatGPT는 대량의 데이터와 다양한 지식을 학습하였기 때문에 창의적 아이디어를 발굴하는 데 도움을 줄 수 있음. 마케팅, 제품 개발, 비즈니스 전략 등의 영역에서 새로운 아이디어를 도출하고 혁신적인 솔루션을 찾을 수 있음.
- **데이터 분석과 예측**: ChatGPT는 데이터 분석과 패턴을 파악하는 데에도 사용될 수 있음. 가령, 과거 판매 기록과 고객 행동 데이터를 분석하여 향후 판매 예측을 수행할 수 있음. 이를 통해 수요 예측과 재고 관리를 최적화하고 비즈니스 결정에 도움을 줄 수 있음.
- **마케팅 전략 개선**: ChatGPT는 마케팅 전략의 개선에도 활용될 수 있음. 기존 마케팅 캠페인 데이터와 소비자 행동 데이터를 분석하여, 소비자 요구와 관심사를 파악하여 효과적인 광고 메시지를 개발하거나 개인화된 마케팅 전략을 수립할 수 있음.
- **제품 개발 및 테스트**: ChatGPT를 활용하여 제품 개발과 테스트를 지원할 수 있음. ChatGPT를 통해 소비자의 피드백과 제안을 수집하고, 이를 바탕으로 제품 개선 및 새로운 제품 개발을 진행할 수 있음. 제품 특성을 시뮬레이션하거나 테스트할 수 있음.
- **경쟁력 분석**: ChatGPT를 활용하여 경쟁사의 동향과 소비자 반응을 분석할 수 있음. ChatGPT를 학습시켜 경쟁사의 제품, 서비스, 마케팅 전략에 대한 정보를 수집하고, 이를 기반으로 경쟁력을 강화하는 전략을 수립할 수 있음.
- **실시간 지원 서비스**: ChatGPT를 사용하여 실시간 지원 서비스를 제공할 수 있음. ChatGPT를 학습시켜 고객의 문의와 요구사항에 대한 실시간 대응을 할 수 있으며, 고객 만족도를 높이고 서비스 품질을 향상할 수 있음.

GPT 출시 직전까지만 해도 당시 오픈AI 내부에서조차 반신반의했다고 한다. 하지만 결과적으로 이들이 내놓은 제품은 대형언어모델(LLM) 시장을 선점했다. 대중에게 'LLM=ChatGPT'란 공식을 각인시켰다. 세계 최고의 AI 기업이라는 홍보 효과 또한 톡톡히 누리며 모든 사람이 오픈AI의 말 한마디에 주목했다. 결과물이 텍스트인 LLM 서비스 특성상 모델 간 성능 비교가 쉽지 않기에 이러한 선점 효과와 이를 통한 서비스의 Lock-in은 어느 정도 계속될 것으로 보인다. 더구나 오픈AI 뒤에는 마이크로소프트라는 거대 기업이 자리 잡고 있다. 세계 2위 점유율 클라우드 서비스 Azure를 기반으로 더 좋은 모델을 빠르게 훈련할 수 있고, 그 기술을 Copilot이라는 명목으로 MS Office(Word, Excel, teams 등)에의 적용 준비를 마쳤다. Bing이 단지 ChatGPT를 탑재했다는 이유만으로 검색 업계의 절대강자 구글의 도전자로 언급되고 있다는 것 자체만으로 큰 변화다. 여기에 마이크로소프트가 활발히 투자 중인 게임과의 결합도 예정된 수순(手順) 아닐까.

ChatGPT의 기반 기술인 Transformer를 만든 구글은 여전히 건재하다. 반격을 위해 구글형 ChatGPT 서비스인 Bard를 선보였고, 오픈AI 출신 엔지니어들이 나와서 세운 Anthropic에 대규모 투자를 감행했다. 최근에는 기술이 서비스되기 전에는 논문으로 출판하지 말라는 내부 지침이 있었다는 소문도 들린다. 여기에 Meta는 모델을 공개하는 오픈소스 전략으로 흐름을 뒤바꾸려 하고 있다. Meta의 LLaMA 모델 오픈소스화를 기반으로 수많은 오픈소스 모델이 등장했다. 텍스트, 이미지, 오디오뿐만 아니라 깊이, 열, 관성 등의 정보를 인지할 수 있는 멀티모달 모델 ImageBind를 공개했다. 물론 국내에서도 네이버의 하이퍼클로바나 Polyglot 등의 단체에서 시작한 한국어 LLM 프로젝트도 성과를 내놓고 있다.

과연 오픈AI는 흐름을 계속해서 주도할 수 있을까. 아니면 다른 기업이 나타나 주도권을 빼앗을까. 또는 오픈소스 진영의 기술 공개와 모델 경량화[5] 시도에 기반한 진정한 기술 오픈 시대가 열릴 것인가. ChatGPT 이후 새로운 성공을 거둘 AI 기반 서비스는 어떤 모습일까. LLM을 직접 개발하지 않고 이용하는 것만으로 성공하는 사례가 나올 것인가.

---

5) 경량화는 컴퓨터 모델을 Diet 하는 것과 비슷한 개념임. 가령 몸무게를 줄이기 위해 먹는 음식을 줄이거나 운동을 많이 하는 것처럼, 컴퓨터 모델도 작아지고 더 가볍게 만드는 것을 경량화(輕量化)라고 할 수 있음.

대화형 AI 'Bard' vs 'ChatGPT', 무엇이 다른가?[6]

- 코딩: ChatGPT가 높게 평가되는 이유 중 하나는 복잡한 코드를 작성할 수 있다는 점임. 코드의 버그를 찾아 수정하는 디버깅도 해냄. 요하네스 구텐베르크대학 마인츠와 유니버시티칼리지런던의 연구자들은 '아카이브(arXiv)'에 발표한 논문에서 ChatGPT의 디버깅 성능을 업계 표준 프로그램 자동복구 기술, 2가지의 일반적인 딥러닝(심층 학습) 접근법과 비교한 결과, ChatGPT는 업계 표준 복구 기술보다 현저히 뛰어나고 심층 학습 기법에도 뒤지지 않는 것으로 나타났음. Bard는 2023년 5월 현재 "아직 학습 중"(구글)인 것으로 파악돼 비교기준 시점에서 이 기능은 이용할 수 없음.

- 대화의 기억 : 오픈AI에 따르면, ChatGPT는 이전 대화에서 말한 내용을 기억할 수 있음. 다만, 기억할 수 있는 것은 3,000단어까지 한정되며, 새로운 답변을 할 때 과거의 대화는 사용되지 않음. 구글에 따르면, Bard는 대화 문맥을 유지하는 능력은 일부러 제한하고 있다고 하였지만 향상할 계획임.

- 지식베이스 : Bard와 ChatGPT의 가장 큰 차이점 중 하나는 Bard의 기반인 LaMDA의 경우, 인터넷상에서 정보를 끌어낼 수 있기에 Bard에서는 최신 정보가 담긴 답변을 얻을 수 있음. 더욱이 Bard는 구글 검색엔진과 연계돼 있어 웹사이트로의 직접 링크도 제시함. 한편, ChatGPT는 다른 언어모델인 GPT-4를 기반으로 하며, 답변의 바탕이 되는 지식은 2021년 9월까지 학습하였기에 최신 정보나 연구는 제공하지 못하고 있음.

- 지원 언어 : ChatGPT는 주요 언어인 영어 외에 숙련도에 차이가 있음. 한국어, 스페인어, 프랑스어, 이탈리아어, 아랍어, 표준중국어, 일본어 등에도 대응하고 있음. 반면에 Bard는 영어에만 대응하며 대답도 당연히 영어임.

- 답변 방법 : Bard는 프롬프트(지시문)를 주면, '드래프트'라고 불리는 답변을 반드시 여러 개 제시하고 거기서 사용자가 최적 답변을 선택할 수 있는 구조로 되어있음. ChatGPT는 질문에 하나의 답변만 제시하지만 갱신(Regeneration)할 수 있음.

---

6) https://www.techtube.co.kr/news/articleView.html?idxno=3153

ChatGPT가 채팅 서비스라는 하나의 프로덕트라면 API는 서비스 핵심인 '이해하고 말하는 모델'을 ChatGPT가 아닌 다른 서비스에서도 이용할 수 있도록 연결해준다. 사실 API를 제공한다는 것은 놀라운 것이 아니다. 오픈AI는 ChatGPT 이전에 개발했던 모델에 대해서도 API 서비스를 제공해왔다. 하지만 이전보다 저렴한 비용이 특장점이다. 기존 오픈AI가 제공하던 최신 모델(text-davinci-003)보다 좋은 성능을 보여주는 ChatGPT API임에도 가격은 이전의 10분의 1 수준이다. 천문학적 모델 개발 비용은 고사하고, 웬만한 기업에서는 공짜로 줘도 제대로 활용조차 못할 규모의 모델이란 점을 고려할 때 기존 생태계를 파괴하는 수준의 가격이다. 이에 따라 아이디어와 약간의 개발 지식만 있다면 누구나 ChatGPT와 같은 최신 AI 모델에 기반한 서비스를 만들 수 있는 시대가 열렸다. 지금 순간에도 API를 기반으로 한 무수히 많은 서비스가 쏟아져 나오고 있다. 마치 AI 기반 서비스의 대항해시대가 열린 듯하다. 오픈AI라는 바닷가 위를 둥둥 떠다니는 듯하다. ChatGPT API 서비스가 공개된 지 2주 뒤, 2023년 3월 14일, GPT-4가 출시됐다. ChatGPT로 한껏 높아져 있던 사람들의 기대를 충족시킬 만큼 놀라운 성능 향상을 이룬 동시에 앞선 모델의 단점을 상당 부분을 보완하였다. 텍스트뿐 아니라 이미지도 인식할 수 있고, 입출력 길이 제한도 비약적으로 늘렸다.

ChatGPT는 비즈니스에 다양한 기회와 동시에 일부 위협을 가져올 수 있다. 이러한 기회와 위협을 고려하여 ChatGPT를 비즈니스에 적용할 때는 신중하게 계획하고 적절한 관리와 모니터링을 수행해야 한다. 적절한 데이터 처리, 윤리적인 사용, 사용자 경험 향상 등을 고려하여 ChatGPT를 최대한 활용해야 한다.

기회

- 개인화된 고객 경험: 고객과의 상호작용을 개선하고 개인화된 서비스를 제공할 수 있음. 고객의 요구에 맞춤형으로 응답하고, 제품 추천이나 문제해결을 도와줄 수 있음. 이는 고객 경험을 향상하고 충성도를 높이는 기회를 제공함.
- 효율적인 업무 자동화: 반복적이고 시간 소모적인 업무를 자동화할 수 있음. 이를 통해 인

력 및 시간을 절약하고 생산성을 향상할 수 있음.

- 마케팅 및 판매 지원: 마케팅 캠페인의 효과를 증대시키고, 고객과의 상호작용을 강화할 수 있음. ChatGPT를 통해 개인화된 추천이나 상담을 제공함으로써 고객 유치 및 구매 확률을 높일 수 있음.
- 실시간 지원 및 응답: 실시간으로 대화를 주고받을 수 있으며, 이를 활용하여 고객의 문의나 요구 사항에 빠르고 정확하게 응답할 수 있음. 이는 고객 서비스의 품질을 향상하고, 고객 충성도를 높일 수 있음.
- 마케팅과 고객 인사이트: 마케팅 캠페인 과정에서 고객과의 대화를 통해 고객의 취향 및 선호도를 파악하고 그에 맞는 제품 및 서비스를 제안할 수 있음. ChatGPT는 고객 인사이트를 도출하는 데 도움을 줄 수 있음.
- 창의적 아이디어 발굴: 새로운 아이디어나 해결책을 발굴하는 데 도움을 줄 수 있음. 다양한 Query를 통해 ChatGPT에게 문제를 제시하면 새로운 관점과 창의적인 아이디어를 얻을 수 있음.
- 자동화된 내부 커뮤니케이션: 조직 내부 커뮤니케이션을 자동화할 수 있음. 예를 들어, ChatGPT를 사용하여 내부 FAQ, 업무 절차, 지식 공유 등을 처리하면 직원들은 필요한 정보를 빠르게 검색하고 공유할 수 있음.

위협

- 잠재적인 오용 및 오류: 훈련 데이터에 기반하여 응답을 생성하기에 부정확한 정보를 전달하거나 잠재적 오용의 가능성이 있으므로 신중한 모니터링과 제어가 필요함.
- 데이터 및 개인 정보 보호: ChatGPT를 학습시키기 위해 대량의 데이터가 필요하므로 개인 정보 보호와 데이터 이용에 관한 관심이 증가할 수 있음. 데이터 보안과 개인정보 보호에 대한 적절한 대책을 마련해야 함.
- 인간 요소와의 조화: ChatGPT는 인간과의 상호작용을 모방하는 도구이지만, 실제 인간 상담원의 역할을 완전히 대체할 수 없음. 고객의 특별한 요구나 감정적인 지원이 필요한 경우, 인간 요소와의 조화를 유지하는 것이 중요함.
- 기술 의존도: 인공지능 기술에 대한 의존도가 높아질 경우, 기술적인 문제나 서버 다운 등의 문제로 인해 비즈니스에 중대한 영향을 줄 수 있으므로 충분한 백업 및 대비책이 필요함.

나. ChatGPT와 비즈니스 가치와 효용

ChatGPT와 같은 생성형 AI(Generative AI) 시대가 도래하면서 마케팅 산업에 미치는 영향은 막대할 것으로 예상된다. GPT-4나 Dalle-2, Midjourney, Stable Diffusion과 같은 생성형 AI 기술은 광고주가 고객에게 도달하고 참여하는 방식을 총체적으로 혁신할 수 있을 잠재력을 가지고 있다. AI기반 챗봇과 가상 커뮤니케이션은 고객 서비스와 상호 작용을 개선할 수 있는 막강한 도구다. 이를 통해 기업은 고객의 질문과 요청에 실시간으로 응답하며, 편리하고 효율적인 서비스를 제공할 수 있다.

Chat GPT와 구글의 Bard는 인공지능 기술의 발전에 큰 영향을 미칠 것으로 전망된다. 두 기술 모두 인간과 자연스러운 상호작용에 초점을 맞추고 있다. 또한 다양한 산업에서 활용할 수 있는 높은 확장 가능성을 갖고 있다. 앞으로 개인화된 서비스, 창의적인 문제해결 및 폭넓은 지식 탐색에 공헌할 것이며, 인공지능의 성장과 발전이 가속화될 것으로 예상된다.

비즈니스란? 상품이나 서비스를 제공하고 수익을 창출하는 활동을 의미한다. 비즈니스의 목적은 이윤을 창출하는 것이다. 이를 위해 제품이나 서비스를 판매하고, 고객을 유치하고, 생산성을 향상하는 등의 다양한 전략을 구사해야 한다. 또한 비즈니스를 성공적으로 운영하기 위해 많은 요소가 필요하다. 가령 경영전략, 마케팅 전략, 회계 및 재무관리, 인적자원관리, 영업 관리 등이 포함된다.

비즈니스에서 중요한 것은 경쟁력이다. 경쟁력을 갖추기 위해 제품이나 서비스의 차별화, 비용 절감, 기술력 등이 필요하다. 또한 기업 문화, 인재 채용 및 보유, 사회적 책임과 같은 요소들도 중요하다. 오늘날 디지털 시대에는 디지털 마케팅, 인공지능, 빅데이터 분석 등의 기술이 중요한 역할을 한다. 이를 이용하여 비즈니스를 운영하는 것이 기업전략 중 하나다.

ChatGPT를 적용한 업무 자동화는 ChatGPT 기술을 활용하여 기업의 업무 프로세스를 자동화하는 것을 의미한다. 업무 자동화는 인간의 개입 없이 기계가 일부 또는 전체적으로 업무를 처리하고 결정을 내리는 것을 말한다. ChatGPT는 대화모델로서, 사용자와의 자연어 대화를 통해 텍스트 기반의 업무 작업을 자동화하고 지원할 수 있다.

ChatGPT 기반 업무 자동화

- 고객 지원 자동화: 자동 응답 시스템을 개발하여 고객의 질문과 문의에 신속하고 정확하게 대응할 수 있음.
- 일정 관리 자동화: 업무 일정을 자동으로 관리하고 조율하는 기능을 구현하여 업무 효율성을 향상할 수 있음.
- 문서 처리 자동화: 문서 요약, 번역, 분류, 검색 등의 작업을 자동화하여 문서 처리 과정을 간소화하고 시간을 절약할 수 있음.
- 데이터 분석 자동화: 데이터를 분석하고 예측하는 기능을 개발하여 데이터 관련 작업을 자동화하고 신속한 의사결정을 지원할 수 있음.
- 인적 자원 관리: 인사관리, 채용 프로세스, 학습 및 개발 지원 등 인적 자원 관리 업무를 자동화하여 인력 관리에 효율성을 높일 수 있음.
- 학습 자료 제공: 학습 자료를 개발하고 제공하여 교육 및 학습 과정을 자동화하고 지원할 수 있음.

ChatGPT기반 업무 자동화는 다양한 비즈니스 영역에서 가치와 효용을 가지고 있다. 먼저 ChatGPT를 적용한 업무 자동화를 구현 절차와 방안은 다음과 같다.

ChatGPT를 적용한 업무 자동화를 구현 절차와 방안

- 업무 분석 및 우선순위 설정: 업무 프로세스를 분석하고, ChatGPT를 통해 자동화할 수 있는 업무를 식별함. 우선순위를 정하고 어떤 업무를 우선으로 자동화할 것인지 결정함.
- 데이터의 수집 및 전처리: ChatGPT 학습을 위해 필요한 데이터의 수집 및 전처리를 수행함. 업무에 필요한 문서, 이메일, 채팅 기록 등의 데이터를 포함할 수 있음.
- ChatGPT 모델 구축: 수집한 데이터를 기반으로 ChatGPT 모델을 구축함. 사전 학습된 모델을 활용하여 성능을 향상할 수도 있음.

- 대화 스크립트 작성: 업무 자동화를 위한 대화 스크립트를 작성함. 이는 ChatGPT 모델에게 제공될 입력 문장들로 구성되며, 업무의 특성과 요구사항에 맞게 작성되어야 함.
- 모델 훈련 및 미세 조정: 작성한 대화 스크립트를 사용하여 ChatGPT 모델을 훈련함. 사전 학습된 모델을 미세 조정하여 업무에 특화된 응답을 생성할 수 있도록 함.
- 테스트 및 평가: 훈련된 ChatGPT 모델을 테스트하고 평가함. 실제 업무 환경에서 모델의 성능과 정확성을 확인하며 필요한 수정과 개선을 진행함.
- 배포 및 모니터링: 최종적으로 업무 자동화 서비스를 배포하고 모니터링을 함. 사용자 피드백을 수집하고 모델의 성능과 사용성을 지속하여 개선함.

ChatGPT를 활용한 업무 자동화는 반복적이고 일상적인 작업을 자동화하여 인력과 시간을 절약하고, 업무의 효율성과 정확성을 향상할 수 있는 가치를 제공한다. 이를 통해 기업은 업무 프로세스를 최적화하고 비용을 절감할 수 있다.

첫째, 비용 절감이다. ChatGPT를 활용하여 업무 자동화를 구현하면, 기존에 인력이 필요한 업무를 자동화하여 비용을 절감할 수 있다. 예를 들어, 고객 지원 업무를 ChatGPT 기반 자동 응답 시스템으로 대체하면, 고객 대응을 위한 인력 비용을 줄일 수 있다.

둘째, 시간 절약이다. ChatGPT를 활용하여 업무 자동화를 구현하면, 기존에 수동으로 처리해야 했던 업무를 자동화하여 시간을 절약할 수 있다. 예를 들어, 일정 관리 업무를 ChatGPT 기반 자동화 시스템으로 대체하면, 일정을 관리하는 데 소요 시간을 줄일 수 있다.

셋째, 업무처리의 효율성이다. ChatGPT를 활용하여 업무 자동화를 구현하면, 인력이 처리하기 어려웠던 복잡하고 반복적인 업무를 효율적으로 처리할 수 있다. 예를 들어, 데이터 분석 업무를 ChatGPT 기반 자동화 시스템으로 대체하면, 데이터의 분석을 위한 소요 시간을 줄이고, 정확성을 높일 수 있다.

넷째, 고객 만족도 향상이다. ChatGPT를 활용하여 고객 지원 서비스를 개선하면, 고객 만족도를 높일 수 있다. ChatGPT를 이용하여 자동응답 시스템을 구축하면, 고객의 문의 사항에 대해 빠르고 정확한 대응을 제공할 수 있다.

다섯째, 경쟁력 강화이다. ChatGPT를 활용하여 업무 자동화를 구현하면, 기업의 경쟁력을 강화할 수 있다. 뿐만아니라 업무처리 효율성을 높이고, 고객 서비스를 개선하면, 기업의 인지도와 신뢰도를 높일 수 있다. 이러한 가치와 효용으로 인해, ChatGPT는 다양한 비즈니스 분야에서 적용되고 있으며, 앞으로 더욱 많은 기업에서 활용될 것으로 예상된다.

앞서 보았듯이 ChatGPT는 자연어 처리 기술을 활용하여 다양한 문제를 해결하는 데 유용한 도구다. 실례로 고객 지원 문제의 해결에 활용될 수 있다. ChatGPT를 활용하여 챗봇을 구현함으로써, 고객 문의나 문제를 자동으로 처리할 수 있다. 이를 통해 고객 서비스를 개선하고, 불만을 최소화할 수 있다. 가정적인 상황을 예시하면, 한 회사에서 고객들로부터 수많은 문의와 문제가 들어온다고 할 때 대부분은 일반적인 문제들이다. 가령, 제품 사용 방법에 관한 질문이나 결제 오류에 관한 문의일 수 있다. 이런 상황에서 ChatGPT는 고객 지원팀을 도와 문제를 신속하고 효율적으로 해결할 수 있다. ChatGPT는 이전에 학습한 다양한 고객 문의와 그에 대한 답변 데이터를 기반으로 작동한다. ChatGPT를 활용한 고객 지원 시나리오는 다음과 같이 진행될 수 있다.

a. 고객이 문의나 문제를 제기하면, 이를 ChatGPT에 입력한다.
b. ChatGPT는 입력된 문제를 이해하고, 과거에 학습한 데이터와 비교하여 유사한 문제 및 해결 방법을 찾는다.
c. ChatGPT는 가장 적합한 답변을 생성하여 고객에게 제시한다.
d. 고객은 ChatGPT의 답변을 확인하고 문제해결 여부를 확인할 수 있다.
e. 만약 ChatGPT의 답변으로 문제가 완전히 해결되지 않았다면, 고객 지원팀은 ChatGPT의 답변을 참고하여 한층 정확하고 상세한 답변을 제공할 수 있다.

이렇게 ChatGPT를 활용하면 고객 지원팀은 많은 문의와 문제를 동시에 처리하면서 고객들에게 신속하고 일관된 답변을 제공할 수 있다. 또한 ChatGPT는 학습된 데이터를 기반으로 작동하기 때문에 기존의 경험과 지식을 활용하여 문제를 해결할 수 있다. 하지만 ChatGPT의 답변은 항상 완벽하거나 정확하지는 않을 수 있다. 특정한 문제나 상황에 대해서는 제한된 정보를 가지고 있을 수 있다. 따라서 고객 지원팀은 ChatGPT의 답변을 검토하고 필요에 따라 보완하거나 수정하여 최종적인 문제해결을 진행해야 한다. 이처럼 ChatGPT를 활용하여 고객 지원 문제를 해결하는 것은 고객 서비스의 효율성과 일관성을 향상하는 데 도움을 줄 수 있다. 나아가 ChatGPT를 이용하여 고객이 자주 묻는 질문사항에 대해 자동으로 처리하거나 Self 서비스 기능을 제공하는 등의 방식으로 고객 경험을 개선할 수 있다.

다른 사례로 상품 추천 문제의 해결을 들 수 있다. ChatGPT를 활용하여 고객의 검색 이력이나 구매 이력을 분석하여 맞춤형 상품 추천을 제공할 수 있다. 이를 통해 고객 만족도를 높이고, 매출을 증대시킬 수 있다. ChatGPT를 통한 상품 추천 문제해결을 위해 가정적인 상황을 예시하면, 온라인 쇼핑 플랫폼에서 고객들에게 최적의 상품을 추천하기 위해 ChatGPT를 활용할 수 있다. 이를 위해 ChatGPT는 다양한 데이터, 가령 이전 고객의 구매 기록, 검색어, 평가 등을 학습하여 상품과 고객 간의 관계를 이해하고 패턴을 파악할 수 있다. ChatGPT를 활용한 상품 추천 시나리오는 다음과 같이 진행될 수 있다.

a. 고객이 온라인 쇼핑 플랫폼을 방문하고 ChatGPT에게 관심 있는 상품에 대한 정보를 입력한다.
b. ChatGPT는 입력된 정보를 이해하고, 과거 학습 데이터와 비교하여 유사한 고객들의 선호도나 구매 기록을 찾는다.
c. ChatGPT는 해당 고객에게 가장 관련성이 높은 상품을 추천하는 답변을 생성한다.
d. 고객은 ChatGPT의 추천을 확인하고 상품에 대한 정보를 얻을 수 있다.
e. 만약 ChatGPT의 추천이 고객의 요구에 맞지 않는다면, 고객은 피드백을 제공하여 개선된 추천을 받을 수 있다.

ChatGPT를 통한 상품 추천은 개별 고객의 취향과 관심사를 고려하여 맞춤형 추천을 제공할 수 있다. 이를 통해 고객은 한층 개인화된 쇼핑 경험을 얻을 수 있고, 플랫폼은 고객 만족도와 구매율을 높일 수 있다. 또한 ChatGPT는 학습 데이터를 기반으로 작동하기 때문에 새로운 상품이나 트렌드에 대한 정보가 제한적일 수 있다. 따라서 온라인 쇼핑 플랫폼은 ChatGPT의 추천을 모니터링하고 필요에 따라 인간 전문가의 개입이나 다른 추천 알고리즘과 결합하여 최적의 추천 시스템을 구축해야 한다. 이처럼 ChatGPT를 활용하여 상품 추천 문제를 해결하는 것은 고객들에게 맞춤형 추천을 제공하고, 온라인 쇼핑 플랫폼의 매출과 이용자 만족도를 향상하는 데 도움을 줄 수 있다. 이 외에도 업무처리, 데이터 분석, 지식 및 정보 문제의 해결에 활용될 수 있다.

- 업무처리 문제해결: ChatGPT를 활용하여 업무 자동화를 구현함으로써, 업무처리를 효율적으로 할 수 있다. 가령, ChatGPT를 이용하여 예약 관리, 결제 처리, 상품 관리 등을 자동으로 처리할 수 있다. 이를 통해 시간과 비용을 절감할 수 있다.
- 데이터 분석 문제해결: ChatGPT를 활용하여 자연어 처리 기술을 이용하여 텍스트 데이터를 분석할 수 있다. 이를 통해 다양한 분야에서 데이터 분석 문제를 해결할 수 있다.
- 지식 및 정보 문제해결: ChatGPT를 활용하여 다양한 지식 및 정보를 제공할 수 있다. 가령 ChatGPT를 이용하여 FAQ를 자동으로 처리할 수 있다. 또한 ChatGPT를 이용하여 학습 자료나 뉴스 기사 등을 제공할 수 있다. 이를 통해 다양한 지식과 정보를 제공하고, 문제해결에 공헌할 수 있다.

ChatGPT는 문제해결을 넘어 다양한 분야에서 가치를 창출할 수 있다. 가령 고객 경험 향상, 업무효율 및 마케팅 효과 증대와 비용 절감 등을 기대할 수 있다. 실례로 고객 경험 향상을 들 수 있다. ChatGPT를 이용하여 고객과의 상호작용을 개선하고, 고객 경험을 향상할 수 있다. 가령 자동 응답 시스템이나 챗봇을 구현하여 고객 문의에 대한 신속한 대응을 제공하고, 다국어 자동 번역 기술을 이용하여 글로벌시장에서 경쟁력을 강화할 수 있다. 이처럼 고객 경험 향상을 위해

ChatGPT를 활용하는 가치 창출 사례를 예시하면 다음과 같다.

한 은행은 고객 지원을 개선하기 위해 ChatGPT를 도입하고자 한다. 은행 고객은 온라인 채팅을 통해 자주 문의나 도움을 요청한다. ChatGPT를 통해 자동화하고 실시간 대화 기능을 제공하여 고객 경험을 향상할 수 있다. ChatGPT를 활용한 고객 경험 향상 시나리오는 다음과 같이 진행될 수 있다.

a. 고객이 은행의 웹사이트나 앱에서 채팅 창을 열고 문의 사항을 입력한다.
b. ChatGPT는 입력된 문의를 분석하고, 자동으로 적절한 답변을 생성한다. 이때, ChatGPT는 이전 고객 대화 기록과 은행의 지식베이스 등을 활용하여 정확하고 효과적인 답변을 제공한다.
c. 생성된 답변은 실시간으로 고객에게 전달되며, 고객은 자동응답을 받으면서도 자연스러운 대화 경험을 할 수 있다.
d. ChatGPT는 계속해서 고객의 질문과 요구를 이해하고 학습하여, 점차 더 정확하고 유용한 답변을 제공할 수 있다.
e. 고객은 빠르고 정확한 답변을 받아 만족도가 높아지며, 더 편리하고 효율적인 은행 서비스를 경험할 수 있다.

이처럼 ChatGPT를 활용하여 고객 경험을 향상하는 것은 은행의 고객 서비스 품질을 개선하고, 고객 충성도와 만족도를 증가시킬 수 있는 가치 창출 사례이다. ChatGPT를 통해 은행은 24시간 고객 지원 서비스를 제공하고, 고객의 다양한 문의를 신속하게 처리함으로써 편의성과 효율성을 높일 수 있다. 또한 ChatGPT는 학습 데이터를 기반으로 작동하기 때문에 새로운 질문이나 도전적인 상황에 대한 답변이 제한적일 수 있다. 따라서 은행은 ChatGPT를 도입할 때, 실제 고객 상담원의 역할을 대체하는 것이 아니라 보조 도구로 활용하고, 필요한 경우 실제 상담원의 개입이 가능하도록 유연한 시스템을 구축하는 것이 중요하다. 이처럼 ChatGPT를 활용하여 고객 경험 향상을 추구하는 것은 고객과의 상호작용에서 가치를 창출하는 한 가지 방법이다.

다른 사례로 마케팅 효과 증대를 들 수 있다. ChatGPT를 이용하여 마케팅 전략을 수립하면, 마케팅 효과를 증대시킬 수 있다. 데이터 분석을 통해 고객 행동 패턴을 파악하고, 타겟 마케팅을 수행할 수 있으며, 챗봇을 이용하여 상품이나 서비스에 대한 정보를 제공할 수 있다. 마케팅 효과 증대를 위해 ChatGPT를 활용하는 가치 창출 사례를 예시하면,

한 온라인 패션 브랜드는 고객과의 상호작용을 강화하고 맞춤형 마케팅을 제공하기 위해 ChatGPT를 도입하고자 한다. 브랜드는 웹사이트나 모바일 앱에서 ChatGPT 기반의 채팅 기능을 제공하여 고객들과 실시간으로 대화하고, 개인별로 맞춤화된 상품 추천과 스타일 조언을 제공하려고 한다. ChatGPT를 활용한 마케팅 효과 증대 시나리오는 다음과 같이 진행될 수 있다.

a. 고객이 브랜드의 웹사이트나 앱에서 채팅 창을 열고 상품에 관한 질문이나 스타일에 관하여 조언을 요청한다.
b. ChatGPT는 입력된 질문을 분석하고, 해당 고객에게 맞춤형으로 상품 추천과 스타일 조언을 생성한다. 이때, ChatGPT는 이전 고객의 구매 기록, 스타일 기호, 유행(trend) 등을 고려하여 최적의 답변을 제공한다.
c. 생성된 답변은 실시간으로 고객에게 전달되며, 고객은 자연스럽고 개인화된 상담을 경험할 수 있다.
d. ChatGPT는 계속해서 고객의 선호도와 피드백을 이해하고 학습하여, 한층 정확하고 유용한 상품 추천과 스타일 조언을 제공할 수 있다.
e. 고객은 맞춤형으로 제공되는 상품 추천과 스타일 조언을 통해 한층 만족스러운 쇼핑 경험을 할 수 있으며, 브랜드의 마케팅 효과도 증대된다. 고객의 구매 확률과 만족도가 증가하면서 브랜드의 매출과 고객 충성도가 향상될 수 있다.

이처럼 ChatGPT를 활용하여 고객에게 맞춤형 상품 추천과 스타일 조언을 제공함으로써 마케팅 효과를 증대시킬 수 있다. ChatGPT의 능력을 활용하여 고객과의 상호작용을 개선하고 개인화된 경험을 제공함으로써 브랜드의 마케팅 전략을 효과적으로 구현할 수 있다. 이 외에도 업무효율 증대, 비용 절감 등의 가치를 창출할 수 있다. ChatGPT를 이용하여 업무 자동화를 구현하면, 업무 효율성을

증대시킬 수 있다. 자동 응답 시스템이나 챗봇을 이용하여 상담원의 업무 부담을 줄일 수 있으며, 일정 관리나 문서 처리 등의 업무를 자동화하여 인력 비용을 절감할 수 있다.

또한 ChatGPT를 이용하여 업무 자동화를 구현하면, 인력 비용을 절감할 수 있다. 일정 관리나 문서 처리 등의 업무를 자동화하여 인력 비용을 절감할 수 있으며, 자동 응답 시스템이나 챗봇을 구현하여 상담원 비용을 줄일 수 있다. 이러한 방법으로 ChatGPT를 활용하여 가치를 창출할 수 있으며, 이를 통해 비즈니스의 성장과 발전에 공헌할 수 있다.

다. ChatGPT의 영향과 한계

ChatGPT의 등장 이후, 우후죽순 새로운 AI 모델들이 등장하면서 현재 AI 시장은 새로운 국면을 맞이하고 있다. 생성형 AI의 등장에 대해 일각에서는 기술혁신이 아닌, 새로운 종의 탄생이라고 규정했다. 그만큼, ChatGPT가 전 지구적으로 불러온 충격은 컸다. 인공지능의 미래 전망과 장단점은 뚜렷한 한계와 도전과제를 가져온다. 하지만 Chat GPT와 구글의 Bard 모두 프로그래밍 능력의 가속화에 커다란 기여가 예상된다. 최종적으로는 인공지능 기술이 모든 산업과 사람들에게 혜택을 안겨 줄 것이며 사회 전반의 생산성과 창의력을 높이는 데 도움이 될 것이다.

2022년 12월 GPT−3을 기반으로 한 인공지능 ChatGPT는 등장과 동시에 전 세계인의 이목을 이끌었다. 기존에 볼 수 없었던 유려한 문장 구사와 어떤 질문에도 막힘 없이 내놓는 답변 등으로 ChatGPT는 단어 그대로 열풍을 일으켰다. 미국에서는 의사·MBA·로스쿨 시험을 모두 합격하여 3관왕의 위업을 달성했다. 국내의 각계각층에서 ChatGPT에 대응하기 위한 움직임을 보여주었다. 대학가에서는 ChatGPT 활용 범위를 두고 고심에 빠진 한편, 기업들과 지방자치단체 등에서는 ChatGPT 태스크포스(TF)가 꾸려지기도 했다. 국내 IT 기업들은 생성형 AI 개발에 박차를 가하고 있다.

2016년 3월 이세돌 9단과 알파고의 대국 5판이 인공지능 시대의 도래를 알린 차기작 제작 예고편이라면, 2022년 ChatGPT는 영화 본편이 제작 마무리 단계에 이르렀다는 것을 알려주는 '개봉 임박' 예고편이다. 컴퓨터 칩의 처리능력이 24개월마다 약 2배로 증가한다는 무어의 법칙이 지배하는 정보기술 산업에서 인공지능이 전기처럼 범용도구로 자리 잡고 있다는 것을 ChatGPT는 예고했다.[7]

거대 언어모델(LLM) 기반의 인공지능을 활용한 이미지 창작 도구 Midjourney, DALL-E2에 이어 ChatGPT 등장이 충격적으로 받아들여지는 까닭은 기존에 우리가 언어와 사고를 인간만의 능력으로 여겨왔기 때문이다. 그런데 인공지능이 거대 언어 모델을 통해 사람들의 언어 자료를 학습한 덕분에 사람의 자연언어를 이해하고 소통할 수 있는 능력을 갖게 됐다. 이제는 코딩이나 명령어 조작 없이 텍스트로 입력을 하거나 말을 하면 인공지능이 이를 수행한다. 중요한 것은 인공지능이 갈수록 강력해지고 편리해져서, 많은 영역에서 인간의 작업과 구별되지 않을 것이라는 점이다.

ChatGPT와 같은 초거대 언어모델(LLM: Large Language Model)은 문자(텍스트) 형태의 데이터를 대상으로 학습한다. 이는 소설이나 전문 서적, 과학 논문과 신문, 역사기록이나 인터넷 문서 등 인류의 지식 자산 대부분을 포함한다. 사람처럼 광범위한 영역의 현안을 이해하고 대응하는 능력을 지닌 '인공 일반지능(AGI: Artificial General Intelligence)'에 한층 가까워지고 있다. ChatGPT는 철저한 문과생이다. 왜냐하면 모든 걸 글로 배웠다. 말을 잘한다. 그러나 헛소리도 잘하는 오류도 생긴다. 오류를 고쳐주면서 활용해야 한다. 요즘 얘기하는 파인 튜닝(fine-tuning)[8]이나 퓨샷 러닝(few-shot learning)[9]이다.

ChatGPT의 가장 중요한 임팩트는 AI를 실용적으로 활용하는 문턱을 낮춰준

---

7) https://firenzedt.com/25784/

8) 기존에 비슷한 학습 모델이 있는 경우 기존 모델에 소량의 학습 데이터를 이용해 망을 미세하게 tuning을 함. Fine-tuning은 기존에 학습된 모델을 특정한 도메인이나 작업에 맞게 조정하는 과정으로 비유할 수 있음.

9) 대량의 학습 데이터가 없는 상태에서 소량의 데이터만으로 효과적으로 학습하는 데 주안점을 둔 학습 방식임.

다는 점이다. GPT는 대화형 이용자 경험(UX)을 접목하고 사실(Fact)의 정확도를 높였다. 누구든 인터넷만 접속하면 사용할 수 있어 진입장벽이 낮아졌다. 덕분에 짧은 시간 동안 많은 이가 사용하게 됐다. ChatGPT가 어렵게만 느껴지던 생성 AI의 장벽을 허물었다. AI 기술이 엔지니어나 정보기술(IT) 종사자만의 이슈가 아닌 것이 됐다. 비IT 전공자나 회사원, 학생, 노인까지 누구든 ChatGPT를 쉽게 경험해 볼 수 있다. ChatGPT와 같은 생성 AI 기술을 통해 일상이 어떻게 변할 수 있을지 체감했다. 오픈AI가 마케팅, 비즈니스 전략 관점에서 ChatGPT를 일반인에게 개방한 것으로 풀이된다. 최근의 거대 언어모델 인공지능 도구(ChatGPT, MidJourney, Dalle 2 등)는 기존에 인공지능을 이용해 데이터를 출력하거나 작업명령을 지시할 수 있는 문턱이 낮아지게 된다는 걸 의미한다. 기존에 해당 분야 종사자와 전문가들의 전유물이던 영역이 앞으로는 인공지능을 활용할 줄 아는 만인에게 개방되는 환경이기 때문이다.

기업 내부용이나 Call Center 대민서비스용이든 기업용(B2B) 챗봇에 어떻게 ChatGPT를 반영할 것인지가 과제다. 과거 네이버 검색에 익숙해지면서 기업이나 공공 내부 검색 시스템을 구축할 때 네이버 이용자 환경(UI)·UX를 유사하게 적용했다. 챗봇도 현재는 텍스트 중심이지만 ChatGPT가 보여준 대화방식에 익숙해질 경우 이를 어떻게 기존 챗봇에 적용할지가 또 하나의 도전이 될 것이다.

최근 여러 챗봇 회사가 GPT 기술을 시스템에 적용했다고 하지만 이는 기업 마케팅용일 가능성이 있다. 기존 챗봇과 ChatGPT는 알고리즘, 데이터 사용 방식 등 많은 부분에 차이가 있다. 알고리즘을 적용해 쉽게 바꿀 수 있는 영역이 아니다. 2023년은 ChatGPT를 기존 비즈니스에 접목할 수 있을지 확인하고 실험해보는 시간이 될 것으로 보인다. 많은 회사가 ChatGPT를 어떻게 서비스·기술에 응용할지 고민할 것이다. 물론 ChatGPT 등장 이전으로 돌아가긴 어렵다. 서비스 접목의 유·무에 따라 기업·개인의 생산성 차이가 클 것으로 보인다.

MS는 이미 기존 비즈니스모델에 ChatGPT 등 생성AI 기술을 빠르게 녹여내고 있다. 클라우드 서비스 'Azure'를 포함해 오피스, 검색엔진 등 B2B 서비스에 생성 AI 기술을 접목하는 것을 중요한 비즈니스 포인트로 잡았다. 구글이 독점하던 검색과 브라우저 시장에서 ChatGPT 기술로 패러다임을 바꾸려는 시도다. 다만 검색 시장은 좀 지켜봐야 한다. 분명 새로운 형태의 검색 시대가 열릴 것이다. 다만, 검색 광고 시장을 어떻게 풀 것인가가 숙제다. 구글이 새롭게 검색 서비스를 내놓지 못하는 이유가 이 때문이다. 기업용 맞춤형(Customize) ChatGPT도 등장할 것이다. 기업 고객을 위한 검색(Search)엔진 등이 있다. 여기에 ChatGPT를 붙이면 새로운 형태로 고객 내부 검색, 지식(Knowledge) QA 서비스가 가능할 것이다.

결국, 생성 AI와 같은 초거대 AI 기반의 B2B, B2C 솔루션은 생산성 혁신 도구가 돼야 한다. 기업은 원가를 절감하고 새로운 비즈니스모델을 만들 수 있다. 어떤 아이디어를 내느냐에 따라 다양한 기회가 생긴다. 일반적 서비스냐 업무와 관련된 중요 서비스(Mission Critical)[10]냐에 따라 생성 AI 적용 강도도 다르고 대응에도 차이가 있다. 일반 서비스는 일부 오류가 있어도 쉽게 넘길 수 있다. 반면 보험 설계 상담을 위한 챗봇의 경우 ChatGPT 같은 생성 AI를 결합했을 때 고객과의 대화에서 오류가 발생하면 심각한 문제를 초래한다. 실제 사업화되려면 결국 중요 서비스 영역에서 어떻게 대응할 수 있을지가 관건이다. Mission Critical 영역에서는 정제된 데이터를 넣고 파인 튜닝 하는 구조 체계를 만들어야 한다. 언어를 유창하게 만드는(생성) 수준으로는 부족하다. 언어의 유려함은 기본이다. 해당 업무의 지식과 관련해 구체적이면서 정제된 정보를 바탕으로 서비스를 업그레이드해야 비즈니스로 이끌 수 있다(전자신문, 2023년 2월 14일자).[11]

ChatGPT는 이미 학습된 모델이기 때문에 새로운 학습이 필요 없다. 적절한 사전 사후 처리 소프트웨어(SW)를 장착하여 잘 활용하기만 하면 된다. 즉, (거의) 모든 문제에 사용할 수 있는 하나의 AI 모델인 셈이다. 적절한 사용자 인터페이스 정도만 갖추면 영어 교육용 챗봇도 바로 실행할 수 있으며, 주요 경제 데이터 연계 모듈만 달아주면 시장현황 보고서를 자동으로 생성하도록 만들 수 있다. 각

---

10) 핵심 업무 또는 중요한 비즈니스 작업을 의미함. 조직 또는 기업이 원활한 운영과 성공을 위해 반드시 수행되어야 하는 핵심 작업이나 서비스를 지칭함. 예를 들어, 금융 기관에서는 고객 거래 처리, 결제 시스템, 보안 시스템 등이 Mission Critical 작업에 해당함. 이러한 작업은 고객의 신뢰를 유지하고 비즈니스의 원활한 운영을 보장하기 위해 매우 중요함.

11) https://www.etnews.com/20230214000048

기능 목적에 맞는 AI 모델을 새로 만드는 수고와 투자, 서비스 개발 시간이 획기적으로 줄어든다. AI 분야 스타트업들에는 기회의 금광이 열린 것과 같다. 향후 몇 년간 AI 기술력을 갖추고 비즈니스 현장의 니즈를 창의적으로 해결해주는 기업들의 활약이 기대되는 이유이다.

AI 전쟁은 결국 인재의 경쟁력에서 승패가 갈릴 것이다. AI 주도권을 장악하기 위해 총력전을 펴는 주요국들은 전문 인력 확보에 사활을 걸고 있다. 미국 MIT는 1조원 규모 기금을 조성해 AI 대학을 설립했고, 일본은 대학·대학원생 50만 명에 AI 교육을 추진해왔다. 중국도 'AI 인재 100만 명 양성' 프로젝트를 진행 중이다. 향후 AI 시장에서 앞서나가기 위한 관건으로 우수한 인재, 방대한 데이터, 뛰어난 AI모델 3가지가 꼽힌다.

생성형 AI 기술은 사회를 변화시킬 만큼 엄청난 잠재력이 있지만, 명확한 한계와 위험성도 안고 있다. 첫째, AI의 답이 정확하지 않을 수 있다. AI가 제공하는 답이 언제나 정확하지도 않다. ChatGPT는 생각보다 자주 정확하지 않은 답변을 내놓는다. 물론 AI는 데이터 학습과 질문 의도 분석을 바탕으로 가장 정확한 답변을 내놓도록 설계되어 있다. 하지만 여전히 자연어 이해와 복잡한 데이터 해석하는 능력은 제한적이다. 그리고 학습하는 데이터의 범위도 제한적이고(ChatGPT는 2021년 9월까지의 데이터만 습득) 잘못된 정보의 정확성을 판별할 수 있는 능력은 아직 없다. 선풍적인 인기가 계속되고 있지만, 부작용 문제도 불거지고 있다. 정확하지 않은 정보를 천연덕스럽게 내놓기 때문이다. 자칫 ChatGPT와의 대화를 중요한 보고서에 인용하거나 정보 수집의 도구로 썼다가는 큰 낭패를 볼 수도 있다. ChatGPT가 틀린 답을 하는 대표적인 이유 중 하나는 데이터 세트 시점에 따른 것이다. 최근 이슈는 제대로 답하지 못한다. ChatGPT는 검색엔진처럼 실시간 정보를 수집하는 것이 아니라 사전에 학습된 데이터 세트만 가지고 답변을 하기에 오류를 일으킨다. 또 하나는 생성 알고리즘에 따른 오답이다. 사실상 가장 치명적인 맹점이다. ChatGPT는 수많은 정보 안에서 특정 단어의 성격을 벡터로 정의하고, 단어의 관계성을 분석해 답을 내는 것으로 알려져 있다. 즉, ChatGPT는 정보를 네트워크상 벡터 공간에 넣어놓고, 이를 참조해 답을 생성하는 구조이다. 정보가(원본 그대로가 아닌) 압축돼 들어있는 형태라 원형을 복원해 답변하지 않는다. ChatGPT의 명칭을 보면 답변 구조를 쉽게 체감할 수 있다.

앞서 보았듯이 GPT는 'Generative Pre-trained Transformer'의 약자다. 사전에 훈련된 생성변환기라는 뜻이다. 여기서 중요한 것은 'T(Transformer)'다. 구글이 2017년 발표한 논문에 등장하는 개념으로, 문장 속 단어 등 데이터 간 관계를 추적해 맥락을 학습하는 신경망을 뜻한다. 쉽게 말하면 나무가 아닌 숲을 보는 방식이다. 정확하게 해당 정보를 추려 답을 '찾는'게 아니라 관계성을 분석해 답을 '생성'하는 형태다. 그래서 어떤 경우, 정확하지만 서로 다른 정보가 충돌하거나 질문 유형을 잘못 판단했을 때는 오답이 나오는 형태이다. 생성형 AI, 그중에서도 ChatGPT가 갖는 가장 큰 특징은 바로 진짜 사람이 말하는 것처럼 그럴듯하게 설명한다. 즉 파라미터값을 조합하는 과정에서 거짓으로 정보를 만들어 내거나, 편향된 결괏값을 도출하는 등 경우 잘못된 정보를 사실인 양 지어내고 정보출처도 부정확하거나 조작하기도 한다. 이를 '환각(hallucination)'이라고 표현한다. 이는 한층 개선된 GPT-4를 적용한 지금도 마찬가지다. ChatGPT는 단어 n을 인식하면 n+1을 만드는 방법론을 쓴다. n 다음의 설명에 필요한 적절한 단어를 찾는 구조라 환각(幻覺)으로 부터 자유롭지 못하다. 기초적 정보 체크에는 도움이 되지만 늘 신뢰할 수 있는 소스를 주지는 않는다. 개발사인 오픈AI도 오답의 가능성을 이미 알고 있다. 때때로 잘못된 정보가 생성될 수 있고, 유해한 지침이나 편향된 내용을 생성할 수 있다고 공지 사항을 통해 알려 놓았다.[12]

생성형 AI의 Risk는 바로 데이터 보안과 윤리, 그리고 저작권이다. 생성형 AI에 개인정보나 기밀 정보, 지적 재산을 입력하면, 공개 정보로 취급되어 본의 아니게 민감한 정보가 다른 사람에게 유출될 수 있다. 지금은 해제됐지만, 한 달 전 이탈리아가 ChatGPT를 일시적으로 금지한 이유가 바로 '개인 정보 보호'였다. 이탈리아 당국은 2023년 3월 31일 개인정보 보호를 이유로 자국 내 ChatGPT 접속을 차단했다. 이탈리아 데이터 보호청은 오픈AI가 ChatGPT를 훈련하기 위해 개

---

12) https://byline.network/2023/02/0121_03/

인 데이터를 대량 수집하거나 저장하는 것을 정당화할 법적 근거가 없으며, ChatGPT가 제공하는 부정확한 답변이 제대로 관리되고 있지 않다는 점을 문제로 삼았다. 당국은 오픈AI에 ChatGPT의 데이터 수집·처리에 대한 정보를 공개하고, 부정확하게 생산한 개인정보를 수정·삭제할 수 있는 기능을 추가하라고 요구했다. 또한 미성년자 보호를 위해 이용자 나이 확인 시스템을 도입할 것도 요청했다. 이에 대해 오픈AI는 이탈리아 당국이 요구한 조건을 반영해 서비스를 재개하였다. 실제로 오픈AI는 ChatGPT의 데이터 처리 방법에 관한 정보를 자사 웹사이트에 게시했고, 이탈리아 당국이 요청한 정보 수정 기능과 이용자 연령 확인 장치를 도입한 것으로 알려졌다. 그러다 보니 윤리적인 문제에서도 자유로울 수 없다. 특히 기존 데이터를 재생산한다는 점에서, 작가나 아티스트 등 저작권자와의 저작권 분쟁은 끊임없이 제기될 것이다. 이를 해결하기 위해서는, 생성형 AI의 저작권 범위에 관한 법적 규제가 필요하다.

또한 2023년 3월 삼성전자에서 ChatGPT 접속을 허용했던 반도체(DS) 부문은 임직원 보안 지침을 강화했다. 사전에 "보안에 유의하고 사적 내용을 입력하지 말라"는 주의를 내렸다. 하지만 일부 임직원이 반도체 관련 프로그램을 ChatGPT에 입력해 오류 해결이나 최적화를 요청한 사례가 모니터링 과정에서 적발됐다. 사내 회의 내용을 넣고 회의록을 작성하기도 하였다. 모두 보안 지침 위반이다. 회사 측은 일단 ChatGPT의 질문당 입력 글자 수를 제한하는 등의 긴급 조치를 했다(조선일보, 2023년 4월 3일자). AI 개발사들이 만약 이용자 정보를 활용하지 않는다고 해도 서버에 저장된 질문이 해킹되거나 오류로 일반에 공개될 가능성도 있다. 실제로 오픈AI는 프로그램 오류로 일부 이용자가 타 이용자의 채팅 제목을 볼 수 있는 문제가 발생했다고 밝혔다. 또한 유사한 오류로 ChatGPT 유료 버전 구독자 1.2%의 결제 관련 정보가 9시간 동안 노출됐다는 점도 시인했다.

새로운 AI를 만드는 데 3가지에 집중해야 한다. 첫째, ChatGPT가 내어놓는 답이 사실인지, 상상력을 동원한 창작의 결과인지, 아니면 틀린 데이터에 기반한 오답인지 구별할 수가 없어 제기되는 신뢰성의 문제를 풀어야 한다. 답을 내는 추론 과정이나 근거 데이터를 투명하게 밝히는 설명가능성(說明可能性)은 매우 중요한 숙제이다. 둘째, 이미 학습된 초대형 AI 모델에 새로 생성되는 최신 정보들을 추가로 학습시키는 지속적이고 효과적인 방법도 마련되어야 한다. 셋째, 초대형 AI 모델을 학습시키고 운영하는데 들어가는 엄청난 전산 자원을 효율화하는 것도 당장 풀어야 할 숙제이다.[13]

3. ChatGPT의 맥락과 특성

가. BERT 모델과 ChatGPT 모델

ChatGPT는 자연어 처리와 대화 생성 분야에서 주로 활용되는 인공지능 기술 중 하나이다. ChatGPT의 상위 맥락 기술은 "언어 모델링"이다. 언어 모델링은 주어진 문장 또는 문맥을 바탕으로 다음 단어를 예측하는 작업을 의미한다. 이를 통해 문장의 일관성과 자연스러움을 유지하며 자연어 생성을 수행할 수 있다. ChatGPT는 언어 모델링기술을 기반으로 하여 대화 생성과 자연어 이해를 수행한다.

ChatGPT는 다양한 맥락을 이해하고 문장의 문맥을 파악하여 응답을 생성하는 능력을 가지고 있다. 이를 위해 대규모 데이터 세트를 기반으로 사전 학습된 모델을 구축하고, Fine-tuning을 통해 특정 도메인이나 작업에 맞게 모델을 조정할 수 있다. 따라서 ChatGPT는 자연어 처리 분야에서 발전한 언어 모델링 기술을 적용한 대화 생성 모델로, 대화의 맥락을 이해하고 응답을 생성하는 데에 특화된 기술을 제공한다. ChatGPT는 대화형 언어 모델로, 자연어 처리 작업에서 주로 사용되는 특성을 갖는다.

---

13) https://www.asiae.co.kr/article/2023021921031995155

ChatGPT의 특성

- 맥락 이해: ChatGPT는 이전 대화의 맥락을 이해하고 이를 바탕으로 응답을 생성함. 이전 대화의 문맥을 파악하여 자연스럽고 일관된 대화를 진행할 수 있음.
- 유연한 대화: ChatGPT는 다양한 주제와 대화 상황에서 활용할 수 있음. 사용자의 질문, 요청 또는 상황에 맞춰서 적절한 응답을 생성할 수 있음.
- 언어 이해와 생성: ChatGPT는 자연어 처리 작업을 수행하는 데 탁월한 성능을 보여줌. 자연어의 의미를 이해하고 다양한 형태와 구조로 응답을 생성할 수 있음.
- 상호작용: ChatGPT는 대화를 통해 상호작용하는 능력을 가지고 있음. 사용자와의 실시간 대화를 처리하며, 대화의 흐름을 유지하고 적절한 응답을 생성함.
- 맞춤형 학습: ChatGPT는 미리 학습된 모델을 기반으로 하며, Fine-tuning을 통해 특정한 도메인이나 작업에 맞게 학습될 수 있음. 이를 통해 사용자의 요구에 맞는 맞춤형 대화 시스템을 구축할 수 있음.

BERT 모델과 ChatGPT 모델의 차이점을 다음과 같이 설명할 수 있다. BERT는 큰 사전과 같은 것으로 생각할 수 있다. 그리고 입력된 문장을 이해하고, 문맥을 파악하여 단어의 의미를 학습한다. 학습된 정보를 바탕으로 BERT는 주어진 문장에서 빈칸을 채워 넣거나 질문에 답변하는 등 다양한 언어 작업을 수행할 수 있다. 가령 철수와 영희 두 명의 친구가 있다고 상상해 보자. 철수는 개별 단어와 그 의미를 이해하는 전문가이다. 반면, 영희는 자연스럽게 들리는 반응을 만들 수 있는 숙련된 대화주의자라고 하자. BERT 모델은 철수와 비슷하다. 철수는 단어와 그 의미를 이해하는 데 능숙하다. 하지만 문맥을 고려하지 않는다. 철수는 각 단어의 Embedding[14]을 파악하고 그 의미를 이해할 수 있다. 하지만, 문장 전체의 의미나 문맥적인 관계를 파악하지는 못한다. BERT 모델도 비슷하게 단어 수준에서의 의미를 이해하고 문맥을 고려한다. 그러나 대화 흐름이나 연속적인 문장 생성에는 적합하지 않다. 반면에 ChatGPT 모델은 영희와 비슷하다. 대화에서 자연

---

14) 단어나 문장을 숫자로 표현하는 것으로, 이를 통해 컴퓨터가 자연어를 이해하고 처리할 수 있게 도와주는 기술임.

스러운 응답을 생성하는 데 능숙하다. 문맥을 이해하고 이전 대화를 고려한다. ChatGPT 모델도 마찬가지로 문맥을 파악하고 이전 대화를 기반으로 다음 응답을 생성한다. 따라서 대화를 통해 더 풍부하고 자연스러운 결과를 제공할 수 있다. 간단하게 말해 BERT는 단어 수준에서 의미를 이해하고 ChatGPT는 문맥을 고려하여 대화를 생성한다. BERT는 개별 단어의 의미를 파악하는 데 좋고, ChatGPT는 대화를 자연스럽게 이어나가는 데 적합하다. 두 모델은 각각 다른 목적과 사용 사례에 따라 선택되며, 문제에 맞게 적절한 모델을 선택하는 것이 중요하다.

BERT는 인코더로서 입력 텍스트를 이해하고 언어에 구애받지 않는 표현으로 인코딩하는 역할을 한다. 반면 ChatGPT는 디코더로서 인코딩된 표현을 활용하여 자연스럽고 문맥에 맞는 응답을 생성한다. 함께 사용되면 번역, 대화 생성 등 다양한 자연어 처리 작업에 강력한 조합을 이룰 수 있다. 여기서 인코더는 메시지를 보내는 사람과 같다. 그 사람은 원래 메시지를 가지고 있고, 그것을 암호화하여 특별한 형태로 변환한다. 이렇게 변환된 메시지는 보낼 수 있지만, 다른 사람들은 그 메시지를 해독할 수 없다. 인코더는 원래 메시지를 변환하여 정보를 담고 있는 새로운 형태로 만드는 역할을 한다. 디코더는 메시지를 받는 사람과 같다. 그 사람은 암호화된 메시지를 받았고, 그것을 해독하여 원래의 메시지를 이해한다. 디코더는 인코더가 만든 암호화된 형태의 메시지를 해독하여 읽을 수 있는 형태로 되돌리는 역할을 한다. 간단히 말해, 인코더는 원래 메시지를 변환하여 암호화된 형태로 만들고, 디코더는 암호화된 메시지를 해독하여 읽을 수 있는 형태로 되돌린다. 인코더와 디코더는 서로 협력하여 정보의 안전한 전달과 이해를 가능하게 한다.

인코더는 사진을 찍는 사진기라고 생각할 수 있다. 사진기는 주어진 시점에서 사물이나 풍경을 촬영하여 이미지로 변환한다. 이때, 사진기는 사물이나 풍경의 중요한 특징을 추출하여 이미지로 저장한다. 이렇게 저장된 이미지는 나중에 필요에 따라 활용될 수 있다. 디코더는 저장된 이미지를 이해하고 그 내용을 설명하는 사람과 같다. 저장된 이미지를 보고 사물이나 풍경의 특징을 파악하고, 그것을 자연어로 표현하여 다른 사람에게 설명한다. 디코더는 저장된 이미지를 기반으로 문장을 생성하며, 문장은 사진의 내용을 자연어로 표현한 것이다. 이렇게 인코더와 디코더를 사진기와 설명하는 사람으로 비유하면, 인코더는 주어진 정보를 추출하여 표현하는 역할을 하고, 디코더는 추출된 정보를 활용하여 그것을 다시 원래의 형태로 변환하여 설명하는 역할을 한다. 간단히 말해, 인코더는 정보를 추출하고 표현하는 역할을 하며, 디코더는 추출된 정보를 활용하여 원하는 형태로 변환하여 설명하는 역할을 한다. 이러한 인코더와 디코더는 다양한 자연어 처리 작업에 활용된다.

Bert와 ChatGPT는 인공지능의 발전 과정에서 중요한 역할을 담당하고 있으며, 각각 다른 의미와 관계를 갖는다. Bert는 2018년에 구글에서 발표한 모델로, "Bidirectional Encoder Representations from Transformers"의 약자이다. Bert는 자연어 처리와 문장 이해 작업에 탁월한 성능을 보이며, 전체 문장을 보고 문맥을 파악할 수 있는 양방향 학습 방식을 도입했다. 이전의 단방향 언어모델보다 더욱 효과적인 문장 이해를 가능케 했고, 자연어 처리 분야에서 큰 주목을 받았다. Bert는 다양한 자연어 처리 작업에 사용되며, 문장 분류, 개체명 인식, 질문 응답 등 다양한 NLP(Natural Language Processing) 작업에 활용되고 있다.

ChatGPT는 OpenAI에서 개발한 대화형 언어 모델이다. GPT(Generative Pre-trained Transformer) 시리즈의 최신 모델로, 대용량의 텍스트 데이터를 기반으로 사전 훈련된 후 다양한 대화형 작업에 Fine-tuning을 거쳐 적용된다. ChatGPT는 대화를 자연스럽게 이어가며, 질문에 대한 응답을 생성하거나 대화 흐름을 유지하는 등 다양한 대화형 상황에서 활용된다. Bert와 ChatGPT의 관계는 두 모델 모두 Transformer 아키텍처를 기반으로 한다. Transformer는 인공지능 모델에서 자연어 처리에 매우 효과적으로 사용되는 기술로, 문장 이해와 생성에 있어 중요한 역할을 한다.

BERT 모델과 ChatGPT 모델
공통점
■ Bert와 ChatGPT는 자연어 이해를 위해 사용됨. 이들은 텍스트 데이터를 이해하고 처리하여 다양한 자연어 작업을 수행할 수 있음.
차이점
■ 모델 구조: Bert는 양방향 변환 인코더(representations from transformers)라는 구조를 지니며, 사전 훈련된 언어모델임. 반면에 ChatGPT는 단방향 변환 디코더 (representations to transformers)라는 구조를 가지며, 생성 모델로서 사전 훈련된 대화 데이터를 사용함. ■ 응용 분야: Bert는 주로 문장 수준의 자연어 처리 작업에 사용됨. 예를 들면, 문장 분류, 개체명 인식, 문장 유사도 등임. 반면에 ChatGPT는 대화 기반의 자연어 처리 작업에 사용되며, 대화 생성 및 응답에 초점을 맞추고 있음. ■ 훈련 데이터: Bert는 다양한 대규모 텍스트 데이터로 사전 훈련되며, 사전 훈련된 언어모델임. ChatGPT는 대화 데이터로 사전 훈련되며, 대화 문맥을 이해하고 생성하는 능력이 강조됨.

나. 생성형 AI: ChatGPT와 GAN

생성형 인공지능은 사람과 유사한 방식으로 새로운 내용을 생성하고 표현할 수 있는 인공지능 시스템이다. 이러한 시스템은 텍스트, 이미지, 음성 등 다양한 형태의 데이터를 이용하여 새로운 내용을 생성하고 그에 대한 응답을 제공할 수 있다. 생성형 인공지능은 학습 데이터를 기반으로 모델을 훈련한다. 훈련 데이터는 인간이 작성한 텍스트, 이미지, 음성 등이 될 수 있으며, 모델은 이러한 데이터를 분석하여 새로운 내용을 만들어낸다. 가령, 생성형 인공지능은 문장을 만들어 이야기를 전개하거나, 이미지를 생성하여 새로운 시각적 요소를 보여줄 수 있다.

생성형 인공지능은 자연어 처리, 이미지 처리, 음성 처리 등 다양한 분야에서 활용될 수 있다. 예컨대 문서 작성, 예술 창작, 음악 작곡, 콘텐츠 생성, 상품 디자인 등에 활용될 수 있다. 이러한 기술은 창의적인 작업을 보조하거나 대량의 콘텐츠를 자동으로 생성하는 데에 도움을 줄 수 있다. 이에 따라 생성형 인공지능 시장규모의 가파른 성장이 예상된다.

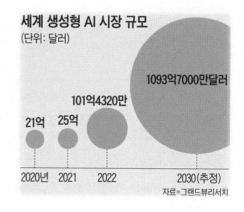

세계 생성형 AI 시장 규모
(단위: 달러)

1093억7000만달러
101억4320만
21억   25억

2020년 2021 2022   2030(추정)
자료:그랜드뷰리서치

생성형 AI 알고리즘은 주어진 데이터에서 새로운 데이터를 생성하는 기술이다. 알고리즘은 다양한 분야에서 활용된다. ChatGPT와 GAN은 모두 인공지능 분야에서 활용되는 기술이다. 먼저 ChatGPT는 대화형 인공지능 모델로, 기존의 통계적 기반의 자연어 처리 방식에서 딥러닝 기반의 방식으로 발전한 것이다. ChatGPT는 대량의 텍스트 데이터를 학습하고, 이를 통해 생성된 언어모델을 사용하여 대화를 진행한다. GPT 모델은 대화형 인공지능 모델로, 문장을 생성하고 대화를 진행하는 등 다양한 자연어 처리 태스크에 사용된다.

ChatGPT와 같은 생성모델은 기술 발전과 함께 점점 더 높은 수준의 자연어 이해 및 생성 능력을 갖출 것으로 예상된다. 이를 통해 미래에는 더욱 사람과 유사한 대화를 할 수 있는 인공지능 에이전트가 등장할 수 있다. 이에 따른 생성형 AI 시장규모의 급성장이 예상된다. ChatGPT를 활용하여 현재 존재하는 많은 산업에서 업무 자동화와 서비스 개선이 가능하다. 특히, 고객 지원 분야에서 실시간 대화를 통한 고객 서비스의 질을 향상할 수 있다. ChatGPT를 이용한 인공지능 채팅봇의 개발이 더욱 활성화될 것으로 예상된다. 하지만 ChatGPT와 같은 생성모델의 발전에는 여전히 몇 가지 문제가 존재한다. 예를 들어, 생성모델이 일부 불건전한 언어나 혐오성을 내뿜을 가능성이 있다. 이러한 문제들을 해결하기 위한 연구가 필요하다. 또한 생성모델이 생성한 결과물이 얼마나 진실성이 있는지 검증하는 것도 중요한 과제이다. 이러한 문제들을 해결하면서 ChatGPT와 같은 생성모델은 더욱 발전해 나갈 것이다.

Google은 오픈AI에서 발표한 GPT−3와 경쟁하기 위해, 생성형 AI 알고리즘인 Bard를 개발했다. Bard는 음악 작곡, 가사 작성, 시 등 다양한 창작 활동에 사용될 수 있는 인공지능이다. GPT−3와 마찬가지로, 대규모 데이터 세트로 사전 학습된 다음 미세 조정을 통해 창작 과제에 맞게 미세 조정된다. Bard의 차별점은 음악 작곡에 초점을 맞추었다. 이를 위해 AI 모델은 다양한 음악 장르, 작곡기법, 악기 연주 등의 지식을 학습하였다. 또한 가사 작성에도 특화되어 있어, 사용자가 지정한 주제나 감정에 맞는 가사를 생성할 수 있다.

반면에 생성 모델링 기술 가운데 기존의 딥러닝 기반의 이미지 분류나 객체인식과 같은 기술과 다르게 이미지를 생성하는 모델로서 GAN(Generative Adversarial Networks)과 VAE(Variational Autoencoder)[15] 등이 있다. 먼저 GAN은 이미지 생성 모델링에서 가장 많이 활용되는 알고리즘 중 하나로, 생성자와 판별자라는 두 개의 신경망을 사용하여 학습한다. 생성자는 무작위 벡터(잠재공간의 랜덤한 점)를 입력으로 받아 실제와 비슷한 이미지를 생성하고, 판별자는 생성자가 생성한 이미지가 실제 이미지인지 가짜 이미지인지 판별한다. 생성자는 판별자가 실제 이미지라고 판단할 확률을 최대화하고, 판별자는 생성된 이미지가 가짜라고 판단할 확률을 최대화하도록 학습한다. GAN은 생성자(generator)와 판별자(discriminator)라는 두 개의 모델을 사용하여 학습한다. 생성자는 실제 이미지와 비슷한 가짜 이미지를 생성하고, 판별자는 생성된 이미지가 진짜인지 가짜인지 판별한다. 이 과정에서 생성자는 판별자가 가짜로 판별할 확률을 최소화하도록 학습하며, 판별자는 진짜와 가짜를 구분할 수 있는 능력의 향상을 위해 학습한다. 일반적으로 생성자와 판별자는 상호적 관계에서 계속해서 훈련되는데, 생성자는 더 현실적인 데이터를 생성하도록 발전하고, 판별자는 진짜와 가짜를 더 정확하게 구분할 수 있도록 발전

---

15) VAE(Variational Autoencoder)는 생성모델 중 하나로, 데이터의 잠재 변수를 학습하고 활용하여 새로운 데이터를 생성하는 모델임. VAE는 주어진 데이터의 분포를 모델링하고, 이를 기반으로 데이터를 생성할 수 있음.

한다. 이는 GAN의 핵심 원리인 "min – max 게임"으로 볼 수 있다. 생성자와 판별자는 서로를 이길 수 없는 균형 상태를 찾기 위해 경쟁하며 발전한다. 훈련이 멈추는 시점은 주로 사용자의 결정에 따라 정해진다. 일반적으로 생성된 데이터의 품질이 만족스러울 때까지 계속하여 훈련을 진행한다. 이는 주관적인 판단이며, 생성된 데이터의 현실성, 다양성, 일관성 등을 평가하여 결정할 수 있다.

또한 VAE는 생성 모델링에서 사용되는 알고리즘으로, 잠재공간(latent space)에서 Sampling하여 이미지를 생성한다. VAE는 입력 이미지를 평균과 분산으로 인코딩하고, 이를 통해 잠재공간의 평균과 분산을 구한 뒤, 이를 사용하여 잠재공간에서 Sampling 한다. 생성된 이미지는 디코더에 의해 원본 이미지로 복원된다. VAE는 데이터의 저차원 표현을 학습하는 알고리즘으로 사용된다. VAE를 사용하면 데이터를 저차원의 잠재공간에 매핑하여 새로운 데이터를 생성하거나 잠재공간에서 데이터를 조작할 수 있다. 이를 통해 이미지 생성, 데이터 압축, 잡음 제거 등 다양한 응용이 가능하다. VAE는 인코더와 디코더라는 두 가지 네트워크로 구성되어 있다. 인코더는 입력 데이터를 저차원의 잠재공간으로 매핑하고, 디코더는 잠재공간의 표현을 입력 데이터로 복원한다. 이 과정에서 잠재 변수의 확률적인 Sampling과 분포를 학습하는 과정이 포함된다.

VAE는 데이터의 분포를 고려하여 잠재공간을 학습함으로써 데이터를 더 잘 표현할 수 있다. 잠재공간에서는 데이터의 특성을 잘 파악하고 표현할 수 있으며, 이를 기반으로 새로운 데이터를 생성하거나 조작할 수 있다. 또한 잠재 변수의 연속성을 이용하여 데이터를 보강하거나 조작할 수도 있다. 이를 통해 예를 들어 얼굴 이미지에서 잠재 변수를 조작하여 웃는 얼굴이나 나이가 더해진 얼굴을 생성할 수 있다. VAE는 다양한 응용 분야에서 활용될 수 있으며 이미지 생성, 음악 생성, 자연어 처리 등에서 좋은 성과를 보여주고 있다. 즉 VAE는 데이터를 잘 표현하고 새로운 것을 만들 수 있다. 가령 사진을 그리는 데 어떤 특징을 잘 그려야 하는지 배울 때 사용할 수 있다. VAE는 사진을 그리는 방법을 배우기 위해 두 가지 중요한 부분으로 나눌 수 있다. 하나는 사진을 보고 어떤 특징을 찾아내는 것이고, 다른 하나는 그 특징을 이용해서 사진을 다시 그리는 것이다. 첫째 단계에서 사진을 보고 어떤 특징이 중요한지를 알아낸다. 가령, 얼굴 사진을 보면 눈, 코, 입 같은 특징들을 찾아낼 수 있다. VAE는 이런 특징들을 잘 찾아낼 수 있게 학습하고 기억해둔다. 둘째 단계에서는 특징들을 이용해서 새로운 사진을 그린다. 가령 VAE가 얼굴의 특징을 알고 있다면, 그 특징들을 이용해서 새로운 얼굴을 만들어낼 수 있다. 이렇게 VAE는 기존에 없던 새로운 사진을 제작할 수 있다. 이처럼 VAE는 사진을 잘 표현하고 새로운 것을 만들 수 있는 도구이며, 이를 통해 예쁜 그림을 그리거나 창의적인 아이디어를 생각해낼 수 있다.

생성형 인공지능의 가능성은 다음과 같다. 첫째, 창의성과 예술적 표현에서 뛰어나다. 생성형 인공지능은 새로운 아이디어와 창작물을 만들어낼 수 있어 문학, 음악, 그림 등의 예술 분야에서 큰 잠재력을 가지고 있다. 둘째, 업무 자동화와 효율성 측면에서 다양한 이점을 제공한다. 생성형 인공지능은 반복적이고 번거로운 작업을 자동화하여 인간의 시간과 노력을 절약할 수 있다. 가령 고객 서비스 자동 응답 시스템을 통해 고객 응대를 개선하거나 문서 요약 시스템을 통해 문서 작업을 간소화할 수 있다. 셋째, 개인화된 경험을 제공할 수 있다. 생성형 인공지능은 개인의 선호도와 특성을 고려하여 맞춤형 콘텐츠를 생성하거나 개인의 요구에 맞춰 응답하는 인터페이스로 활용될 수 있다.

하지만 기회와 함께 생성형 AI의 한계점과 위험성을 경계하는 분위기도 있다. 오픈AI CEO인 샘 알트먼도 AI가 노동 시장, 선거, 허위 정보 확산 등에 미칠 수 있는 안 좋은 영향과 사이버 공격과 같은 위험성이 우려된다고 말했다. 즉 사람들이 정말 ChatGPT를 즐기는 것 같은데 주의를 기울여야 하고, AI 기술에 대해 약간은 무서워해야 한다고 말했다. 또한 모델들이 대규모 허위 정보에 이용될 수 있다는 점이 특히 우려된다면서 이제 AI 기술이 컴퓨터 코드를 익히기 시작했기 때문에 사이버 공격에도 사용될 수 있음을 경계했다. 특히 중국이나 러시아 등 권위주의 국가에서의 AI 기술 개발을 염려했다. 그중에서도 블라디미르 푸틴 러시아 대통령이 우크라이나를 침공하기 수년 전 'AI 기술의 리더는 세계의 통치자가 될 것'이라고 말한 것을 거론하며 소름 돋는다고 말했다.

생성형 인공지능에는 몇 가지 한계점도 있다. 첫째, 이해력과 상황 파악의 한계가 있다. 생성형 인공지능은 입력된 데이터와 패턴에 기반하여 결과를 생성하지만, 실제 입력된 내용을 완전히 이해하거나 주변 상황의 파악이 어려울 수 있다. 둘째, 편향성과 윤리적 문제가 발생할 수 있다. 학습 데이터에 포함된 편향성이 모델의 결과에 반영될 수 있으며, 윤리적인 문제를 일으킬 수 있는 내용을 생성할 수도 있다. 셋째, 오류와 불확실성이 존재한다. 생성형 인공지능은 100% 정확성을 보장할 수 없으며, 잘못된 정보나 오류가 발생할 수 있다. 특히, 새로운 데이터를 생성하는 데 사용될 수 있지만, 그 결과물에 대해 예측의 불확실성이 존재할 수 있다. 생성된 데이터의 정확도나 신뢰성을 보장하기 어려울 수 있으며, 예측이 부정확하거나 잘못된 정보를 제공할 수도 있다. 넷째, 인공지능의 악용 가능성이다. 생성형 인공지능은 그 자체로 훌륭한 도구지만, 악용될 수도 있다. 가령 가짜 정보나 위조된 문서를 생성하여 혼란을 일으키거나 사기 등 부정한 목적으로 사용될 수 있다.

생성형 AI의 등장은 전례가 없는 혁명에 가까운 발견이기에, 향후 사회와 경제, 문화에 미칠 영향을 누구도 예상하지 못하고 있다. 예측 불가능한 미래에 위험성을 낮추고 올바른 결정을 내리기 위해서 가장 필요한 것은 바로 과거와 현재, 미래를 아우르는 데이터다. 새로운 시대로의 전환점에서 사람들의 인식과 행동이 변화하는 모습을 데이터로 관찰하고 분석하는 게 매우 중요하다.

다. 생성형 AI의 한계와 전망

"ChatGPT는 멋지다. 하지만 시작에 불과하다." Gartner Analyst Brian Burke는 "Beyond ChatGPT: The Future of Generative AI for Enterprises"라는 글을 통해 생성형 AI가 기업에서 맡게 될 중요한 역할을 제시했다.[16] 여기서 Generative(생성) 모델의 의미는 무엇일까? 구글 검색이 나와 있는 답을 찾아주는

---

16) https://www.gartner.com/en/articles/beyond−chatgpt−the−future−of−generative−ai
−for−enterprises

일을 한다면 ChatGPT와 같은 생성 AI 언어모델은 질문의 맥락과 상황에 맞게 답을 만들어 준다는 점에서 차이가 있다. 즉 정해진 답변이 아니라 스스로 답을 만들어낸다. 예컨대 "A와 B의 공통점은?"과 같은 질문을 던졌을 때 누군가 이미 둘 사이의 공통점에 관한 글을 올려놓았다면 구글 검색이 찾을 수 있다. 그런데 아무도 그렇게 비교한 적이 없었다면? 이때 생성 AI 언어모델은 응답을 제시할 가능성이 높다. ChatGPT 같은 초기 기반 모델은 창작 작업을 보조하는 생성형 AI의 역량에 중점을 둔다. 하지만 2025년이면 이미 신약 및 신소재의 30%가 생성형 AI 기법을 사용해 체계적으로 개발될 것으로 전망된다. 현재 이렇게 활용하는 경우는 드물다. 신약 개발은 산업계에서 생성형 AI를 사용할 많은 사용례 중 하나일 뿐이다. 예를 들어, 생성형 AI는 특정 객체의 수많은 후보 디자인 중 올바른 또는 가장 알맞은 디자인을 찾는 데 적합하다. 이런 역량은 많은 영역에서 개발 작업의 확장 및 가속화뿐만 아니라 사람은 생각하지 못했거나 간과했던 완전히 새로운 디자인과 객체를 발명할 수 있는 잠재력이 있다. 또한 마케팅 부서는 이미 생성형 AI의 효과를 체감하고 있다. Gartner는 2022년에 2%에 불과했던 대기업의 마케팅 메시지가 2025년까지 약 30%가 합성 문장으로 만들어질 것으로 예상한다. 2030년에는 내용의 90%를 AI가 만든 블록버스터 영화가 최소한 1편은 개봉될 것으로 전망했다. 대부분 AI 시스템은 여전히 분류 프로세스에 의존한다. 가령 개와 고양이의 사진을 구분할 수 있도록 훈련하는 식이다. 그런데 생성형 AI 시스템은 다른 방식으로 동작한다. 실세계에 존재하지 않는 개와 고양이 이미지를 창작하도록 훈련할 수 있다. 즉, 창의적인 기술이라는 것이 핵심이다.

생성형 AI 시스템은 동영상이나 Narration, 음악, 이미지, 학습 데이터, 디자인과 설계도까지 고품질 인공물을 만들 수 있다. 자연어 처리에서 중요한 기술인 GPT(Generative Pre trained Transformer)는 딥러닝을 기반으로 사람이 만들어낼 수 있는 텍스트를 생성한다. 3세대인 GPT−3은 컴퓨터 코드는 물론, 이야기와 노래, 시를 지을 수 있는 것으로 알려져 있다. 또한 디지털 이미지 생성기인 달리−2 (DALL−E 2)나 Stable Diffusion, Mid journey 등은 텍스트에서 이미지를 생성한다. 머지않아 산업별로 생성형 AI를 활용할 것으로 예상되는 사용례는 다음과 같다.

■ 신약 개발: 2010년도 조사에 따르면, 새로운 약품을 시장에 출시하는 데 드는 비용은 약 18억 달러였다. 이중 1/3이 약 자체를 개발하는 데 사용된다. 생성형 AI는 이미 신약 개발에 사용되고 있는데, 제약업계는 비용과 시간 모두를 크게 절감할 수 있기에 앞으로 활용도가 더욱 높아질 것이다.

■ 신소재 관리: 생성형 AI는 특정 물리적 속성을 가진 완전히 새로운 소재를 설계하는 데 사용할 수 있다. 가트너에 따르면, 신소재 설계는 자동차나 항송, 국방, 의료, 전자, 에너지 산업에 상당한 이점을 가져다준다. 그 기반은 역설계(Inverse Design)라 불리는 기법으로, 원하는 속성을 정의하면 이에 대응하는 소재를 자동으로 추적하는 방식이다. 가령, 현재 에너지나 운송 분야에서 사용하는 것보다 전도성이 좋고 부식도 되지 않는 소재나 자력이 강한 소재를 찾아낼 수도 있다.

산업별 생성형 AI의 활용사례	Industries							
	Automotive and Vehicle Manufacturing	Media	Architecture and Engineering	Energy and Utilities	Healthcare Providers	Electronic Product Manufacturing	Manufacturing	Pharmaceutical
Drug Design								●
Material Science	●			●		●		
Chip Design						●		
Synthetic Data	●		●	●	●	●	●	●
Generative Design (Parts)	●		●				●	

Source: Gartner
© 2023 Gartner, Inc. All rights reserved. CTMKT_2118165

■ 칩 설계: 생성형 AI는 강화 학습을 사용해 반도체 설계의 부품 배치를 최적화할 수 있다. 가트너에 따르면, 칩 개발 주기를 주 단위에 시간 단위로 단축할 수 있다.

■ 합성 데이터: 데이터 범주 중 하나인 합성 데이터는 실세계에서 직접 취득한 것이 아니라 인공적으로 생성한 데이터를 말한다. 합성 데이터는 AI 모델 학습

에 사용하는 데이터의 원본 출처를 숨길 수 있다. 가령, 연구목적으로 헬스케어 데이터를 인공적으로 생성하면, 의료 기록을 사용한 환자의 신원을 드러내지 않아도 된다.

■ 부품 개발: 생성형 AI를 이용하면, 성능이나 소재, 제조 공정 등의 매우 구체적인 목표에 최적화된 부품을 설계할 수 있다. 가령, 자동차 제조회사는 가볍지만 안전한 부품의 개발로 경제적인 차량을 개발할 수 있다.

현재 기업들이 활용하는 AI 인공지능 기술은 크게 '분석형 AI 기술'과 '생성형 AI 기술' 두 가지로 구분할 수 있다.[17] 분석형 AI는 '전통적 인공지능 기술'이라고도 불린다. 주로 데이터 분석이나 소비자 패턴 분석, 사용자 언어 분석에 특화되어 있다. SNS나 검색엔진 알고리즘, 대규모 언어모델(LLM), 자연어 처리 기술, 음성 텍스트 변환 등이 분석형 AI에 포함된다. 입소스에서도 새로운 인사이트 확보, 응답자와의 소통 방식 변화, 리서치 프로세스 자동화에 분석형 AI 기술을 활용하고 있다. 생성형 AI는 텍스트와 영상, 이미지 등 기존 콘텐츠를 활용하여 유사한 콘텐츠를 새로 만들어내는 인공지능 기술을 말한다. ChatGPT와 뤼튼(텍스트 생성형 AI)와 MidJourney(이미지 생성형 AI)가 포함된다.

하지만 Gartner는 낙관론에 빠져 생성형 AI의 위험성을 간과하는 기업에 대해 경고했다. Deep Fake의 가능성, 저작권 문제를 포함해 생성형 AI 기술을 악의적으로 활용할 수 있는 방법은 많다. 무엇보다도 보안과 위험 관리를 책임지는 사람은 평판, 위조, 사기 및 정치적 위험을 사전에 파악하고 예방할 필요가 있다. 기업은 생성형 AI의 책임감 있는 사용을 위한 지침을 마련하고 검증된 업체와 서비스를 도입해야만 한다. 이를 위해 학습 데이터 세트와 적절한 모델 사용의 투명성을 위해 노력하는 데 우선순위를 두어야 한다.

ChatGPT는 자연어 처리 분야에서 혁신적인 발전을 이루어냈지만, 사용하는 과정에서 부작용이 발생할 수 있다. 첫째, 편향성 문제가 있을 수 있다. ChatGPT 모델은 대규모 데이터 세트를 학습하므로, 학습 데이터 세트에 존재하는 편향성

---

17) https://www.ipsos.com/sites/default/files/ct/publication/documents/2023−05/From−analytIcal−to−generative−AI.pdf

이 모델에 영향을 미칠 수 있다. 예를 들어, 특정 인종, 성별, 국가, 문화 등에 대한 편견이 모델에 반영될 수 있다.

둘째, 모델이 생성한 응답이 항상 적절하지 않을 수 있다. ChatGPT는 학습 데이터 세트에 기반하여 응답을 생성하므로, 학습 데이터에 없는 문제나 정보에 대한 응답을 제대로 생성하지 못할 수 있다. 따라서 모델이 생성한 응답을 그대로 사용하는 것이 아니라 항상 사람이 확인하고 수정하는 노력이 필요하다.

셋째, 개인정보 보호 문제가 있을 수 있다. ChatGPT 모델은 개인정보와 같은 민감한 정보를 처리할 수 있으므로, 이를 처리하는 과정에서 개인 정보 보호 문제가 발생할 수 있다. 따라서 개인정보를 처리하는 경우, 적절한 보안 조치와 규제를 준수해야 한다. ChatGPT는 혁신적인 발전을 이룬 모델이지만, 이러한 부작용을 인식하고 적절한 대응 방안을 마련하여 사용해야 한다.

ChatGPT는 매우 뛰어난 자연어 처리 능력을 갖춘 모델이지만, 여전히 몇 가지 한계점이 존재한다. 첫째, 지식과 추론 능력이 제한적이다. ChatGPT는 대규모 데이터 세트에서 훈련된 모델이므로, 훈련 데이터 세트에 존재하는 정보와 패턴에 대해서만 학습할 수 있다. 따라서 ChatGPT 모델은 지식을 보유하고 있는 것처럼 보이지만, 실제로 추론 능력이 제한적이다.

둘째, 지속적인 학습이 어렵다. ChatGPT 모델은 대규모 데이터 세트에서 사전 학습된 모델을 사용하므로, 새로운 데이터 세트를 사용하여 지속적으로 학습시키는 것이 어렵다. 이러한 한계점은 ChatGPT 모델을 새로운 도메인에 적용하거나 새로운 문제의 해결과정에서 어려움을 초래할 수 있다.

셋째, 계산 자원이 필요하다. ChatGPT 모델은 매우 큰 모델 파라미터와 계산 자원이 필요하다. 따라서 이 모델을 사용하기 위해서 대규모의 컴퓨팅 자원이 필요하다. ChatGPT는 놀라운 자연어 처리 능력을 갖춘 모델이지만, 이러한 한계점을 인식하고 적절한 대응 방안을 마련하여 사용해야 한다.

챗GPT와
비즈니스

제7장

ChatGPT와 비즈니스모델

1. ChatGPT와 비즈니스모델
2. ChatGPT의 핵심 요소와 기능
3. ChatGPT의 알고리즘과 작동원리

ChatGPT와 비즈니스모델

"인공지능은 사람들의 삶과 일에 대한 전반적인 변화를 가져올 것이다."
—John McCarthy(1927~2011)

1. ChatGPT와 비즈니스모델

생성형 AI로서 ChatGPT는 기업을 향해 'AI Native Enterprise'로 거듭날 것을 요구하고 있다. ChatGPT는 비즈니스 프로세스를 개선하고 고객 경험을 향상하는 등 다양한 방식으로 비즈니스에 가치를 제공할 수 있다. 하루가 멀다 할 정도로 ChatGPT 활용사례들이 속속 나오고 있다. 기업이 혁신하고 도약할 수 있는 '특이점(Singularity)'의 시대가 열린 셈이다. 앞으로 AI기술을 통해 비즈니스 영역을 확대하는 기업과 그렇지 않은 기업의 경쟁력 격차가 커질 것이다. 이에 기업들의 적극적인 AI기술 수용 의지와 비즈니스 적용 노력이 필요하다. 다만, ChatGPT를 활용하여 비즈니스 프로세스를 개선하고 고객 경험을 향상하는 데 몇 가지 고려 사항이 있다. 첫째, ChatGPT의 정확성과 신뢰성을 확인하기 위해 적절한 테스트와 모니터링이 필요하다. 둘째, ChatGPT가 생성한 응답이 실제 고객의 요구에 부합하는지 확인하고 개선하기 위해 지속적인 피드백과 개선 작업이 필요하다. 셋째, 개인정보 보호 및 데이터 보안에 신경을 써야 한다. 고객과의 상호작용에서 개인정보를 안전하게 처리하고 보호해야 한다.

가. ChatGPT의 활용 및 적용영역

1) ChatGPT를 활용한 업무 및 비즈니스 운영 개선

기업의 지식베이스를 구축하여 직원들이 필요한 정보를 빠르게 검색하고 공유할 수 있으며, 업무수행에 필요한 지식의 공유와 업무 효율성을 높일 수 있다. 또한 반복적이고 규칙적인 업무를 자동화할 수 있다. 가령 이메일 자동 답신, 회의록 작성, 업무 일지 기록 등을 자동화하여 시간과 노력을 절약할 수 있다. 이처럼 ChatGPT는 다양한 방법으로 비즈니스를 지원할 수 있는 강력한 도구이다. 회사에서 비즈니스를 향상하기 위해 ChatGPT를 활용할 수 있다.

첫째, 고객 서비스 업무영역이다. ChatGPT를 사용한 자동 응답 시스템을 구축하여 고객의 문의나 요청에 신속하고 정확하게 즉각적으로 답변을 제공하여 고객 서비스를 개선할 수 있다. 회사는 웹사이트나 메시징 플랫폼에 ChatGPT를 통합하여 고객이 질문이나 우려 사항에 대한 답변을 받을 수 있도록 할 수 있다.

둘째, 영업부문이다. ChatGPT는 제품 추천을 개인화하고 제품 또는 서비스에 관한 질문에 답변함으로써 영업을 개선하는 데에도 활용할 수 있다. 이는 고객이 정보에 기반하여 구매 결정을 내릴 수 있도록 하고 전환율을 높일 수 있다. ①인터넷을 검색하여 잠재 고객의 정보를 찾을 수 있다. ChatGPT는 잠재 고객과 대화를 나누어 정보를 수집할 수 있다. ②고객 관계 관리(CRM) 시스템을 사용하여 고객의 정보를 관리할 수 있다. ChatGPT는 고객의 구매 이력, 연락처 정보, 선호도 등을 관리할 수 있다. 고객의 질문에 답변하고, 고객의 불만을 처리할 수 있다. ③영업 리포팅: ChatGPT는 영업 리포팅을 작성하는 데 사용할 수 있다. 영업 데이터를 분석하여 리포트를 작성할 수 있다. 리포트를 시각적으로 표현하여 이해하기 쉽게 만들 수 있다. 이 외에도 영업을 자동화하고 효율화를 통해 영업의 질을 향상하며, 영업의 비용 절감에 도움이 될 수 있다.

셋째, 마케팅부문이다. ChatGPT를 사용하여 맞춤형 추천을 제공하고 메시징 플랫폼을 통해 고객과 상호작용함으로써 마케팅 캠페인을 자동화할 수 있다. 이는 고객 참여도와 충성도를 높일 수 있다. ①콘텐츠 생성: ChatGPT는 마케팅에 필요한 다양한 콘텐츠를 생성할 수 있다. 가령, 블로그 게시물, 소셜 미디어 게시물, 뉴스레터 등을 생성할 수 있다. ②고객 서비스: ChatGPT는 고객의 질문에 답변하고, 고객의 불만을 처리할 수 있다. ③개인화 마케팅: ChatGPT는 고객의 구매 이력, 연락처 정보, 선호도 등을 기반으로 개인화된 마케팅 메시지를 전달할 수 있다. ④예측 분석: ChatGPT는 마케팅 데이터를 분석하여 고객의 행동을 예측할 수 있다. 또한 고객 행동을 예측하여 마케팅 전략을 수립할 수 있다.

넷째, 연구 및 개발부문이다. ChatGPT를 사용하여 고객 데이터와 피드백을 분석하여 추세와 개선 사항을 파악할 수 있다. 이는 고객 요구를 더 잘 충족시키기 위해 제품과 서비스를 개선하는 데 도움이 된다. 또한 관심 있는 주제를 설명하고 관련된 연구 논문이나 문헌을 추천받을 수 있다. 이를 통해 연구자는 빠르게 필요한 정보를 얻을 수 있고, 연구 기반의 결정을 내릴 수 있다. 그리고 ChatGPT로부터 연구주제나 가설을 제시하고, 관련된 아이디어나 실험 방법을 제안받을 수 있다. 이를 통해 연구자는 창의적인 아이디어를 얻고, 효율적인 실험 계획을 세울 수 있다. 나아가 연구에서 생성된 데이터를 분석하는 과정을 자동화할 수 있다. 즉 ChatGPT에게 데이터와 분석 목적을 설명하고, 적절한 분석 방법이나 통계적 기법을 추천받을 수 있다. 이를 통해 연구자는 데이터 분석의 효율성을 높일 수 있고, 정확한 결과를 얻을 수 있다.

다섯째, 직원 교육훈련 부문이다. ChatGPT는 교육훈련 업무에서 다양한 방식으로 활용될 수 있다. ①교육 콘텐츠 제작: ChatGPT는 교육에 필요한 다양한 콘텐츠로서 강의 자료, 퀴즈, 튜토리얼 등을 생성할 수 있다. ②맞춤형 교육: 개인의 학습 수준과 요구사항에 맞는 맞춤형 교육을 제공할 수 있다. 즉 교육대상의 질문에 답변하고, 학습 진도를 추적하고, 학생의 학습에 대한 피드백을 제공할 수 있다. ③교육 관리: ChatGPT는 교육과정을 계획하고, 실행하며, 교육과정의 결과를 분석할 수 있다. 이 외에도 ChatGPT를 사용하여 회사 정책과 절차에 대한 정보를 제공하고 질문에 답변함으로써 자동화된 직원 교육을 제공할 수도 있다. 이는 인사 부서의 업무량을 줄이고 직원 생산성을 향상할 수 있다.

또한 기업이 비즈니스 운영에 있어서 다양한 방면에서 ChatGPT를 활용할 수 있는데 이를 예시하며 다음과 같다. 첫째, 고객 서비스 및 경험을 개선할 수 있다. ChatGPT를 활용하여 고객과의 상호작용을 강화할 수 있다. ChatGPT를 사용하여 고객 문의에 신속하고 정확하게 응답하거나 맞춤형 서비스를 제공할 수 있다. 이를 통해 고객의 만족도를 높이고, 경쟁 우위를 확보할 수 있다. 둘째, 마케팅 및 판매 지원이다. ChatGPT는 마케팅 및 판매 활동에도 활용될 수 있다. ChatGPT를 사용하여 고객에게 맞춤형 제안을 제공하거나 구매에 관련된 질문에 대답할 수 있다. 또한 마케팅 자료나 콘텐츠를 개발하고, 고객의 관심을 끌 수 있는 창의적인 아이디어를 도출할 수 있다. 셋째, 업무 자동화 및 효율성 향상이다. ChatGPT를 사용하여 업무를 자동화하고, 직원들의 업무 부담을 줄일 수 있다. ChatGPT를 통해 반복적이고 일상적인 업무를 자동화하고, 직원들의 시간과 노력을 중요한 업무에 집중할 수 있도록 도와준다. 이는 기업의 효율성을 향상하고 생산성을 증가시킬 수 있다. 넷째, 데이터 분석 및 의사결정 지원이다. ChatGPT는 대량의 데이터를 분석하고 의사결정에 도움을 줄 수 있다. ChatGPT를 사용하여 기업의 데이터를 분석하고 통찰력 있는 인사이트를 도출할 수 있다. 이를 통해 기업은 데이터 기반의 의사결정을 내릴 수 있고, 경영전략을 수립할 때 더 정확하고 효과적인 방향을 제시할 수 있다. 다섯째, 혁신과 창의성이다. ChatGPT는 혁신과 창의성을 촉진하는 데에도 활용될 수 있다. ChatGPT를 사용하여 아이디어를 도출하고, 기업 내부에서 또는 외부와의 협업을 통해 창의적인 솔루션을 개발할 수 있다. 이를 통해 기업은 시장 변화에 대응하고, 경쟁력을 유지하며 미래 성장을 위한 혁신을 추구할 수 있다.

2) ChatGPT 적용 효과가 큰 산업 분야

ChatGPT는 다양한 산업 분야에서 혜택을 받을 수 있지만, 일부 산업 분야에서 더 많은 혜택을 받을 수 있다. 첫째, 전자 상거래산업이다. 전자 상거래 회사는 ChatGPT를 사용하여 맞춤형 제품 추천, 고객 문의에 답변 및 고객지원을 제공할 수 있다. ChatGPT는 전자 상거래 회사가 매출을 늘리고 쇼핑 카트 방치율을 줄이며 고객 유지율을 향상하는 데 도움이 될 수 있다. ①상품 추천: 고객에게 맞춤형 상품 추천을 제공할 수 있다. ChatGPT는 고객의 선호도, 구매 기록, 관심사 등을 분석하여 최적의 상품을 추천하고, 고객과의 대화를 통해 선호도를 더욱 세밀하게 파악하여 개인 맞춤형 추천을 제공할 수 있다. ②상품 설명 및 문의 대응: 상품에 대한 설명이나 고객의 질문에 대한 답변을 제공할 수 있다. 고객은 ChatGPT와 대화하며 원하는 상품에 대한 세부 정보, 기능, 크기, 가격 등을 물어볼 수 있고, ChatGPT는 해당 정보를 제공하여 고객이 자세하게 상품을 이해하고 구매 결정을 내릴 수 있도록 도와준다. ③주문 및 결제 지원: 고객의 주문 및 결제 과정을 지원할 수 있다. ChatGPT와 상호작용하면서 고객은 상품을 선택하고 장바구니에 담을 수 있으며, ChatGPT는 주문 절차, 결제 방법, 배송 정보 등을 안내하여 고객이 원활하게 주문 및 결제를 완료할 수 있도록 도와준다. ④고객 서비스 및 문제해결: 고객은 ChatGPT와 상호작용하면서 배송 상태 확인, 반품 및 환불 절차, 제품에 대한 문제해결 등을 요청할 수 있고, 해당 문제에 대한 도움이 되는 정보나 지침을 제공하여 고객의 문제를 신속하게 처리할 수 있도록 도와줄 수 있다.

둘째, 의료산업이다. ChatGPT는 의료산업에서 다양한 방식으로 활용될 수 있다. 몇 가지 예시하면 ①질환 진단 및 의료 상담: 환자의 증상과 의료 기록을 분석하고, 질환에 대한 진단을 제공할 수 있다. 또한 의료 전문가와의 상호작용을 통해 의료 상담을 지원할 수 있다. 즉 환자의 증상에 관한 질문을 받아들이고, 이를 기반으로 가능한 질환을 제안하거나 증상 관리에 대한 조언을 제공할 수 있다. ②약물 정보제공: 환자나 의료 전문가는 ChatGPT와 상호작용하면서 특정 약물의 용도, 복용 방법, 부작용 등에 대한 정보를 얻을 수 있다. ChatGPT는 약물 데이터베이스와 연결되어 신뢰할 수 있는 정보를 제공하며, 약물에 대한 잘못된 이해나 오용을 방지할 수 있다. ③의료 기록 요약: 의료 기록을 요약하고 중요한 정보를 추출할 수 있다. 의료 전문가는 ChatGPT를 활용하여 환자의 의료 기록을 입력하고, ChatGPT는 해당 기록을 분석하여 주요 진단 결과, 검사 결과, 약물 처방 정보 등을 요약하여 제공할 수 있다. 이는 의료 전문가가 효율적으로 의료 기록을

파악하고 환자 치료에 필요한 정보를 쉽게 얻을 수 있도록 도와준다. ④의료 연구 지원: ChatGPT를 사용하여 의료 연구를 지원할 수 있다. 연구자는 ChatGPT를 활용하여 의료 데이터를 분석하고, 질병 패턴이나 효과적인 치료 방법 등에 대한 인사이트를 얻을 수 있다. ChatGPT는 연구데이터를 기반으로 예측 모델을 구축하거나 의료 연구 결과를 해석하고 설명하는 데 도움을 줄 수 있다. 이 외에도 의료 회사는 ChatGPT를 사용하여 즉각적인 의료 조언, 건강 상태에 관한 질문에 대한 답변 및 예약 스케줄링 지원을 제공할 수 있다. ChatGPT는 의료 회사가 환자 만족도를 향상하고 대기 시간을 줄이며 의료 조언에 대한 접근성을 향상하는 데 도움이 될 수 있다.

셋째, 금융서비스산업이다. 금융 서비스 회사는 ChatGPT를 사용하여 맞춤형 금융 조언, 고객 문의에 대한 답변 및 고객지원을 제공할 수 있다. ChatGPT는 금융 서비스 회사가 고객 만족도를 높이고 고객 이탈을 줄이며 전반적인 고객 경험을 개선하는 데 도움이 될 수 있다. ①가상 비서 및 고객 서비스: 고객은 ChatGPT와 대화하면서 계좌 잔액 조회, 거래 내역 확인, 금융 상품 정보 제공 등의 서비스를 받을 수 있다. ChatGPT는 자연어 처리를 통해 고객의 요청을 이해하고 적절한 응답을 제공할 수 있다. ②금융 상품 추천: ChatGPT를 활용하여 고객에게 맞춤형 금융 상품을 추천할 수 있다. 고객의 금융 목표, 수입과 지출 패턴, 투자 성향 등을 분석하여 적절한 상품을 제안하고 설명할 수 있다. 이를 통해 고객의 금융 계획 수립을 도와줄 수 있다. ③사기 탐지 및 보안 강화: ChatGPT는 금융 거래 이력과 패턴을 분석하여 이상 거래를 감지하거나, 사기성 행위에 대한 경고를 제공할 수 있다. 이를 통해 금융 기관은 고객의 자산과 개인정보를 보호하고, 안전한 금융 거래를 지원할 수 있다. ④자동화된 금융 분석: 금융 데이터를 분석하고 예측 모델을 구축할 수 있다. ChatGPT는 금융 시장 동향, 주식 가격 변동, 투자 전략 등에 대한 정보를 제공하고, 투자자나 금융 전문가의 의사결정을 지원할 수 있다.

넷째, 숙박 및 여행산업이다. ChatGPT를 활용하여 숙박 및 여행산업에서 고객 서비스 개선, 예약 관리, 정보제공, 추천 시스템 등 다양한 측면에서 혁신과 편의성을 제공할 수 있다. 여행 및 숙박 회사는 ChatGPT를 사용하여 맞춤형 여행 추천, 고객 문의에 대한 답변 및 고객지원을 제공할 수 있다. ChatGPT는 여행 및 숙박 회사가 예약을 늘리고 취소율을 줄이며 고객 만족도를 향상하는 데 도움이 될 수 있다. ①예약 및 예약 관리: ChatGPT를 사용하여 고객이 숙박 시설을 예약하고 관리하는 데 도움을 줄 수 있다. 고객의 요구사항과 선호도를 이해하고, 호텔이나 숙박 시설에 대한 정보를 제공하며, 예약 절차를 안내할 수 있다. 또한 고객의 예약 변경이나 취소에 대한 지원도 제공할 수 있다. ②여행 정보제공: 고객이 여행 목적지에 대한 정보를 요청하면 ChatGPT는 해당 지역의 관광 명소, 문화 이벤트, 여행 권장 루트 등에 대한 정보를 제공할 수 있다. 또한 날씨 정보,

교통편 안내, 여행 팁 등을 제공하여 고객의 여행 경험을 향상할 수 있다. ③고객 서비스 지원: ChatGPT를 사용하여 고객의 질문과 요청에 대한 실시간 지원을 제공할 수 있다. 고객이 숙박 시설에 관한 질문이나 요구를 전달하면 ChatGPT가 이를 이해하고 적절한 답변이나 도움을 제공할 수 있다. 가령 고객이 객실 시설을 문의하면 ChatGPT는 객실 종류, 시설 설명, 추가 서비스 등에 대한 정보를 제공할 수 있다. ④개인화된 추천: ChatGPT를 사용하여 개인화된 여행 추천을 제공할 수 있다. 고객의 선호도, 예산, 여행 스타일 등을 이해하고, 이에 기반하여 여행지, 숙박 시설, 관광 명소, 레스토랑 추천 등을 제공할 수 있다. 이를 통해 고객에게 맞춤형 여행 경험을 제공할 수 있다.

다섯째, 교육산업이다. ChatGPT를 교육산업에 활용함으로써 개별화된 학습, 실시간 질문 답변, 자동 채점, 학습 도구 제공 등 다양한 측면에서 학습 효과를 향상할 수 있다. ①개별화된 학습 경험: 학생들에게 개별화된 학습 경험을 제공할 수 있다. ChatGPT는 학생의 학습 수준과 요구사항을 이해하고, 해당 학생에게 맞춤형 문제, 연습 과제, 학습 자료 등을 제공할 수 있다. 이를 통해 학생들은 자신에게 적합한 학습 환경에서 더욱 효과적으로 학습할 수 있다. ②질문 및 답변 지원: 학생들의 질문에 대한 실시간 지원을 제공할 수 있다. 학생이 어려운 문제에 대해 질문을 하면 ChatGPT가 해당 내용을 이해하고 적절한 답변을 제공할 수 있다. 또한 학생들이 공부 중에 나타나는 의문점이나 오류에 대해서도 ChatGPT가 해결책을 제시할 수 있다. ③자동 채점 시스템: 자동 채점 시스템을 개발할 수 있다. 학생들의 과제나 시험 답안을 ChatGPT에 제출하면, ChatGPT가 해당 답안을 분석하고 평가할 수 있다. 이를 통해 학생들은 빠르게 피드백을 받을 수 있고, 교사들은 채점을 위해 투입되는 시간과 노력을 줄일 수 있다. ④학습 도구와 자료 제공: ChatGPT를 사용하여 학습 도구와 학습 자료를 제공할 수 있다. 가령, 가상 강의 도우미를 개발하여 학생들이 수업 도중 질문하거나 추가 설명을 듣고자 할 때 도움을 줄 수 있다. 이 외에도 ChatGPT를 활용하여 학습 자료를 생성하고 제공할 수 있으며, 학생들이 해당 자료를 활용하여 자기주도적으로 학습할 수 있다. 교육 기업은 ChatGPT를 사용하여 즉각적인 학문적 조언을 제공하고 학생의 질문에 답변하며 과목 선택을 지원할 수 있다. ChatGPT는 교육 기업이 학생 참여도를 높이고 학생 탈락률을 감소시키며 학문적 조언에 대한 접근성을 향상할 수 있도록 도와줄 수 있다.

나. ChatGPT기반 기업 비즈니스모델

1) ChatGPT 적용을 통해 혜택을 볼 비즈니스

ChatGPT를 활용한 비즈니스 예시하면 다음과 같다. 첫째, 채팅 기반 서비스이다. ChatGPT는 채팅 기반 서비스에 많은 가치를 제공할 수 있다. ①대화형 가이드: ChatGPT를 사용하여 사용자가 여행 계획을 세우거나 레스토랑을 예약하는 등의 작업을 할 때 도움을 줄 수 있다. ChatGPT는 사용자의 질문에 응답하고 필요한 정보를 제공하여 사용자에게 개인화된 가이드를 제공할 수 있다. ②가상 상담원: ChatGPT를 사용하여 고객 서비스에 가상 상담원을 도입할 수 있다. 고객이 질문이나 문제를 제기하면 ChatGPT가 실시간으로 답변을 제공하거나 필요한 조치를 취할 수 있다. 이를 통해 고객은 빠른 응답과 지원을 받을 수 있다. ③소셜봇: ChatGPT를 사용하여 소셜 미디어 플랫폼에서 자동응답 봇을 구현할 수 있다. 이를 통해 사용자들의 댓글이나 메시지에 즉각적으로 응답할 수 있고, 상호작용을 통해 사용자들과 소통할 수 있다. ④개인 비서: ChatGPT를 사용하여 개인 비서 서비스를 구현할 수 있다. 사용자의 일정 관리, 메모 작성, 할일 목록 관리 등의 업무를 처리하는 데 도움을 줄 수 있다. ChatGPT는 사용자와 대화하여 필요한 작업을 수행하고 사용자의 요구에 맞게 정보를 제공할 수 있다. ⑤학습 도우미: ChatGPT를 사용하여 학습 과정에서 학생들에게 도움을 주는 학습 도우미를 구현할 수 있다. 학생들이 질문을 하거나 과제에 대한 지원을 받을 수 있으며, ChatGPT는 해당 주제에 대한 설명이나 답변을 제공할 수 있다. 이처럼 ChatGPT를 채팅 기반 서비스에 적용하기 위해서는 사용자 경험과 효율성을 고려해야 한다. 적절한 대화 흐름, 명확하고 정확한 응답, 윤리적인 사용 등을 고려하여 ChatGPT를 구성하고 훈련해야 한다. ChatGPT를 활용한. 채팅 기반 서비스로 고객지원, 판매 및 마케팅을 비롯한 다양한 유형의 고객 상호작용을 자동화하여 효율성을 도모할 수 있다.

둘째, 가상 Assistant(비서)이다. 가상 Assistant는 사용자와 자연스럽게 대화하

며 다양한 작업을 수행하고 도움을 주는 기술이다. ChatGPT를 활용하여 예약, 여행 예약 및 맞춤형 추천 등 다양한 작업을 돕는 가상 Assistant(비서)를 개발할 수 있다. 이 비즈니스 모델은 의료, 호텔 및 금융 서비스를 비롯한 다양한 산업에서 사용할 수 있다. ChatGPT는 가상 Assistant 역할의 수행을 위해 강력한 도구로 활용될 수 있다. 가상 Assistant를 통해 ChatGPT는 다음과 같은 기능을 제공할 수 있다. ①대화 기반 작업: 사용자와 대화하여 사용자의 질문에 답변하고, 정보를 제공하거나 작업을 수행할 수 있다. 가령 사용자가 날씨 정보를 요청하면 가상 Assistant는 해당 지역의 날씨 정보를 알려줄 수 있다. ②일정 관리: 가상 Assistant를 사용하여 일정을 관리하고 알림을 설정할 수 있다. 사용자의 일정을 기록하고, 약속을 예약하거나 변경하는 데 도움을 줄 수 있다. ③업무 지원: 가상 Assistant를 사용하여 업무를 지원하는 데 도움을 줄 수 있다. 가령, 이메일을 작성하거나 보고서를 생성하는 데 필요한 정보를 제공하거나 작업을 수행할 수 있다. ④추천 및 검색: 사용자의 관심사와 선호도를 파악하여 적절한 제품, 서비스, 음악, 영화 등을 추천해줄 수 있다. 또한 사용자의 질문에 대한 정확하고 유용한 검색 결과를 제공할 수 있다. ⑤소셜 미디어 관리: 가상 Assistant를 사용하여 소셜 미디어 계정을 관리하고, 게시물을 작성하거나 예약하는 등의 작업을 수행할 수 있다.

셋째, 채팅 기반 Commerce이다. 챗봇을 통해 제품을 직접 구매할 수 있는 비즈니스모델은 매우 편리하고 간소화될 수 있다. ChatGPT를 활용하여 제품 추천, 구매 및 고객 지원을 편리하게 할 수 있다. ChatGPT를 채팅 기반 Commerce에 활용할 수 있다. 채팅 기반 Commerce는 고객과 상호작용하여 제품 또는 서비스를 판매하는 온라인 상거래 방식이다. ChatGPT는 이러한 채팅 기반 Commerce에서 다양한 역할수행이 가능하다. ①상품 추천: ChatGPT를 사용하여 고객의 취향과 요구에 맞는 상품을 추천할 수 있다. ChatGPT는 고객과의 대화를 통해 고객의 취향과 용도를 이해하고, 적합한 상품을 추천해줄 수 있다. ②주문 처리: ChatGPT를 사용하여 고객의 주문을 처리하고 결제 프로세스를 관리할 수 있다. ChatGPT는 고객의 요구사항을 이해하고 주문 내역을 확인하여 주문을 처리하는 데 도움을 줄 수 있다. ③상품 문의 및 지원: ChatGPT를 사용하여 고객의 상품에 대한 질문이나 문의 사항에 대답할 수 있다. ChatGPT는 상품에 대한 정보를 제공하거나 배송 및 반품 절차와 같은 지원 서비스를 제공하는 데 활용될 수 있다. ④쇼핑 경험 개선: ChatGPT를 사용하여 쇼핑 경험을 개선할 수 있다. ChatGPT는 고객과의 대화를 통해 쇼핑 목적이나 용도를 이해하고, 해당하는 상품을 추천하거나 유용한 제안을 제공할 수 있다. ⑤고객 서비스 및 피드백: ChatGPT를 사용하여 고객 서비스와 피드백 관리를 지원할 수 있다. ChatGPT는 고객의 문의나 불만 사항에 대응하고, 피드백을 수집하여 서비스 개선에 활용할 수 있다. 이처럼 ChatGPT를 채팅 기반 Commerce에 활용함으로써 고객과의 상호작용을 개인화하고, 편리한 쇼핑 경험을 제공할 수 있다.

넷째, 교육 및 훈련이다. ChatGPT를 활용하여 챗봇을 통해 직접 전달되는 상호작용적(interactive) 교육 및 훈련 프로그램을 개발할 수 있다. 이 비즈니스모델은 기업 교육 및 온라인 교육을 포함한 다양한 산업에서 사용할 수 있다. ①학습 보조: ChatGPT를 사용하여 학습자들이 공부나 학습과제를 수행하는 동안 도움을 받을 수 있다. 학습자들은 ChatGPT와 대화하며 의문점을 해결하거나 개념을 설명받을 수 있다. ②개별 지도: ChatGPT를 사용하여 개별 학습자에게 맞춤형 지도를 제공할 수 있다. ChatGPT는 학습자의 질문에 대답하고 과제를 해결하는 데 도움을 줄 수 있으며, 개별 학습자의 학습 수준과 요구사항에 맞게 맞춤화된 지도를 제공할 수 있다. ③학습 자료 생성: ChatGPT를 사용하여 학습 자료를 생성할 수 있다. 가령, ChatGPT를 사용하여 간단한 문제 또는 연습 문제를 생성하거나 학습자들의 이해도를 평가하는 퀴즈를 제공할 수 있다. ④학습 환경 개선: ChatGPT를 사용하여 대화형 학습 환경을 개선할 수 있다. 학습자들은 ChatGPT와 대화하면서 실제 상황에서 사용할 수 있는 언어와 커뮤니케이션 기술을 연습할 수 있다. ⑤피드백 제공: ChatGPT를 사용하여 학습자들에게 피드백을 제공할 수 있다. 학습자들이 문제를 풀거나 답변을 작성할 때 ChatGPT는 즉시 피드백을 제공하여 학습자들이 실시간으로 자신의 실력을 평가하고 개선할 수 있도록 도와준다. 이러한 방식으로 ChatGPT를 교육훈련에 활용함으로써 학습자들의 개인화된 지도와 학습 경험을 제공할 수 있다. 그러나 교육 목적에 맞게 적절한 콘텐츠를 제공하고, 학습자의 개인정보 보호와 교육 윤리를 고려하는 것이 중요하다.

다섯째, 맞춤형 추천이다. 맞춤형 추천을 제공하는 비즈니스모델은 매우 효과적일 수 있다. ChatGPT를 활용하여 고객 데이터를 분석하고 제품, 서비스 및 기타 제공을 위한 맞춤형 추천을 제공할 수 있다. ①상품 추천: ChatGPT를 사용하여 고객과 대화하고 고객의 취향과 요구에 기반한 맞춤형 상품 추천을 제공할 수 있다. ChatGPT는 고객의 질문에 답변하고 이를 바탕으로 해당 고객에게 관련 상품을 추천하는 데 활용될 수 있다. ②영화/음악 추천: ChatGPT를 사용하여 고객과 대화하고 고객의 취향, 선호하는 장르, 이전에 감상한 영화나 음악에 대한 피드백을 기반으로 맞춤형 영화나 음악 추천을 제공할 수 있다. ③도서 추천: ChatGPT를 사용하여 고객과 대화하고 고객의 취향, 관심 분야, 이전에 읽은 책에 대한 피드백을 수집하여 맞춤형 도서 추천을 제공할 수 있다. ④여행 추천: ChatGPT를 사용하여 고객과 여행 관련 대화를 나누고, 고객의 여행 선호도, 예산, 관심지 등을 파악하여 맞춤형 여행 추천을 제공할 수 있다. ⑤대화 및 행동 기반 추천: ChatGPT와 대화하면서 사용자의 취향, 관심사, 요구 사항 등을 파악할 수 있다. 사용자의 대화나 행동 내용을 분석하여 그에 맞는 추천을 제공할 수 있다. ChatGPT는 고객과의 대화를 통해 실시간으로 정보를 수집하고, 이를 기반으로 개인화된 추천을 제공할 수 있다. 그러나 정확한 추천을 위해서는 충분한 데이터와 고객의 피드백이 필요하며, 추천 시스템의 정확성과 개인정보 보호에 대한 고려도 필요하다. 또한 추천 결과의 다양성과 사용자의 제약사항을 고려하여 최적의 추천을 제공하는 것이 중요하다.

2) ChatGPT 기반 비즈니스모델

ChatGPT는 기업의 비즈니스에 다양한 영향을 미치면서 문제해결은 물론 가치를 창출할 수 있다. 기업은 ChatGPT의 잠재력을 인식하고 적절히 활용하여 비즈니스 성과를 향상할 수 있다. 먼저, ChatGPT 기반의 비즈니스모델은 다양한 형태로 발전하고 있다. 이 모델은 인공지능 언어모델을 기반으로 한 대화형 인터페이스를 제공하여 다양한 분야에서 가치를 창출할 수 있다. 몇 가지 일반적인 비즈니스모델을 제시하면 다음과 같다.

ChatGPT 기반의 비즈니스모델

- 가상 비서/챗봇 서비스: ChatGPT를 활용하여 가상 비서 또는 챗봇 서비스를 개발할 수 있음. 이를 통해 사용자들은 질문에 대한 답변이나 도움을 받을 수 있으며, 고객지원, 예약 시스템, 정보제공 등 다양한 영역에서 활용될 수 있음.
- 콘텐츠 생성 및 편집: ChatGPT를 사용하여 자동으로 콘텐츠를 생성하고 편집할 수 있음. 예를 들어, 기사, 블로그 게시물, 상품 설명 등의 콘텐츠를 생성하고 수정하는 작업에 활용할 수 있음.
- 개인화된 추천 시스템: ChatGPT를 사용하여 개인화된 추천 시스템을 개발할 수 있음. 사용자의 이전 상호작용이나 취향을 분석하여 맞춤형 추천을 제공하고, 제품, 서비스, 콘텐츠 등의 추천 시스템에 활용할 수 있음.
- 교육 및 학습 도구: ChatGPT를 활용하여 교육 및 학습 도구를 개발할 수 있음. 가령, 학생들이 질문을 하거나 공부하는 데 도움을 주는 학습 지원 도구를 개발할 수 있음.

- 맞춤형 상담 서비스: ChatGPT를 사용하여 고객에게 맞춤형 상담 서비스를 제공하는 모델임. 예를 들어, 의료, 법률, 금융 등의 분야에서 ChatGPT를 활용하여 고객의 질문에 답변하거나 상담을 진행할 수 있음.
- 게임 및 엔터테인먼트: ChatGPT를 이용하여 인공지능 캐릭터 또는 가상 캐릭터를 만들어 게임이나 엔터테인먼트 분야에서 사용할 수 있음. 사용자와의 상호작용을 통해 재미있는 경험을 제공할 수 있음.
- 가상 캐릭터 또는 가상 상호작용: ChatGPT를 사용하여 가상 캐릭터를 생성하고 상호작용하는 서비스를 제공하는 모델임. 이를 통해 게임, 가상 세계, 가상 투어 등에서 사용자와 상호작용하는 가상 캐릭터를 구현할 수 있음.

(1) ChatGPT와 고객상담 서비스

ChatGPT는 자연어 처리 기술을 활용하여 고객의 문의에 대한 답변을 제공하는 고객상담 서비스에 이용될 수 있다. 이를 통해 기업은 고객만족도를 높이고, 고객 응대의 효율성을 높일 수 있다. ChatGPT는 고객지원 분야에서 사용될 수 있다. 예를 들어, 고객의 문의 사항에 빠르게 대응하거나, 고객의 불만을 처리하거나 제품이나 서비스 사용 방법에 대한 안내를 제공하는 등의 역할을 수행할 수 있다. ChatGPT를 기반으로 한 고객지원 서비스는 고객의 질문에 자동으로 대답해주는 가상 채팅 봇으로 활용된다. ChatGPT는 자연어 처리 기술을 이용하여 고객이 문의하는 내용을 이해하고 적절한 대답을 제공한다. 아래는 ChatGPT를 활용하여 고객 지원 서비스를 구성하는 절차이다.

①대화 스크립트 작성: ChatGPT를 이용한 고객 지원 서비스를 위해서는 먼저 대화 스크립트를 작성해야 한다. 이를 위해 고객이 자주 묻는 질문을 파악하고, 그에 대한 대답을 미리 작성해 두어야 한다.

대화 스크립트를 작성하는 방법

- 대화의 목적과 흐름 설정: 대화 스크립트를 작성하기 전에 대화의 목적과 흐름을 먼저 설정해야 한다. 이는 대화의 시작, 진행, 마무리 등을 포함한다.
- 캐릭터 생성: 대화에 참여하는 캐릭터를 생성한다. 캐릭터마다 개성과 특징을 부여하여 대화가 더욱 흥미로워지도록 한다.
- 대화 시작: 대화를 시작할 때, 인사와 함께 대화의 주제를 도입한다. 이는 대화의 맥락을 설정하고 대화 참여자들이 어떤 내용을 기대할 수 있는지 알려준다.
- 질문과 답변: 대화의 핵심인 질문과 답변을 교차하며 작성한다. 질문은 대화 참여자에게 궁금한 내용을 제공하고, 답변은 질문에 대한 응답을 제공한다. 이때 캐릭터들의 대화 스타일과 개성을 살려서 작성하면 더욱 생동감 있고 자연스러운 대화가 이루어진다.
- 대화의 흐름 유지: 대화가 자연스럽게 흘러가도록 주의한다. 이전 대화 내용을 잘 기억하고 이를 바탕으로 적절한 질문과 답변을 작성하여 대화의 일관성을 유지한다.
- 대화의 마무리: 대화를 마무리할 때는 적절한 인사와 함께 대화의 결론을 도출한다. 이는 대화의 전체적인 내용을 정리하고, 대화 참여자들에게 만족감을 주는 역할을 한다.

②데이터 학습: 작성된 대화 스크립트를 기반으로 ChatGPT를 학습시켜야 한다. ChatGPT는 대화 스크립트를 학습하여 고객의 질문을 이해하고 적절한 대답을 제공할 수 있도록 만들어진다.

③시스템 구축: ChatGPT 기반 고객지원 서비스를 제공하기 위해서는 시스템 구축이 필요하다. 고객이 질문을 하면 ChatGPT가 이를 인식하고 적절한 대답을 제공하는 시스템을 구축해야 한다.

④테스트 및 평가: 시스템 구축 후에는 테스트를 통해 시스템이 원활하게 동작하는지 확인해야 한다. 또한 고객이 만족할 만한 서비스인지 평가하고 개선이 필요한 경우, 수정 작업을 진행해야 한다. ChatGPT 기반 고객 지원 서비스는 고객의 질문에 빠르고 정확하게 대답을 제공할 수 있으며, 24시간 365일 대응이 가능하다. 이를 통해 기업은 고객 만족도를 높이고, 비용 절감을 할 수 있다.

(2) ChatGPT와 마케팅 서비스

ChatGPT를 활용한 마케팅 서비스는 고객과의 상호작용을 개선하고 개인화된 경험을 제공하여 다양한 가치를 창출할 수 있다. ChatGPT는 챗봇을 이용하여 상품이나 서비스에 대한 안내나 할인 이벤트 등을 제공하거나 소셜 미디어나 웹사이트에 ChatGPT를 도입하여 고객과 상호작용하는 등 다양한 방식으로 활용할 수 있다. 특히, 디지털 마케팅 분야에서 효과적으로 활용될 수 있다. 가령 고객의 질문에 대해 자동으로 답변을 제공하거나 고객의 검색어를 분석하여 이를 기반으로 마케팅 전략을 수립하는 등의 작업에 사용될 수 있다.

ChatGPT 기반 마케팅 서비스는 기업이 고객과 더 가깝게 소통할 수 있는 새로운 방법으로, ChatGPT를 활용하여 자동화된 마케팅 서비스를 제공하는 것을 의미한다. 이 서비스는 대화형 인터페이스를 통해 고객과 상호작용하며, 기업은 이를 통해 고객을 대상으로 마케팅 활동을 진행한다. ChatGPT 기반 마케팅 서비스는 기업이 고객과 더 가깝게 상호작용하며, 고객의 의견을 수집하고 이를 바탕으로 제품 및 서비스를 개선할 수 있다. 또한 ChatGPT를 활용한 자동화된 서비스 제공으로 인해 기업은 마케팅 비용을 절감할 수 있다.

ChatGPT를 기반으로 한 마케팅 서비스는 고객의 관심사와 요구사항을 파악하여 개인 맞춤형 마케팅 콘텐츠를 제공하는 것을 목표로 한다. 이를 통해 고객에게 더욱 효과적인 마케팅을 제공하고, 마케팅 ROI를 향상할 수 있다. ChatGPT를 기반으로 한 마케팅 서비스는 기업의 마케팅 전략에 적용될 수 있다. ChatGPT는 대화형 인터페이스를 제공하며, 이를 활용하여 고객과의 상호작용을 통해 기업의 마케팅 목표를 달성할 수 있다. 아래는 ChatGPT를 기반으로 한 마케팅 서비스의 예시이다.

ChatGPT를 기반으로 한 마케팅 서비스

- 상품 추천: ChatGPT를 활용하여 고객이 상품을 검색하거나 구매를 원하는 경우, 고객의 선호도나 이전 구매 이력 등을 분석하여 상품 추천을 제공할 수 있다. 이를 통해 고객 만족도를 높이고, 구매 확률을 높일 수 있다.
- 이벤트 안내: 기업이 진행하는 이벤트 정보를 ChatGPT를 활용하여 고객에게 전달할 수 있다. 이를 통해 이벤트에 대한 인지도를 높이고, 참여율을 높일 수 있다.
- 고객 리뷰 분석: ChatGPT를 이용하여 고객 리뷰를 분석하고, 해당 상품이나 서비스의 문제점을 파악할 수 있다. 이를 통해 기업은 서비스나 상품 개선을 위한 피드백을 수집할 수 있다.
- 고객 서비스 지원: ChatGPT를 이용하여 고객의 문의나 불만 사항에 대응할 수 있다. 이를 통해 기업은 빠르고 정확한 대응을 제공하여 고객 만족도를 높일 수 있다.

ChatGPT를 기반으로 한 마케팅 서비스는 기업의 마케팅 전략을 구체화하고, 고객과의 상호작용을 통해 고객 만족도를 높이는 데 큰 역할을 할 수 있다. 이를 통해 기업은 경쟁력을 강화하고, 비즈니스 성장을 끌어낼 수 있다. 아래는 ChatGPT를 활용하여 마케팅 서비스를 구성하는 절차이다.

①대화 스크립트 작성: ChatGPT를 이용한 마케팅 서비스를 위해서는 먼저 대화 스크립트를 작성해야 한다. 이를 위해 고객이 관심 있는 분야와 요구사항을 파악하고, 그에 따른 콘텐츠를 미리 작성해 두어야 한다.

②데이터 학습: 작성된 대화 스크립트를 기반으로 ChatGPT를 학습시켜야 한다. ChatGPT는 고객의 관심사와 요구사항을 파악하고, 적절한 마케팅 콘텐츠를 제공할 수 있도록 만들어진다.

③시스템 구축: ChatGPT 기반 마케팅 서비스를 제공하기 위해서는 시스템 구축이 필요하다. 고객이 관심 있는 분야와 요구사항을 입력하면 ChatGPT가 이를 분석하고 적절한 마케팅 콘텐츠를 제공하는 시스템을 구축해야 한다.

④테스트 및 평가: 시스템 구축 후에는 테스트를 통해 시스템이 원활하게 동작하는지 확인해야 한다. 또한 고객이 만족할 만한 서비스인지 평가하고 개선할

필요가 있는 경우, 수정 작업을 진행해야 한다.

ChatGPT 기반 마케팅 서비스는 고객의 요구사항과 관심사를 정확하게 파악하여 개인 맞춤형 마케팅 콘텐츠를 제공할 수 있다. 이를 통해 기업은 고객의 반응을 빠르게 파악하고, 더욱 효과적인 마케팅을 제공할 수 있다. 또한, 개인 맞춤형 서비스를 제공함으로써 고객 만족도를 높일 수 있다. 또한 브랜드는 고객과의 긍정적인 상호작용을 통해 더 많은 고객을 유치하고, 충성도를 높일 수 있다.

(3) ChatGPT와 업무 자동화 서비스

ChatGPT는 업무 자동화에도 활용될 수 있다. 즉, ChatGPT를 이용하여 자동으로 이메일을 처리하거나 일정 관리를 도와주는 등의 업무 자동화 기능을 구현할 수 있다. ChatGPT는 비즈니스의 다양한 영역에서 자동화 기술로 활용될 수 있다. 가령, 업무 프로세스 자동화, 자동 응답 시스템, 인적 자원 관리 등에서 ChatGPT를 사용할 수 있다.

ChatGPT를 기반으로 한 업무 자동화 서비스는 인공지능 기술을 활용하여 업무 프로세스를 자동화하고 업무 효율성을 높이는 데 활용될 수 있다. 아래는 ChatGPT를 기반으로 한 업무 자동화 서비스의 예시이다.

첫째, 고객 지원 자동화: ChatGPT를 이용하여 고객의 문의에 자동응답을 제공할 수 있다. 이를 통해 인적자원을 절약하고, 고객 만족도를 높일 수 있다. 고객 지원 자동화는 ChatGPT를 이용하여 고객의 문의에 자동응답을 제공하는 것을 말한다. 이를 통해 고객의 문의에 대한 신속하고 정확한 답변을 제공함으로써 고객 만족도를 높일 수 있다. ChatGPT를 이용한 고객 지원 자동화 서비스는 아래와 같이 동작한다.

① 고객의 문의를 ChatGPT에 전달한다.
② ChatGPT는 입력된 문의를 분석하고, 그에 맞는 적절한 답변을 생성한다.
③ 생성된 답변을 고객에게 전달한다.

④ 고객의 추가적인 질문이 있을 경우, ChatGPT는 그에 맞는 답변을 생성하여 전달한다.

고객지원 자동화 서비스는 고객의 문의에 대한 빠른 대응이 가능하다. 또한 ChatGPT를 이용하면 인적자원을 절약할 수 있으며, 인간의 실수로 인한 오류를 방지할 수 있다. 하지만 ChatGPT는 사람의 대화처럼 유연하게 대처하기 어렵기에 모든 상황에서 완벽한 답변을 제공하기는 어렵다. 따라서 ChatGPT를 이용한 고객지원 자동화 서비스를 도입할 경우, 적절한 상황에서 인적자원이 개입이 필요하다.

둘째, ChatGPT를 활용하여 업무 일정을 자동으로 관리할 수 있다. 이를 통해 업무 효율성을 높이고, 시간을 절약할 수 있다. 일정 관리 자동화는 ChatGPT를 이용하여 업무 일정을 자동으로 관리하는 것을 말한다. 이를 통해 업무 일정을 효율적으로 관리함으로써, 업무 효율성을 높일 수 있다. ChatGPT를 이용한 일정 관리 자동화 서비스는 아래와 같이 동작한다.

① ChatGPT에게 업무 일정을 입력한다.

② ChatGPT는 입력된 업무 일정을 분석하고, 해당 일정에 대한 알림을 생성한다.

③ 생성된 알림은 일정 시작 전에 적절한 시간에 알림이 울리도록 설정된다.

④ 일정이 시작되면, ChatGPT는 업무 내용 및 일정 진행 상황을 확인하여 상황에 맞는 업무 조정을 제안할 수 있다. 일정 관리 자동화 서비스를 도입하면, 업무 일정을 보다 체계적으로 관리할 수 있다. 또한, ChatGPT를 이용하면 업무 일정에 대한 알림을 설정함으로써 업무 관리의 효율성을 높일 수 있다. 하지만, ChatGPT는 인간의 판단과 경험을 바탕으로 한 업무 조정을 제안하는 것이 어려울 수 있기에 모든 업무 조정을 ChatGPT에 의해 수행하는 것은 적절하지 않을 수 있다. 따라서 ChatGPT를 이용한 일정 관리 자동화 서비스를 도입할 경우, 적절한 상황에서 인적자원이 개입될 필요가 있다.

셋째, ChatGPT를 이용하여 문서 처리 작업을 자동화할 수 있다. 이를 통해 인적자원을 절약하고, 작업 효율성을 높일 수 있다. 문서 처리 자동화는 ChatGPT

를 활용하여 업무에서 발생하는 문서 작성, 수정, 검토 등의 작업을 자동으로 처리하는 것을 말한다. 이를 통해 업무 효율성을 높이고, 시간을 절약할 수 있다. ChatGPT를 이용한 문서 처리 자동화 서비스는 아래와 같이 동작한다.

① ChatGPT에게 문서 작성, 수정, 검토 등의 작업을 요청한다.

② ChatGPT는 입력된 내용을 분석하고, 적절한 문서를 생성하거나 기존 문서를 수정 또는 검토한다. ChatGPT는 요청된 작업에 맞는 적절한 템플릿을 생성하거나, 이미 작성된 문서를 분석한다.

③ ChatGPT가 작성, 수정, 검토한 문서를 자동으로 저장한다. 생성된 템플릿이나 분석 결과를 기반으로 문서 작성, 검토, 수정 등의 작업을 수행한다.

④ 사용자는 ChatGPT가 처리한 결과물을 확인하고, 필요한 경우 수정할 수 있다. 문서 처리 자동화 서비스는 사용자가 직접 문서 작업을 처리하는 것보다 훨씬 간편하며 인적자원을 절약할 수 있다. 또한 ChatGPT를 이용하면 문서 작성, 수정, 검토 등의 작업이 쉬워져서 업무 효율성이 높아진다. 그러나 ChatGPT가 모든 상황에서 정확한 문서 처리를 보장하지는 않으므로 필요에 따라 인적자원의 개입이 필요할 수 있다.

넷째, ChatGPT를 이용하여 데이터 분석 작업을 자동화할 수 있다. 이를 통해 분석 작업을 빠르게 처리하고, 보다 정확한 분석 결과를 얻을 수 있다. 데이터 분석 자동화는 ChatGPT를 활용하여 데이터 수집, 처리, 분석 등의 업무를 자동화하는 것을 말한다. 이를 통해 업무 효율성을 높이고, 시간을 절약할 수 있다. ChatGPT를 이용한 데이터 분석 자동화 서비스는 아래와 같이 동작한다.

① ChatGPT에게 데이터의 수집 요청을 입력한다.

② ChatGPT는 입력된 요청에 맞는 데이터를 수집하고, 데이터 정제 및 전처리 작업을 수행한다.

③ 전처리된 데이터를 기반으로 ChatGPT는 분석 모델을 생성하고, 데이터 분석 작업을 수행한다.

④ 분석 결과를 시각화하여 출력하거나, 이메일 등으로 전송한다.

데이터 분석 자동화 서비스를 이용하면 사용자가 직접 데이터의 수집과 분석

보다 훨씬 간편하며, 정확도와 일관성도 높아진다. 또한 ChatGPT를 이용하면 데이터 분석 작업이 자동화되므로, 대용량 데이터 처리에도 빠르게 대응할 수 있다. 그러나 ChatGPT가 모든 상황에서 정확한 데이터 분석을 보장하지는 않으므로, 필요에 따라 인적자원의 개입이 필요할 수 있다. ChatGPT를 기반으로 한 업무 자동화 서비스는 인공지능 기술의 발전과 함께 많은 기업에서 활용되고 있다. 이를 통해 인적자원을 효율적으로 활용하고, 업무 프로세스를 자동화함으로써 비즈니스 성장을 끌어낼 수 있다.

(4) ChatGPT와 데이터 분석

ChatGPT는 데이터 분석에도 활용될 수 있다. 즉, ChatGPT를 이용하여 고객이 제품이나 서비스에 대해 어떤 문제, 어떤 니즈를 갖고 있는지 등을 분석할 수 있다. ChatGPT는 빅데이터 분석 분야에서도 사용될 수 있다. 예를 들어, 고객들이 적극적으로 참여하는 커뮤니티나 포럼에서 자동으로 문의 사항에 답하는 등의 작업을 수행할 수 있다.

빅데이터 분석은 대용량의 다양한 데이터를 수집, 처리, 분석하여 통찰력 있는 정보를 도출하는 것이다. 빅데이터는 기존의 데이터베이스 관리 시스템으로는 처리하기 어려운 규모와 복잡성을 가진 데이터이다. 이를 위해 빅데이터 분석에는 다양한 기술과 도구가 활용된다. ChatGPT를 이용한 빅데이터 분석은 아래와 같이 동작한다.

① ChatGPT에게 빅데이터 분석 요청을 입력한다.
② ChatGPT는 입력된 요청에 맞는 데이터를 수집하고, 데이터 정제 및 전처리 작업을 수행한다.
③ ChatGPT는 머신러닝, 딥러닝, 자연어처리 등의 기술을 활용하여 데이터를 분석한다.
④ 분석 결과를 시각화하여 출력하거나, 이메일 등으로 전송한다.
ChatGPT를 이용한 빅데이터 분석 서비스는 대량의 데이터를 빠르게 처리하

고, 다양한 분석 기술을 적용할 수 있으며, 분석 결과를 시각화하여 쉽게 이해할 수 있다. 그러나 빅데이터 분석은 데이터의 복잡성과 다양성 때문에 정확한 결과를 도출하기 위해서는 전문가의 지식과 경험이 필요하다. 따라서 ChatGPT를 이용한 빅데이터 분석 서비스도 전문가의 도움을 받는 것이 좋다.

(5) ChatGPT와 학습 자료 제공

ChatGPT는 교육영역에서 활용될 수 있다. 가령, ChatGPT를 이용하여 학습 자료를 제공하거나 학습자들의 질문에 대한 답변을 제공하는 등의 활용이 가능하다. ChatGPT는 대화형 인공지능으로 학습 자료를 직접 제공하지는 않지만, 학습 자료를 찾는 데 도움을 줄 수 있다. 이를테면 사용자가 어떤 주제에 대해 공부하고 싶다면 ChatGPT와 대화를 통해 해당 주제에 대한 추천 학습 자료나 온라인 강의, 책 등을 찾아볼 수 있다.

ChatGPT는 자연어 처리 기술을 사용하여 사용자의 질문에 대한 답변을 제공할 수 있다. 이를 활용하여 사용자의 궁금증을 해결하고, 사용자가 찾는 학습 자료에 대한 정보를 제공할 수 있다. 또한 ChatGPT는 사용자의 학습 상황에 맞는 맞춤형 학습 계획을 제공하는 데 도움이 될 수 있다. 또한 ChatGPT를 사용하여 학습 자료를 요약하는 기능도 있다. 예를 들어, 사용자가 긴 문서나 책을 읽는 것이 어려울 때, ChatGPT는 해당 문서나 책을 요약하여 사용자가 더 쉽게 이해할 수 있도록 도와줄 수 있다. 따라서 ChatGPT는 학습 자료를 직접 제공하지는 않지만 학습 자료를 찾는 데 도움을 줄 수 있는 유용한 도구다.

ChatGPT 기반 학습 자료 탐색

① 개발자 가이드: ChatGPT를 이용하여 자신의 애플리케이션 또는 서비스를 구축하려는 개발자를 위한 가이드이다. 이 가이드는 ChatGPT의 기술적인 면과 활용 방법에 대해 자세히 설명하며, 개발자가 ChatGPT를 적용하는 데 필요한 지침을 제공한다.

② 사용자 매뉴얼: ChatGPT를 사용하는 사용자를 위한 매뉴얼이다. 이 매뉴얼은 Chat GPT와 상호 작용하는 방법과 ChatGPT를 사용하여 다양한 작업을 수행하는 방법에 대하여 설명한다.

③ 예제 코드: ChatGPT를 활용한 예제 코드를 제공한다. 예제 코드는 ChatGPT를 사용하여 다양한 작업을 수행하는 방법을 보여준다. 이를 통해 개발자는 ChatGPT를 더욱 쉽게 적용할 수 있다.

④ 블로그 게시물: ChatGPT를 활용한 다양한 활용사례와 기술적인 면에 대해 다루는 블로그 게시물을 제공한다. 이를 통해 사용자들은 ChatGPT를 적극적으로 활용할 수 있는 아이디어와 방법을 얻을 수 있다.

또한 ChatGPT를 사용하여 자신의 애플리케이션 또는 서비스를 개발하려는 개발자들을 위해 온라인 코스를 제공할 수 있다. 이 코스는 ChatGPT의 기본 개념과 활용 방법, 예제 코드 등을 포함하고 있으며, 참가자들은 ChatGPT를 활용하여 자신의 프로젝트를 개발하는 데 필요한 기술을 습득할 수 있다. 위와 같은 학습 자료를 통해 개발자들과 사용자들은 ChatGPT를 더욱 쉽게 활용할 수 있으며, 다양한 기능을 구현할 수 있다.

(6) ChatGPT와 인적 자원관리

인적 자원 관리란 조직의 인력을 효과적으로 관리하여 조직의 목표를 달성하는 것을 말한다. 인적 자원 관리에는 인사관리, 교육 및 개발, 보상 및 혜택, 직원 건강 관리, 직원 관계 관리 등이 포함된다. ChatGPT를 이용한 인적자원 관리는 인사관리, 교육 및 개발, 보상, 평가 등 인적 자원 관리의 전반적인 업무를 자동화하는 서비스이다. ChatGPT는 대화형 인터페이스를 통해 사용자와 자연스러운 대화를 하며, 사용자 요청에 따라 인적자원 관리 업무를 자동으로 수행한다.

ChatGPT를 이용한 인적 자원 관리 서비스는 아래와 같은 기능을 제공한다.

ChatGPT를 이용한 인적 자원 관리 서비스의 기능

- 인사관리: ChatGPT를 이용하여 새로운 직원을 등록하고, 기존 직원의 인적 사항을 업데이트하고 관리할 수 있다. 또한 ChatGPT를 이용하여 조직도를 작성하고, 조직 구성원의 역할과 권한을 관리할 수 있다.
- 교육 및 개발: ChatGPT를 이용하여 직원의 역량을 분석하고, 이에 맞는 교육과정을 설계하고 관리할 수 있다. 또한 ChatGPT를 이용하여 개인별 학습 계획을 수립하고, 진행 상황을 모니터링할 수 있다.
- 보상: ChatGPT를 이용하여 직원의 업무 성과를 분석하고, 이에 따른 보상 기준을 설정하고 관리할 수 있다. 또한 ChatGPT를 이용하여 보상과 관련된 문의에 대한 대답을 자동으로 제공할 수 있다.
- 평가: ChatGPT를 이용하여 직원의 업무 성과를 평가하고, 이를 기반으로 개인별 평가 보고서를 작성하고 관리할 수 있다. 또한 ChatGPT를 이용하여 업무 성과에 대한 피드백을 제공하고, 개선 방안을 제시할 수 있다.

ChatGPT를 이용한 인적 자원 관리 서비스를 통해 인적 자원 관리 업무의 효율성과 정확성을 높일 수 있다. 또한 ChatGPT를 이용하여 대량의 데이터 처리와 분석이 가능하므로 인적 자원 관리 업무에 필요한 다양한 분석 및 예측 작업을 수행할 수 있다. ChatGPT를 이용한 인적자원 관리는 다음과 같이 동작한다. ① ChatGPT에게 인적 자원 관리 요청을 입력한다. ② ChatGPT는 입력된 요청에 맞는 데이터의 수집과 데이터 정제 및 전처리 작업을 수행한다. ③ChatGPT는 인사 정보, 업무수행 정보 등을 분석하여 인적자원을 효과적으로 관리하는 방안을 제안한다. ④ ChatGPT는 직원의 스케줄 및 근태 관리, 보상 및 혜택 관리, 교육 및 개발 관리 등의 업무를 자동화한다.

ChatGPT는 직원 건강 상태 및 업무 만족도 등을 모니터링하고, 문제가 발생하면 대응 방안을 제안한다. ChatGPT를 이용한 인적 자원 관리 서비스를 통해 직원의 생산성을 높이고, 조직의 성과를 향상시킬 수 있다. 또한 ChatGPT를 이용하여 업무를 자동화하면 직원들이 번거로운 업무를 줄이고, 창의적이고 가치 있는 업무에 집중할 수 있으므로, 직원 만족도 역시 증가할 수 있다. 그러나

ChatGPT를 이용한 인적 자원 관리 서비스도 전문가의 지식과 경험이 필요하다. 따라서 조직 내에서 전문가의 도움을 받는 것이 좋다.

(7) ChatGPT와 창업비즈니스

ChatGPT는 창업에서 유용하게 활용될 수 있는 다양한 기능과 가치를 제공한다. 이를 활용하여 다양한 창업 아이디어를 개발하고, 창업 과정에서 필요한 자동화된 업무 처리, 데이터 분석, 고객 서비스 등을 제공할 수 있다. 또한 ChatGPT는 창업 과정에서 가장 중요한 부분 중 하나인 고객 발굴 및 유지에도 큰 도움을 줄 수 있다. 가령, ChatGPT를 활용하여 맞춤형 콘텐츠를 제공하거나 자동화된 고객 서비스를 제공하여 고객 만족도를 높일 수 있다.

또한 ChatGPT는 창업 과정에서 필요한 아이디어 발굴에도 활용될 수 있다. ChatGPT를 이용하여 다양한 분야에서 관련 정보를 수집하고 분석하여 창업 아이디어를 도출할 수 있다. 마지막으로 ChatGPT는 창업에서 자동화된 업무 처리에 큰 도움을 줄 수 있다. 가령, ChatGPT를 활용하여 자동으로 문서를 작성하거나 일정 관리를 자동화하여 시간과 비용을 절약할 수 있다. 따라서 ChatGPT는 창업 과정에서 아이디어 발굴, 고객 발굴 및 유지, 자동화된 업무 처리 등 다양한 영역에서 유용하게 활용될 수 있으며, 창업자들은 이를 활용하여 비즈니스를 성공적으로 운영할 수 있다.

ChatGPT는 창업에 매우 유용한 도구이다. 창업자는 ChatGPT를 활용하여 다양한 아이디어를 생각해내고, 비즈니스모델을 개발하고, 업무 자동화와 데이터 분석 등을 통해 비즈니스 운영을 효율적으로 할 수 있다. ChatGPT를 활용하여 창업에 대한 아이디어를 생각해낼 수 있다. ChatGPT는 다양한 분야에서 대화를 통해 자연스러운 인터페이스를 제공하기 때문에 사용자와 대화하면서 새로운 아이디어를 생각해낼 수 있다. 가령, ChatGPT를 활용하여 자동으로 키워드를 추출하거나, 사용자의 검색 이력을 분석하여 맞춤형 추천을 제공할 수 있다.

또한 ChatGPT를 활용하여 창업비즈니스모델을 개발할 수 있다. ChatGPT를 이용하여 챗봇 서비스를 제공하거나 인공지능을 활용하여 자동화된 업무처리를 제공하는 등의 비즈니스모델을 개발할 수 있다. 이를 통해 비즈니스 운영을 효율적으로 할 수 있으며 시간과 비용을 절약할 수 있다. ChatGPT를 활용한 창업비즈니스에는 다양한 아이디어가 있다. 가령, 다음과 같은 비즈니스모델이 있을 수 있다.

ChatGPT를 활용한 창업비즈니스

- ChatGPT를 활용한 인공지능 챗봇 비즈니스: ChatGPT를 활용하여 다양한 업종에서 사용할 수 있는 인공지능 챗봇을 제공하는 비즈니스다. 고객 지원이나 상담 등에서 활용할 수 있으며, 맞춤형 챗봇 개발 등의 서비스를 제공할 수 있다.
- ChatGPT를 활용한 교육 플랫폼 비즈니스: ChatGPT를 활용하여 자동화된 학습 자료 제공이 가능한 교육 플랫폼을 제공하는 비즈니스다. 강의 컨텐츠를 작성하고 ChatGPT를 활용하여 학습자에게 맞춤형 자료를 제공할 수 있다.
- ChatGPT를 활용한 콘텐츠 제작 비즈니스: ChatGPT를 활용하여 다양한 분야에서 사용할 수 있는 콘텐츠를 제작하는 비즈니스다. 예를 들어, 뉴스 기사, 블로그 포스트, 제품 설명서 등을 ChatGPT를 활용하여 자동으로 작성할 수 있다.
- ChatGPT를 활용한 음성 인식 비즈니스: ChatGPT를 활용하여 음성 인식 기술을 개발하는 비즈니스다. 음성 인식 기술을 활용하여 음성 인터페이스, 음성 검색 등을 제공할 수 있다.

이 외에도 ChatGPT를 활용하여 창업 아이디어를 찾고, 그에 맞는 비즈니스 모델을 만들 수 있다. 또한 ChatGPT를 활용하여 자동화된 업무처리, 고객 서비스, 데이터 분석 등을 제공하여 비즈니스를 효율적으로 운영할 수 있다.

(8) ChatGPT와 소상공 비즈니스

ChatGPT는 소상공인들의 비즈니스 운영을 보다 효율적으로 돕는 데에 큰 도움을 줄 수 있다. 특히, 소상공인들은 많은 경우 경험이 부족하거나 인력 부족 등의 문제로 비즈니스 운영에 어려움을 겪는다. 이런 상황에서 ChatGPT를 활용하면 다음과 같은 장점이 있다. 먼저, ChatGPT를 활용하여 고객 지원 서비스를 제공할 수 있다. 챗봇을 이용하여 상품 문의나 배송 문의 등을 자동으로 처리함으로써, 소상공인들은 고객 서비스를 개선하고, 시간과 비용을 절약할 수 있다. 또한 ChatGPT를 이용하여 상품 추천 서비스를 제공할 수 있다. 소상공인들은 ChatGPT를 이용하여 고객의 검색 이력이나 구매 이력을 분석하여 맞춤형 추천 서비스를 제공할 수 있다. 이를 통해 고객 만족도를 높이고, 매출 증대에 기여할 수 있다.

또한 ChatGPT를 활용하여 업무 자동화를 구현할 수 있다. 예를 들어, ChatGPT를 이용하여 예약 관리, 결제 처리, 상품 관리 등을 자동으로 처리할 수 있다. 이를 통해 소상공인들은 업무처리를 효율적으로 할 수 있고, 시간과 비용을 절약할 수 있다. 마지막으로, ChatGPT를 활용하여 마케팅 활동을 지원할 수 있다. 가령, ChatGPT를 이용하여 고객 분석을 수행하고, 맞춤형 마케팅 전략을 제공할 수 있다. 이를 통해 소상공인들은 마케팅 비용을 절감하고, 효율적인 마케팅 활동을 수행할 수 있다.

다. 정부 및 공공부문 비즈니스모델

ChatGPT와 같은 생성형 AI는 고객 경험, 회계, 마케팅 등에서 다양한 편익과 영향이 가시화되고 있다. 기술혁신과 적용의 가속화는 민간시장을 넘어 정부 및 공공부문에서 능동적 대응을 요구한다. 최대한의 가치를 얻기 위해 데이터를 준비하는 방법과 더 나은 시민 경험의 촉진 방법을 진지하게 고려해야 하는 시점이다. ChatGPT 기반 정부 및 공공부문 비즈니스모델은 정부와 공공기관이 ChatGPT를 활용하여 다양한 서비스와 솔루션을 개발하고 제공하는 것을 의미한다. 이는 인공지능 언어모델을 활용하여 공공 서비스의 혁신과 효율성 향상을 목표로 한다.

데이터는 공공부문 조직이 소유한 가장 전략적 자산 중 하나이다. 데이터가 통합되고 생성형 인공지능(GAI) 및 검색 기술을 활용할 수 있는 하나의 플랫폼에 저장되면 실제 세계에 미치는 영향이 광범위하여 다음과 같은 이점을 제공할 수 있다.[1]

ChatGPT 기반 정부 및 공공부문 비즈니스모델

- 온라인 상담 및 지원: ChatGPT를 사용하여 정부와 공공기관의 온라인 상담 및 지원 서비스를 개발할 수 있음. 이를 통해 시민들이 편리하게 정보를 얻거나 문제를 해결할 수 있으며, 공공부문의 효율성과 서비스 품질을 향상할 수 있음.
- 민원 처리 및 자동 응답 시스템: ChatGPT를 활용하여 민원 처리 및 자동 응답 시스템을 구축할 수 있음. 이를 통해 시민들의 민원을 신속하게 처리하고, 자동응답을 통해 시민 서비스의 효율성을 높일 수 있음.
- 법률 및 규정 정보제공: ChatGPT를 사용하여 법률 및 규정 정보를 제공하는 서비스를 개발할 수 있음. 시민들이 법률에 관련된 정보를 쉽게 이해하고, 규정을 준수할 수 있도록 도움을 줄 수 있음.
- 공공 정책 컨설팅: ChatGPT를 활용하여 공공 정책에 대한 컨설팅 및 상담 서비스를 제공할 수 있음. 이를 통해 시민들이 정책에 대한 이해를 높이고, 정책 결정에의 참여기회를 제공할 수 있음.
- 데이터 분석 및 예측: ChatGPT를 사용하여 정부와 공공기관의 데이터 분석 및 예측 서비스를 개발할 수 있음. 이를 통해 정책 및 의사결정에 필요한 데이터를 분석하고 예측하여 효과적인 정책 수립과 리소스 관리에 이바지할 수 있음.

---

1) 정부 서비스 개선: 시민이 공공 주택 서비스를 신청하려고 한다고 할 때 신청 절차에는 필요와 위치에 따라 다른 여러 단계와 양식이 포함된다. 단순히 웹페이지에 일반적 정보를 나열하는 것은 복잡하고 시민의 고유한 상황을 다루지

---

1) https://www.elastic.co/kr/blog/generative−ai−public−sector

않을 수 있다. 반면에 기관이 자체 데이터를 생성형 인공지능에 가져오면 시민은 개별 상황에 맞는 정보와 지침을 찾을 수 있다. 관련성이 높은 정보는 필수 서비스에의 접근성을 제약하는 복잡성을 줄일 수 있는 잠재력을 가지고 있다. 이처럼 ChatGPT를 활용하여 정부의 공공 서비스를 개선할 수 있다. 예를 들어, 공공기관 웹사이트나 앱에 ChatGPT를 통합하여 시민들의 질문에 대한 실시간 응답을 제공하거나 제도와 절차에 대한 안내와 해설을 자동화할 수 있다. ChatGPT를 활용하여 정부 서비스를 개선할 수 있는 몇 가지 예시하면 다음과 같다.

첫째, 시민 문의 응답의 개선이다. 정부 기관은 시민들로부터 다양한 문의와 질문을 받는다. ChatGPT를 사용하여 정부 웹사이트나 앱에 실시간 채팅 기능을 제공하고, 시민들의 문의에 자동 응답할 수 있다. 이를 통해 시민들은 빠른 답변을 받을 수 있고, 정부는 대량의 문의에 효율적으로 대응할 수 있다.

둘째, 제도와 절차 안내 개선이다. 정부 기관의 제도와 절차는 종종 복잡하고 이해하기 어렵다. ChatGPT를 활용하여 제도와 절차에 대한 자동화된 안내 서비스를 제공할 수 있다. 시민들은 ChatGPT와 대화하면서 필요한 정보를 쉽게 얻을 수 있고, 정부는 정확하고 일관된 안내를 제공할 수 있다.

셋째, 정책 소개와 설명이다. 정부는 다양한 정책을 시민들에게 소개하고 설명해야 한다. ChatGPT를 사용하여 정부 정책을 쉽게 이해할 수 있는 방식으로 설명할 수 있다. ChatGPT는 질문에 대한 답변을 제공하면서 정책에 대한 설명과 목적을 이해하기 쉽게 전달할 수 있다.

넷째, 공공데이터 분석이다. 정부는 다양한 공공데이터를 보유하고 있다. ChatGPT를 활용하여 공공데이터를 분석하고, 시민들에게 통계적 정보나 인사이트를 제공할 수 있다. 예를 들어, ChatGPT를 학습시켜서 특정 지역의 교통 혼잡도를 예측하거나 공공 재정의 사용 예산을 분석하는 등 다양한 분야에서 활용할 수 있다. 이같이 ChatGPT를 활용하여 정부 서비스를 개선하면 시민들과의 상호작용을 원활하게 하고, 효율성과 투명성을 향상시킬 수 있다. 또한 ChatGPT를 통해 시민들과의 소통과 참여를 촉진하여 정부와 시민 간의 관계를 강화할 수 있다.

2) 정책 분석과 예측: ChatGPT를 활용하여 정부 정책의 분석과 예측을 수행할 수 있다. ChatGPT를 학습시켜 과거 데이터와 현재 상황을 기반으로 정책의 결과와 영향을 예측하고, 의사결정에 도움을 줄 수 있다. ChatGPT는 자연어 이해와 생성 능력을 갖춘 인공지능 모델로, 정부의 정책 분석과 예측에 다양한 도움을 줄 수 있다. ChatGPT를 활용한 정책 분석과 예측을 예시하면 다음과 같다.

첫째, 정책 영향 분석이다. ChatGPT를 사용하여 특정 정책이 예상되는 영향을 분석할 수 있다. 예를 들어, 정부가 일정한 정책을 도입하려고 할 때, ChatGPT를 통해 이러한 정책이 사회, 경제, 환경 등에 어떤 영향을 미칠지 예측할 수 있다. 이를 통해 정부는 정책을 수립할 때 예상되는 결과를 고려하고, 조치를 적절히 조정할 수 있다.

둘째, 정책 시뮬레이션이다. ChatGPT를 활용하여 정부가 시뮬레이션을 통해 정책의 결과를 예측할 수 있다. ChatGPT를 학습시켜서 특정 시나리오에서 정책의 영향을 시뮬레이션할 수 있고, 결과를 분석하여 정부가 원하는 정책 조정을 할 수 있다. 예를 들어, 정부가 세제 정책을 변경하려고 할 때, ChatGPT를 사용하여 이러한 변경이 어떤 경제적 결과를 가져올지 시뮬레이션할 수 있다.

셋째, 정책 예측이다. ChatGPT를 사용하여 특정 정책의 효과를 예측할 수 있다. 과거 데이터와 현재 상황에 대한 정보를 ChatGPT에 입력하여 특정 정책을 시뮬레이션하고 결과를 예측할 수 있다. 예를 들어, 정부가 새로운 투자 정책을 시행하려고 할 때, ChatGPT를 활용하여 이러한 정책이 기업 투자에 어떤 영향을 미칠지 예측할 수 있다. 이같이 ChatGPT를 활용하여 정부의 정책 분석과 예측을 수행하면, 정부는 정확하고 효율적인 정책을 수립할 수 있다. ChatGPT는 다양한 데이터와 정보를 분석하고, 복잡한 상황을 이해하여 정책 결정에 도움을 줄 수 있다.

3) 공공 안전 및 보안: ChatGPT를 활용하여 공공 안전과 보안을 강화할 수 있다. ChatGPT를 사용하여 위험 상황에 대한 실시간 모니터링 및 대응 시스템을 구축하거나 범죄 예방과 조사에 도움을 주는 자동화된 시스템을 개발할 수 있다.

몇 가지 예시하면 다음과 같다.

첫째, 위험 예측 및 대응이다. ChatGPT를 사용하여 위험 요인을 예측하고 대응 전략을 개발할 수 있다. 예를 들어, 자연재해 예측에 ChatGPT를 활용하여 지진, 홍수, 산사태 등의 위험 요소를 예측하고, 이를 기반으로 대응 계획을 수립할 수 있다.

둘째, 범죄 예방 및 대응이다. ChatGPT를 활용하여 범죄 예방과 대응에 도움을 줄 수 있다. 예를 들어, ChatGPT를 통해 범죄 행동 패턴을 분석하고, 이를 기반으로 범죄 예방 전략을 개발할 수 있다. 또한 ChatGPT를 사용하여 범죄 발생 시 대응 방안을 제시하고 관련 정보를 제공할 수 있다.

셋째, 보안 감시 및 위협 탐지이다. ChatGPT를 활용하여 보안 시스템을 강화하고 위협을 탐지할 수 있다. 예를 들어, ChatGPT를 사용하여 네트워크 트래픽을 분석하고 이상 행위를 감지하는 시스템을 개발할 수 있다. 또한 ChatGPT를 활용하여 사이버 보안 위협에 대한 알림 및 대응 방안을 제공할 수 있다.

넷째, 재난 대응 및 비상 상황 관리이다. ChatGPT를 사용하여 재난 대응 및 비상 상황 관리에 도움을 줄 수 있다. ChatGPT를 통해 대량의 데이터를 분석하여 재난 예측과 대응 방안을 개발하고, 비상 상황 발생 시 ChatGPT를 통해 신속하고 정확한 정보를 제공할 수 있다. 이처럼 ChatGPT를 활용하여 다양한 분야에서 공공 안전 및 보안에 관련된 예측, 분석, 대응 전략 개발 등에 활용할 수 있다. 이를 통해 정부와 공공기관은 보다 효율적이고 안전한 환경을 조성할 수 있다.

4) 시민 참여와 의견 수렴: ChatGPT를 활용하여 시민들의 의견을 수렴하고, 정책 결정에 참여할 수 있는 환경을 조성할 수 있다. ChatGPT를 사용하여 시민들의 질문과 제안에 대한 응답을 자동화하고, 정부와 시민 간의 소통을 원활하게 할 수 있다. ChatGPT 기반으로 시민 참여와 의견 수렴을 강화할 수 있다. 몇 가지 방법을 예시하면 다음과 같다.

첫째, 온라인 피드백 및 의견 수집이다. ChatGPT를 사용하여 시민들이 온라인 플랫폼을 통해 의견을 제출하고 질문에 답변을 받을 수 있는 기회를 제공할 수 있다. ChatGPT를 활용하여 자동응답 시스템을 구축하고, 시민들의 의견을 수집하여 정책 수립 및 의사결정에 반영할 수 있다.

둘째, 상담 및 커뮤니케이션의 강화이다. ChatGPT를 사용하여 시민들이 정부와 공공기관에게 상담을 요청하고, 질문에 대한 답변을 받을 수 있는 상담 시스템을 구축할 수 있다. 이를 통해 시민들은 정부와의 의사소통을 강화하고, 필요한 정보와 지원을 받을 수 있다.

셋째, 시민 참여 플랫폼 개선이다. ChatGPT를 활용하여 시민 참여 플랫폼을 개선할 수 있다. 예를 들어, ChatGPT를 통해 자동화된 응답 시스템을 도입하여 시민들이 플랫폼에서 질문을 하고 응답을 받을 수 있는 기능을 제공할 수 있다. 이를 통해 시민들은 더 쉽고 편리하게 참여하고 의견을 나눌 수 있다.

넷째, 정책 설명 및 교육이다. ChatGPT를 사용하여 정책 설명과 교육을 제공할 수 있다. ChatGPT를 활용하여 시민들이 이해하기 쉬운 언어로 정책에 대한 설명을 제공하고, 교육 자료를 제공할 수 있다. 이를 통해 시민들은 정책에 대한 이해도를 높이고, 의견을 형성할 수 있다. 이처럼 ChatGPT를 활용하여 시민 참여와 의견 수렴을 강화할 수 있다. 이를 통해 정부와 공공기관은 시민들의 다양한 의견을 수집하고, 이를 반영하여 더욱 효과적인 정책 수립과 의사결정을 할 수 있다.

다섯째, 인터랙티브한 대화이다. ChatGPT를 활용하여 시민들과의 인터랙티브한 대화를 통해 의견을 수렴할 수 있다. ChatGPT는 사용자와의 대화를 통해 질문에 대답하고 의견을 제시할 수 있으며, 이를 통해 시민들의 관점과 의견을 파악할 수 있다.

여섯째, 의견 분석 및 정책 개발이다. ChatGPT를 사용하여 수집한 의견을 분석하고, 이를 기반으로 정책 개발에 반영할 수 있다. ChatGPT는 다양한 의견을 종합하고 패턴을 파악하여 효과적인 정책 수립을 돕는데 활용될 수 있다.

5) 데이터 분석과 예측: ChatGPT를 활용하여 정부의 데이터 분석과 예측을 지원할 수 있다. ChatGPT를 학습시켜 정부의 다양한 데이터를 분석하고, 예측 모

델을 구축하여 정책 결정에 도움을 주는 인사이트를 제공할 수 있다. ChatGPT를 기반으로 한 데이터 분석과 예측은 다양한 분야에서 활용될 수 있으며 몇 가지 예시하면 다음과 같다.

첫째, 트렌드 분석이다. ChatGPT를 사용하여 대화를 주고받는 과정에서 얻은 데이터를 분석하여 트렌드를 파악할 수 있다. ChatGPT는 다양한 주제와 관련된 대화를 처리하므로, 대화 내용을 분석하고 키워드, 주제, 성향 등을 추출할 수 있다.

둘째, 감성 분석이다. ChatGPT를 통해 수집한 대화 데이터를 분석하여 사용자의 감성을 파악할 수 있다. 대화 내용에서 긍정적인, 부정적인 또는 중립적인 의견을 추출하여 감성 분석 결과를 도출할 수 있다.

셋째, 행동 예측이다. ChatGPT를 기반으로 한 대화 데이터와 사용자의 특성을 분석하여 행동 예측을 수행할 수 있다. 예를 들어, 고객의 대화 내용과 이전 구매 기록을 분석하여 특정 제품에 대한 관심도나 구매 가능성을 예측할 수 있다.

넷째, 사회 현상 분석이다. ChatGPT를 사용하여 대화 데이터를 분석하여 사회 현상이나 인식 변화를 예측할 수 있다. 대화 데이터를 통해 사회적인 이슈나 감성 분석을 수행하여 사회적인 문제의 이해를 돕고, 이에 기반한 정책 수립이나 대응 전략을 개발할 수 있다.

다섯째, 추천 시스템이다. ChatGPT를 활용하여 사용자의 대화 내용을 분석하여 적합한 추천을 제공할 수 있다. 예를 들어, 사용자의 선호도와 관심사를 파악하여 맞춤형 상품 추천이나 서비스 제안을 할 수 있다. 이처럼 ChatGPT를 기반으로 한 데이터 분석과 예측은 다양한 도메인에서 활용될 수 있다. 데이터를 수집하고 분석하여 유용한 정보를 도출하고, 이를 활용하여 예측 모델을 구축하고 의사결정에 활용할 수 있다. 이를 통해 기업이나 기관은 데이터 기반의 전략을 구축하고 비즈니스 성과를 향상할 수 있다.

여섯째, 이상 탐지다. ChatGPT를 사용하여 텍스트 데이터의 이상을 탐지할 수 있다. 대화 중에 이상한 패턴이나 의심스러운 내용을 감지하여 사기, 악성 행위, 불법 활동 등을 예방하거나 조기에 탐지할 수 있다.

2. ChatGPT의 핵심 요소와 기능

ChatGPT는 대규모 신경망 모델인 GPT(Generative Pre-trained Transformer)를 기반으로 한다. 이 신경망은 자연어 처리를 위해 설계되었으며, 대화 형식의 입력을 이해하고 생성하는 능력을 갖추고 있다. 또한 입력된 대화 문장을 문맥적으로 이해한다. 이전 대화의 문맥을 파악하여 응답을 생성하고, 사용자의 질문이나 요청에 적합한 답변을 제공하기 위해 문장의 흐름과 의미를 이해한다. 그리고 시작 문장이 주어지면 나머지 문장을 자동으로 완성할 수 있다. 즉 자동 완성(Autocompletion)으로 ChatGPT는 사용자가 입력한 부분 문장을 기반으로 나머지 문장을 예측하여 자연스러운 대화를 이어갈 수 있도록 도와준다. ChatGPT는 아래와 같이 다양한 핵심 요소와 기능을 결합하여 사용자와 자연스러운 대화를 나누고, 의미 있는 답변을 제공하는 인공지능 모델이다.

ChatGPT의 핵심 요소와 기능

- Transformer 아키텍처: ChatGPT는 Transformer라는 딥러닝 아키텍처를 기반으로 함. Transformer는 입력 문장을 이해하고 출력 문장 생성에 사용되는 강력한 모델 구조임. 이 아키텍처는 자연어 처리 작업에서 좋은 성능을 발휘하며, 문맥 파악과 문장 생성에 효과적임.
- 자연어 이해(Natural Language Understanding): ChatGPT는 사용자의 입력 문장을 이해하는 능력을 갖추고 있음. 입력 문장을 토큰화하여 각 단어나 문장의 의미를 이해하고, 문맥과 관련된 정보를 추출함. 이를 통해 모델은 사용자의 질문이나 요청에 관해 이해할 수 있음.
- 문장 생성(Natural Language Generation): ChatGPT는 자연스러운 문장을 생성하는 기능을 갖고 있음. 입력 문장의 문맥과 내용을 파악하여 적절한 응답을 생성함. 이때, 모델은 훈련 데이터에서 학습한 언어 패턴과 문맥 정보를 활용하여 응답을 생성함.
- 상호작용과 대화(Dialogue and Conversational): ChatGPT는 대화형 인공지능 모델로서, 사용자와의 상호작용을 지원함. 사용자의 질문에 응답하는 것뿐만 아니라 대화의

문맥을 파악하여 이전 대화를 참고하거나 사용자의 응답에 따라 유연하게 대화를 이어갈 수 있음.
- 학습 가능성(Learnability): ChatGPT는 사용자와의 상호작용을 통해 학습 가능한 모델임. 사용자의 피드백이나 추가 정보를 통해 모델을 개선할 수 있음. 이를 통해 모델은 계속해서 더 나은 응답을 제공할 수 있음.
- 다양한 분야 지원: ChatGPT는 다양한 주제와 분야에 대한 지식을 학습한 모델임. 따라서 일반적인 질문이나 주제에 대한 답변을 제공할 수 있으며, 특정 분야나 도메인에 관한 질문에도 일정 수준의 이해와 답변을 할 수 있음.

ChatGPT는 자연어 이해에 특화된 모델로서 사람들이 작성한 문장을 이해하고 처리할 수 있다. 이를 통해 사용자의 질문, 요청, 문제 등을 이해하고 적절한 응답을 생성할 수 있다. 또한 문장을 생성하는 능력을 갖추고 있다. 사용자의 질문이나 요청에 대해 응답을 생성하거나 새로운 텍스트를 생성하여 정보를 제공할 수 있다. 또한 ChatGPT는 대화형으로 작동하며, 사용자와의 대화를 지속할 수 있다. 이전 대화의 문맥을 이해하고, 지속적인 대화 흐름을 유지하며 응답을 생성할 수 있다. 다양한 주제와 도메인에 대한 지식을 가지고 있다. 이는 다양한 종류의 질문이나 요청에 대해 답변을 제공할 수 있음을 의미한다. 즉 창의적인 문장 생성과 다양한 표현 방식을 가지고 있다. 이는 단순한 정보 전달에만 국한되지 않고, 사용자와 자유로운 대화를 할 수 있음을 의미한다. 사용자의 입력에 기반하여 자동 완성 기능을 제공하며, 다음 단어나 문장의 제안을 할 수 있다. 이를 통해 사용자의 텍스트 작성을 돕고, 효율적인 커뮤니케이션을 지원하여 사용자 경험을 개선하는 데 효과적이다. 가령 문장의 일관성을 유지하거나, 사용자의 언어 스타일을 따라가는 등의 기능을 포함할 수 있다.

ChatGPT의 핵심 요소는 다음과 같다. 첫째, Transformer 아키텍처이다. Transformer는 마법의 변신 로봇처럼 하나의 형태에서 다른 형태로 변신할 수 있는 특별한 로봇이다. 가령 로봇이 자동차 형태일 때는 빠르게 이동할 수 있고, 비행기 형태일 때는 공중을 날아다닐 수 있다. 이렇게 로봇은 필요에 따라 다양한 형태로 변신하여 다른 작업을 수행할 수 있다. Transformer도 마찬가지로 입력된 정보를 다른 형태로 변환하는 역할을 한다. 예를 들어, 문장이 입력으로 들어오면 Transformer는 그 문장을 단어와 구조의 형태로 분해하고, 이를 다른 형태의 정보로 변환한다. 그리고 이 변환된 정보를 다시 조합하여 새로운 문장을 생성하거나 문제를 해결하는 데 사용한다. Transformer는 입력된 정보를 분석하고 이해하는 능력을 지니고, 그 정보를 다른 형태로 변환하여 유용한 결과를 얻을 수 있게 해준다. 이는 마법의 변신 로봇과 비슷한 개념이다. Transformer는 기계번역, 문서 요약, 질의응답 등의 자연어 처리 작업에서 좋은 성능을 발휘하는 딥러닝 모델 아키텍처. ChatGPT는 Transformer 아키텍처를 활용하여 대화형 모델을 만들어 대화 생성 작업에서 뛰어난 성능을 보여주고 있다. Transformer 아키텍처는 인코더(encoder)와 디코더(decoder)로 구성된다. 여기서 encoder는 문장을 이해하고 중요한 정보를 추출하는 슈퍼 탐정과 역할과 비슷하다. 슈퍼 탐정은 수많은 단서를 찾아내고, 사건의 전체 그림을 이해하는 능력이 있다. 가령, 어떤 범죄 사건이 발생했을 때, 슈퍼 탐정은 여러 사람으로부터 얻은 정보와 증거들을 수집하고 분석한다. 그리고 이 정보들을 조합하여 사건의 전체적인 이야기를 이해하고 범인을 찾아내는 데 도움을 준다. ChatGPT의 encoder도 비슷한 역할을 한다. 문장이 입력으로 들어오면, encoder는 그 문장을 이해하고 중요한 단어와 구조를 추출한다. 이를 위해 단어들 사이의 관계를 파악하고, 문장의 의미를 분석한다. 그리고 이렇게 추출된 정보들은 decoder로 전달되어 새로운 문장을 생성하거나 문제를 해결하는 데 활용된다.

다음 <그림>에서 Nx는 N은 시퀀스의 전체 토큰 수이며, x는 각 토큰의 임베딩차원을 나타낸다. 가령, Nx가 512x768인 경우, 입력 시퀀스는 512개의 토큰으로 구성되고, 각 토큰은 768차원의 임베딩으로 표현된다. 이 값은 Transformer 모형에서 사용되는 입력 및 임베딩크기를 설명하는 데 사용한다. 또한 Add & Norm은 Add & Norm은 트랜스포머 모델의 각 Sub Layer에서 사용되어 입력과 출력값을 더하면서 정규화하는 과정을 의미한다. 이를 통해 모델의 학습 안정성과 성능을 향상할 수 있다.

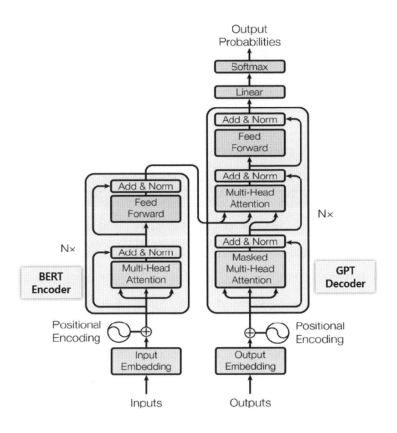

또한 decoder 창작하는 작가나 예술가와 비슷한 역할을 한다. 창작하는 작가나 예술가는 상상력을 발휘하여 새로운 이야기나 예술 작품을 만들어낸다. 가령, 작가가 어떤 이야기를 쓰기 시작할 때, 그는 상상력을 가지고 새로운 세계나 캐릭터를 창조한다. 그리고 그들의 감정이나 생각, 경험을 표현하기 위해 단어를 선택하고 문장을 구성한다. 그 결과로 다양한 이야기나 작품이 만들어지게 된다. ChatGPT의 decoder도 비슷한 역할을 한다. Encoder로부터 전달받은 중요한 정보와 문맥을 기반으로, decoder는 새로운 문장이나 답변을 생성한다. 이 과정에서 상상력이 발휘되어 적절한 단어나 구조를 선택하고, 문장을 완성한다. 이를 통해 ChatGPT는 새로운 대화를 생성하거나 질문에 대답하는 데 사용된다.

각각 여러 개의 self-attention layer와 feedforward layer를 포함한다. 여기

서 self-attention layer는 마치 친구들끼리 이야기를 나눌 때 주목력을 가지고 어떤 친구에게 집중하는 것과 비슷하다. 가령, 여러 친구들과 함께 있는데 한 친구가 이야기를 할 때, 주목력을 가지고 그 친구의 이야기에 집중한다. 그런 다음 다른 친구가 이야기할 때도 마찬가지로 그 친구에게 주목력을 옮긴다. 이렇게 각각의 친구에게 주목력을 집중시키면, 그들의 이야기를 잘 이해하고 대화할 수 있다. ChatGPT의 self-attention layer도 비슷한 역할을 한다. 문장을 이루는 단어 간 관계를 파악하고, 중요한 정보에 주목한다. 각 단어는 자신과 다른 단어 간의 관련성을 계산하며, 주목해야 할 단어에 집중한다. 이를 통해 ChatGPT는 문장의 의미를 이해하고 중요한 단어들을 잘 파악하여 대화를 진행한다. 인코더는 입력된 문장을 이해하고, 디코더는 이를 기반으로 새로운 문장을 생성한다. Transformer는 이전의 모델들과 달리 순차적으로 처리하는 대신, 문장 내 단어 간 관계를 한 번에 파악하여 학습한다. feedforward layer는 생각을 정리하고 결정을 내리는 과정은 생각을 한 방향으로 흘려보내고, 그것을 처리하여 결과를 도출하는 것과 비슷하다. 입력된 정보를 받아들이고, 그것을 처리하여 새로운 형태로 변환한다. 가령 입력된 단어들을 숫자로 변환하고, 그 숫자들을 계산하여 새로운 특성을 도출한다. 이렇게 변환된 정보는 다음 층으로 전달되어 최종적인 결과를 만들어낸다.

Transformer 아키텍처는 기존의 RNN(순환 신경망) 모델과 비교하여 다음과 같은 장점을 갖고 있다. ①병렬 처리 가능: RNN과 달리 Transformer는 모든 입력을 한 번에 처리할 수 있기에 병렬 처리가 가능하다. ②긴 문장 처리 가능: RNN은 문장의 길이가 길어질수록 처리가 어려워지는 문제가 있지만, Transformer는 모든 단어 간의 관계를 한 번에 파악하기 때문에 긴 문장을 처리하는 데 어려움이 없다. ③좋은 성능: Transformer는 다양한 자연어 처리 작업에서 뛰어나다. 특히, 대화 생성 작업에서 GPT 모델처럼 Transformer 아키텍처를 사용한 모델이 높은 품질의 대화를 생성할 수 있다. 이에 따라 Transformer는 자연어 처리 분야에서 가장 중요한 딥러닝 모델 중 하나로 평가받고 있다.

둘째, 대규모 데이터세트이다. ChatGPT는 대규모 데이터세트를 학습하며 성능을 개선한다. 최신 버전인 GPT-4는 수억 개 이상의 문장을 학습한 후 생성 작업을 수행할 수 있다. 대규모 데이터세트란, 수백만 혹은 수천만 건 이상의 대량의 데이터를 말한다. 이러한 대규모 데이터세트는 인공지능 분야에서 매우 중요한 역할을 한다. 그 이유는 인공지능 모델이 대규모 데이터세트에서 학습할 때, 높은 정확도와 일반화 성능을 보이기 때문이다. 대규모 데이터세트는 다양한 분야에서 수집될 수 있다. 예를 들어, 이미지 분류 작업에서는 ImageNet이라는 대규모 이미지 데이터 세트가 사용되며, 자연어 처리 작업에서는 Wikipeda, Common Crawl과 같은 대규모 텍스트 데이터세트가 사용된다. 대규모 데이터세트를 이용하여 학습된 인공지능 모델은 다양한 응용 분야에서 활용된다. 예를 들어, 이미지 분류 작업에서는 의료 영상 분석, 자율주행 자동차, 보안 시스템 등 다양한 분야에서 사용될 수 있다. 또한 자연어 처리 분야에서는 기계번역, 대화 생성, 감정 분석 등의 다양한 작업에 활용된다. 하지만 대규모 데이터세트는 수집과 저장, 처리, 분석 등의 과정에서 발생하는 문제점도 존재한다. 예를 들어, 데이터 불일치 문제, 데이터 유출 문제, 데이터 저장소 및 처리 비용 문제 등이 있다. 이러한 문제들을 해결하기 위해서는 데이터 관리에 대한 전략을 수립하고, 이를 효과적으로 실행하는 것이 필요하다.

셋째, 사전 학습과 미세 조정이다. ChatGPT는 사전 학습(pre-training)과 미세 조정(fine-tuning) 두 가지 단계로 모델을 구축한다. 사전 학습 단계에서는 대규모 데이터세트를 사용하여 모델을 사전 학습시키고, 미세 조정 단계에서는 특정 작업을 수행하기 위해 적은 양의 데이터를 사용하여 모델을 미세 조정시킨다. 사전 학습(Pre-training)과 미세 조정(Fine-tuning)은 딥러닝 모델을 학습하는 데에 매우 중요한 기술이다. 사전 학습은 대규모 데이터세트를 사용하여 모델을 일반화시키는 기술이다. 예를 들어, 자연어 처리 분야에서는 대량의 텍스트 데이터세트를 이용하여 언어모델을 사전 학습시키고, 이미지 분류 분야에서는 대규모 이미지 데이터 세트를 이용하여 CNN(Convolutional Neural Network)을 사전 학습시킨다. 사전 학습을 통해 모델은 이미지, 텍스트 등의 다양한 데이터를 이해하고 일반화시킬 수 있다. 미세 조정은 사전 학습된 모델을 특정 작업에 맞게 조정하는 기술이다. 예를 들어, 이미지 분류 작업에서는 ImageNet 데이터세트로 사전 학습된 CNN

모델을 가져와서, 새로운 이미지 데이터 세트에서 이미지를 분류하도록 미세 조정한다. 미세 조정은 모델을 특정 작업에 맞게 적용하여 높은 성능을 보이도록 한다. 사전학습과 미세 조정은 다양한 딥러닝 모델의 학습에 적용된다. 이를 통해 일반화 능력을 향상하고, 적은 양의 데이터에서도 높은 성능을 보일 수 있다. 또한 이러한 기술은 새로운 문제에 대한 솔루션을 빠르게 개발하는 데에도 도움이 된다.

Fine-tuning의 방법과 절차

- 사전 학습된 모델 선택: Fine-tuning을 위해 어떤 사전 학습된 모델을 사용할지 선택해야 함. 선택한 모델은 기본적인 언어 이해와 생성 능력이 뛰어나야 함.
- 도메인 특정 데이터의 수집: Fine-tuning을 위해 특정 도메인에 관련된 데이터의 수집이 필요함. 예를 들어, 고객 서비스와 관련된 ChatGPT를 구축하기 위해 고객 문의 데이터의 수집이 요구됨.
- 데이터 전처리: 수집한 데이터를 정제하고 전처리해야 함. 이는 텍스트 정규화, 토큰화, 형태소 분석 등과 같은 과정을 포함할 수 있음.
- Fine-tuning 데이터 준비: Fine-tuning에 사용할 데이터를 학습 가능한 형식으로 변환해야 함. 일반적으로 입력 문장과 대응하는 출력 문장 쌍으로 데이터를 구성함.
- 모델 아키텍처 설정: Fine-tuning에 사용할 모델 아키텍처를 설정함. 사전 학습된 모델을 가져온 후, 필요한 추가 Layer나 수정 사항을 적용할 수 있음.
- 학습 설정: Fine-tuning의 학습 설정을 정의함. 이는 학습률, 배치 크기, 에포크 수 등과 같은 하이퍼 파라미터를 포함함.
- Fine-tuning 학습: 준비된 데이터와 설정을 사용하여 모델을 Fine-tuning을 실시함. 학습 데이터를 이용해 모델을 업데이트하고, 일정한 에포크 수나 성능 기준에 도달할 때까지 학습을 진행함.
- 성능 평가: Fine-tuning이 완료된 후, 모델의 성능을 평가함. 이는 정량적인 지표(예: 정확도, F1 점수)나 정성적인 평가(예: 테스트 데이터에서의 예측 확인)를 통해 이루어질 수 있음.

- 모델 튜닝: Fine-tuning의 결과를 확인하고, 필요한 경우 추가적인 조정이 필요할 수 있음. 모델 튜닝을 통해 성능을 개선하고 원하는 결과를 얻을 수 있음.
- 배포 및 평가: Fine-tuning된 모델을 배포하고 실제 운영 환경에서 성능을 평가함. 사용자 피드백을 수집하고 모델을 개선하기 위해 지속적인 평가와 업데이트를 수행함.

넷째, Sampling 전략이다. ChatGPT는 다양한 Sampling 전략을 사용하여 생성 작업을 수행한다. 대표적으로, Top−p(높은 확률을 가진 상위 k개의 토큰을 고려), Top−k(합산 확률이 상위 k%에 해당하는 토큰을 고려), Temperature(Sampling 분포의 엔트로피를 조절하여 생성 결과의 다양성을 조절) 등의 전략이 있다. Sampling 전략(Sampling Strategy)은 모델 학습 시 사용되는 데이터 세트를 어떻게 Sampling할 것인지 결정하는 기술이다. 대규모 데이터 세트를 다루는 경우, 전체 데이터 세트를 모두 사용하여 모델을 학습하는 것은 매우 시간이 오래 걸리고, 메모리 부족 문제가 발생할 수 있다. 따라서 Sampling 전략은 이러한 문제를 해결하기 위해 사용된다. Sampling 전략에는 여러 가지 방법이 있다. 일반적으로 무작위 Sampling(Random Sampling)과 계층적 Sampling(Stratified Sampling)이 많이 사용된다. 무작위 Sampling은 데이터 세트에서 무작위로 일부 데이터를 선택하여 학습하는 방법이다. 계층적 Sampling은 데이터 세트를 여러 그룹으로 나누고, 각 그룹에서 일부 데이터를 선택하여 학습하는 방법이다. 이를 통해 각 그룹에서 적절한 비율로 데이터를 선택할 수 있다. Sampling 전략은 모델 학습에 매우 중요하다. 적절한 Sampling 전략을 사용하면 모델이 더욱 일반화되고, 더 나은 성능을 보일 수 있다. 또한 적절한 Sampling 전략을 선택하여 데이터 세트를 줄일 수 있으므로, 모델 학습 시간과 메모리 사용량을 줄일 수 있다. 이러한 핵심 요소들은 ChatGPT가 대화 생성 작업에서 뛰어난 성능을 발휘할 수 있도록 도와준다.

Sampling 전략

빵 가게에서 다양한 종류의 빵을 만들기 위해 반죽을 사용한다고 가정하면, 반죽은 원재료로부터 만들어지지만, 그것을 다양한 모양과 크기로 만들기 위해서는 반죽을 다르게 자르는 방법이 필요함. 이때, 반죽을 자르는 전략이 Sampling 전략과 유사함.

■ 무작위 Sampling: 빵 가게에서 반죽을 무작위로 자른다면, 각 조각은 크기와 모양이 다를 수 있음. 이는 빵의 다양성을 보장하지만, 원하는 크기나 모양에 딱 맞지 않을 수 있음.

■ 균등 Sampling: 빵 가게에서 반죽을 동일한 크기로 균등하게 자른다면, 각 조각은 일정한 크기와 모양을 가질 것임. 이는 균일한 빵을 만들어내지만, 다양성은 부족할 수 있음.

■ 가중 Sampling: 빵 가게에서 반죽을 자를 때, 특정 부분을 더 자주 자른다면, 해당 모양이나 크기의 빵이 더 많이 생산될 것임. 특정한 선호도나 특성을 반영할 수 있지만, 다른 모양이나 크기의 빵은 상대적으로 적게 만들어질 수 있음.

Sampling 전략은 이와 유사하게 생성 작업에서도 적용됨. 가령 ChatGPT가 문장을 생성할 때, 다양한 Sampling 전략을 사용하여 다양성과 일관성을 조절할 수 있음. 무작위 Sampling은 다양한 문장을 생성하지만, 일관성이 부족할 수 있음. 균등 Sampling은 일관된 문장을 생성하지만, 다양성이 부족할 수 있음. 가중 Sampling은 특정한 특성을 강조하거나 선호하는 문장을 생성할 수 있음.

3. ChatGPT의 알고리즘과 작동원리[2]

ChatGPT는 마치 언어능력을 향상해주는 친구와 같다. 친구는 많은 이야기와 단어들을 많이 읽고, 학습한 뒤에 우리에게 도움을 주려고 한다. 친구는 어떤 단어들이 자주 나오는지를 배워서, 우리가 질문하면 적절한 답을 할 수 있도록 준비돼 있다. 우리가 친구에게 문장을 말하면, 친구는 문장을 이해하고 그에 맞는 답을 생각해낸다. 이때, 친구는 문장 속에서 중요한 단어들을 파악하고, 그 단어들

---

2) https://rnd.gmdsa.org/demystifying−chatgpt−a−deep−dive−into−reinforcement−learning
−with −human−feedback/

간 관계를 이해한다. 그래서 우리에게 자연스러운 대화를 제공하고 질문에 대답할 수 있다. 또한 ChatGPT는 큰 지식을 가지고 있다. 우리가 다양한 주제에 관해 이야기하면, 친구는 그 주제에 대한 정보를 알려줄 수 있다. 친구는 이런 지식을 많은 사람들이 사용하고 있는 대화 내용을 통해 배워서 우리에게 도움을 줄 수 있다. 요약하면, ChatGPT는 인간의 언어를 이해하고 질문에 맞는 답변을 생각해 내는 친구와 같다. 이 친구는 많은 이야기를 듣고 배우기 때문에 우리와 자연스럽게 대화할 수 있고, 다양한 주제에 대한 정보도 알려줄 수 있다.

ChatGPT 알고리즘은 크게 세 가지 주요 요소로 구성된다. 첫째, Transformer 이다. 지난 2017년 Vaswani 등의 연구 논문 "Attention Is All You Need"에서 소개된 신경망(Neural Network) 기반의 아키텍처는 자연어 처리 분야에서 가장 널리 적용되고 있다. 기본적으로 순서에 따라 각 글자와 단어의 중요성을 AI 언어모델이 파악해 맥락과 텍스트의 의미를 이해하도록 한다. 사람이 언어를 배우는 과정과 유사하다. ChatGPT는 Transformer라는 딥 러닝 아키텍처를 기반으로 한다. Transformer는 입력과 출력 사이의 관계를 Modelling 하는 데 사용되는 강력한 구조이다. 아키텍처는 자연어 처리에 널리 사용되며, Self Attention 메커니즘과 Multi Head Attention을 활용하여 문맥 정보를 잘 이해하고 생성할 수 있다. 예컨대 한 교실에서 긴 통로를 통해 다른 사람과 대화를 나누려고 한다. 그런데 문제는 통로가 너무 길서 소리가 멀리 전달되지 않는다는 것이다. 누군가가 말을 하면 그 말을 받아서 앞으로 전달해야 한다. 이 경우, 중간에 있는 친구들을 활용해 말을 전달할 수 있다. 이렇듯 Transformer는 문장을 처리하는 과정에서 단어와 단어 사이의 관계를 파악하고 이를 통해 문장을 번역하거나 요약하는 등의 작업을 수행한다. Transformer는 입력 문장을 여러 개의 단어 벡터로 표현하고, 벡터 간 관계를 계산한다. 이때, Transformer는 "Attention" 메커니즘을 사용한다. Attention은 입력 문장의 단어 간 중요도를 계산하여 해당 단어에 집중하는 방법이다. Transformer의 Attention 메커니즘은 마치 통로의 친구들과 유사하다. 각 단어는 주변 단어들과의 관계를 고려하며 정보를 전달하고 받을 수 있다. 이를 통해 문장 전체를 이해하고 정보를 처리할 수 있는 능력을 갖추게 된다. 따라서 Transformer

는 문장을 처리하는 과정에서 단어 간의 관계를 고려하여 정보를 전달하고 이를 기반으로 다양한 작업을 수행하는 모델로 생각할 수 있다.

둘째, 사전 학습(Pre trained)이다. ChatGPT는 사전 학습 단계에서 대규모 데이터 세트 사용하여 훈련된다. 이 단계에서 모델은 입력 텍스트의 다양한 패턴과 언어 구조를 학습하여 언어 이해 능력을 강화한다. 사전 학습은 일반적인 언어모델로 모델을 구축하는 데 중요한 역할을 한다. 마치 언어 학습을 시작하기 전에 이루어지는 준비 과정과 같다. 이 과정에서 다양한 텍스트를 읽고 이해하며, 단어의 의미와 문장 구조를 파악하는 능력을 향상하고자 한다. 언어는 지식과 상당히 관련이 깊다. 그래서 통역대학원에서도 새로운 분야를 통역할 때는 항상 배경지식과 전문 용어 등을 먼저 습득하도록 훈련한다. ChatGPT의 답변 능력을 보면 전문 통역사처럼 배경지식과 전문 용어 등으로 사전 훈련을 잘

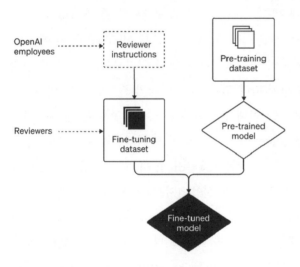

받은 것으로 보인다. 물론 아직 훈련받지 못한 새로운 분야라면 통역사처럼 추가로 배경지식과 전문 용어를 훈련하면 된다. 이처럼 Pre-training은 언어 학습을 위해 책을 읽듯 많은 책을 읽고 다양한 주제에 대해 정보를 습득하며, 언어의 구조와 단어의 의미를 파악하는 것이다. 이 과정에서 텍스트의 패턴과 관계를 학습하고, 언어에 대한 풍부한 지식을 얻는다. 모델은 큰 양의 텍스트 데이터를 입력으로 받아, 문장의 구조와 단어 간의 관계를 파악하고, 텍스트 데이터의 패턴을 학습한다. 이 과정에서 모델은 언어의 특징을 습득하고, 텍스트에 내포된 지식을 효과적으로 학습한다. 모델은 많은 양의 텍스트 데이터를 이용하여 언어의 특성과 관계를 익힌다. 이를 통해 모델은 다양한 자연어 처리 작업에 유용하게 활용될

수 있다.

셋째, 미세 조정(Fine-tuning)이다. 사전 학습 후, ChatGPT는 특정 작업에 맞게 미세 조정된다. 미세 조정 단계에서는 작은 규모의 태스크별 데이터 세트를 사용하여 모델을 특정 작업에 맞게 조정한다. 이 단계에서 모델은 해당 작업에 특화된 언어 이해와 생성 능력을 개발하며, 특정 도메인이나 작업에 대한 성능을 향상한다. 만일 자전거 여행을 떠나기 위해 자전거 구매를 결정했다고 하자. 구매한 자전거는 기본적인 설정만 되어있어서 여행에 최적화되지 않았다. 이때 미세 조정(Fine-tuning)을 통해 자전거를 여행에 맞게 조정한다. 미세 조정은 마치 자전거를 구매한 후 여행 전에 조정하는 것과 비슷하다. 자전거의 안장 높이, 핸들의 각도, 변속기의 설정 등을 조정하여 여행에 편리하고 안전한 자전거를 만들어낸다. 이렇게 미세 조정을 통해 자전거는 여행에 최적화되며, 더 나은 여행 경험을 얻을 수 있다. 인공지능 모델에서 미세 조정은 이와 비슷한 개념이다. 모델은 미리 학습된 상태로 제공되지만, 특정 작업에 맞게 조정되지 않았을 수 있다. 이때 미세 조정을 통해 모델의 일부 파라미터를 특정 작업에 맞게 조정한다. 이렇게 미세 조정된 모델은 해당 작업에 더 적합하게 되며, 더 정확하고 효과적인 결과를 도출할 수 있다. 모델은 사전에 학습된 상태로 제공되지만, 미세 조정을 통해 특정 작업에 맞게 조정된다. 이렇게 미세 조정된 모델은 해당 작업에 더 적합하며, 더 나은 결과를 얻을 수 있다. 따라서 ChatGPT 알고리즘은 Transformer 아키텍처를 기반으로 사전 학습과 미세 조정을 통해 자연어 이해와 생성 능력을 갖춘 대화 모델을 구축하는 데 사용된다. 이를 통해 사전에 학습된 언어모델을 다양한 대화 기반 응용 프로그램에 적용할 수 있다.

1단계: 사전 교육 작업: 요즘 대부분의 NLP 작업에는 Transformers가 활용된다. OpenAI도 마찬가지다. ChatGPT는 GPT 아키텍처, 그중에서도 GPT 3.5 시리즈에 기반해 만들어졌다. 초기 작업 데이터는 인간 annotators, 즉 사용자와 AI Assistant 역할을 동시에 수행하는 AI 트레이너가 만들어 낸다. 가령 AI Trainer는 제시된 초기의 임의 프롬프트를 보고 AI Assistant 입장에서 답변한 뒤 사용자가 되어 후속 질문을 한다. 트레이너 여러 명이 이를 여러 번 반복하면 데이터가 만들어지는데, 이 데이터는 병합된 뒤 기존의 Supervised 학습 방식으로 GPT−3.5를 미세 조정하는 데 쓰인다. 그 결과, 모든 프롬프트에 응답할 수 있는 기능을 갖춘, 초기 언어모델이 개발됐다. 즉 1단계에서는 텍스트를 생성하는 초기 언어모델이 만들어졌다.

2단계: 보상 모델 준비단계이다. 이 단계는 교육과정에서 가장 핵심이 되는, 사람의 피드백을 추가하는 단계이다. 목표는 일련의 텍스트를 인간의 선호도가 반영된 '스칼라 보상'으로 변환한다. 보상 모델은 요약 모델처럼 비교 데이터로 만들어진다. 1단계에서 개발된 초기 언어모델은 무작위로 선택된 프롬프트를 보고 새로운 텍스트(다중 출력)를 생성한다. 인간 annotators는 품질을 기준으로 모델의 출력물에 순위를 매기고, 훨씬 나은 정규화된 데이터 세트를 만든다. 여기서 인간 annotators가 사용하는 순위 전략은 특별한 게 아니다. 훈련을 위해 스칼라 보상 신호를 할당하는 Elo시스템[3]같은 전략이다. 이렇게 순위 데이터 세트로 훈련된 언어모델이 바로 보상 모델이다. 2단계에서는 결과물이 인간에게 '얼마나 잘 인식되는지'에 따라 주어진 텍스트에 점수를 매기는 기본 설정 모델이 나왔다.

---

3) Elo 시스템은 전 세계적으로 가장 널리 사용되고 있는 실력 평가 시스템으로 체스, 바둑, 스타크래프트, 오버워치와 같은 2인 게임에서 실력을 측정하고 평가하는 데 사용되고 있음. 플레이어의 승패와 예상 승률을 기반으로 플레이어의 실력을 계산함.

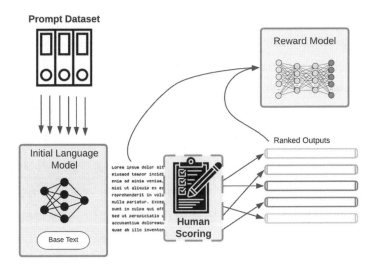

Prompt Dataset

Reward Model

Ranked Outputs

Initial Language Model

Base Text

Human Scoring

　　3단계: 강화학습(RL)기반 미세 조정 LLM이다. 그동안 강화 학습에 기반한 방식으로 언어모델을 미세 조정하는 것은 오랫동안 꿈같은 일이었다. PPO(Proximal Policy Optimization) 알고리즘이 등장하기 전까지는 말이다. PPO를 사용하면 언어모델의 일부 또는 모든 매개변수를 미세 조정하는 작업이 가능하다. 언어모델은 프롬프트가 입력되면 일련의 텍스트를 출력하는 에이전트 역할을 한다. 용어를 먼저 확인하면, 행동 공간은 모델의 라이브러리에 있는 모든 토큰을, 관찰 공간은 '가능한' 모든 입력 토큰 Sequence를 뜻한다. 보상 함수는 선호도 모델과 에이전트의 행동에 대한 '제약조건'의 조합이다. 데이터 세트로부터 프롬프트가 주어지면 두 개의 텍스트가 생성된다. 하나는 초기 LM, 다른 하나는 미세 조정 에이전트가 '현재 반복'을 한 결과물이다. 현재 반복에서 생성된 텍스트는 인간 선호도와 유사한 순위를 기반으로 스칼라 보상을 생성하는, 2단계에서 얻은 보상 모델로 전달된다.

　　현재 반복 텍스트는 초기 LM이 만든 텍스트와 비교된다. 이 과정에서 그 차이점에 대한 페널티가 계산된다. 에이전트가 보상 모델을 속이는 것을 방지하기 위함이다. 비교 단계에서는 Kullback Leibler(KL) 발산(Divergence)이 많이 이용된. KL 발산 항(term)은 언어모델의 업데이트된 정책을 기존의 '사전 훈련된 상태'와 비슷하게 유지한다. 각 훈련 배치가 진행되는 동안 급격한 변화가 생길 확률을 낮춘다. 그 덕분에 모델은 일관된 텍스트 출력을 계속 생성할 수 있다. 결과적으로 보상 함수는 페널티와 스칼라 보상이 합쳐지면서 업데이트된다. 보상 함수 업데이트에는 현재의 데이터 배치에서 보상 메트릭을 극대화한다는 규칙이 적용된다. PPO 알고리즘은 신뢰 영역을 최적화하는데, 업데이트 단계로 인해 학습 프로세스가 불안정해지지 않게 gradient의 제약조건을 사용한다. 사용자는 업데이트되는 RL정책을 에이전트의 이전 버전과 비교해 가며 '출력물 순위 지정' 과정을 반복할 수 있다. 이는 AI가 반복적으로 시행착오를 거쳐 최적의 방법을 터득하는 머신 러닝(ML) 기법이다. 지속적인 인간 지시를 받으면서 상황에 따라 최상의 결과물을 만들어 낸다.

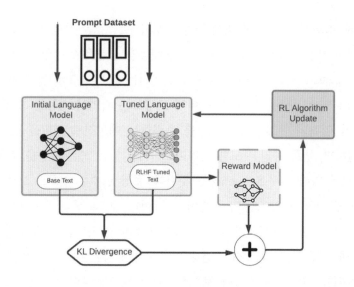

인간 피드백 강화 학습(RLHF:Human Feedback Reinforcement Learning)이란 ? 마치 자전거를 배우는 상황과 흡사하다. 자전거를 타는 것은 새로운 기술을 배우는 과정이며, 주변 환경에서 피드백을 받으면서 점차 습득한다. RLHF는 이와 유사한 개념이다. 학습자는 학습 환경에서 학습하면서 시행착오를 겪으며 행동을 시도하고 그 결과를 피드백으로 받는다. 자전거 학습에서 보듯 처음에는 트레이너가 학습자에게 조언을 제공하고, 그 조언을 바탕으로 자전거를 타려고 시도한다. 행동을 취하면 트레이너는 행동을 관찰하고 피드백을 제공한다. 피드백은 학습자가 올바른 방향으로 가고 있는지 또는 더 발전할 필요가 있는지를 알려준다.

RLHF는 학습 과정에서 계속해서 피드백을 받으면서 조금씩 더 나은 방법을 찾아가는 것과 유사하다. 처음에는 어색하고 어려웠던 자전거 타기도, 피드백을 받으며 점차 습득하여 익숙해지고 능숙해진다. 오픈AI는 사람의 선호를 직접 학습시키고자 RLHF 기법을 활용했다. 여기서 인간 피드백(Human Feedback)이 핵심이다. 인데, 즉 언어모델이 내놓은 여러 답변 중 좋은 답변을 사람이 직접 골라 선호 순으로 배열한 뒤, 이 정보를 모델 학습에 활용했다. 사실 이러한 아이디어는 이미 오픈AI가 2017년도 「Deep Reinforcement Learning from Human Preferences」라는 논문에서 공개한 내용이다. 그런데 ChatGPT가 성공을 거두기 전까지 주목받지 못했다. '사람이 딥러닝 모델을 직접 가르쳐야 한다니, 돈이 많이 들뿐더러 멋이 없지 않은가!'라는 이유였다. 오픈AI는 현시대의 기술적 한계를 명확히 인지한 뒤, 그럴듯한 기술을 넘어 사람들이 사랑하는 Producer를 만들기 위해 고민했다. GPT-3을 운영하며 대중이 어떤 질문을 궁금해하며, 어떤 답변을 선호하는지에 관한 데이터를 쌓아둔 덕분일까. 결국, 챗봇의 시장 적합성(PMF)을 찾았고, 전례 없는 성과를 이뤘다.

한편, PPO(Proximal Policy Optimization) 알고리즘이란? 마치 어릴 적에 공을 던지는 게임과 유사하다. 게임 규칙은 간단하다. 공을 멀리 던질수록 높은 점수를 얻을 수 있다. 여러 번 시도해보며 최고의 점수를 얻고 싶다. PPO 알고리즘은 이 게임을 학습하는 과정과 유사한 개념이다. 먼저, 여러 번의 시도를 통해 경험을 쌓는다. 각각의 시도마다 얼마나 멀리 공을 던졌는지와 그에 따른 점수를 기록한다. 그런 다음, 과거의 경험을 바탕으로 정책을 조정한다. 정책은 공을 얼마나 멀리 던질지 결정하는 규칙이라고 생각할 수 있다. PPO는 기존 정책을 조금씩 수정하면서, 더 좋은 점수를 얻을 수 있는 새로운 정책을 찾아간다. 이 과정에서 현재 정책과 이전 정책의 차이를 계산하고, 차이가 일정 범위를 벗어나지 않도록 제한을 둔다. 이는 크게 변화하지 않으면서도 조금씩 개선된 정책을 찾아가는 것을 의미한다. 마치 게임을 플레이하면서 점수를 개선하는 과정처럼, PPO 알고리즘은 에이전트가 환경과 상호작용하며 정책을 개선해 나가는 과정이다. 이를 반복하면서 점점 더 나은 정책을 찾아간다. 따라서 PPO 알고리즘은 게임을 플레이하면서 최고의 점수를 얻는 것과 같이, 정책을 조정하면서 최적의 성능을 달성하고자 하는 강화 학습 알고리즘이다.

제8장

ChatGPT 사용설명서: 잘 - 잘 - 법

1. ChatGPT의 창의적 활용

2. ChatGPT의 사용설명서

3. ChatGPT의 서비스생태

제8장

ChatGPT 사용설명서: 잘 - 잘 - 법

"Terminator에 등장했던 Skynet이 더는 공상과학 영화 속 이야기가 아니다. 인간의 뇌를 모방한 막대한 용량의 Neural Network에는 희미하나마 의식이 존재할지 모른다. 비약적으로 진보하는 AI는 머잖아 스스로 의식을 형성하는 것도 가능할 것이다."
-Ilya Sutskever(36) Open AI의 수석 연구원

1. ChatGPT의 창의적 활용

가. ChatGPT와 창의성

AI First시대에서는 AI와 인간의 협력을 통해 새로운 창조와 성장의 기회를 만들어나가는 동시에 AI의 한계와 문제점을 인식하고 해결해 나가야 한다. 최근 ChatGPT와 같은 생성형 AI 알고리즘을 사용하여 창작 활동에 참여하는 사람들의 창작 프로젝트가 진행되고 있다. 이러한 프로젝트에서는 ChatGPT가 생성한 텍스트를 바탕으로 인간이 창작 작업을 수행하면서, 모델이 생성한 아이디어를 바탕으로 창의적인 작품을 만들어낼 수 있다. 잘 알려져 있듯 ChatGPT는 대규모 데이

터세트를 기반으로 사전 학습되어 다양한 분야에서 인공지능을 활용할 수 있다. ChatGPT-4는 현재까지 대략 5조 개 정도의 문장을 학습했다. 이는 인간이 따라갈 수 없는 수준이다. 이처럼 인공지능의 발전은 계속해서 빨라지고 있다. 물론 창의성이 필요한 분야에서는 아직도 인간의 창의성을 대체할 정도의 성능을 보여주지는 못한다. 비록 ChatGPT가 생성한 결과물이 높은 정확도를 보이지만, 다양한 관점에서 창의적인 결과물을 만들어내는 것은 아직 한계가 있다. 이러한 이유로 창의성을 요구하는 분야에서 지원 도구로 활용될 수 있지만, 인간의 창의성을 대체하기는 어렵다. 따라서 창의성을 요구하는 분야에서는 ChatGPT와 함께 인간의 창의성을 결합하여 사용하는 것이 효과적일 수 있다.

ChatGPT는 언어 생성모델로서 입력된 문장에 대해 응답을 생성한다. 이 모델은 사람들이 입력한 대화 데이터를 학습하여 다양한 상황에 대한 응답을 생성할 수 있도록 학습된다. 그러나 ChatGPT는 사람의 입력을 기반으로 응답을 생성하는 도구일 뿐이다. 여전히 창의성은 주로 사람의 영역에 속한다. 창의성이 필요한 분야에서 인간의 창의성을 대체할 정도의 성능을 보여주지는 못한다. ChatGPT는 데이터 기반에서 생성된 결과물을 출력하는 데 높은 정확도를 보이지만, 다양한 관점에서 창의적 결과물을 만들어내는 데 한계가 있다. 그럼에도 불구하고 ChatGPT는 창의성을 요구하는 분야에서 지원 도구로 활용될 수 있다. 원래 창조성은 새로운 아이디어, 작품, 문제해결 방법 등을 생각하고 구현하는 능력이다. 이는 사람들의 상상력, 창의력, 경험 등에 의해 형성된다. ChatGPT는 사람들이 입력한 데이터를 학습하여 대화를 생성할 수 있지만, 그 자체로 창조성을 가진다고 말하기 어렵다. 그렇지만 ChatGPT는 창의성을 촉진하는 도구로 활용될 수 있다. 사람들은 ChatGPT를 사용하여 아이디어를 논의하거나 문제를 해결하는 데 활용할 수 있다. ChatGPT는 다양한 정보와 관점을 제공하며, 새로운 아이디어를 고려하거나 새로운 관점을 얻는 데 도움이 될 수 있다.

첫째, 문제해결 영역에서 ChatGPT는 사람과 자연스러운 대화를 나눌 수 있다. 사용자가 제시한 문제나 질문에 대해 이해하고, 그에 맞는 적절한 답변이나 해결책을 제시할 수 있다. 실례로 사용자가 "나는 학교에서 시험을 망쳤어, 어떻게 공부해야 할까?"라는 질문을 한다면, ChatGPT는 학습된 내용과 이전 대화에서 얻은 정보를 활용하여 다양한 공부 방법이나 학습 전략을 제안할 수 있다. 또는 사용자가 "오늘 일정을 관리하기가 어려워, 어떻게 하면 효율적으로 일정을 조절할 수 있을까?"라는 문제를 제시한다면, ChatGPT는 개인의 일정 관리에 대한 조언을 제공할 수 있다.

또한 다양한 도메인에서 문제를 해결하고 질문에 답변을 제공할 수 있다. 가령 사용자가 복잡한 수학 문제를 제시하면 ChatGPT는 수학적 지식을 활용하여 정확한 답변을 제공할 수 있다. 또한 사용자의 질문에 따라 정보를 탐색하고 필요한 내용을 추론하여 문제를 해결할 수 있다. 이를테면 사용자가 의료 정보를 요청하면 ChatGPT는 의료 관련 지식을 바탕으로 적절한 정보를 제공할 수 있다. 또는 사용자의 업무 과정을 자동화하기 위해 ChatGPT를 활용하여 업무 흐름을 분석하고 최적화할 수도 있다. 만일 사용자가 과학에 관련된 질문을 하면 ChatGPT는 과학적 지식과 개념을 알고 있기에 정확한 답변을 제공할 수 있다. 또한 사용자가 현실적인 문제나 과제를 제시하면 ChatGPT는 해당 문제를 분석하고 필요한 정보를 탐색하여 해결책을 제시할 수 있다. 이처럼 ChatGPT의 문제해결 능력은 다양성과 유연성에서 강점을 지니고 있다. 사용자의 질문이나 문제에 따라 다양한 관점에서 접근하고 다양한 가능성을 제시할 수 있다. 이를 통해 사용자에게 창의적이고 다양한 해결책을 제공할 수 있다.

둘째, 가치 창출은 새로운 가치를 창출하여 사용자나 사회에 이로움을 주는 것을 의미한다. ChatGPT는 다양한 분야에서 가치를 창출할 수 있다. ①고객 서비스다. 온라인 상점에서 ChatGPT를 활용하여 고객 질문에 신속하고 정확한 답변을 제공할 수 있다. 비즈니스 환경에서 ChatGPT는 고객 지원, 마케팅, 업무 자동화 등 다양한 분야에서 가치를 창출할 수 있다. 가령, ChatGPT를 활용한 고객 지원 서비스는 신속하고 정확한 답변을 제공하여 고객 만족도를 높일 수 있다. 고객이 상품에 대해 문의하면 ChatGPT가 제품의 특징, 가격, 배송 정보 등을 설명하면서 고객이 원하는 정보를 제공하여 고객 만족도를 높이고 구매 결정에 도움을 줄 수 있다. ②지식 및 교육 제공이다. ChatGPT는 다양한 지식과 정보를 학습하고 기억할 수 있으므로 사용자 질문에 대해 폭넓은 지식을 제공할 수 있다. 가령 학생이 공부하는 동안 ChatGPT에게 수학 문제를 물어보면, ChatGPT는 수학적 개념과 문제해결 방법을 설명해주어 학생의 학습을 도와줄 수 있다. ③창의성과 아이디어 도출이다. ChatGPT는 사용자와의 대화를 통해 새로운 아이디어를 도출하고 창의적인 문제해결 방법을 제시할 수 있다. 사용자가 새로운 프로젝트 아이디어를 ChatGPT와 논의하면, ChatGPT는 관련 정보와 기존 아이디어를 바탕으로 새로운 관점을 제시하거나 아이디어의 구체화를 도와줄 수 있다. 사용자와의 대화를 통해 새로운 아이디어를 도출하거나 문제에 대한 다양한 접근 방식을 제시할 수 있다. 이를 통해 혁신적인 아이디어를 발굴하고 가치를 창출할 수 있다. ④ 자동화와 업무 효율성이다. ChatGPT는 업무 자동화를 위해 활용될 수 있다. 가령, ChatGPT를 사용하여 업무 프로세스를 자동화하고 작업 지침을 제공하면, 업무 수행의 효율성을 높일 수 있다. 일상적이고 반복적인 업무를 대신 수행하면 인간은 중요한 작업에 집중할 수 있다. 이처럼 ChatGPT 의 가치 창출 역량은 다양한 측면에서 나타난다. 하지만 ChatGPT의 문제해결 능력과 가치 창출 역량은 한계가 있다. 모델은 학습에 사용된 데이터와 학습 알고리즘에 의존하기 때문에 데이터의 한계나 편향성이 존재할 수 있다. 그래서 인간의 창의성과 상상력을 완전히 대체할 수 없다.

결국, 인간은 ChatGPT를 적극적으로 활용하고, 자신의 창의력과 상상력을 결합하여 새로운 아이디어와 솔루션을 창출하는 데 활용할 수 있다. 하지만 ChatGPT는 기본적으로 주어진 데이터를 기반으로 문장, 단락, 글 등을 생성하는 생성형 AI 알고리즘이다. 그 자체로 창의성을 발휘하는 것은 어렵다. 하지만 ChatGPT는 주어진 데이터 세트를 학습하여, 학습 데이터에 존재하지 않는 문장이나 단어를 생성할 수 있다는 점에서 창의성을 발휘할 수 있다. 또한 적절한 문맥에서 적절한 답변을 생성할 수 있는 능력도 갖추고 있다. 이러한 특성은 새로운 아이디어를 창출하거나 창작 활동을 지원하는 데 활용될 수 있다. 그러나 ChatGPT의 창의성은 항상 뛰어난 것은 아니다. 가령, 학습 데이터에 있는 문장을 재구성하는 경우가 많아 학습 데이터의 편향을 반영하기도 한다. 따라서 ChatGPT

는 창의성을 갖출 수 있지만, 이를 최대한 끌어내기 위해서 적절한 데이터 세트와 학습 방법이 필요하다. 하지만, ChatGPT가 생성하는 텍스트는 항상 기존의 데이터 세트에서 나온 패턴을 따르는 경우가 많다. 즉, ChatGPT를 사용하면 창의성이 저하될 수 있다. 따라서 ChatGPT를 창작 작업에 사용하는 경우 학습 데이터 세트를 적절히 구성하고, 미세 조정 등의 방법을 사용하여 모델을 조정해야 한다. 또한 모델이 생성한 결과를 인간이 평가하여 창의성을 높이는 방법도 고려해볼 수 있다.

나. ChatGPT의 창의적 활용

어떻게 ChatGPT를 창의적 도구로 활용할 수 있을까? ChatGPT는 다양한 분야에서 새로운 아이디어와 작품을 창출하는 데 도움을 줄 수 있다. 창의적인 활용을 위해 ChatGPT와의 상호작용과 실험을 통해 다양한 가능성을 탐색해보는 것이 중요하다. ChatGPT는 자연어 처리 기술을 활용하여 다양한 텍스트 기반 작업을 수행하는 인공지능 모델이다. 이 모델은 이전에 학습한 대규모 데이터세트에서 얻은 지식을 활용하여 문장을 생성하고 응답할 수 있다. 따라서 ChatGPT는 새로운 텍스트 생성과 응답을 통해 창의성을 발휘할 수 있는 도구이다.

ChatGPT와 창의성 사이에 밀접한 관련성이 있다. ChatGPT는 자연어 이해와 생성 능력을 갖춘 인공지능 모델로 다양한 텍스트 기반 작업에 활용될 수 있다. 이 모델은 이전에 학습한 대규모 데이터세트를 기반으로 작동하며, 사용자의 입력에 대해 문맥에 맞는 응답을 생성한다. 창의성은 새로운 아이디어, 개념, 해결책을 생성하고 표현하는 능력을 의미한다. ChatGPT는 창의성을 발휘할 수 있는 도구로 활용될 수 있다. 가령 ChatGPT를 사용하여 새로운 문제에 대한 아이디어를 도출하거나, 예술 작품을 생성하거나 창의적인 문제해결에 도움을 줄 수 있다.

ChatGPT의 창의성은 모델의 학습 데이터와 모델 아키텍처의 제약에 영향을 받을 수 있다. 따라서 모델의 입력과 학습 데이터, 모델의 훈련 방식 등을 조정하여 창의성을 촉진할 수 있다. 하지만 모델이 자체적인 판단이나 비판적 사고 능력을 보유하지 못하기에 생성된 아이디어나 콘텐츠를 평가하고 필터링하는 작업이 필요하다. 창의성 촉진을 위해 ChatGPT와 함께 다양한 도구와 방법을 활용하는 것이 중요하다. 가령 모델의 출력을 피드백 받고 수정하는 과정을 반복하거나 도메인 특정 데이터로 모델을 사전 훈련하는 등의 방법을 사용할 수 있다. 이를 통해 ChatGPT를 창의성을 발휘하는 도구로 유연하게 활용할 수 있다.

ChatGPT의 창의성은 다양한 측면에서 관련될 수 있다. 첫째, 모델은 자유로운 문장 생성을 수행할 수 있어 다양한 아이디어와 개념을 표현할 수 있다. 둘째, 모델은 기존의 텍스트 데이터에서 학습한 패턴을 기반으로 새로운 아이디어나 관점을 제시할 수 있다. 셋째, 모델은 상황에 맞는 응답을 생성하면서 창의적인 해결책이나 관점을 제안할 수 있다.

하지만 ChatGPT의 창의성은 모델이 이전에 학습한 데이터에 기반하여 작동하므로, 완전히 새로운 아이디어나 개념을 생성하기보다 기존에 알려진 패턴을 재조합하거나 변형하는 형태로 나타날 수 있다. 또한 모델의 응답은 주어진 입력에 대한 확률적인 결과이기 때문에 다양한 응답이 가능하며, 이는 종종 예상치 못한 창의성을 불러일으킬 수도 있다. 따라서 ChatGPT를 창의적으로 활용하기 위해 적절한 입력과 문맥을 제공하고, 모델의 응답을 적절히 평가하고 선택해야 한다. 이는 모델의 출력을 신중하게 검토하고, 응답의 적절성과 일관성을 확인하는 데 중요하다. 또한 ChatGPT를 활용하는 도중에는 모델의 한계를 인식하고, 결과물을 추가적인 검토나 수정을 거치는 것이 필요할 수 있다.

창의적인 활용 방법

- 스토리 및 시나리오 작성: ChatGPT를 사용하여 독특하고 흥미로운 스토리나 시나리오를 작성할 수 있음. ChatGPT에 캐릭터를 소개하고, 이야기의 전개를 진행하며 독자들과 상호작용할 수 있음.
- 창작적 질문 및 답변: ChatGPT에 창작적인 질문을 하고 그에 대한 창의적인 답변을 받

을 수 있음. 가령 "무엇이 우주에서 가장 신비로운 것인가요?"와 같은 질문을 하고 그에 대한 흥미로운 답변을 얻을 수 있음.

- 아이디어 도출 및 창작 지원: ChatGPT를 사용하여 아이디어를 도출하고 창작을 지원할 수 있음. 가령 창작 과정 중에 멘토로서 ChatGPT와 대화를 통해 아이디어를 더욱 발전시킬 수 있음.
- 예술 작품 생성: ChatGPT를 사용하여 시, 소설, 음악, 그림 등의 예술 작품을 생성할 수 있음. ChatGPT에게 작품의 주제나 스타일에 관한 정보를 제공하고, 그에 대한 창의적인 작품을 생성해낼 수 있음.
- 문제해결 및 설계 지원: ChatGPT를 사용하여 문제해결이나 설계 과정에서 도움을 받을 수 있음. ChatGPT에 질문을 하고 그에 대한 통찰력 있는 답변이나 창의적인 아이디어를 얻을 수 있음.

모든 사람을 위한 인공지능의 맥락에서 ChatGPT의 보편적 활용을 위해 실천 과제가 제시될 수 있다. 이러한 과제들은 더욱 투명하고 공정한 인공지능 시스템을 구현하기 위한 노력의 일환이며 다음과 같다. 첫째, 폭넓은 피드백 수집이 필요하다. 사용자들로부터의 다양한 피드백을 수집하여 모델의 개선을 위한 정보가 필요하다. 특히, 모델의 편향성, 오류, 부적절한 응답 등을 식별하고 개선하기 위해 사용자들의 참여를 유도해야 한다. 둘째, 사회적 가치를 반영한 지침이 개발되어야 한다. 모델 사용자들이 모델을 사용하는 데 도움을 줄 수 있는 가이드라인을 제공해야 한다. 가이드라인은 모델 사용의 윤리적, 법적, 안전성 관련 사항을 강조하고, 차별이나 유해한 콘텐츠 생성을 방지하는 데 목표를 두고 있다. 셋째, 모델 편향성을 조정해야 한다. ChatGPT의 편향성 문제를 감지하고 개선하기 위한 연구를 진행하고 있다. 특정 인종, 성별, 종교 등에 대한 편향성을 감지하여 공정한 응답을 제공할 수 있도록 노력하고 있다. 넷째, 사용자의 제어권을 강화해야 한다. ChatGPT의 사용자들은 모델의 생성 결과를 조정하고 모델의 행동을 지정할 수 있는 기능을 개발하고 있다. 이를 통해 사용자들은 자신의 가치관과 요구에 맞게 모델을 조작할 수 있다. 다섯째, 외부 감사와 협력이 요구된다. OpenAI는 외부 감사 기관과 협력하여 모델의 투명성, 공정성, 안전성을 검토하고 개선하기 위한 노력을 진행하고 있다. 외부 전문가들의 조언과 검증을 통해 모델의 개선에 집중해야 한다.

2. ChatGPT의 사용설명서

ChatGPT는 사용자와 자연어 대화를 수행하는 인공지능 모델이다. ChatGPT의 사용설명서는 사용자가 모델을 효과적으로 활용하고 원하는 목적을 달성할 수 있도록 도움을 줄 것이다. 사용자는 모델의 기능과 제한을 이해하고 적절하게 활용함으로써 원하는 결과를 얻을 수 있다.

ChatGPT의 사용설명서

- 입력 형식: ChatGPT는 대화 형식의 입력을 받는다. 사용자의 질문, 요청 또는 문장을 입력으로 제공하면 모델은 해당 입력에 기반하여 응답을 생성한다.
- 문맥 유지: ChatGPT는 이전 대화의 문맥을 기억하고 이를 바탕으로 응답을 생성한다. 이전 대화의 내용을 함께 입력에 포함시켜야 모델이 적절한 응답을 만들 수 있다.
- 적절한 질문: 모델에게 명확하고 구체적인 질문을 제공하는 것이 중요하다. 모델이 사용자의 의도를 정확히 이해하고 적절한 답변을 제공할 수 있도록 하기 위함이다.
- 문체와 톤 조절: ChatGPT의 응답은 학습 데이터에 기반하여 생성된다. 사용자는 원하는 문체와 톤을 지정하여 모델의 응답을 조절할 수 있다. 가령 공식적인 언어로 응답을 요청하거나 친근한 톤으로 대화할 수 있다.
- 생성된 응답 평가: ChatGPT는 생성된 응답의 적합성을 평가하는 것이 중요하다. 사용자는 모델의 응답을 이해하고 적절하게 평가하여 필요에 따라 보완하거나 수정할 수 있다.
- Fine-Tuning: ChatGPT는 특정 작업에 더 적합한 응답을 제공하기 위해 Fine-Tuning이 가능하다. 특정 도메인이나 작업에 관련된 데이터로 모델을 추가 훈련하면서 세부 조정할 수 있다.

- 윤리적 사용: ChatGPT를 사용할 때 윤리적인 책임을 갖는 것이 중요하다. 생성된 내용의 불쾌함, 혐오성, 인종차별 등을 방지하기 위해 적절한 필터링과 Monitoring을 실시해야 한다.
- 데이터 보안과 개인 정보: ChatGPT를 사용할 때 사용자의 개인 정보나 민감한 데이터를 주의해야 한다. 모델에 개인 정보를 입력하지 않도록 주의하고, 모델이 생성한 응답에 민감한 정보가 포함되지 않도록 해야 한다.
- 지속적인 개선: ChatGPT는 지속적인 피드백과 개선을 통해 성능을 향상할 수 있다. OpenAI는 사용자의 피드백을 활발히 수집하고 모델을 업데이트하여 사용자 경험을 개선한다.
- 창의적 활용과 비즈니스 혁신: ChatGPT는 창의적인 활용과 비즈니스 혁신을 위한 다양한 가능성을 제공한다. 모델을 활용하여 새로운 아이디어를 탐색하고 문제 해결에 활용할 수 있다.

ChatGPT는 매우 유용한 도구이지만, 몇 가지 지침을 따르는 것이 중요하다. 이를 잘 지키면 더 좋은 사용자 경험을 얻을 수 있다. 다음은 ChatGPT의 잘잘법(Well–Being Guidelines)이다. 첫째, 진실성과 정확성이다. ChatGPT는 입력된 데이터를 기반으로 응답을 생성하기 때문에 모델이 사실과 정확성을 보장하지 않는다. 사용자는 모델이 제공하는 정보를 검증하고 필요에 따라 추가적인 확인을 해야 한다. 둘째, 예의와 존중이다. ChatGPT는 존중과 예의를 따르는 응답을 제공하도록 학습되었다, 하지만, 때로는 문맥을 잘못 이해하거나 부적절한 내용을 생성할 수 있다. 사용자는 존중과 예의를 갖춘 대화를 지향하고 모델의 응답을 적절하게 유지해야 한다. 셋째, 윤리적 책임이다. ChatGPT를 사용할 때 불법적인 활동, 폭력적인 콘텐츠, 차별적인 내용 등을 생성하거나 유도하는 것은 적절하지 않다. 사용자는 모델을 윤리적으로 사용하고 이러한 내용을 방지하기 위해 모델의 활용을 Monitoring 해야 한다. 넷째, 개인 정보 보호이다. ChatGPT는 대화를 기반으로 응답을 생성하기 때문에 사용자의 개인 정보를 입력하지 않도록 주의해야 한다. 모델이 생성한 응답에 민감한 정보가 포함되지 않도록 주의해야 한다. 다섯째, 피드백 제공이다. 사용자는 모델이 생성한 응답을 평가하고 피드백을 제공하

는 것이 중요하다. 이를 통해 모델의 성능을 향상할 수 있고, 개선된 모델을 사용할 수 있다. 여섯째, 모델의 한계를 이해해야 한다. ChatGPT는 자연어 처리 모델이지만 완벽하지 않다. 모델은 문맥을 잘못 이해하거나 부정확한 답변을 생성할 수 있다. 사용자는 모델의 한계를 이해하고 필요에 따라 추가적인 조정이나 수정을 해야 한다.

가. ChatGPT에 대한 효과적인 질문(Query) 방법

1) 명확하고 구체적인 질문을 준비한다. 명확한 주제 선정이 필요하다. 달리 말해 질문이 명확하고 구체적일수록 ChatGPT가 답변을 더 잘 생성할 수 있다. 모호하거나 너무 추상적인 질문은 ChatGPT가 올바른 답변을 제공하는 데 어려움을 겪을 수 있다. 그래서 가능한 한 자세히 설명해야 한다. ChatGPT가 정확한 답변을 제공하려면 충분한 정보가 필요하다. 따라서 가능한 한 질문을 자세히 설명해야 한다. 무엇을 물어볼지 명확하게 정의한다. 가령 "AI에 대한 최근 동향"과 같이 구체적인 주제를 선정하면 ChatGPT는 더 정확한 답변을 제공할 수 있다.

명확하고 구체적인 예시로 "ChatGPT를 사용하여 특정 키워드에 대한 문장 생성을 시도하면 어떤 결과가 나오나요?"와 같은 질문은 ChatGPT가 수행하는 작업에 대한 구체적인 정보를 제공하고 있다. 다른 예로 "ChatGPT의 학습에 사용된 데이터세트는 어떤 종류의 데이터인가요?"와 같이 ChatGPT의 학습 프로세스에 대한 구체적인 정보를 요청하는 질문도 효과적이다. 이러한 질문은 ChatGPT의 학습 과정과 관련된 데이터세트의 특성을 이해하는 데 도움이 될 수 있다. 나아가 ChatGPT의 성능을 평가하고 개선하는 데 도움이 될 수 있다. 이러한 질문을 바탕으로 ChatGPT를 활용한 상품 추천 시스템을 개발하고 운영하는 데 필요한 정보를 얻을 수 있다. 이러한 질문들은 목적을 분명히 하고 구체적으로 기술함으로써 ChatGPT를 효과적으로 활용할 수 있는 방법을 찾을 수 있다.

상품 추천 시스템을 구축을 위한 질문 예시

ChatGPT를 이용하여 상품 추천 시스템을 구축하려고 한다면, 다음과 같은 질문을 할 수 있다.
- 고객의 선호도를 파악하기 위해 ChatGPT에 어떤 데이터를 입력해야 할까요?
- ChatGPT가 고객의 선호도를 파악하기 위해 사용하는 알고리즘은 무엇인가요?
- ChatGPT가 추천하는 상품의 정확도는 어떻게 측정할 수 있을까요?
- 추천 시스템의 성능을 개선하기 위해 ChatGPT를 어떻게 조정해야 할까요?
- ChatGPT가 추천하는 상품은 어떤 기준으로 선정되는 건가요?

2) 자연어 형식으로 질문을 작성한다. ChatGPT는 자연어 처리를 기반으로 작동하기 때문에, 질문도 자연어 형식으로 작성할 필요가 있다. ChatGPT는 대화형 모델이기 때문에 간결한 문장을 구성하는 것이 좋다. 복잡한 문장은 ChatGPT가 이해하는데 어려움을 줄 수 있다.

예를 들어 "ChatGPT는 어떤 종류의 딥러닝 알고리즘인가요?"와 같은 자연어 형식의 질문을 작성할 수 있다. 이 질문은 ChatGPT에 대한 정보를 요청하는 것으로, "ChatGPT가 어떤 종류의 딥러닝 알고리즘인지"를 알고자 하는 것이다. 이같이 자연어 형식의 질문을 작성할 때 질문의 목적이 무엇인지 명확하게 정의하고, 구체적으로 무엇을 알고자 하는지를 명시하는 것이 중요하다. "ChatGPT의 핵심 아키텍처는 무엇인가요?"와 같이 자연어 형식의 질문을 작성할 수 있다. 이러한 형식의 질문은 ChatGPT가 이해하고 답변을 생성하기 쉽다. 또한 "ChatGPT가 어떻게 인사행정에서 활용될 수 있을까요?"와 같이 특정 분야나 산업에 대한 질문도 가능하다. 이러한 질문들은 ChatGPT가 해당 분야의 지식과 정보를 학습하고 습득하며 답변을 생성하는 데 도움이 된다.

■ 간결한 문장을 구성해야 한다. 해당 분야나 주제에 맞는 어휘와 용어를 사용해야 한다. ChatGPT는 빅데이터를 기반으로 학습하기 때문에, 해당 분야나 주제에 맞는 어휘와 용어를 사용해야 ChatGPT가 더 정확한 답변을 생성할 수 있다. 또한 질문의 범위를 제한해야 한다. ChatGPT는 다양한 주제에 대한 답변을 제공

할 수 있지만, 한 번에 너무 많은 질문을 하면 정확한 답변을 찾기 어렵다. 따라서 질문의 범위를 제한하고 목적이 분명해야 한다. 이를 위해 올바른 키워드를 사용해야 한다. ChatGPT는 제시된 키워드와 관련된 정보를 찾아 답변을 제공하므로 키워드를 신중하게 선택하고 가능한 한 구체적으로 작성해야 한다. 특히, Chat GPT는 문맥을 파악하여 답변을 생성한다. 따라서 질문을 할 때 해당 주제의 문맥을 명확하게 파악하여 ChatGPT가 더욱 정확한 답변을 제공할 수 있도록 해야 한다.

분야나 주제에 맞는 어휘와 용어를 사용하는 것은 ChatGPT와 대화할 때 정확한 답변을 받는 데 매우 중요하다. 가령 데이터 분석에 관한 질문을 하고 싶다면, "데이터 시각화 도구 중에서 가장 널리 사용되는 것은 무엇인가요?"와 같이 분야에서 널리 쓰이는 용어와 관련된 질문을 하면 더 나은 답변을 받을 수 있다. 또한 분야에 따라 사용되는 용어나 어휘에 차이가 있을 수 있다. 예컨대 의학 분야에서는 "의사"나 "의료진"과 같은 용어가 사용되지만, 경영 분야에서는 "경영자"나 "경영진"과 같은 용어가 더 적합하다. 이처럼 영역별로 사용하는 어휘와 용어가 다르기에 질문을 작성할 때 해당 분야나 주제에 맞는 용어와 어휘를 사용하는 것이 중요하다. 이처럼 질문을 작성할 때는 해당 분야의 전문 용어와 어휘를 적절하게 사용해야 한다. 이를 통해 ChatGPT와 더욱 원활하게 대화하고 더 나은 답변을 얻을 수 있다. 분야나 주제에 맞는 어휘와 용어의 사용 예시는 해당 분야나 주제에 따라 달라질 수 있다. 일반적으로 사용되는 몇 가지 예시를 들어보면 아래와 같다. 이처럼 분야나 주제에 따라 다양한 어휘와 용어를 사용할 수 있으며 질문 작성 시 해당 분야나 주제에 관련된 용어를 사용하면 ChatGPT가 더욱 정확한 답변을 제공할 가능성이 커진다.

주제와 관련된 용어

- 의료 분야: 의학 용어나 질병에 대한 용어를 사용한다.
  예시: 심장 마비, 암 진단, 혈당 측정, CT 스캔 등
- 금융 분야: 금융 용어나 경제 지표에 대한 용어를 사용한다.

예시: 주식 시장, 이자율, 적금, 외환 시세 등
- 컴퓨터 분야: 컴퓨터 용어나 프로그래밍 언어에 대한 용어를 사용한다.
  예시: 머신러닝, 인공 신경망, 자바, 파이썬, C++ 등
- 교육 분야: 교육 용어나 교육과정에 대한 용어를 사용한다.
  예시: 교육 평가, 교육과정 개선, 학습 성과, 교육 기술 등

3) 질문의 길이를 적절하게 조절한다. ChatGPT는 일정 길이 이상의 문장에 대해서는 잘 처리하지 못할 수 있다. 따라서 질문의 길이를 적절하게 조절하여 ChatGPT가 더 정확한 답변을 생성할 수 있도록 해야 한다. ChatGPT를 사용할 때 질문의 길이는 중요한 요소 중 하나이다. 질문이 너무 짧으면 모호하고, 너무 길면 ChatGPT가 이해하기 어려울 수 있다. 따라서 적절한 길이의 질문을 작성하는 것이 중요하다. 예를 들면, "인공지능과 빅데이터를 활용하여 고객의 구매 경로를 파악하는 방법은 무엇인가요?"와 같은 긴 질문은 ChatGPT가 정확하게 이해하고 대답할 수 있는 정보를 포함하고 있다. 반면에 "고객 경로는?"처럼 짧은 질문은 모호하며, ChatGPT가 적절한 답변을 제공하기 어려울 수 있다. 이 경우에 "고객이 제품을 구매하기 전에 어떤 단계를 거치는지 알고 싶습니다." 와 같이 질문을 좀 더 구체적으로 작성하면 ChatGPT가 적절한 답변을 제공할 가능성이 커진다. 따라서 질문의 길이는 정보를 포함하면서도 적절한 길이로 조절하여 ChatGPT가 이해하기 쉽도록 작성하는 것이 중요하다.

질문의 길이는 답변을 얻고자 하는 내용과 관련된 중요한 정보를 포함하면서도 질문이 너무 길어지지 않도록 적절하게 조절해야 한다. 가령 길이가 너무 긴 질문으로 "최근 미국에서 발생한 코로나 바이러스 감염증 확산에 대한 대처와 관련하여, 적극적으로 예방수칙을 준수하고 적용할 수 있는 방법 및 전 세계적으로 대처에 대한 비교 분석을 해 본 바 있다면 어떤 차이점이 있는지에 대해 이야기해 주실 수 있나요?"를 들 수 있다. 반면에 길이가 적절한 질문으로는 "전 세계적으로 코로나바이러스 감염증 대처 방법에 대한 다양한 논의가 이루어지고 있습니다. 한국의 경우, 어떤 예방수칙이 효과적으로 적용되었는지에 대해서 알려주세

요."를 들 수 있다. 두 번째 질문에서는 핵심적인 정보를 요약하여 간결하게 질문을 작성했기 때문에, 답변을 빠르게 얻을 수 있을 뿐만 아니라, ChatGPT 모델도 이를 더 쉽게 이해하고 적절한 답변을 제공할 수 있다. 따라서 질문의 길이를 적절하게 조절하는 것은 ChatGPT를 활용한 질의응답 시스템에서 효율적인 결과를 얻는 데 매우 중요하다. 질문의 길이는 해당 질문에 대한 답변의 자세함과 정확도에 영향을 미치기 때문에 중요하다. 다음은 질문의 길이를 적절하게 조절하는 예시다. 따라서 질문의 길이는 해당 질문의 목적, 내용, 문제의 복잡도 등을 고려하여 적절하게 조절하는 것이 중요하다.

적절한 질문의 길이

O 질문의 내용에 따라 길이 조절
▶ 어떻게 인공지능 기술을 활용하여 자동차생산라인에서 생산 불량률을 줄일 수 있을까요? (긴 질문)
▷ 자동차 생산에서 인공지능 활용 가능 여부? (짧은 질문)

O 목적에 따라 길이 조절
▶ 정보 수집을 위한 질문: 인공지능 기술을 활용한 온라인 마케팅 방법은 무엇이 있을까요? (긴 질문)
▷ 빠른 답변이 필요한 질문: 인공지능 기술을 활용한 온라인 마케팅 방법이 무엇인가요? (짧은 질문)

O 문제의 복잡도에 따라 길이 조절
▶ 복잡한 문제: 빅데이터 처리에 사용되는 기술과 알고리즘은 어떤 것이 있나요? (긴 질문)
▷ 간단한 문제: 빅데이터란 무엇인가요? (짧은 질문)

4) 여러 질문을 연결하여 대화를 진행한다. 다양한 질문을 시도하는 것이 좋다. ChatGPT는 대화를 진행하면서 이전에 생성한 답변을 참조하여 다음 답변을 생성할 수 있다. 따라서 여러 질문을 연결하여 대화를 이어나가면 ChatGPT가 더 유창한 대화를 제공할 수 있다. ChatGPT는 대화형 모델이기 때문에 여러 가지 다양한

질문을 시도해보는 것이 좋다. 이를 통해 ChatGPT가 더 많은 정보를 학습하고 다양한 답변을 제공할 수 있다. 여러 질문을 연결하여 대화를 진행할 때는 이전에 사용자가 제공한 정보와 관련된 새로운 질문을 제시하는 것이 중요하다. 이를 위해 이전 대화의 흐름을 파악하고, 사용자의 의도를 이해하는 것이 필요하다. 아래는 예시 대화이다.

다양한 질문 예시

- 사용자: 안녕하세요. 새로운 맛집 추천 좀 해주세요.
- ChatGPT: 안녕하세요. 어떤 음식을 좋아하시나요?
- 사용자: 한식이나 일식을 좋아해요.
- ChatGPT: 알겠습니다. 최근에 인기 있는 한식 맛집으로는 "한식당"이 있습니다. 다양한 한식을 맛볼 수 있어요. 일식 맛집으로는 "초밥집"이 있습니다. 신선한 재료와 정갈한 맛이 인기가 있어요. 어떤 것이 더 좋으세요?
- 사용자: 한식당으로 가보고 싶어요.
- ChatGPT: 좋아요. 한식당은 서울시 강남구에 위치해 있습니다. 예약을 하셔야 대기 없이 바로 이용하실 수 있어요. 예약을 도와드릴까요?

위 예시에서는 사용자가 맛집 추천을 요청한 후, 어떤 음식을 좋아하는지 물었고, 이에 대한 답변을 받은 후, 인기 있는 한식 맛집과 일식 맛집을 추천하였다. 사용자가 한식당으로 가보고 싶다는 답변을 하면, 예약을 도와주는 답변을 제공하였다. 이처럼 대화를 이어가며 사용자가 원하는 정보를 정확히 파악하고, 적절한 답변을 제공하는 것이 중요하다.

5) 필요에 따라 추가 정보를 제공한다.: 생성된 답변을 평가하고, 필요한 경우에는 보완한다. ChatGPT는 학습 데이터를 기반으로 답변을 생성하기 때문에, 항상 정확한 답변을 제공하지는 않는다. 따라서 생성된 답변을 평가하고, 필요한 경우에 보완하여 더 정확한 답변을 생성할 수 있도록 해야 한다. 만일 ChatGPT가

정확한 답변을 제공하지 못할 경우, 추가 정보를 제공하여 ChatGPT가 더욱 정확한 답변을 제공할 수 있도록 한다. 또한 ChatGPT의 답변의 검증이 필요하다. ChatGPT의 답변은 항상 정확하지 않을 수 있다. 따라서 답변을 검증하고 추가적인 검색이 필요한 경우 질문을 세부화하는 것이 바람직하다.

6) 적극적으로 대화를 유도한다.: ChatGPT는 대화를 통해 더욱 많은 정보를 습득하고 학습한다. 따라서 적극적으로 대화를 유도하며 ChatGPT가 더욱 정확한 답변을 제공할 수 있도록 한다.

나. ChatGPT 모델 조정을 위한 하이퍼 파라미터

하이퍼 파라미터는 모델을 조정하여 원하는 결과를 얻을 수 있도록 도와준다. 하지만 마찬가지로 요리에서는 레시피 외에도 실제 요리하는 사람의 경험과 능력이 중요하듯, 모델 훈련과 설정에는 전문적인 지식과 경험이 필요하다. 하이퍼 파라미터는 마치 요리할 때 사용하는 조리도구나 조리법의 재료들과 비슷한 역할을 한다. 조리도구와 재료는 요리의 결과물에 영향을 주는 요소들이고, 하이퍼 파라미터도 모델의 동작과 성능에 영향을 준다. ChatGPT의 동작을 조절하여 원하는 결과를 얻을 수 있도록 도와준다. 적절한 값을 설정하면 원하는 대화 스타일, 다양성, 길이 등을 조절할 수 있다. 하지만 이러한 파라미터는 상황과 목적에 따라 조정되어야 하므로 실험과 조정이 필요하다.

ChatGPT의 하이퍼 파라미터

- temperature: 출력 텍스트의 다양성을 제어하는 파라미터임. 마치 요리에 얼마나 많은 향신료를 넣을지를 결정하는 것과 비슷함. 낮은 값은 요리를 조금 덜 특이하게 만든다. 보수적이고 일관된 응답을 생성함. 높은 값은 더 다양하고 특이한 요리를 만들 수 있다. 더

다양하고 창의적인 응답을 생성함. 값이 높을수록 더 많은 랜덤성이 주어진다. 일반적으로 0.7~1.0 사이의 값을 사용함.

- max_length: 생성된 텍스트의 최대 길이를 제한하는 파라미터임. 마치 레시피에서 요리의 최대 길이를 결정하는 것과 비슷함. 요리가 너무 길면 제한된 시간 안에 완성하기 어려우니 적당한 길이로 제한해야 함. 이 값을 적절히 설정하여 출력 텍스트의 길이를 관리할 수 있음. 이 값을 적절하게 설정하여 생성된 텍스트가 너무 짧거나 너무 길지 않도록 조절할 수 있음.

- top_k: 다음 단어를 선택할 때 고려되는 후보의 수를 제한하는 파라미터로서, 이 값이 높을수록 더 많은 후보가 고려된다. 보통 20-40 사이의 값을 사용함.

- top_p 또는 nucleus_sampling: 다음 단어를 선택할 때 고려되는 후보의 확률 누적 값을 제한하는 파라미터임. top_p는 누적 확률값의 상위 비율을, nucleus_sampling은 누적 확률값의 상위 확률 분포를 사용함. 이를 통해 생성된 텍스트의 다양성을 조절할 수 있음.

  ※ top_k 또는 top_p는 마치 재료 중에서 몇 개의 주요 재료만 선택하거나, 확률로 일정 비율 이상의 재료만 사용하는 것과 비슷함. 이를 통해 요리의 다양성을 조절할 수 있음.

- n-gram 페널티: 중복되는 문장 구조를 방지하기 위해 사용됨. 생성된 텍스트에서 n-gram 중복을 피하기 위해 패널티를 부과할 수 있음.

- num_return_sequences: 생성할 텍스트의 수를 지정하는 파라미터로서 한 번에 여러 개의 텍스트를 생성하고자 할 때 사용함. 마치 한 번에 여러 개의 요리를 만드는 것과 비슷합니다. 여러 개의 다양한 요리를 한꺼번에 만들 수 있음.

- d_model: 모델의 임베딩 차원 수를 나타내는 파라미터로서 이 값을 조정하여 모델의 표현력을 제어할 수 있음. 마치 요리의 크기를 결정하는 것과 비슷하다. 크기가 크면 더 많은 재료와 맛을 담을 수 있지만, 준비하기에는 시간과 노력이 더 필요함.

- num_layers: 트랜스포머 모델의 레이어 수를 나타내는 파라미터임. 모델의 복잡성과 학습 능력에 영향을 줌. 마치 레시피에서 몇 층으로 요리를 쌓을지를 결정하는 것과 비슷하다. 층이 많으면 요리가 더 복잡하고 풍부한 맛을 가지지만, 만들기는 더 어려움.

- learning_rate: 모델 학습 시 사용되는 학습률로, 가중치 업데이트의 크기를 조절함. 적절한 학습률을 설정하여 모델을 안정적으로 학습시킬 수 있음. 마치 요리를 더 빨리 또는 느리게 익히는 불의 세기를 조절하는 것과 비슷함. 적절한 불 세기로 요리를 완성할 수 있음.

- batch_size: 한 번에 처리되는 데이터 샘플의 개수를 나타내는 파라미터임. 모델의 학습

및 추론 속도에 영향을 미침. 마치 한 번에 처리할 수 있는 요리의 양을 결정하는 것과 비슷함. 한 번에 많은 양을 처리하면 빨리 완성할 수 있지만, 준비하기에는 더 많은 재료와 에너지가 필요함.

3. ChatGPT의 서비스생태

가. ChatGPT-API

API란? 외부의 사용자, 외부의 프로그램에서 기능을 가져다가 쓰는 것이다. ChatGPT API란? ChatGPT에서 사용되는 모델을 누구나 쉽게 사용하여 애플리케이션을 만들 수 있도록 API 형태로 제공하는 서비스다. ChatGPT API는 마치 인터넷으로 정보를 찾을 때 사용하는 검색엔진과 비슷하다. 인터넷에서 궁금한 질문을 검색하면, 검색엔진은 질문에 가장 잘 맞는 정보를 찾아준다. ChatGPT API도 마찬가지로 질문에 대답을 찾아주는 데 사용된다. ChatGPT API에 질문하면, 마치 인터넷에서 검색하는 것과 비슷하게 질문에 대한 답을 찾아준다. API는 미리 훈련된 인공지능 모델로 이루어져 있어서 다양한 주제에 관한 질문에 대답할 수 있다.

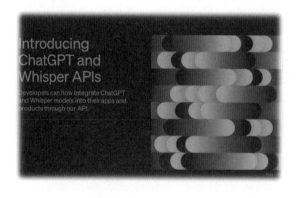

ChatGPT API는 마치 선생님 역할을 하는 서버와 대화를 나눌 수 있는 도구와 같다. 선생님은 매우 똑똑하고 다양한 주제에 대해 알고 있다. 이용자는 API를 통해 선생님에게 질문하고 적절한 답변을 받을 수 있다. 이처럼

API 사용 방법은 간단하다. 마치 선생님에게 메모를 적어서 전달하는 것과 비슷하다. 프로그램을 통해 API에 메시지를 보내고, 그 메시지에 답변을 받는다. API는 질문할 때마다 항상 같은 답을 주지 않는다. 때로 선생님이 다양한 의견을 제시해주며, 질문에 따라 다른 답을 줄 수 있다. 그래서 API를 통해 대화하면서 여러 가지 흥미로운 대화를 할 수 있다.

ChatGPT API는 크게 Client와 Server 두 가지 구성 요소로 이루어져 있다. 클라이언트는 이용자가 사용하는 Device나 프로그램을 의미한다. 가령 컴퓨터, 스마트폰, 웹 브라우저 등이 클라이언트에 해당한다. 클라이언트에서는 ChatGPT API를 호출하여 질문을 입력하고, 답변을 받는 역할을 한다. 서버는 ChatGPT 모델과 관련된 모든 처리를 담당하는 컴퓨터 시스템이다. 서버는 대용량의 데이터와 강력한 컴퓨팅 자원을 보유하고 질문에 대한 답변을 생성할 수 있다. 클라이언트가 질문을 전송하면 서버는 그에 맞는 답변을 생성하고 클라이언트에게 전달한다. ChatGPT API의 작동 원리는 간단하다. 클라이언트가 API를 호출하면, 질문 데이터가 서버로 전송된다. 서버에서는 전송받은 질문을 처리하여 ChatGPT 모델에 입력으로 제공한다. 모델은 입력을 분석하고 문맥과 지식을 활용하여 적절한 답변을 생성한다. 그리고 생성된 답변은 다시 서버에서 클라이언트로 전송되어 이용자에게 드러낸다. 즉, 클라이언트는 질문을 전달하고 답변을 받는 역할을 하고, 서버는 질문을 처리하고 답변을 생성하는 역할을 한다. 이렇게 구성된 ChatGPT API는 클라이언트와 서버 간의 상호작용을 통해 실시간 대화를 제공한다. API를 호출하여 마치 사람과 대화하는 것처럼 질문을 하고 답변을 받을 수 있다. 이를 통해 자연어 처리와 인공지능 기술을 활용한 대화 시스템을 구현할 수 있다.

OpenAI ChatGPT의 놀라운 점은 API가 공개되어 있다는 점이다. 이용자가 원하는 대로 자동화하거나 서비스에 ChatGPT를 적용할 수 있다. ChatGPT의 API는 OpenAI가 제공하는 인터페이스로서 개발자들이 ChatGPT를 쉽게 사용할 수 있도록 도와준다. API를 사용하면 ChatGPT 모델을 호출하여 다양한 작업에 활용할 수 있다. 가령 챗봇, 자동 응답 시스템, 언어 번역, 내용 생성 등 다양한 응용 프로그램을 개발할 수 있다. 이를 통해 다양한 가치와 효용을 제공한다. 주요 가치와 효용을 예시하면 다음과 같다. 첫째, 실시간 상호작용이다. ChatGPT API를 사용하면 실시간으로 인공지능 모델과 상호작용할 수 있다. 이를 통해 실시간 대화 시나리오, 질의응답, 문제해결 등 다양한 상호작용 기능을 구현할 수 있다. 둘째, 자동 응답 시스템의 구현이다. ChatGPT API를 활용하여 자동응답 시스템을 구축할 수 있다. 이는 고객 지원, 민원 처리, 상담 서비스 등에서 유용하게 활용될 수 있다. 셋째, 콘텐츠 생성 및 편집이다. ChatGPT API를 사용하여 콘텐츠를 생성하고 편집할 수 있다. 이는 글 작성, 스토리텔링, 소설 또는 시나리오 작성 등에서 창의적인 작업을 지원하는 데 도움이 될 수 있다. 넷째, 문서 생성 및 요약이다. ChatGPT API를 활용하여 논문 작성, 요약 문서 생성, 정보 검색 등에서 효과적으로 활용될 수 있다. 다섯째, ChatGPT API를 개발자 도구와 통합하여 활용할 수 있다. 이를 통해 용자 지정 애플리케이션, 웹사이트, 모바일 앱 등에 인공지능 기능을 쉽게 통합할 수 있다. 이처럼 ChatGPT API는 높은 자연어 이해 능력과 생성 능력을 갖춘 인공지능 모델을 활용하여 다양한 분야에서 가치를 제공한다. 사용자는 이를 통해 효율성 향상, 개인화된 서비스, 창의성 촉진 등 다양한 이점을 얻을 수 있다.

ChatGPT API는 마치 음식을 주문하기 위해 사용하는 배달앱에 비유할 수 있다. 배달앱은 맛있는 음식을 집으로 배달해주는 역할을 한다. 여기서 ChatGPT의 API는 그 배달앱의 주문 창구와 같다. 배달앱에서는 사용자가 원하는 음식을 주문하고 배달 주소를 입력한다. API는 사용자의 주문을 받아들이고 음식을 준비하며, 배달원을 통해 사용자에게 음식을 배달해준다. 마찬가지로, ChatGPT의 API는 사용자가 텍스트로 요청하면 그에 맞는 응답을 생성하는 역할을 한다. 사용자가 API를 통해 질문을 하면 ChatGPT가 그 질문에 대한 답변을 생성하고 제공해준다. API는 사용자와 ChatGPT 사이의 소통 창구로 생각할 수 있다. 요약하면, ChatGPT의 API는 사용자와 ChatGPT 사이의 상호작용을 도와주는 도구로 비유할 수 있다. 사용자가 질문을 하면 API는 그에 대한 답변을 ChatGPT에 요청하고, ChatGPT는 API를 통해 답변을 사용자에게 전달한다.

ChatGPT API 사용 절차

- API 키 발급: ChatGPT API를 사용하려면 먼저 OpenAI의 웹 사이트에서 API 키를 발급받아야 한다. API 키는 사용자를 식별하고 API에 액세스할 수 있는 권한을 제공한다.
- API 요청 보내기: API 키를 얻은 후, API 요청을 보내기 위해 프로그래밍 언어나 도구를 사용한다. 대부분의 프로그래밍 언어에서 HTTP 요청을 보낼 수 있는 라이브러리나 패키지를 제공하므로, 해당 라이브러리를 활용하여 API 요청을 구현한다.
- 요청 매개변수 설정: API 요청을 보낼 때, 매개변수를 설정하여 ChatGPT에게 원하는 동작을 지시할 수 있다. 예를 들어, 질문을 입력하고 대화의 시작점을 설정할 수 있다. 또한 대화 세션의 상태를 유지하고 여러 번의 대화를 처리할 수도 있다.
- API 응답받기: API 요청을 보내면 ChatGPT는 해당 요청을 처리하고 응답을 반환한다. 응답은 일반적으로 JSON 형식으로 반환되며, 사용자가 원하는 정보나 답변이 포함된다.
- 응답 처리: API 응답을 받은 후, 필요한 정보나 답변을 추출하고 필요한 가공 또는 표시 작업을 수행한다. 이 단계에서 응답을 사용자에게 적절하게 표시하거나 다른 시스템과 통합하여 활용할 수 있다.

ChatGPT API를 사용하기 위해 다양한 프로그래밍 언어와 도구를 활용할 수 있다. 일반적으로 사용되는 몇 가지 프로그래밍 언어와 도구로서 ①Python은 인기 있는 프로그래밍 언어로, HTTP 요청을 보내는 데 사용할 수 있는 다양한 라이브러리가 있다. 가령 requests 라이브러리를 활용하여 API 요청을 보낼 수 있다. ②JavaScript는 웹 개발에서 널리 사용되는 언어로, 브라우저에서 API 요청을 보내는 데 사용된다. fetch 함수를 활용하여 API 요청을 보낼 수 있다. ③cURL은 커맨드 라인 도구로, 다양한 프로토콜을 지원하고 API 요청을 보내는 데 사용할 수 있다. cURL을 사용하여 터미널에서 직접 API 요청을 보낼 수 있다. ④ Postman은 API 개발과 테스트를 위한 인기있는 도구로, 그래픽 사용자 인터페이스(GUI)를 제공하여 API 요청을 손쉽게 만들고 보낼 수 있다. 이 외에도 다양한 프로그래밍 언어와 도구에서 HTTP 요청을 보내는 기능을 지원하므로 선호하는 언어나 도구를 선택하여 ChatGPT API와 통신할 수 있다. OpenAI는 공식 문서에서 다양한 언어와 도구에 대한 예시와 가이드를 제공하므로, 해당 문서를 참고하여 API 요청을 구현할 수 있다.

API를 사용하기 위해 OpenAI의 API 키를 발급받아야 한다. API 키를 사용하여 API 요청을 보내고, 모델의 응답을 받아올 수 있다. API 키는 개인 및 보안 정보이므로 다른 사람과 공유하지 않도록 주의해야 한다. API 요청을 보낼 때 키를 함께 제공해야 하며, 이를 통해 OpenAI 서버와의 연결을 인증하고 요청에 대한 응답을 받을 수 있다. API는 다양한 요청 매개변수를 제공하여 모델 동작을 제어할 수 있다. 가령 생성된 텍스트의 길이, 토큰 제한, 다양성 설정 등을 조절할 수 있다. OpenAI API 키를 발급받기 위해 다음과 같은 절차를 따른다.

API 키 발급 절차

- OpenAI 웹 사이트에 접속하여 계정을 생성하거나 기존 계정으로 로그인한다.
- OpenAI API 페이지로 이동한다. API 페이지에서는 OpenAI API에 대한 정보와 가이드, 가격정책 등을 확인할 수 있다.
- API 페이지에서 "Get started" 또는 "Sign up"과 같은 버튼을 클릭한다.
- API 사용 신청서를 작성한다. 신청서에는 개인 또는 회사의 정보, API 사용 목적, 예상 사용량 등을 기입한다.
- API 신청서를 제출한다. OpenAI 팀은 신청서를 검토하고 승인 여부를 판단한다.
- 신청서가 승인되면 OpenAI는 API 키를 발급해준다. 키를 안전하게 보관하고 API 요청을 할 때 사용해야 한다.
- API 키를 받은 후에는 해당 키를 사용하여 API에 접근하고 데이터를 요청할 수 있다.

API를 사용하여 ChatGPT를 효과적으로 활용하려면 API 문서를 참조하는 것이 좋다. OpenAI는 다양한 제품과 서비스에 대한 공식 문서를 제공하고 있다. 여기에는 API 사용 가이드, 개발자 문서, 예시 코드, API End Point 등이 포함될 수 있다. 즉 API 문서에서는 API 요청 방법, 요청 매개변수, 응답 형식 등에 대한 자세한 설명을 제공한다. 또한 OpenAI는 개발자들이 API를 사용할 때 윤리적, 법적인 측면을 고려하도록 안내하고 있으므로 이를 준수하는 것이 중요하다.

OpenAI의 공식 웹 사이트에서 API 문서 및 관련 자료에 액세스할 수 있다. 문서는 업데이트되고 개선되므로 최신 정보를 확인하고 원하는 정보를 찾을 수 있도록 주기적으로 확인하는 것이 좋다.

OpenAI의 공식 문서

- API 가이드: ChatGPT API 또는 다른 OpenAI API를 사용하는 방법에 대한 설명과 지침이 포함된다. 이 문서는 API 인증, 엔드포인트 URL, 요청 및 응답 형식, 매개변수 및 옵션 등에 대한 정보를 제공한다.
- 개발자 문서: API 외에도 OpenAI 제품과 서비스에 대한 개발자 문서가 제공될 수 있다. 이 문서는 개발자가 OpenAI 기술을 효과적으로 활용할 수 있도록 세부적인 기능, 구성 옵션, 설정 방법 등을 설명한다.
- 예시 코드: OpenAI는 다양한 프로그래밍 언어와 플랫폼에 대한 예시 코드를 제공한다. 이 코드는 API 요청 예제, 기능 구현 방법, 데이터 처리 및 분석 등을 보여준다.
- 지원 및 문의 사항: OpenAI의 공식 문서에서는 API 사용에 관련된 지원 및 문의 사항에 대한 정보도 제공될 수 있다. 이는 개발자가 문제를 해결하고 도움을 받을 수 있는 곳으로 연결해준다.

API를 사용하여 ChatGPT를 효과적으로 활용하려면 다양한 요청과 응답을 실험하고 튜닝하는 과정이 필요하다. 최적의 매개변수 설정과 요청 방법을 찾기 위해 여러 번의 시도와 실험이 필요할 수 있다. 따라서 API 문서와 OpenAI 커뮤니티의 지원을 활용하여 ChatGPT API를 최대한 활용하는 것이 유용하다.

API 사용 시에는 윤리적 및 법적 고려 사항을 염두에 두어야 한다. 일반적으로 고려해야 할 사항들은 다음과 같다. 첫째, 데이터 개인정보를 보호해야 한다. API를 사용하여 처리하는 데이터에는 개인정보가 포함될 수 있다. 이러한 경우, 개인정보 보호 관련 법규를 준수해야 한다. 개인정보 보호법과 같은 해당 국가의 법령을 준수하고, 개인정보를 안전하게 처리하고 보호해야 한다. 둘째, 저작권과 지적 재산권을 보호해야 한다. API를 사용하여 데이터나 콘텐츠를 가져올 때, 저작권과 지적 재산권을 존중해야 한다. 다른 사람의 저작권을 침해하지 않도록 주의해야 하며, 저작권이 있는 자료를 사용할 경우, 해당 저작권자의 동의를 얻어야 한다.

셋째, 악의적 사용을 방지해야 한다. API를 사용하여 악의적인 목적으로 데이터의 수집이나 불법적인 행위를 지원하는 등의 악용은 금지된다. 합법적인 용도로만 API를 사용해야 하며, 사용 권한을 벗어나는 방식으로 API를 활용하지 않아야 한다. 넷째, 민감한 정보 처리를 주의해야 한다. API를 통해 민감한 정보를 처리할 때는 특히 조심해야 한다. 의료 기록, 금융 정보, 개인 식별자 등과 같은 민감한 정보는 추가적인 보안 및 개인 정보 보호 조치를 적용해야 한다. 다섯째, 인공지능 편향성을 유의해야 한다. 생성형 인공지능 모델을 사용하는 경우, 모델이 편향된 결과를 생성할 수 있다. 이에 대해 신중하게 검토하고 편향을 최소화하기 위해 노력해야 한다. 모델의 학습 데이터와 편향에 대한 모니터링, 공정성을 고려한 데이터 선별 등의 방법을 사용하여 인공지능의 편향성을 완화할 수 있다. 여섯째, 공정하고 투명하게 사용해야 한다. 모델을 사용하여 생성된 내용을 공정하고 투명하게 사용해야 한다. 예를 들어, 편견이나 차별적인 내용을 생성하는 것을 방지하고, 모델이 자동으로 생성한 결과임을 명확하게 표시해야 한다. 일곱째, 규정을 준수해야 한다. API 사용 시 해당 국가의 법령과 규정을 준수해야 한다. 데이터 보호, 개인 정보 보호, 광고 규제 등과 관련된 법령을 준수하고, 필요한 경우 법률 전문가의 조언을 구할 수 있다. 이처럼 API 사용 시 윤리적 및 법적 고려 사항의 준수는 개인의 책임이며 사용자의 의무이다. OpenAI의 API 사용자는 OpenAI의 정책과 Guideline을 따르고, 합법적이고 윤리적인 방식으로 API를 활용해야 한다.

ChatGPT API의 주요 특징은 다음과 같다.[1] 첫째, ChatGPT 에서 사용하는 모델 사용과 지속적인 최신 모델을 업그레이드하였다. OpenAI는 지속하여 ChatGPT 모델을 개선하고 있다. ChatGPT API 사용자가 Gpt−3.5−turbo 모델

---

[1] https://m.blog.naver.com/daddy−bear−life/223032150885

을 사용할 경우, 안정적인 모델 업그레이드를 받을 수 있으며, 더 세부적인 모델 버전을 선택하여 사용할 수도 있다. ChatGPT API는 실제 ChatGPT에서 사용하는 GPT−3.5−turbo 모델을 사용하고 있다. 또한 ChatGPT API는 사용자 메타데이터를 함께 입력으로 사용하여 더욱 높은 품질의 대화를 제공한다. 기존 ChatGPT는 자연어나 비정형 데이터로 요청을 처리하였다. API가 나오면서 Chat Markup Language(ChatML) 정형화된 데이터로 요청을 할수 있게 되었다. 둘째, 저렴한 가격이다. 기존보다 10배 비용을 절감하였다. ChatGPT API의 가격은 1천 개의 토큰당 $0.002로 책정되어 있고, 이 가격은 기존 GPT−3.5 모델의 가격보다 10배 이상 저렴하다. 셋째, 데이터 처리 기능의 향상이다. 비정형 텍스트 처리 대신 위에서 얘기한 ChatML이라는 정형화된 요청이 가능해져서 정확한 프롬프트를 요청할 수 있고 애플리케이션에서 활용하기가 쉬워졌다.

한편, ChatGPT API를 활용하면서 주요 고려 사항을 주의한다면 안정적이고 효과적인 서비스를 구축할 수 있다.

ChatGPT API를 활용할 때 주요한 고려 사항

- 비용 및 요금 체계: ChatGPT API는 비용이 발생하며, 요금 체계에 따라 API 호출 및 사용량에 대한 비용이 청구된다. 사용 전에 요금 체계와 비용을 확인하고 예산을 고려해야 한다.
- API 제약 사항: ChatGPT API는 호출 제한이 있을 수 있다. 초당 API 호출 수, 호출 횟수 제한 등을 고려해야 하며, 제한을 초과하지 않도록 주의해야 한다.
- 데이터 보안 및 개인 정보 보호: API를 사용할 때는 데이터의 보안과 개인 정보 보호를 고려해야 한다. 민감한 정보가 포함된 데이터를 전송할 때는 암호화를 사용하고, GDPR 및 기타 관련 규정을 준수해야 한다.
- 에러 처리와 예외 상황: API 요청 시 발생할 수 있는 에러와 예외 상황에 대비해야 한다. 적절한 에러 처리 메커니즘을 구현하여 사용자에게 적절한 오류 메시지를 제공해야 한다.
- 사용자 경험 개선: ChatGPT API를 사용하여 서비스를 구축할 때는 사용자 경험을 개선하기 위해 추가적인 기능이나 인터페이스 요소를 고려해야 한다. 사용자 피드백을 수집하

고 모델의 응답을 개선하는 작업을 수행해야 한다.

- 윤리적 고려 사항: ChatGPT API를 사용할 때는 모델의 응답을 윤리적인 측면에서 검토해야 한다. 모델의 편향성, 중립성, 선정성 등을 고려하고, 부적절한 내용이나 차별적인 응답을 방지하기 위해 모니터링 및 조정해야 한다.
- 서비스 확장성: API를 사용하여 구축한 서비스가 확장 가능한 구조를 갖추고 있는지 고려해야 한다. 더 많은 사용자나 트래픽을 처리하기 위한 확장 계획을 수립하고 필요한 자원을 할당해야 한다.

나. ChatGPT-Plugin

OpenAI는 ChatGPT가 웹에서 작업을 실행하도록 하는 방법인 ChatGPT 플러그인을 발표했다. Plugin이란? 마치 콘센트에 코드를 꽂듯이 특정 기능을 추가하는 소프트웨어 모듈을 말한다. ChatGPT Plugin은 외부의 웹서비스를 ChatGPT와 연결해 이용하는 것이다. Plugin을 활용하면 ChatGPT가 쇼핑, 예약 등 다양한 기능을 쓸 수 있는 하나의 플랫폼이 될 수 있다. 예를 들어 ChatGPT가 여행사이트와 Plugin 되면, 이용자가 '이번 주말 제주도행 가장 빠른 비행편 알아봐 줘'라고 했을 때 여행사이트에서 제주도 비행편이 list up 되면서 예약 및 결제까지 가능하다. 또한 인터넷에 접속하여 최신 콘텐츠와 뉴스 탐색뿐만 아니라 식료품 구매 등과 같은 조치를 실행할 수 있다. 향후 ChatGPT와 연결 여부에 따라 기업의 성장과 매출에 큰 영향을 미칠 것으로 전망된다.

플러그인 스토어가 생겼다. 플러그인 스토어에서 원하는 플러그인을 다운로드 받는다. 오픈 테이블 인스타카트 등을 다운로드 받은 다음에 질문을 한다. 주말에 샌프란시스코에서 비건 음식을 먹을거야. 토요일에는 레스토랑을 추천해주고 일요일 먹을 레시피를 Wolfram Alpha로 칼로리를 계산한 다음에 인스타 카트로 주문까지 해달라라고 하니까 오픈 테이블 플러그인에 연결된다. 곧바로 그린즈 레스토랑이라는 곳에 예약 링크를 준다. 이어서 일요일 먹을

샐러드 레시피를 뽑아준다. 여기까지 기존 ChatGPT도 됐었다. 여기서 진짜 다른 점은 외부 플러그인을 연결할 수가 있다는 것이다. 칼로리 계산 쭉 해주고 칼로리 계산이 딱 끝나고 나니까 인스타카페에서 어떤 제품을 살 건지 바로 링크를 보낸 다음에 그걸 모두 장바구니까지 담아준다.

사실 전작 ChatGPT에 문제점이 두 가지가 있었다. 2021년까지 데이터밖에 없다는 것과 거짓말을 자꾸 진짜처럼 만들어 내는 환상효과가 ChatGPT의 단점이었다. 플러그인 패치로 인해 빙의 챗봇처럼 최신의 정보를 불러오고 출처를 위해 표시해준다. 그리고 코드 인터프리터를 통해서 파이썬이나 다른 서드파티를 열지 않고도 채 GPT 내에서 그대로 코드를 실행해 볼 수도 있다. 외부 플러그인이 적용된다는 건 단순히 크롬 웹 스토어처럼 크롬의 확장 프로그램을 사용하는 정도가 아니다.

장차 ChatGPT와 같은 거대 언어모델이 모든 앱을 통합할 것으로 전망된다. Everything App이다. 결국 구글의 플레이 스토어는 애플의 앱스토어처럼 모든 앱을 이곳에서 구동시킬 수 있다. 또한 이제는 그냥 그림 그려주는 정도가 아니다. 3D 애니메이션을 입출력하는 시대가 올 것이다. 손으로 끄적인 조악한 사진을 보고 버튼이 달려있는 웹사이트를 만들어 주는 건 물론이다. 모건스탠리 같은 대형은행뿐만 아니라 아이슬란드 정부까지 gpt4를 탑재하고 있다.

빌 게이츠는 최근 자신의 블로그에서 1980년대 Graphic User Interface를 보고 컴퓨터에 대중화를 상상했던 그때와 지금의 ChatGPT는 완전히 비슷하다고 했다. Window가 나오기 전 컴퓨터는 MS Dos라는 프로그램을 사용했다. 이때까지만 해도 조금 빠른 계산기에 불과했다. 하지만 그래픽을 사용하는 Window가 나오면서 모든 사람이 컴퓨터를 사용할 수 있게 됐고 인터넷이 생기면서 완전히 세상을 바꿨다. 여기서 한 가지 교훈을 준다. 진입장벽이 허물어질수록 기술혁신의 속도는 가속화된다. 자연어와 프로그래밍 언어가 연결되는 시대가 됐다. ChatGPT도 마찬가지다 모두가 ChatGPT를 통해서 쉽게 코딩을 할 수 있고 쉽게 플러그인을 만들 수 있다. 누구나 프로그래머가 될 수 있다는 말이다.

철학자인 비트겐슈타인은 "언어의 한계는 세계의 한계다"라고. 이제 자연어로 프로그래밍이 가능하게 되면서 언어의 한계가 컴퓨터의 한계까지 팽창한 것이다. 그렇다면 세계의 한계도 팽창하기 마련이다. 오픈 AI의 수석과학자 일리아스 츠키버 영상에서도 언급되었다. 표면적으로는 텍스트의 통계적 상관관계를 학습하는 트랜스포머 모델인 줄 알았는데 사실이 텍스트라는 것은 세상을 투사한 것이다. 세상에는 텍스트의 투사된 세계가 존재하고 그 세계는 텍스트로 이루어져 있다. 결국, 신경망이 학습하는 건 그냥 텍스트가 아닌 이 세상이다. 결국

ChatGPT라는 것은 언어모델이 아닌 월드 모델이 되어가고 있다.

Billgate는 "ChatGPT에게 손, 발이 달렸습니다… '플러그인' 업데이트!!" 라고 했다. ChatGPT Plugin은 ChatGPT 기능을 다른 소프트웨어나 플랫폼에 통합하여 사용할 수 있도록 하는 도구로써 ChatGPT 모델기반의 웹 브라우저 플러그인이다. 즉 ChatGPT Plugin은 웹사이트나 애플리케이션에 ChatGPT 기능을 통합하는 도구이다. 플러그인을 사용하면 사용자들은 해당 플랫폼에서 직접적인 상호작용과 대화를 할 수 있다. 플러그인은 사용자들이 웹 브라우저에서 ChatGPT와 상호 작용하고 대화할 수 있도록 도와준다. 이를 통해 사용자는 편리하게 챗봇 기능을 이용하고 다양한 정보를 얻을 수 있다.

ChatGPT Plugin의 구조는 크게 클라이언트 측에서 작동하는 부분과 서버 측에서 작동하는 부분으로 구성된다. 클라이언트 이용자가 사용하는 애플리케이션이나 웹 브라우저를 의미한다. 가령 채팅 앱을 사용한다면 그 앱이 클라이언트가된다. 클라이언트에서는 ChatGPT Plugin을 호출하고, 질문을 입력하고, 대답을받는 역할을 한다. 서버 측은 ChatGPT 모델과 관련된 처리를 담당하는 컴퓨터시스템이다. 서버는 클라이언트의 요청을 받아들여 질문을 이해하고, 적절한 대답을 생성한다. 생성된 대답은 다시 서버에서 클라이언트로 전달되어 이용자에게드러난다. 클라이언트와 서버 사이에는 통신이 이루어지는데, 이를 통해 실시간대화가 가능하다. 클라이언트는 사용자의 질문을 서버로 전달하고, 서버는 해당질문에 대한 대답을 생성하여 클라이언트에게 다시 전달한다. 이처럼 ChatGPT Plugin은 마치 이용자와 대화하고 질문에 답변하는 마법사 같은 역할을 한다. 사용자는 질문을 하고 Plugin은 그에 맞는 답변을 생성하여 제공하면서 자연어 처리와 인공지능 기술을 활용한 대화 시스템을 구현할 수 있다.

ChatGPT Plugin은 개발자가 정의한 API를 사용하여 AI 언어모델인 ChatGPT를 타사 애플리케이션과 연결해준다. 플러그인을 통해 ChatGPT가 잘하지 못하는

실시간 정보 검색(스포츠 점수, 주가, 최신 뉴스 등), 지식 기반 정보 검색(회사 문서, 개인
 메모 등), 사용자 대신 작업 수행
(항공편 예약, 음식 주문 등) 등 광범
위한 작업을 수행하면서 사용
자에게 풍부한 정보와 기능을
제공한다. ChatGPT Plugin은
마치 공부 도우미나 동반자 같
은 존재이다. 가령 학교 숙제를
할 때 궁금한 질문이나 어려운 문제가 있다면 ChatGPT Plugin은 마치 교과서나
선생님 같이 도와준다. 질문하면 ChatGPT Plugin은 질문에 대한 답변을 찾아주
거나 설명해준다. 그리고 때로 질문에 대한 관련 예시나 도움이 되는 정보를 제공
하기도 한다. 마치 대화하듯 이해하고 답변을 해준다. 또한 창의적인 도움을 줄
수도 있다. 예컨대 이야기를 쓰거나 그림을 그릴 때, ChatGPT Plugin은 아이디어
를 제공해주거나 조언을 해줄 수 있다. 그래서 더 흥미로운 이야기를 만들거나
아름다운 그림을 그릴 수 있다.

　　ChatGPT 플러그인은 기능을 확장하고 기능을 향상하기 위해 ChatGPT에 추
가할 수 있는 소프트웨어 구성 요소 및 애플리케이션이다. ChatGPT 플러그인을
ChatGPT에 추가하여 특정 작업을 수행하거나 ChatGPT에 새로운 기능을 추가할
수 있다. ChatGPT 플러그인은 일반적으로 휴대전화의 앱과 같다. 휴대폰에 앱을
다운로드하여 새로운 기능을 추가할 수 있는 것처럼 플러그인 스토어에서 Chat
GPT에 플러그인을 추가하여 더 유용하게 만들고 필요에 따라 조정할 수 있다.

　　플러그인 공급자는 OpenAPI 표준을 사용하여 API에 대한 사양을 작성한다.
API 문서화를 위한 Swagger와 같은 도구를 지원한다. 이 사양은 ChatGPT에 API
를 사용하여 답변을 향상하는 방법을 설명하는 프롬프트로 컴파일된다. 사용 가
능한 각 End Point에 대한 설명과 프롬프트를 포함한다. 사용자가 새로운 질문을
하고 ChatGPT가 API에서 정보를 가져오라고 결정하면 응답 시도 전에 요청하고

Context에 추가한다.[2] 이처럼 ChatGPT Plugin 동작 방식은 다음과 같다.[3] 첫째, manifest 파일 생성 및 호스팅(yourdomain.com/.well-known /ai-plugin.json)한다. 플러그인 개발자는 표준화된 매니페스트 파일 및 OpenAPI 사양과 함께 플러그인의 기능을 정의하여 ChatGPT가 파일을 사용하고 개발자 정의한 API를 호출할 수 있도록 한다. AI모델은 지능형 API 호출자 역할을 하여 API를 사전에 호출하여 API 사양 및 API 사용 시기에 대한 자연어 설명이 지정된 작업을 수행한다. 예를 들어 사용자가 "파리에서 며칠 밤을 묵어야 합니까?"라고 묻는 경우 모델은 호텔 예약 플러그인 API를 활용하여 사용자에게 구체적인 응답을 줄 수 있다.

둘째, ChatGPT UI에서 플러그인 등록한다. ChatGPT에서 플러그인을 설치하려면 사용자는 상단 드롭다운 메뉴에서 플러그인 모델을 선택한 다음 "플러그인", "플러그인 스토어", 마지막으로 "확인되지 않은 플러그인 설치" 또는 "자체 플러그인 개발"을 선택해야 한다. 플러그인에 인증이 필요한 경우 사용자는 OAuth 2 client_id 및 client_secret 또는 API 키를 제공해야 한다. 여기서 OAuth는 오픈 표준 인증 프로토콜로, 사용자가 한 애플리케이션에서 다른 애플리케이션에 대한 접근 권한을 부여할 수 있도록 도와준다. OAuth는 사용자의 비밀번호를 공유하지 않고도 다른 애플리케이션 간 인증과 권한 부여를 할 수 있도록 해준다. OAuth는 다음과 같은 플로우로 작동한다. ①사용자가 클라이언트 애플리케이션(예: 소셜 미디어 앱)에 로그인한다. ②클라이언트 애플리케이션은 사용자가 접근하려는 서비스(예: 소셜 미디어 플랫폼)에 대한 접근 권한을 요청한다. ③클라이언트 애플리케이션은 사용자의 동의를 받고, 인증 서버에게 액세스 토큰을 요청한다. ④인증 서버는 사용자의 동의를 확인하고, 클라이언트 애플리케이션에게 액세스 토큰을 발급한다. ⑤클라이언트 애플리케이션은 액세스 토큰을 사용하여 사용자의 서비스에 대한 요청을 보낸다. 이러한 방식으로 OAuth는 사용자의 비밀번호를 공유하지 않으면서도 여러 애플리케이션 간에 인증과 권한을 부여해준다.

---

2) https://techcommunity.microsoft.com/t5/fasttrack-for-azure/how-chatgpt-plugins-could-work/ba-p/3761483

3) https://www.developerfastlane.com/blog/chatgpt-plugin-introduction

이를 통해 사용자는 자신의 계정 정보를 안전하게 유지하면서 다양한 서비스를 편리하게 이용할 수 있다.

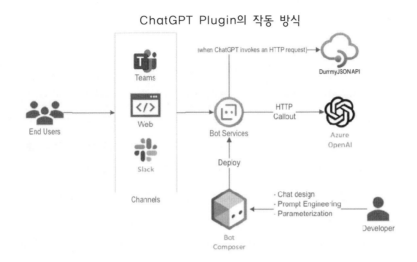

ChatGPT Plugin의 작동 방식

셋째, 사용자가 플러그인을 활성화한다. 플러그인 개발자도 ChatGPT UI에 플러그인을 등록해야 하며 사용자는 수동으로 플러그인을 활성화해야 한다. 제한된 알파 기간[4]동안 플러그인 개발자는 15명의 추가 사용자와 플러그인을 공유할 수 있으며 인증이 필요한 경우 사용자는 OAuth를 통해 플러그인으로 리디렉션된다.

넷째, 사용자 대화를 시작한다. OpenAI는 사용자에게 보이지 않게 ChatGPT 모델에 플러그인 설명과 Endpoint, 사용 예제를 알려준다. 사용자가 질문을 할 경우, 모델은 적절한 API를 호출하여 정확한 응답을 제공한다.

---

4) ChatGPT Plugin의 알파 기간은 2023년 3월 1일부터 90일 동안으로 제한되었다. 동기간 동안 알파 버전으로 제공되며, 해당 기간 동안 Plugin 사용에 대한 비용은 별도로 청구되지 않는다. 알파 기간 후에는 추가적인 업데이트와 기능이 제공될 수 있으며, 이에 따라 새로운 요금 모델이 도입될 수도 있다. 알파 기간 동안은 일부 사용자에게만 Plugin이 제공되고, 피드백과 성능 향상을 위해 OpenAI에서 더 많은 데이터의 수집과 모델을 향상하는 시간이다.

플러그인이 ChatGPT에 추가할 수 있는 이점은 다음과 같다.[5] 첫째, 확장성이다. ChatGPT 플러그인을 사용하면 기술 전문지식 없이도 ChatGPT의 기능을 확장할 수 있다. 지금까지 ChatGPT의 기능을 향상하려는 사람은 OpenAI의 API로 자체 챗봇을 구축하거나 브라우저에 확장 프로그램을 설치해야만 할 수 있었다. 하지만 이제 누구나 플러그인을 설치하고 필요에 따라 새로운 기능을 추가할수 있다. 둘째, Customizing이다. 확장된 기능 외에도 사용자는 ChatGPT를 원하는 대로 사용자 지정하고 동작할 수 있다. 플러그인을 사용하면 사용자가 특정 요구사항과 선호도에 맞게 사용자 지정할 수 있다. 셋째, 정확도 향상이다. 플러그인은 ChatGPT가 사실에 입각하지 않은 진술을 하는 경향을 어느 정도 줄일 수 있다. 하지만 환각에 대한 민감성을 완전히 제거할 수는 없다. 아무리 좋은 언어 모델도 모든 사실을 가지고 있지는 않으며 항상 학습된 데이터의 양에 의해 제한된다. 넷째, 시간 절약이다. 플러그인을 사용하면 사용자가 앱이나 사이트 간에 전환할 필요 없이 채팅 내에서 원하는 것을 빠르게 찾을 수 있다. 또한 플러그인이 프로그래밍 된 지침으로 미묘한 프롬프트를 처리하므로 최상의 답변을 이끌어 내기 위해 프롬프트를 미세 조정하는 데 걸리는 시간을 줄일 수 있다. 또한 ChatGPT Plugin의 가치와 효용은 다음과 같다. 첫째, 액세스가 편리하다. ChatGPT Plugin은 웹 브라우저에서 사용 가능하며, 별도의 앱 설치나 복잡한 설정이 필요하지 않다. 사용자는 플러그인을 활성화하고 ChatGPT와 대화를 시작할 수 있다.

둘째, 실시간 상호 작용이다. ChatGPT Plugin은 실시간으로 응답을 제공하므로 사용자는 즉각적인 대화를 통해 원하는 정보를 얻을 수 있다. 이는 문의나 도움이 필요한 상황에서 빠른 지원을 받을 수 있다는 장점을 제공한다.

셋째, 기능과 사용 사례가 다양하다. ChatGPT Plugin은 다양한 기능을 제공하여 사용자의 요구와 용도에 맞게 활용할 수 있다. 가령 일상적인 대화, 질문에 대한 답변, 검색 지원, 권장 사항 제공 등 다양한 사용 사례에 적용할 수 있다.

---

5) https://blog.tryamigo.com/chatgpt‒plugins/

넷째, 개인화 가능성이다. ChatGPT Plugin은 사용자의 요구와 피드백에 따라 개선될 수 있다. 사용자들의 경험과 의견은 모델 개발 및 업데이트에 반영되어 더욱 효과적인 대화 기능을 제공할 수 있다. ChatGPT는 사용자의 질문과 요구사항에 맞는 맞춤형 답변을 생성할 수 있으며, 사용자의 선호도와 이전 대화 기록을 고려하여 최적의 서비스를 제공할 수 있다.

다섯째, 사용자 친화적 접근성이다. ChatGPT Plugin은 사용자들이 쉽게 접근할 수 있도록 설계되었다. 어떤 사용자도 웹 브라우저를 통해 ChatGPT를 활용할 수 있으며, 언제든지 필요한 정보와 지원을 받을 수 있다.

여섯째, 지식 공유와 교육 활용이다. ChatGPT Plugin을 사용하면 지식을 공유하고 교육하는 플랫폼으로 활용할 수 있다. 사용자들은 ChatGPT와 상호작용하면서 새로운 정보를 얻고 학습할 수 있다. 이는 온라인 교육, FAQ 페이지, 콘텐츠 플랫폼 등에서 유용하게 활용될 수 있다.

ChatGPT Plugin의 활용영역

- 챗봇 개발: ChatGPT Plugin을 사용하면 챗봇을 더욱 똑똑하고 자연스럽게 만들 수 있다. 사용자의 질문과 요청에 더 정확하고 의미 있는 답변을 제공할 수 있으며, 대화의 흐름을 더 잘 이해하여 유연하게 대응할 수 있다.
- 고객 서비스: ChatGPT Plugin을 사용하면 고객의 문의나 요청에 자동으로 응답할 수 있는 시스템을 구축할 수 있다. 이를 통해 고객 대응 시간을 단축하고, 정확한 답변을 제공하여 고객 만족도를 높일 수 있다.
- 정보 검색: ChatGPT Plugin을 사용하면 사용자의 질문에 기반한 정보 검색을 효과적으로 수행할 수 있다. 사용자가 특정 주제에 대한 질문을 하면 ChatGPT Plugin은 해당 주제에 관련된 정보를 검색하여 제공할 수 있다.
- 창작 활동: ChatGPT Plugin은 작가, 음악가, 예술가 등 창작 활동을 하는 사람들에게 창의적인 아이디어나 조언을 제공할 수 있다. 특히, 작품 아이디어의 발전이나 창작 과정에서의 도움을 받을 수 있다.
- 교육 및 학습: ChatGPT Plugin을 사용하여 학생들이 질문에 대한 답변이나 설명을 얻

을 수 있다. 이를 통해 개별 학생의 학습 진도에 맞춘 맞춤형 지도를 제공하거나, 학생들의 호기심을 자극하여 더 깊은 학습을 도울 수 있다.

ChatGPT API는 마치 당신이 인터넷으로 원하는 정보를 검색할 수 있는 검색엔진과 비슷하다. 궁금한 질문을 입력하면 API는 그 질문을 인식하고, 인터넷에서 정보를 찾아와서 답변을 제공해준다. 인터넷에서 무한한 정보와 지식을 활용하여 당신의 질문에 대답하는 것과 비슷하다. 반면에 ChatGPT Plugin은 마치 보유하고 있는 책과 같다. 플러그인을 설치하면 책 안에 있는 지식과 정보에 접근할 수 있다. 질문을 하면 플러그인은 책 안에 있는 내용을 검색하여 답변을 제공한다. 소유한 책에 담긴 지식과 정보를 활용하여 당신의 질문에 대답하는 것과 비슷하다. 요약하면, ChatGPT API는 인터넷을 통해 넓은 범위의 정보를 찾아와서 답변을 제공하는 검색엔진과 비슷하다. ChatGPT Plugin은 마치 소유한 책 안에 있는 지식과 정보를 활용하여 답변을 제공하는 것과 유사하다.

ChatGPT Plugin의 방법과 절차

- 플러그인 설치: ChatGPT Plugin을 사용하려면 먼저 해당 플러그인을 설치해야 한다. 일반적으로 플러그인은 컴퓨터나 모바일 기기의 앱 스토어에서 다운로드하여 설치할 수 있다.
- 플러그인 활성화: 설치가 완료되면 플러그인을 활성화해야 한다. 일반적으로 플러그인을 실행하거나 설정 메뉴에서 활성화할 수 있다.
- 인터페이스 접근: 플러그인이 활성화되면 일반적으로 채팅 창이나 텍스트 입력 상자가 플러그인의 인터페이스로 바뀐다. 인터페이스를 통해 ChatGPT와 대화할 수 있다.
- 질문 또는 요청 입력: 플러그인 인터페이스에서 질문이나 요청을 입력한다. ChatGPT에게 무엇을 물어보고 싶은지 또는 무엇을 요청하고 싶은지를 의미한다.
- 설정 및 인증: 플러그인을 연동한 후 사용을 위한 설정과 인증 절차를 수행한다. 이 단계에서는 API 키나 인증 정보 등을 입력하거나 플러그인과 API 서버 간의 연결을 설정하는 작업이 이루어진다. 이 단계를 거치면 플러그인은 API와 통신하여 데이터를 받아오고 처리할 수 있다.

- 답변 확인: ChatGPT Plugin은 질문이나 요청을 이해하고 분석한 후, 해당하는 답변을 생성한다. 답변은 플러그인 인터페이스에 표시되어 확인할 수 있다.
- 상호작용 및 추가 질문: 플러그인을 통해 받은 답변에 만족하지 못하거나 추가적인 질문이 있는 경우, 계속 상호작용하며 ChatGPT와 대화할 수 있다. 질문이나 요청을 입력하고, 답변을 받는다.
- 플러그인 종료: ChatGPT와의 대화를 마치고 사용하지 않을 때 플러그인을 종료한다. 종료 방법은 플러그인 제공업체나 해당 플러그인의 사용자 가이드에 따라 다를 수 있다.

ChatGPT 플러그인은 실시간 정보 검색에서 사용자 대신 작업 수행에 이르기까지 광범위한 애플리케이션에서 사용할 수 있다. 그리고 Open AI 블로그에 정리된 첫 번째 플러그인 활용 기업으로 Expedia, FiscalNote, Instacart, KAYAK, Klarna, Milo, OpenTable, Shopify, Slack, Speak, Wolfram 및 Zapier와 같은 예제로 소개되었다. 가령 Expedia의 플러그인을 통해 교통, 숙박 및 활동에 대한 정보를 제공하여 사용자가 여행을 계획하는 데 도움을 주는 사례가 나왔다. 이처럼 발빠른 스타트 업들은 ChatGPT 기능을 자사 서비스에 접목하거나 Plugged—In 형태로 제공하며 시장에 대응하고 있다. 오픈AI는 유명한 여행, 숙소, 식당 예약, 쇼핑, 검색, 번역 사이트 등을 플러그인 형태로 ChatGPT에 연결했다. 이제 이용자들은 답을 얻기 위해 여러 사이트를 돌아다닐 필요 없다. ChatGPT에게 질문하면 실시간 검색 및 구매, 예약이 가능하다. 특히 GPT—4에서는 Multi—modal이 가능해 음성과 이미지로 물어보고 텍스트 결과를 보거나 그 반대로도 행해질 수 있다. 지금보다 훨씬 똑똑한 AI 비서를 두는 셈이다. 향후 챗GPT에 연계된 다양한 플러그인들이 등장할수록 오픈AI가 만들어가는 챗GPT 생태계는 더욱 강력해질 것으로 보인다. 생성형 AI의 등장에 따라 'AI as a Service' 시장이 본격적으로 열리고 있다. ChatGPT 플러그인을 적용 가능한 사례는 다음과 같다.

ChatGPT 플러그인의 적용 가능 사례

- 실시간 정보 검색: 개발자는 스포츠 점수, 주가, 최신 뉴스 및 날씨 업데이트와 같은 실시간 정보를 검색하는 플러그인을 구축할 수 있다.
- 지식 기반 정보 검색: 개발자는 회사 문서, 개인 메모 및 기타 관련 데이터와 같은 지식 기반 정보를 검색하는 플러그인을 구축할 수 있다.
- 사용자를 대신하여 행동을 수행: 개발자는 항공편 예약, 음식 주문 또는 식당 예약과 같이 사용자를 대신하여 작업을 수행하는 플러그인을 구축할 수 있다.
- 개인화: 개발자는 사용자의 선호도에 따라 제품을 추천하고 사용자의 관심사에 따라 활동을 제안하는 등 사용자 경험을 개인화하는 플러그인을 구축할 수 있다
- 교육: 개발자는 숙제 질문에 답하거나 간단한 언어로 복잡한 개념을 설명하는 것과 같은 교육 리소스를 제공하는 플러그인을 구축할 수 있다.

다. ChatGPT-Fine Tuning

ChatGPT의 Fine-tuning은 이미 사전 훈련된 모델에 대해 특정 작업에 맞게 추가로 훈련을 진행하는 과정을 말한다. 즉 Fine-tuning은 특정 작업이나 도메인에 특화된 추가 학습 데이터를 사용하여 사전 학습된 언어 모델의 매개변수를 업데이트하는 프로세스다. Fine-tuning은 기존에 넓은 범위의 데이터로 사전 훈련된 모델을 가져와서 특정 작업에 필요한 세부 사항을 학습하도록 하는 것이다.

일반적으로 ChatGPT와 같은 대규모 언어 모델은 사전 훈련 과정을 거친 후에도 특정 작업에 직접적으로 적용하기 어렵다. ChatGPT는 웹페이지, 책, 기타 문서 등 방대한 수량의 일반 텍스트 데이터로 학습하여 언어의 패턴과 구조를 학습한 강력한 언어 모델이다. 하지만 특정 도메인이나 주제에 관한 질문에 답하거나 텍스트를 생성하는 등의 특정 작업에서는 최적의 성능을 발휘하지 못할 수 있다. Fine-tuning에는 모델에 특정 레이블이 지정된 예제 세트를 제공한 다음 역전파라는 프로세스를 통해 가중치를 업데이트하는 것이 포함된다. 작업별 데이터

세트에서 ChatGPT를 Fine-tuning 하면 특정 도메인이나 작업에 맞게 조정함으로써 한층 정확하고 관련성 높은 출력을 생성할 수 있다. 그 이유는 해당 작업에 필요한 문맥, 도메인 특성, 사용자 요구사항 등이 사전 훈련 단계에서 충분히 반영되지 않았을 수 있기 때문이다. 이러한 경우에 Fine-tuning을 통해 모델을 특정 작업에 맞게 조정하고 세부 사항을 학습함으로써 모델의 성능과 특화된 기능을 향상할 수 있다. 가령 마법사가 있다고 상상해보면, 마법사는 언어를 이해하고 말하는 능력이 있어서 사람들과 대화를 할 수 있다. 그러나 마법사는 처음에는 모든 종류의 대화에 대해 완벽하게 대응할 수는 없다. 그런데 마법사를 특정한 일에 더 능숙하게 만들고 싶다고 생각해보자. 가령 "식당 예약"이라는 작업에 대해 좀 더 잘 수행하도록 가르치고 싶을 경우, Fine-tuning은 마법사를 작업에 더 적합하게 만들기 위한 과정이다. 마법사에게 식당 예약과 관련된 다양한 대화 예시를 주고, 그 대화를 분석해서 어떤 단어나 문장이 어떤 상황에서 어떻게 사용되는지 학습을 시킨다. 마법사는 학습을 통해 식당 예약에 대해 더 잘 이해하고, 사람들의 질문에 더 정확하고 유용한 답변을 할 수 있다. 그래서 마법사는 Fine-tuning을 통해 식당 예약에 특화된 "말하는 식당 예약 전문가"가 될 수 있다. 이처럼 Fine-tuning은 마법사를 특정 작업에 더 잘 맞게 조정하는 과정이다. 기존의 능력을 갖춘 마법사를 특정 작업에 대한 전문가로 만들기 위해 작업에 관련된 경험과 지식을 추가로 학습시키는 것이다.

Fine-tuning은 일반적으로 작은 규모의 작업에 특화된 데이터세트를 사용하여 진행된다. 기존 모델은 해당 작업에 대한 기본 언어 이해와 생성 능력을 이미 갖추고 있으며, Fine-tuning을 통해 해당 작업에 대해 세부적인 지식을 습득한다. Fine-tuning 단계에서 주어진 작업에 맞는 데이터세트와 작업에 대한 지표를 사용하여 모델을 조정하고 최적화한다.

Fine-tuning은 ChatGPT와 같은 모델을 다양한 특정 작업에 적용할 수 있도록 하며, 더 나은 성능과 작업 특화 기능을 제공한다. 이를 통해 기존 모델을 다양한 실제 응용 프로그램에 유용하게 활용할 수 있다. Fine-tuning은 ChatGPT에게 추가적 훈련을 제공하여 특정 작업에서 더 나은 성능을 발휘하도록 도와준다.

이를 통해 ChatGPT는 특정 도메인이나 작업에 특화된 지식과 Context를 학습할 수 있게 되어 다양한 응용 분야에서 가치를 제공한다. 이처럼 Fine-tuning은 ChatGPT를 특정 작업에 적용하고 발전시키는 데에 큰 가치를 가지고 있다. 그 결과, 더 정확하고 유용한 서비스를 제공할 수 있으며, 사용자들의 요구에 더 맞춤화된 경험을 제공할 수 있다.

Fine-tuning의 효용과 가치

- 정확한 응답: Fine-tuning을 통해 ChatGPT는 특정 작업에 대한 이해와 도메인 지식을 획득한다. 이를 바탕으로 더 정확하고 Targeting 된 응답을 제공할 수 있다.
- 시간과 비용 절감: Fine-tuning은 기존에 구축된 ChatGPT 모델을 활용하므로 처음부터 새로운 모델을 학습시키는 것보다 효율적이다. 이는 시간과 비용을 절감할 수 있는 장점을 제공한다.
- 개인화된 경험: Fine-tuning을 통해 ChatGPT는 사용자의 특정 요구와 선호도를 반영할 수 있다. 이를 통해 개인화된 서비스를 제공하고 사용자 경험을 향상할 수 있다.
- 확장성과 다양성: Fine-tuning은 ChatGPT를 다양한 작업과 도메인에 적용할 수 있게 해준다. 이는 ChatGPT의 활용 범위를 확장하고 다양한 산업 및 분야에서 활용할 수 있는 가치를 제공한다.
- 지속적인 개선: Fine-tuning은 새로운 데이터나 사용자 피드백을 통해 모델을 지속적인 개선 기회를 제공한다. 이는 ChatGPT를 점진적으로 발전시키고 최신 정보와 동향을 반영할 수 있는 장점을 갖고 있다.

ChatGPT의 Fine-Tuning은 이미 사전 훈련된 모델을 특정 작업에 맞게 추가로 훈련하는 과정이다. 기본적으로 ChatGPT는 대규모의 데이터세트를 사용하여 사전 훈련되어 일반적인 언어 이해와 생성 작업에 사용될 수 있도록 설계되었다. 하지만 Fine-Tuning을 통해 특정한 작업이나 도메인에 맞는 세부 사항을 학습시킬 수 있다. 가령 특정 제품이나 서비스에 대한 고객의 질문에 답변할 수 있는 챗봇을 만들려면 해당 제품이나 서비스에 대한 고객 문의 및 응답 데이터세트에 대해 ChatGPT를 Fine-tuning할 수 있다. 이 프로세스를 통해 ChatGPT는 해당 도메인에서 사용되는 언어의 패턴과 뉘앙스를 잘 이해하면서 한층 관련성 있고 정확한 응답을 생성할 수 있다.

Fine–Tuning은 일반적으로 두 단계로 이루어진다. 첫째 단계는 미리 학습된 모델을 가져와서 초기화한다. 일종의 기본 모델에 대한 사전 훈련이다. 이는 이미 대규모 데이터세트를 사용하여 사전 훈련된 모델을 가져오는 과정으로, 일반적으로 OpenAI에서 제공하는 사전 훈련된 모델을 사용한다. 이 모델은 언어 이해와 생성 작업에 대해 일반적인 패턴과 지식을 학습한 상태이다.

둘째 단계는 특정 작업이나 도메인에 대한 Fine–Tuning이다. 즉 특정 작업에 필요한 데이터를 사용하여 모델을 추가로 훈련하는 단계이다. 이 단계에서는 해당 작업에 필요한 데이터세트를 사용하여 모델을 추가로 훈련한다. 가령 고객 서비스 챗봇을 만들기 위해 고객 상담 데이터를 사용하여 ChatGPT를 Fine–Tuning 시킬 수 있다. 이를 통해 모델은 고객 상담에 특화된 응답을 생성하도록 개선된다.

Fine–Tuning은 사전 훈련된 모델의 언어 이해와 생성 능력을 기반으로 특정 작업에 대한 세부 조정을 가능하게 한다. 이를 통해 더 정확하고 도메인 특화된 결과를 얻을 수 있으며, 특정 작업에 더 적합한 모델을 구축할 수 있다.

Fine-tuning의 절차[6]

- 사전 훈련된 모델 선택: Fine-tuning을 위해 사전 훈련된 ChatGPT 모델을 선택한다. 대부분 경우, OpenAI에서 제공하는 사전 훈련된 모델을 사용한다.
- 도메인 및 작업에 맞는 데이터의 수집: Fine-tuning을 위해 해당 도메인이나 작업에 적합한 데이터를 수집한다. 이는 특정 도메인의 문장, 문서, 질문-응답 쌍 등과 같은 형태일 수 있다.
- 데이터 전처리: 수집한 데이터를 전처리하여 모델이 이해하기 쉬운 형태로 변환한다. 가령, 텍스트 데이터의 토큰화, 정규화, 문장 분리 등을 수행할 수 있다.
- Fine-tuning 데이터세트 생성: 전 처리된 데이터를 사용하여 Fine-tuning에 사용할 데이터세트를 생성한다. 일반적으로 입력 문장과 그에 상응하는 정답 또는 Target 문장으

로 구성된다.

- Fine-tuning 설정: Fine-tuning에 필요한 하이퍼파라미터와 모델 설정을 정의한다. 이는 학습률, 배치 크기, epoch 수 등을 포함할 수 있다. 이 단계에서 모델 구조나 아키텍처를 변경하지 않는다.
- Fine-tuning 수행: 사전 훈련된 모델과 Fine-tuning 데이터세트를 사용하여 모델을 Fine-tuning 한다. 이는 일반적인 머신러닝 학습 과정을 따른다. 데이터를 모델에 입력하여 손실을 최소화하고 모델 파라미터를 업데이트한다.
- 성능 평가: Fine-tuning 된 모델의 성능을 평가한다. 이는 테스트 데이터세트를 사용하여 모델의 정확도, 정밀도, 재현율 등을 평가하는 과정을 포함한다.
- 모델 배포 및 사용: Fine-tuning이 완료되면, Fine-tuned 모델을 배포하고 사용할 수 있다. ChatGPT API를 통해 외부 시스템이나 애플리케이션과 연동하여 사용할 수 있다.

ChatGPT를 미세 조정하는 데 소요되는 비용은 GPU 또는 TPU 사용량과 같이 훈련에 필요한 계산 리소스이며 비용이 많이 들 수 있다. 이러한 리소스의 비용은 사용하는 클라우드 서비스 제공 업체, 리소스가 배포되는 지역 및 트레이닝 프로세스의 기간에 따라 달라진다.

컴퓨팅 리소스 외에도 데이터 과학자 고용, 데이터 파이프라인 구축, 데이터 정리 등 추가 학습 데이터의 수집 및 전처리와 관련된 추가 비용이 발생할 수 있다. 이러한 비용은 데이터의 크기와 복잡성, 데이터 전처리 및 분석에 필요한 전문 지식수준에 따라 달라질 수 있다. 따라서 다양한 요인에 따라 달라지므로 ChatGPT 미세 조정을 위한 소요 비용을 제시하기 어렵다. 그러나 특정 작업의 성능 향상, 효율성 증대, 사용자 경험 개선 등 미세 조정의 잠재적 이점을 고려하여 비용을 평가해야 한다. 아울러 주요 고려 사항을 주의하여 Fine-tuning을 진행하면 효과적으로 모델을 조정하여 원하는 작업에 적합하게 만들 수 있다.

---

6) 일반적인 Fine-tuning 과정을 설명한 것이며, 상황에 따라 세부적인 절차나 설정은 달라질 수 있음. Fine-tuning은 반복적으로 수행하여 모델을 개선하거나 새로운 데이터로 업데이트할 수도 있음.

ChatGPT Fine-tuning을 수행할 때 주요 고려 사항

- 데이터 품질: Fine-tuning에 사용되는 데이터의 품질은 매우 중요하다. 데이터는 정확하고 일관성 있어야 하며, 적절한 도메인 지식과 풍부한 다양성을 가지고 있어야 한다.
- 데이터 수량: Fine-tuning에 사용되는 데이터의 양도 중요하다. 충분한 양의 데이터를 사용하면 모델의 성능과 다양성을 향상할 수 있다.
- 도메인 특성: Fine-tuning은 특정 도메인에 적합하도록 모델을 조정하는 과정이므로, 해당 도메인의 특성을 고려해야 한다. 예를 들어, 특정 용어, 규칙, 또는 도메인 관련 문제를 포함하여 Fine-tuning 데이터를 구성해야 한다.
- 하이퍼파라미터 조정: Fine-tuning에 사용되는 하이퍼파라미터들은 모델의 성능에 큰 영향을 미친다. 적절한 하이퍼파라미터를 선택하고 조정하는 것이 중요하다.
- 모델 평가: Fine-tuning 이후에는 모델의 성능을 평가해야 한다. 일반적으로는 평가 데이터세트를 사용하여 모델의 정확성, 응답 품질, 일관성 등을 평가하고, 필요한 경우 추가 조정을 수행한다.
- 윤리적 고려 사항: Fine-tuning 과정에서는 데이터의 민감한 정보나 개인정보를 사용할 수 있으므로, 개인 정보 보호 및 윤리적인 측면을 고려해야 한다. 데이터의 처리와 보안에 관련된 규정과 정책을 준수해야 한다.
- 지속적인 개선과 모니터링: Fine-tuning은 반복적인 과정이며, 모델의 성능을 개선하기 위해 지속적인 모니터링과 수정이 필요하다. 모델이 사용되는 동안 사용자 피드백을 수집하고, 필요한 경우 모델을 업데이트하여 개선하는 것이 중요하다.

앞서 살펴본 ChatGPT API, ChatGPT Plugin, 그리고 Fine-tuning은 각각 다른 개념이지만, 서로 관련된 개념들이다. ChatGPT API는 OpenAI에서 제공하는 인터페이스로, 개발자들이 ChatGPT 모델에 접근하여 인공지능 대화 시스템을 구축할 수 있도록 도와준다. ChatGPT API는 HTTP 요청을 통해 클라이언트와 서버 사이의 통신을 가능하게 하여 실시간 대화를 수행할 수 있도록 한다. 개발자는 API를 호출하여 질문을 전달하고, 모델은 해당 질문에 대한 대답을 생성하여 다시 클라이언트로 전달한다. ChatGPT Plugin은 ChatGPT API를 통해 제공되는 기능을 활용하여 애플리케이션에 직접 통합할 수 있는 소프트웨어 확장 기능이다.

즉, ChatGPT Plugin은 클라이언트 측에서 동작하는 소프트웨어 모듈이며, ChatGPT API를 호출하여 대화 기능을 제공하는 역할을 한다. 사용자는 애플리케이션에서 Chat GPT Plugin을 활성화하고 질문을 입력하면, Plugin은 해당 질문을 ChatGPT API로 전달하여 대답을 생성하고 출력한다. Fine-tuning은 ChatGPT 모델을 특정 작업이나 도메인에 맞게 추가적인 학습을 시키는 과정이다. OpenAI에서 미리 훈련한 일반적인 ChatGPT 모델을 가져와서 특정한 데이터 세트를 사용하여 Fine-tuning을 수행함으로써 모델을 해당 작업에 맞게 미세 조정할 수 있다. Fine-tuning을 통해 ChatGPT 모델은 특정 작업에 더 적합한 대화 능력을 갖추면서 작업에 특화된 응답을 생성할 수 있다. Fine-tuning은 개발자들이 ChatGPT 모델을 자신의 목적에 맞게 Customizing 하는 데 사용될 수 있다.

요약하면, ChatGPT API는 인공지능 대화 시스템을 구축하기 위한 인터페이스를 제공하고, ChatGPT Plugin은 API를 통해 제공되는 기능을 애플리케이션에 통합할 수 있는 소프트웨어 확장 기능이다. Fine-tuning은 ChatGPT 모델을 특정 작업에 맞게 추가 학습하는 과정을 의미한다. 이 세 가지 요소들은 개발자들이 ChatGPT를 활용하여 대화 시스템을 구축하고 Customizing 하는 데 활용된다.

이렇게 ChatGPT API, ChatGPT Plugin, 그리고 Fine-tuning은 각각의 역할과 기능을 갖추고 있으며, 인공지능 서비스의 생태계에서 서로 보완적으로 사용된다. ChatGPT API를 사용하여 인공지능 대화 기능을 애플리케이션에 통합하고, ChatGPT Plugin을 특정 플랫폼에서 활용하며, Fine-tuning을 통해 모델을 특정 도메인에 맞게 개선할 수 있다. 이를 통해 다양한 분야에서 인공지능 서비스를 구축하고 활용할 수 있다.

민간부문에서 ChatGPT API, ChatGPT Plugin, 그리고 Fine-tuning은 비즈니스모델의 가능성을 크게 향상할 수 있다. 각각의 기술과 기능을 조합하여 다양한 비즈니스 서비스 및 제품을 개발할 수 있다. ChatGPT API를 활용하면 다른 애플리케이션과 통합하여 자동 응답 시스템, 상담 지원 시스템, 절차 안내 시스템 등 다양한 인공지능 기능을 구현할 수 있다. 이를 통해 고객 서비스 개선, 효율적인 업무 처리, 사용자 경험 향상 등 다양한 비즈니스 영역에서 활용할 수 있다.

ChatGPT Plugin은 특정 플랫폼이나 환경에서 ChatGPT API를 쉽게 사용할 수 있도록 도와준다. 가령 채팅 플랫폼이나 웹사이트에 ChatGPT를 통합하여 실시간 대화 기능을 제공할 수 있다. 이를 통해 고객과의 상호작용을 개선하고, 추가 가치를 제공하는 비즈니스모델을 구축할 수 있다.

Fine-tuning은 기존의 ChatGPT 모델을 특정 도메인이나 작업에 맞게 조정하여 성능을 향상할 수 있는 기술이다. 이를 활용하면 특정 도메인의 전문성을 갖춘 인공지능 서비스를 구축할 수 있다. 가령 의료, 법률, 금융 등 특정 분야에서 Chat GPT를 Fine-tuning하여 해당 분야의 전문지식을 활용한 응답을 제공할 수 있다.

이러한 기술과 기능들을 적절히 활용하면 다양한 비즈니스모델의 가능성이 열린다. 예를 들어, 은행이 ChatGPT API를 활용하여 자동 응답 시스템을 구축하고, ChatGPT Plugin을 사용하여 모바일 앱에서 실시간 상담 서비스를 제공할 수 있다. 또는 의료 기업이 ChatGPT를 Fine-tuning하여 의료 정보 제공 서비스를 개발할 수도 있다. 이처럼 ChatGPT API, ChatGPT Plugin, 그리고 Fine-tuning은 비즈니스모델의 창의적인 발전을 도와준다. 적절한 기술 조합과 개발 아이디어를 통해 고객들에게 더 나은 서비스와 경험을 제공할 수 있으며, 새로운 시장 기회를 창출할 수 있다.

또한 정부를 비롯하여 공공부문에서도 ChatGPT API, ChatGPT Plugin, 그리고 Fine-tuning은 정부(공공) 서비스 혁신 모델에 다양한 가능성을 제공한다. ChatGPT API를 활용하면 정부(공공) 기관은 인공지능 기능을 포함한 다양한 서비스를 제공할 수 있다. 이를 통해 공공 서비스의 효율성과 편의성을 개선하고, 시민들에게 더 나은 경험을 제공할 수 있다. 또한 정부나 공공기관은 인공지능 대화 기능을 자체 서비스에 통합할 수 있다. 공공 서비스 제공자는 시민들의 문의나 요청에 더 신속하고 정확한 응답을 제공할 수 있으며, 공공 정보 제공, 서비스 절차 안내, 상담 지원 등 다양한 분야에서 활용할 수 있다. 예를 들어, 정부 포털 사이트나 공공기관의 모바일 애플리케이션에서 ChatGPT API를 사용하여 시민들과 대화형 인터페이스를 제공할 수 있다. 또한 정부 웹사이트나 모바일 애플리케이션에 ChatGPT API를 통합하여 시민들이 자주 묻는 질문에 대한 자동 응답 기능을 제공할 수 있다. 이렇게 하면 시민들은 실시간으로 필요한 정보를 얻을 수 있고, 정부는 인적 자원을 절약하면서도 효과적인 서비스를 제공할 수 있다.

ChatGPT Plugin은 정부(공공) 기관이 다양한 채널에서 ChatGPT를 활용할 수 있도록 도와준다. 가령 정부의 채팅봇이나 공공 메신저 앱에서 ChatGPT Plugin을 사용하면 시민들은 편리하게 공공 서비스에 접근하고 문의할 수 있다. 이를 통해 시민 참여와 상호작용을 촉진하고, 정부는 더 넓은 범위의 커뮤니케이션 채널을 활용하여 시민들과 소통할 수 있다.

Fine-tuning은 정부(공공) 기관이 ChatGPT를 특정 분야에 맞게 조정하여 도메인 특화 서비스를 제공할 수 있도록 도와준다. 즉 정부나 공공기관이 ChatGPT를 특정 도메인이나 공공 서비스에 맞게 조정하는데 활용될 수 있다. 가령 법률 분야에서 Fine-tuning을 통해 ChatGPT를 법률 상담이나 법적 질문에 특화된 응답을 제공하는 시스템으로 발전시킬 수 있다. 또한 정부나 공공기관은 시민들의 보건의료 문의에 대해 더 정확하고 전문적인 답변을 제공할 수 있다. 예를 들어, 정부의 보건기관은 의료 분야에 특화된 ChatGPT를 Fine-tuning하여 의료 질문에 대한 정확하고 신속한 응답을 제공할 수 있다. 이를 통해 시민들은 의료 정보에 쉽게 접근하고, 정부는 의료 서비스의 효율성과 품질을 향상할 수 있다. 이처럼 ChatGPT API, ChatGPT Plugin, 그리고 Fine-tuning은 정부(공공) 서비스 혁신 모델에 다양한 가능성을 제공한다. 이를 통해 정부(공공) 기관은 시민들에게 더 나은 서비스를 제공하고, 효율성과 편의성을 개선할 수 있다. 또한 시민 참여와 상호작용을 촉진하여 정부와 시민 간의 소통을 강화할 수 있다.

챗GPT와
비즈니스

부 록

1. Epilogue

2. 색인

Epilogue

우리가 살아가는 세상. 천국도 지옥도 아니다. 하늘 아래서 살아가려면 끊임 없이 다가오는 문제 상황에서 벗어날 수 없다. Friedrich Nietzsche의 언명처럼 많이 생각하는 모든 것들이 문제다. 이처럼 문제를 피할 수 없다면 닥친 문제의 해결과 바람직한 가치 창출을 위해 능동적 자세가 요구된다. 게다가 알고리즘을 잘 활용하면 문제해결은 결코 어려운 일이 아니다.

알고리즘을 선용한 대표적 인물을 찾으라면 저자는 Alan Turing(1912~1954) 을 꼽고 싶다. Turing은 자유주의 체제가 사상 최악의 위기에 처했던 제2차 세계 대전, 절대 해독이 불가능했던 독일군 암호 Enigma로 인해 속수무책이었던 문제 상황에서 끈질긴 노력과 도전으로 암호해독(알고리즘) 장치를 개발해 연합군의 승 리를 이끌었다. 동성애자라는 불명예와 자살로 마감했던 Turing, 지난 2020년 영 국은 2021년부터 유통된 50파운드 지폐의 초상 인물로 재탄생했다. 동성애로 기 소된 지 60여 년이 지난 2013년의 사면에 이은 명예 회복 조치였다. 비록 늦었지 만, 20세기 최고의 지성 중 한 사람으로서 위상이 재확인된 셈이다. 인류공동체에 이바지한 탁월한 수학자로서 Turing은 지금도 인간 삶에 선한 영향력을 미치고 있 다. 모든 성취는 좋은 질문으로부터 시작된다는 것을 실감케 하는데 그 시초는 1950

년 논문 <Computing Machinery and Intelligence>의 첫 문장에 담겨 있다.[1]

"Can machines think?"

인공지능은 Turing의 질문에서부터 시작되었다. 이 질문에 답하고자 어제도, 오늘도, 내일도 수많은 인공지능 연구자들의 분투가 이어지고 있다. 이러한 노력의 궁극적 방향은 좋은 인공지능이어야 한다. 그러기 위해 알고리즘이 좋아야 한다. 코드가 알아보기 어렵다면 그건 나쁜 알고리즘이다. Donald Knuth가 지적했듯 알고리즘은 이해하기 쉽게 작성되고, 그 안에서 가장 최적의 성능을 발휘할 수 있어야 한다. 그래야 수학처럼 예술이 될 수 있다.

좋은 인공지능이란? 어려운 문제들을 적절한 시간 이내에 해결할 수 있어야 한다. 그런데 제아무리 알고리즘이 뛰어나더라도 항상 맞거나 늘 최적의 답안을 만들어 낼 수 없다. 즉, 불완전할 수밖에 없다. 챗GPT에서 경험할 수 있듯 인공지능이 제시한 답을 인간이 검증해야 하고, 때로는 엉뚱한 답안을 걸러낼 수 있어야 한다. 목전에 주어진 문제의 해결뿐만 아니라 순간순간 상황에서 내려야 하는 중요한 결정들은 많은 경우, 가치 판단에 의존한다. 인간 삶의 모든 영역에서 발생하는 상황을 인공지능에 맡겨둘 수 없다. 인간은 지적 능력을 끊임없이 연마하고 증가시켜야 한다. 문제 상황이 복잡다기할수록 강조되어야 할 요소는 상충하는 가치들과 다양한 관점을 종합하는 판단력과 논리적 사고력, 인성, 철학이 아닐까.[2]

챗GPT의 등장으로 인공지능의 혁신 주기가 갈수록 짧아지고 있다. 일신우일신(日新又日新)이랄까. 장차 인공지능의 종착점이 어딘지 모르겠으나 인공지능이 점점 인간을 닮아가고 있다는 사실은 분명하다. 제아무리 계산과 예측, 소통과 생성을 잘한다지만, 사모하고 사무치며 사랑할 순 없다. 영원에 잇대어진 영적 존재로서의 인간에 범접할 수 없다. Ginni Rometty가 그랬듯 인공지능은 인간의 지능을 대체하지 않고 보완하는 기술, 그 자체다.

---

1) Alan Turing(1950), "Computing Machinery and Intelligence", Mind, 59, pp.433−460.

2) http://times.postech.ac.kr/news/articleView.html?idxno=20046

끝으로, 본서는 혼자가 아닌 동고동락의 산물이다. 흠결 많은 저자를 가까이서 멀리서 격려와 응원을 보내준 분들 가운데 내 사랑 현숙 낭자, 승은, 보훈, 장모님과 가족들께 고마움 전하고 싶다. 특별히 만물을 섭리하시는 지식·지혜의 근본, 창조주 하나님께 경배드린다.

ㄱ

가치 창출 106, 112, 295
개인 맞춤형 14
개인화된 서비스 173
거대 언어모델 219
고객경험 111
공공 170

ㄷ

대형언어모델(LLM) 205
데이터 변환 66
데이터 분석 65
데이터 분석과 예측 172
데이터 정제 66
디코더 227, 228, 232, 276, 278

ㅁ

멀티모달 206
멀티모달리티 42
문장 생성 274

문제해결 51, 53, 61, 68, 294
미세 조정 279, 285

ㅂ

변이형 오토인코더 129
보상 함수 288
분석형 AI 237
비즈니스 170
비즈니스 과제 164
비즈니스모델 14
비즈니스 혁신 152, 204

ㅅ

사용설명서 300
사용자 중심의 가치 창출 106
사전 학습 279, 284
상호작용과 대화 274
생성적 적대 신경망 127, 128
생성적 플로우 133
생성형 AI 192, 210, 218, 222, 223,
    229, 237, 241

생성형 AI의 한계 234
생성형 알고리즘 126
생성형 인공지능 229, 230, 233
생활양식 변화 141
신경망 언어모델 134

　ㅇ

알고리즘 67, 68
알고리즘 경제 37
알고리즘 사회 35
알고리즘 예술 39
알고리즘 정부 37
알고리즘 정치 38
언어 생성모델 294
업무 자동화 171, 210
유전 프로그래밍 131
윤리적 고려 사항 185
인간 피드백 289
인간 피드백 강화 학습 288
인공지능 전환 18, 19
인코더 227, 228, 232, 276, 278

　ㅈ

자가 지도 학습 41
자동 완성 274
자연어 이해 274
정체성 191

　ㅊ

창의성 293
창의적 298

챗GPT 3, 10
초 거대규모 AI 42

　ㅌ

트랜스포머 42, 194

　ㅍ

파라미터 197, 198, 199
파인 튜닝 219
퓨샷 러닝 219
프롬프트 286, 287

　ㅎ

하이퍼 파라미터 199, 200, 308
학습 데이터 200
행정혁신 170, 171
환각(hallucination) 223
활용 방법 298
효과적인 질문 302
효율적인 의사소통 173

　A

AI as a Service 327
AI First 모델 3, 4, 10, 11
AI 전환 7

　B

BERT 226, 227
BERT 모델 225

C

ChatGPT   142, 147, 159, 164, 175, 191,
  200, 210, 226, 227, 229, 300
ChatGPT API   208, 310
ChatGPT API의 작동 원리   311
ChatGPT Plugin   318, 320, 326
ChatGPT 모델   225
ChatGPT 사용 사례   178
ChatGPT 사용설명서   293
ChatGPT 알고리즘   283
ChatGPT−Fine Tuning   328
ChatGPT의 특성   196, 226
Conversational Computing   30

D

decoder   276

E

Elo시스템   286
Embedding   226
encoder   276

F

Fine−tuning   225, 228, 280, 285, 328

G

GAN   229, 231, 232

H

Horizontal AI   34

P

PPO   287, 289
PPO 알고리즘   288, 290
Pre−training   284

S

Self Attention 메커니즘   283

T

Temperature   281
Top−k   281
Top−p   281
Transformer   206, 228, 276, 278, 283
Transformer 아키텍처   274, 275, 278

V

VAE   231, 232
Vertical AI   34

저자약력

한세억(韓世億)

저자는 서울대학교 행정학박사를 취득하였으며, 현재 동아대학교 행정학과 교수로 재직 중이다. 한국지역정보화학회장(2015~2016)을 역임하였으며, 삼성전자, 한국정보문화진흥원, 대통령소속 국가전산망조정위원회 사무국, 한국능률협회매니지먼트 등 공·사조직을 경험하였다. 행정·입법고시 출제 및 채점위원, 중앙정부(국무조정실/과학기술정보통신부/행정안전부/국민권익위원회 등) 및 지방정부(부산시/제주도/자치구 등), 공공기관(한국정보화진흥원/한국자산관리공사/한국남부발전 등)과 기업에서 자문 및 특강(창조성/혁신/정부3.0/규제개혁/청렴)강사로 활동하였다. 최근 인공지능 및 정보기술전략·계획 분야 강사(NCS)로 활동 중이며, 인공지능정부 구현을 돕는 솔루션개발 및 서비스회사 도우리에이아이를 창업하였다.

☐ 주요 연구업적
- 학술지논문, "AI기반 청렴성 증강모델: 탐색적 접근과 실천과제(2021)" 외 80편
- 학술대회 발표논문, "AI 기반 정책결정 증강모델: 개념적 접근과 구현과제(2021)" 외 138편
- 「모든 직장인을 위한 인공지능(2022)」 외 저서 24권
- 연구보고서, <베트남 전자정부 역량 강화를 위한 공공행정컨설팅> 외 37권
- 정보화계획수립(ISP) 및 정보화컨설팅보고서, <울산광역시 남구 지역정보화계획> 외 7권

☐ 정보화 관련 수상
- 2002, 정보화촉진 국무총리 표창
- 2016, 행정안전부장관 표창
- 2018, 정보화역기능예방 국무총리 표창

☐ 학내 봉사활동
- 법무·감사실장(2013~2016)
- 사회복지대학원장(2016~2019)
- 사회과학대학장(2018~2019)
- 인공지능정부연구소장(2022~현)

챗GPT와비즈니스

초판발행	2023년 10월 20일
지은이	한세억
펴낸이	안종만 · 안상준
편 집	양수정
기획/마케팅	박부하
표지디자인	Ben Story
제 작	고철민 · 조영환
펴낸곳	(주) **박영시**
	서울특별시 금천구 가산디지털2로 53, 210호(가산동, 한라시그마밸리)
	등록 1959. 3. 11. 제300-1959-1호(倫)
전 화	02)733-6771
f a x	02)736-4818
e-mail	pys@pybook.co.kr
homepage	www.pybook.co.kr
ISBN	979-11-303-1778-6 93350

copyright©한세억, 2023, Printed in Korea

* 파본은 구입하신 곳에서 교환해 드립니다. 본서의 무단복제행위를 금합니다.

정 가   20,000원

 * 이 저서는 동아대학교 저서과제로 선정되어 출판총서 제180호로 출간되었음